21世纪经济管理精品教材·经济学系列

Business Statistics

商务统计学

杨国忠 郑连元◎编著

清华大学出版社
北京

内 容 简 介

本书紧密结合实际研究中出现的新问题，系统介绍商务统计学的基本理论和方法，着重阐述具体应用和案例分析，以培养学生运用商务统计理论和方法分析与解决实际问题的能力。

全书共分为 11 章，讲述了统计的相关概念、统计数据的收集、统计整理、统计数据特征的测度、抽样分布与参数估计、假设检验、方差分析、相关与回归分析、时间序列分析、统计指数、统计决策等。每章有引例、案例分析和习题。附录部分列出了相关统计分布表。

本书编写的基本指导思想是：①以经济与管理等相关专业学生为主要读者对象，力求通俗易懂，内容相对全面。②理论与实际相结合，在介绍统计理论和方法的基础上，结合具体案例，阐述如何应用统计方法去解决实际问题。③应用 SPSS 统计软件解决实际问题。本书不单独介绍统计软件的使用，而是在各章中运用 SPSS 统计软件进行复杂的计算，使读者掌握软件的应用。④各章附有习题，以便读者在学习过程中通过思考和练习，掌握和巩固所学知识，进一步加深对相关内容的理解。

本书适合作为经济管理类本科生、研究生的教材，也可供从事商务管理和经济分析的各类人员参考。

本书封面贴有清华大学出版社防伪标签，无标签者不得销售。

版权所有，侵权必究。举报：010-62782989，beiqinquan@tup.tsinghua.edu.cn。

图书在版编目（CIP）数据

商务统计学/杨国忠，郑连元编著. —北京：清华大学出版社，2019（2024.8重印）
（21 世纪经济管理精品教材·经济学系列）
ISBN 978-7-302-51259-2

Ⅰ. ①商… Ⅱ. ①杨… ②郑… Ⅲ. ①商业统计学–高等学校–教材 Ⅳ. ①F712.3

中国版本图书馆 CIP 数据核字(2018)第 212064 号

责任编辑：左玉冰
封面设计：李召霞
责任校对：王凤芝
责任印制：宋　林

出版发行：清华大学出版社
网　　址：https://www.tup.com.cn, https://www.wqxuetang.com
地　　址：北京清华大学学研大厦A座　　邮　编：100084
社 总 机：010-83470000　　邮　购：010-62786544
投稿与读者服务：010-62776969，c-service@tup.tsinghua.edu.cn
质 量 反 馈：010-62772015，zhiliang@tup.tsinghua.edu.cn
课 件 下 载：https://www.tup.com.cn, 010-83470332

印 装 者：三河市龙大印装有限公司
经　　销：全国新华书店
开　　本：185mm×260mm　　印　张：24.5　　字　数：563 千字
版　　次：2019 年 1 月第 1 版　　印　次：2024 年 8 月第 7 次印刷
定　　价：69.00 元

产品编号：080858-03

前 言

统计学作为一门研究收集、整理和分析统计数据的方法论科学，目前在各学科领域和各行各业都有着非常广泛的应用，成为当代最活跃的学科之一。与此相适应，也出现了很多统计学教材。商务统计学主要是为经济与管理等相关专业学生而编写的。本书紧密结合实际研究中出现的新问题，系统介绍商务统计学的基本理论和方法，着重阐述具体应用和案例分析，以培养学生运用商务统计理论和方法分析与解决实际问题的能力。

本书编写的基本指导思想是：①以经济与管理等相关专业学生为主要读者对象，力求通俗易懂，内容相对全面。②理论与实际相结合，在介绍统计理论和方法的基础上，结合具体案例，阐述如何应用统计方法去解决实际问题。③应用 SPSS 统计软件解决实际问题。本书不单独介绍统计软件的使用，而是在各章中运用 SPSS 统计软件进行复杂的计算，使读者掌握软件的应用。④各章附有习题，以便读者在学习过程中通过思考和练习，掌握和巩固所学知识，进一步加深对相关内容的理解。

本书由中南大学杨国忠和郑连元编著，编写工作分工如下：第 1 章、第 5~8 章、第 11 章以及附录部分由杨国忠负责，第 2~4 章、第 9 章、第 10 章由郑连元负责，全书由杨国忠统稿、整理与审核。

本书适合作为经济管理类本科生、研究生的教材，也可供从事商务管理和经济分析的各类人员参考。

本书在编写过程中参阅了大量国内外相关教材和文献，在此谨向相关作者表示诚挚的谢意。本书获中南大学 2017 年精品教材立项。清华大学出版社的编辑左玉冰老师对本书的出版给予了大力的支持和帮助，在此深表谢意。由于编者水平和掌握资料所限，本书内容必有不足之处，敬请读者批评指正。

编　者
2018 年 5 月

目 录

第1章 绪论 1
1.1 统计与统计学 1
1.1.1 统计学的产生与发展 1
1.1.2 统计与统计学的含义 3
1.1.3 统计学的研究对象及特点 4
1.1.4 统计学的分科 5
1.2 统计的几个基本概念 6
1.2.1 总体与总体单位 6
1.2.2 样本 7
1.2.3 指标与标志 8
1.2.4 变异与变量 9
1.3 商业世界中的统计学 10
1.4 统计数据的计量尺度与类型 11
1.4.1 统计数据的计量尺度 11
1.4.2 统计数据的类型 12
1.5 统计研究方法与过程 14
1.5.1 统计研究方法 14
1.5.2 统计研究过程 15
1.6 案例：高考志愿 16
1.6.1 案例背景 16
1.6.2 案例分析 17
习题 1 17

第2章 统计数据的收集 18
2.1 统计设计 18
2.1.1 统计设计的概念和意义 18
2.1.2 统计设计的种类与内容 19
2.1.3 统计指标和指标体系设计的内容 21
2.1.4 统计指标和指标体系设计的原则 23
2.1.5 统计指标体系的构成 24

2.2 统计调查的方式与方法 ·· 25
2.2.1 统计调查的意义与基本要求 ······························ 25
2.2.2 统计资料的收集方式和方法 ······························ 27
2.2.3 统计数据的收集方法 ··· 37
2.3 统计调查方案与调查问卷的设计 ································· 41
2.3.1 统计调查方案的设计 ··· 41
2.3.2 统计调查问卷的设计 ··· 44
2.4 统计调查误差与控制 ·· 54
2.4.1 统计调查误差的概念和种类 ······························ 54
2.4.2 统计调查误差的产生原因 ·································· 55
2.4.3 防止与减少统计调查误差的办法 ······················· 56
2.5 案例：我国人口统计数据的调查与发布 ····················· 56
2.5.1 案例背景 ·· 56
2.5.2 案例分析 ·· 57
习题 2 ··· 62

第 3 章　统计整理 ·· 63
3.1 统计整理概述 ··· 64
3.1.1 统计整理的概念与意义 ······································ 64
3.1.2 统计整理的程序 ·· 65
3.1.3 统计整理的原则 ·· 65
3.2 资料预处理 ··· 66
3.2.1 资料审核 ·· 66
3.2.2 资料筛选 ·· 68
3.2.3 资料排序 ·· 68
3.3 统计资料的整理 ·· 68
3.3.1 统计分组的概念与作用 ······································ 68
3.3.2 分组标志的种类及选择 ······································ 70
3.3.3 统计分组参数的确定 ··· 72
3.3.4 统计资料汇总 ·· 77
3.4 统计整理结果的显示 ·· 79
3.4.1 分布数列 ·· 79
3.4.2 统计表 ·· 83
3.4.3 统计图 ·· 87
3.5 案例：变量数列的编制 ·· 100
3.5.1 案例背景 ·· 100
3.5.2 案例分析 ·· 101
习题 3 ··· 103

第4章 统计数据特征的测度···106

4.1 总体数量特征的测度···106
4.1.1 总体绝对数量的测度···106
4.1.2 总体相对数量的测度···109

4.2 集中趋势的测度··117
4.2.1 集中趋势的含义···117
4.2.2 算术平均数···118
4.2.3 调和平均数···123
4.2.4 几何平均数···127
4.2.5 众数···128
4.2.6 中位数与四分位数···130
4.2.7 平均指标的比较···134

4.3 离散趋势的测度··135
4.3.1 变异指标···135
4.3.2 极差···136
4.3.3 平均差···137
4.3.4 方差与标准差···139
4.3.5 变异系数···143
4.3.6 应用平均指标、变异指标的注意问题··144

4.4 分布形态的测度··145
4.4.1 偏度···145
4.4.2 峰度···147

4.5 案例：某地区水稻产量···148
4.5.1 案例背景···148
4.5.2 案例分析···148

习题 4··151

第5章 抽样分布与参数估计··153

5.1 抽样与抽样分布··153
5.1.1 几个基本概念···153
5.1.2 常用抽样方法···155
5.1.3 抽样分布···161
5.1.4 几种与正态分布有关的分布··163
5.1.5 正态总体的常用统计量分布··165

5.2 参数估计的含义与类型···165
5.2.1 参数估计的含义···165
5.2.2 参数估计的类型···166

5.3 参数的点估计 ·· 167
5.3.1 矩估计法 ·· 167
5.3.2 特征数法 ·· 168
5.3.3 极大似然估计法 ·· 169
5.3.4 估计量优劣的衡量标准 ·· 172
5.4 参数的区间估计 ·· 172
5.4.1 单正态总体均值的区间估计 ··· 172
5.4.2 单正态总体方差的区间估计 ··· 175
5.4.3 两个正态总体均值差的区间估计 ··· 176
5.4.4 两个正态总体方差比的区间估计 ··· 178
5.4.5 单个正态总体比例的区间估计 ·· 179
5.4.6 两个总体比例之差的区间估计 ·· 181
5.4.7 单侧置信区间 ··· 182
5.5 样本容量的确定 ·· 183
5.5.1 估计总体均值时样本容量的确定 ··· 184
5.5.2 估计总体比例时样本容量的确定 ··· 185
5.6 案例：大学生自习时间的差异 ··· 185
5.6.1 案例背景 ·· 185
5.6.2 案例分析 ·· 186
习题 5 ·· 188

第 6 章 假设检验 ·· 190
6.1 假设检验的基本思想 ··· 190
6.1.1 假设检验的概念 ··· 190
6.1.2 小概率原理 ··· 190
6.1.3 假设检验的推理方法 ··· 190
6.1.4 假设检验的基本步骤 ··· 191
6.1.5 双侧检验与单侧检验 ··· 193
6.1.6 假设检验的两类错误 ··· 194
6.2 一个正态总体参数的检验 ··· 194
6.2.1 总体均值的检验 ··· 194
6.2.2 总体方差的检验 ··· 196
6.2.3 总体比例的检验 ··· 197
6.3 两个正态总体参数的检验 ··· 198
6.3.1 两个总体均值之差的检验 ·· 198
6.3.2 两个总体方差之比的检验 ·· 199
6.3.3 两个总体比例之差的检验 ·· 201
6.4 案例：广告效果检测 ··· 202

目　录

　　6.4.1　案例背景 ·· 202
　　6.4.2　案例分析 ·· 203
习题 6 ··· 204

第 7 章　方差分析 ··· 205

7.1　方差分析基本思想 ·· 205
　　7.1.1　方差分析的基本概念 ·· 205
　　7.1.2　方差分析的基本原理 ·· 206
　　7.1.3　方差分析的基本方法 ·· 206
7.2　单因素方差分析 ·· 207
　　7.2.1　单因素方差分析的数据结构 ·· 207
　　7.2.2　单因素方差分析的基本步骤 ·· 208
　　7.2.3　单因素方差分析中的不等重复问题 ································· 211
7.3　双因素方差分析 ·· 211
　　7.3.1　双因素方差分析的类型 ··· 211
　　7.3.2　双因素方差分析的数据结构 ·· 212
　　7.3.3　离差平方和的计算 ·· 212
　　7.3.4　应用实例 ··· 213
7.4　案例：员工生产效率的差异 ··· 215
　　7.4.1　案例背景 ··· 215
　　7.4.2　案例分析 ··· 215
习题 7 ··· 222

第 8 章　相关与回归分析 ·· 224

8.1　变量的相关分析 ·· 224
　　8.1.1　相关关系的概念 ··· 224
　　8.1.2　相关关系的种类 ··· 225
　　8.1.3　相关关系的显示 ··· 226
　　8.1.4　相关关系的度量 ··· 227
8.2　一元线性回归分析 ··· 231
　　8.2.1　一元线性回归模型 ·· 231
　　8.2.2　一元线性回归模型参数的估计 ··· 232
　　8.2.3　一元线性回归模型的检验 ··· 234
　　8.2.4　一元线性回归模型预测 ··· 238
8.3　多元线性回归分析 ··· 239
　　8.3.1　多元线性回归模型的形式 ··· 239
　　8.3.2　多元线性回归模型的估计 ··· 239
　　8.3.3　多元线性回归模型的检验 ··· 241

    8.3.4 多元线性回归预测 ·· 243
  8.4 非线性回归分析 ··· 244
    8.4.1 非线性回归分析的意义 ··· 244
    8.4.2 非线性函数形式的确定 ··· 244
    8.4.3 非线性回归模型的估计 ··· 246
  8.5 案例：国内生产总值与全社会固定资产投资及价格指数关系 ························· 247
    8.5.1 案例背景 ·· 247
    8.5.2 案例分析 ·· 248
  习题 8 ·· 249

第 9 章 时间序列分析 ··· 252

  9.1 时间序列的基本问题 ··· 252
    9.1.1 时间序列的概念与意义 ··· 252
    9.1.2 时间序列的种类 ·· 253
    9.1.3 时间序列的编制原则 ··· 255
  9.2 时间序列的水平指标 ··· 256
    9.2.1 发展水平 ·· 256
    9.2.2 平均发展水平 ·· 257
    9.2.3 增长量 ·· 263
    9.2.4 平均增长量 ·· 264
  9.3 时间序列的速度指标 ··· 266
    9.3.1 发展速度 ·· 266
    9.3.2 增长速度 ·· 267
    9.3.3 平均增长速度 ·· 269
    9.3.4 平均发展速度 ·· 269
  9.4 时间序列趋势分析 ··· 273
    9.4.1 时间序列趋势分析的原理 ··· 273
    9.4.2 长期趋势分析 ·· 276
    9.4.3 季节变动分析 ·· 283
    9.4.4 循环变动与不规则变动分析 ··· 287
  9.5 案例：我国人口增长趋势 ··· 289
    9.5.1 案例背景 ·· 289
    9.5.2 案例分析 ·· 290
  习题 9 ·· 295

第 10 章 统计指数 ··· 299

  10.1 统计指数概述 ··· 299
    10.1.1 统计指数的概念与作用 ··· 299

	10.1.2 统计指数的性质	301
	10.1.3 统计指数的分类	302
10.2	统计指数的编制	303
	10.2.1 指数编制的基本问题	303
	10.2.2 综合指数的编制	308
	10.2.3 平均指数的编制	311
	10.2.4 指数体系	315
	10.2.5 指数数列	319
10.3	因素分析法	322
	10.3.1 因素分析法的概念	322
	10.3.2 因素分析的步骤	322
	10.3.3 总量指标因素分析	323
	10.3.4 相对指标因素分析	326
	10.3.5 平均指标变动的因素分析	327
10.4	常用统计指数	330
	10.4.1 居民消费价格指数	330
	10.4.2 工业品出厂价格指数	332
	10.4.3 股票价格指数	334
	10.4.4 空间指数	339
	10.4.5 工业生产指数	340
10.5	案例：辉腾公司效益影响因素	342
	10.5.1 案例背景	342
	10.5.2 案例分析	342

习题 10 ··· 345

第 11 章 统计决策 ··· 348

11.1	统计决策概述	348
	11.1.1 决策的概念	348
	11.1.2 决策的类型	349
	11.1.3 统计决策的概念	352
11.2	决策树方法	352
	11.2.1 决策树的构成与决策方法	352
	11.2.2 决策树方法的应用	353
11.3	贝叶斯决策方法	356
	11.3.1 贝叶斯公式	356
	11.3.2 贝叶斯决策的概念和步骤	356
	11.3.3 贝叶斯决策方法的应用	357
	11.3.4 贝叶斯决策的利弊	359

11.4 效用概率决策方法 360
  11.4.1 效用概率决策的概念 360
  11.4.2 效用决策的准则 361
  11.4.3 效用决策的应用 361
11.5 马尔可夫决策方法 361
  11.5.1 基本概念和性质 361
  11.5.2 马尔可夫决策方法的应用 362
11.6 案例：H公司生产产品的选择 364
  11.6.1 案例背景 364
  11.6.2 案例分析 364
习题 11 365

附录 常用统计表 367

参考文献 377

第 1 章

绪 论

2元钱的经济纠纷[①]

2017年9月26日下午，宁波海曙江厦派出所的廖警官，出了一次警——一笔"涉案金额"为2元的小纠纷。根据当事双方的要求，他很快处理好了这次纠纷。回来后，他细想下来，总觉得哪里不对劲：似乎这道"数学题"不是这么算的！

这是怎么回事？到底是什么数学题，这么费脑筋呢？

报警电话是一名小卖部的老板打来的，说是"有人买东西不给钱"。廖警官到场后，了解了情况，大概是这么回事：有名小朋友在小卖部里买了一支雪糕，花了2元钱。后来，小朋友的外婆觉得雪糕有点儿变形，怀疑是变质的，于是到店里来要求退钱。小卖部老板当然不同意退。这时，一名女孩过来，买了一瓶水，也是2元。外婆就抢过她递给店老板的5元钱，然后找了对方3元钱。女孩也没说什么，拿了水就走了。对小朋友的外婆来说，这笔账似乎就这么了了。可在店老板看来，他没收到矿泉水的钱啊。两人就为这2元钱起了纠纷，于是报了警。

"那你们双方什么意见？"廖警官问道。"她把那5元钱还给我！""那他得把买雪糕的2元钱退给我！"双方争先恐后地说。民警在场，两人倒是很快协调好了，各自拿了钱。当事双方没有多想，对这一协调结果表示满意。于是，大家都散了。但廖警官在返回所里的路上隐隐觉得：这道数学题不是这么算的吧？回去后，他特意把每次交易行为都一一列了下来，得出了结论——有人亏钱了。

1.1 统计与统计学

1.1.1 统计学的产生与发展

统计作为一种人类认识自然、改造自然的实践活动，在原始社会就已经产生。统计学是伴随着资本主义古典哲学、古典政治经济学和空想社会主义的产生而发展起来的。一般认为，统计学从17世纪60年代算起，到现在已有近400年的历史。统计学的发展

---

① 案例来源于《宁波晚报》。

过程大体可分为以下四个阶段。

第一个阶段称为"城邦政情"阶段。"城邦政情"阶段始于古希腊的亚里士多德写的"城邦政情"或"城邦政要"。他一共撰写了150余条纪要，其内容包括城邦的历史、行政、科学、艺术、人口、资源和财富等社会及经济情况的比较与分析，具有社会科学特征。"城邦政情"式的统计研究延续了一两千年，直到17世纪中叶才逐渐被"政治算术"这个名词所替代，并且很快被演化为"统计学"（statistics）。统计学依然保留了"城邦"（state）这个词根。

第二个阶段称为"政治算术"阶段。"政治算术"阶段与"城邦政情"阶段并没有明显的分界点，两者也没有根本的区别。"政治算术"的特点是统计方法与数学计算和推理方法相结合，分析社会经济问题的方式更加注重运用定量分析方法。可以用1690年英国古典政治经济学的奠基人威廉·配第（William Petty，1623—1687）出版《政治算术》一书作为这个阶段的起始标志。威廉·配第在书中强调了自己的立论的方法，"用数字、重量和尺度来表达自己想说的问题"。用数字、重量和尺度量化社会经济现象的方法是近代统计学的主要特征。因此，威廉·配第的《政治算术》被后来的学者评价为近代统计学的来源，威廉·配第本人也被评价为"近代统计学之父"。构成"政治算术"方法的核心是"数字"。配第在书中使用的数字有三类：第一类是对社会经济现象通过统计调查和经验观察得到的数字，第二类是运用某种数学方法推算出来的数字，第三类是为了进行理论性推理而采用的示例性数字。配第把这种运算数字和符号进行推理称为"代数的算法"。

另外，法国的帕斯卡（B.Pascal，1623—1662）和皮埃尔·德·费马（Pierre de Fermat，1601—1665）将赌博中出现的各种具体问题归结为一般的概率原理，为概率论和统计学的发展奠定了重要的基础。特别值得提出的是比利时统计学家凯特勒（Quetelet L. A. J.，1796—1874），他对统计学理论最大的影响是把概率与统计学相结合，从而提出了关于统计学的新概念，并努力使人们把统计学理解为一种可用于任何学科的一般研究方法。在"政治算术"阶段出现的统计学与数学的结合趋势逐渐发展形成了"统计分析科学"。

第三个阶段称为"统计分析科学"阶段。19世纪末，欧洲大学里开设的"国情纪要"或"政治算术"等课程名称逐渐消失，取而代之的是"统计分析科学"课程。当时的"统计分析科学课程"的内容仍然是分析研究社会经济问题。"统计分析科学"课程的出现是现代统计学发展阶段的开端。

经过历代统计学家的努力和发展，到19世纪末建成了古典统计学的基本框架。1908年，英国的威廉·希利·戈塞特（William Seely Gosset，1876—1937）用笔名 Student 发表了关于 t 分布的论文，这是一篇在统计发展史上划时代的文章。他创立了小样本代替大样本的方法，开创了统计学的新纪元。后来统计学家罗纳德·艾尔默·费希尔（Ronald Aylmer Fisher，1890—1962）给出了 F 统计量、极大似然估计、方差分析等；内曼（J. Neyman，1894—1981）和皮尔逊（Egon S. Pearson，1895—1980）提出了置信区间估计和假设检验；沃尔德（A. Wald，1902—1950）发明了序贯抽样和统计决策函数；到20世纪50年代，构筑了现代统计学的基本框架。20世纪50年代后，统计学进入一个全新的发展阶段，新的研究领域层出不穷，像多元统计分析、非参数统计、现代时间序列分析和线性统计模型等。

第四个阶段称为"统计学帝国主义"阶段。从世界范围看，自 20 世纪 60 年代以后，统计学的发展有三个明显的趋势：第一，随着数学的发展，统计学依赖和吸收数学方法越来越多；第二，向其他学科领域渗透，或者说以统计学为基础的边缘学科不断形成；第三，随着统计学应用的日益广泛和深入，以及受计算机和新兴科学的影响，统计学越来越依赖计算技术，成为数量分析的方法论科学。这一时期统计学的研究和运用范围越来越广。美国的《Science》有一篇文章列出近百年来最有用的科学，统计学位居前 10 名。

1.1.2 统计与统计学的含义

"统计"一词，在不同的场合，所代表的含义也有所不同。一般来讲，"统计"有三种含义：统计工作、统计资料和统计学。

1. 统计工作

统计工作是指对社会现象或自然现象的总体数量方面进行收集、整理和分析的实践活动，它是一种社会调查研究活动。统计工作在人类历史上出现得比较早。随着历史的发展，统计工作逐渐发展和完善起来，并成为国家、企业和个人及科研单位认识与改造客观世界和主观世界的一种有力工具。统计工作一般包括统计设计、统计调查、统计整理、统计分析、统计资料的提供和管理等环节。

2. 统计资料

统计资料是指可以用以推导出某项结论的一些事实或数字。统计资料一般由元素、变量和观测值三部分组成。

（1）元素。我们所研究的对象由各元素组成，统计资料就是关于各元素特征的信息。如统计某公司员工基本情况时，各员工就是元素。

（2）变量。变量是关于元素的一种属性和特征。年龄是各员工的一个特征，这些特征对于不同元素取不同的结果，所以称为变量。其中结果用数字表示的，称为定量变量；不可用数字表示的，称为定性变量。例如，年龄、身高、体重、公司服务年限和受教育年限是定量变量，性别、民族、籍贯、学历是定性变量。

（3）观测值。观测值是指通过测量或测定所得到的样本值。如统计每小时通过一个高速公路收费站的汽车数量就是一个观测值。

3. 统计学

统计学是以收集、整理、分析和研究等统计技术为手段，对所研究对象的总体数量关系和数据资料去伪存真、去粗取精，从而达到显示、描述和推断所研究对象的特征、趋势和规律性的目的。简言之，统计学是以少量的数据（称为样本）所提供的信息来推断欲研究对象（称为总体）特征的一门科学。

统计工作、统计资料和统计学的相互关系如图1-1所示。

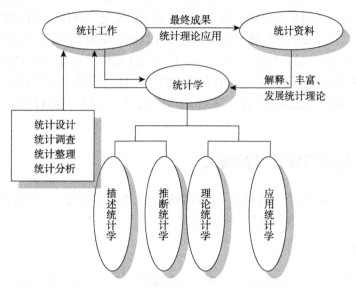

图1-1 统计工作、统计资料和统计学的相互关系

1.1.3 统计学的研究对象及特点

统计学的研究对象是客观事物的总体数量特征、数量关系和数据资料，以反映其发展过程及规律性。统计学的特点可以归纳为以下五个方面。

1. 数量性

统计学的特点首先表现为以准确的事实为基础；同时，这些事实用数字加以表现，具有简短性和明显性。数量性是统计学研究对象的重要特点，这一特点也可把其他实质性的社会科学（如政治经济学）区别开来，如各种统计年鉴就是用大量数字资料说明事物的规模、水平、结构、比例关系、差别程度、普遍程度、发展速度等。应当注意，统计学不是单纯地研究社会现象的数量方面，而是在质与量的密切联系中研究社会现象的数量方面。

2. 总体性

统计学研究社会现象的数量方面指的是总体的数量方面。从总体上研究社会现象的数量方面，是统计学区别于其他社会科学的一个主要特点。社会现象是各种社会规律相互交错作用的结果，它呈现出一种复杂多变的情景。统计学对社会现象总体数量方面的调查研究，用的是综合研究方法，而不是对单个事物的研究，但其研究过程是从个体到总体，即必须对足够大量的个体进行登记、整理和综合，使它过渡到总体的数量方面，从而把握社会现象的总体规模、总水平及其变化发展的总趋势。

3. 具体性

统计研究对象是自然和社会经济领域中具体现象的数量方面。它不是单纯数量的研究，而是具有明确的现实含义，这一特点是统计学与数学的分水岭。数学是研究事物的抽象空间和抽象数量的科学，而统计学研究的数量是客观存在的、具体实在的数量表现。正因为统计的数量是客观存在的和具体实在的数量表现，它才能独立于客观世界，不以人们的主观意志为转移。统计资料作为主观对客观的反映，必然是存在第一性，意识第二性，存在决定意识，如实反映具体的已经发生的客观事实，才能为我们进行统计分析研究提供可靠的基础，才能分析、探索和掌握事物的统计的规律性。统计研究对象的这一特点，也正是统计工作必须遵循的基本原则。

4. 社会性

统计学研究社会现象，这一特点与自然技术统计学有所区别。自然技术统计学研究自然技术现象（如天文、物理、生物、水文等现象），自然现象的变化发展有其固有的规律，在其变化过程中，通常表现为随机现象可能出现也可能不出现的现象。而统计学的研究是人类社会活动的过程和结果，人类的社会活动都是人们有意识、有目的的活动，各种活动都贯穿着人与人之间的关系，除了随机现象而外，还存在确定性的现象，即必然要出现的现象。所以统计学在研究社会现象时，还必须注意正确处理好这些涉及人与人之间关系的社会矛盾。

5. 广泛性

统计学研究的数量方面非常广泛，指全部社会现象的数量方面。广泛性这一特点，可区别研究某一特定领域的其他社会科学（如政治学、经济学、社会学、法学）。统计学研究的领域包括整个社会，它既研究生产关系，也研究生产力以及生产关系和生产力之间的关系；它既研究经济基础，也研究上层建筑以及经济基础和上层建筑之间的关系。此外，它还研究生产、流通、分配、消费等社会再生产的全过程以及社会、政治、法律、军事、文化、教育等全部社会现象的数量方面。

1.1.4 统计学的分科

从统计方法的构成看，统计学可分为描述统计学和推断统计学；从统计方法研究和应用角度看，统计学可分为理论统计学和应用统计学。

1. 描述统计学和推断统计学

描述统计学，研究任何反映客观现象的数据并通过图表形式对所收集的数据进行处理，进而通过综合、概括与分析得出反映客观现象的规律性的数量特征的方法。内容包括统计数据的收集方法、数据的加工整理方法、数据分布特征的概括与分析方法等。它是整个统计学的基础。

推断统计学，研究根据样本数据去推断总体数量特征的方法，它是在对样本数据进行描述的基础上，对统计总体的未知数量特征作出以概率形式表述的推断。推断统计学是现代统计学的主要内容。

描述统计学和推断统计学的划分，既反映了统计方法发展的前后两个阶段，也反映了统计方法研究和探索客观现象内在数量规律性的先后两个过程。从描述统计学发展到推断统计学，既反映了统计学发展的巨大成就，也是统计学发展成熟的重要标志。

2. 理论统计学和应用统计学

理论统计学主要是阐明统计学的一般原理和一般方法，主要内容包括概率论、随机化原则理论、各种估计原理、假设检验原理和一般预测决策原理，其侧重点在于统计学原理的推导与证明。

应用统计学主要研究如何应用统计方法去解决实际问题。统计方法的应用几乎扩展到所有的科学研究领域。统计方法在经济领域的应用就形成了经济统计学及其若干分支：在管理领域的应用就形成了管理统计学，在商务领域的应用就形成了商务统计学，在生物学中的应用就形成了生物统计学，在医学中的应用就形成了医疗卫生统计学，等等。这些应用统计学的不同分支，其所应用的基本统计方法是相同的，即都是描述统计和推断统计的主要方法，只是由于各应用领域的特殊性形成了各分支间的一些不同的特点。

1.2 统计的几个基本概念

1.2.1 总体与总体单位

总体是在某种共性的基础上由许多个别事物结合起来的整体。构成总体的个别事物称为总体单位，总体单位也称个体。总体和总体单位都是客观存在的事物，是统计研究的客体。例如，在工业普查中，"工业企业"就是一个总体，它是由所有从事工业生产活动的企业所组成的，其中的每一个工业企业就是一个总体单位。总体必须同时具备三个性质：同质性、大量性和差异性。

1. 同质性

同质性是形成统计总体的必要条件，是统计总体各个单位在某一点上具有共同的属性和特征，否则就不能形成一个统计总体。同质性是确定统计总体的基本标准，它是根据统计的研究目的而定的。研究目的不同，则所确定的总体不同，其同质性的意义也随之变化。例如，研究城镇居民的生活状况，城镇居民就构成了统计总体，凡是城镇居民都是同质的。

2. 大量性

大量性是指总体由许多单位组成，仅个别和少数单位不能构成总体。这一点是由统计研究的目的所决定的。统计研究的目的是要揭示自然和社会经济现象的规律性，我们只有通过对大量事物的观察、分析和研究，才能发现从其普遍联系中表现出来的规律性。

例如，要研究某市职工的工资水平，我们只观察少数几个职工的工资是达不到目的的，因为这少数几个职工的工资不能代表该市全体职工的工资水平，它可能偏高或偏低。如果我们观察许多职工的工资，就可降低或抵消偶然性的偏差，计算他们的平均工资，就可以反映该市职工工资的一般水平。每个职工工资差别越大，需要观察的职工人数就越多。如果要提高观察职工工资的代表性，就需要增加观察的职工人数。可见，统计总体的大量性是一个相对概念。总体的大量性与各单位标志表现的差异性密切联系在一起。同时，总体的大量性也与研究目的的要求有关，精确度要求越高，总体单位数也越大。

3. 差异性

差异性是指构成统计总体的各个总体单位除了某一方面是同质的以外，在其他方面又要有差异，否则就没有必要进行统计分析了。以某企业职工总体为例，这里每位职工除了工作单位相同外，在姓名、性别、年龄、学历、职称和工龄等许多方面都存在差异。因此，事物存在差异性是进行统计研究的前提。

总体可分为有限总体和无限总体。如果一个总体中包含的总体单位数是有限的，称其为有限总体；如果一个总体中包含的总体单位数是无限的，称其为无限总体。例如，我们要研究海洋中的鱼类、某地区的空气污染情况，则海洋中的鱼类、某地区的空气污染情况就是无限总体。但社会经济现象总体大多是有限的，如全国工业企业总体、某企业职工总体、某商场库存商品总体以及某地交通事故总体等。

总体和总体单位具有相对性，它们随着研究目的的不同是可以变换的。例如，如果要研究某地区工业企业的生产经营情况，则该地区全部工业企业构成总体，而每一个工业企业是总体单位；如果要研究该地区某一个企业的生产经营情况，那么该企业就成了总体，该企业下属的各个职能部门就是总体单位。由此可见，一个工业企业由于研究目的的不同，既可以作为一个总体单位来研究，也可以作为一个总体来研究。

1.2.2 样本

样本是指从统计总体中抽取出来作为代表这一总体的部分单位组成的集合体。与样本相对应的统计总体称为全及总体。由于样本是从总体中抽取出来并代表总体的，全及总体也可称为母体，而样本则称为子体。样本也有自己的几个特点。

1. 代表性

抽取样本的目的是用来推断总体，这就必然要求样本能够代表总体。样本代表总体的程度越高，样本计算的抽样指标与总体指标的误差就越小。因此，抽样推断时，总是要求样本具有较高的代表性。

2. 客观性

从总体中抽取样本时，必须排除主观因素的影响。抽取样本可以用随机抽样的方法抽取，也可以用非随机抽样的方法抽取，但都必须保证取样的客观性，保证样本的选择不受调查者和被调查者的主观影响。

3. 随机性

一个总体可以抽取许多不同的样本，至于到底抽取的样本是哪一个，完全取决于样本的随机性。随机性是用样本数据资料推断总体特征性质的基本原则。

4. 排他性

样本单位必须取自总体内部，而不能抽取总体外部的单位。因为统计推断是利用样本作为总体代表，用样本的数据资料来推断总体的数据资料。

1.2.3 指标与标志

1. 指标

指标也称统计指标，其含义一般有两种理解：一种是指反映总体现象数量特征的概念。例如，国内生产总值、国民生产总值、商品销售额、人口出生率等。这种理解的统计指标包括三个构成要素：指标名称、计算方法及计量单位。这种含义一般在进行统计设计或理论研究时所使用，它是仅有数量概念而没有具体数字的统计指标。另一种是由反映总体现象数量特征的概念（指标名称）和具体数值构成的统计指标。例如，《湖南统计年鉴2017》显示，2016年长沙市支出法地区生产总值9 356.91亿元。从完整的意义上讲，指标由六个要素构成：时间限制、空间限制、指标名称、指标数值、计量单位和计算方法。这种含义的统计指标是统计工作中经常使用的。上述例子对应的六要素依次是：时间限制是2016年、空间限制是长沙市、指标名称是地区生产总值、指标数值是9 356.91、计量单位是亿元、计算方法是支出法。

指标通常分为数量指标和质量指标。数量指标是反映现象总规模、总水平和工作总量的统计指标，如人口总数、企业总数、工资总额、国内生产总值等。由于数量指标反映现象的总量，所以也称总量指标，并且由于用绝对数表示，也称统计绝对数。质量指标是反映现象相对水平或工作质量的统计指标，如人口密度、出生率、出勤率、劳动生产率、职工平均工资等。质量指标通常是由两个总量指标相比而派生的指标，用相对指标或平均指标来表示，反映现象之间的内在联系和对比关系。

2. 标志

标志是说明总体单位属性和特征的名称。例如，某企业全体职工作为一个总体，每一位职工是总体单位，职工的性别、年龄、籍贯、民族等是说明每一位职工的特征的名称，都是标志。

标志按其性质不同可分为品质标志和数量标志。品质标志是表明总体单位品质属性或特征的名称，它不能用数值表示，只能用文字说明。例如，企业职工的性别、籍贯、民族、文化程度就是品质标志。数量标志是表明总体单位数量方面的特征，它用各种不同的数值表示。例如，企业职工的年龄、工龄就是数量标志。数量标志的具体表现为标志值。例如，A 公司某职工年龄为 28 岁，工资为 6 500 元/月。

3. 指标和标志的区别与联系

指标和标志，两者既有区别又有联系。指标和标志的区别有以下四点。

第一，标志是说明总体单位特征的，而指标是说明总体特征的。

第二，标志有能用数值表示的数量标志和不能用数值表示的品质标志，而指标不论是数量指标还是质量指标，都是用数值表示的。

第三，指标数值是经过一定的汇总取得的，而标志中的数量标志不一定经过汇总，可直接取得。

第四，标志一般不具备时间、地点等条件，但作为一个完整的统计指标，一定要包含时间、地点、范围等信息。

指标和标志的联系有以下两点。

第一，统计指标的数值是从总体单位数量标志的标志值进行直接汇总或间接计算而来的。例如，某企业职工的月工资总额是该企业所属职工月工资额汇总而来的，而职工的月平均工资则是通过进一步计算得到的。

第二，指标与数量标志之间存在着变换关系。由于研究目的的不同，原来的统计总体变成了总体单位，则相应的统计指标也就变成数量标志了；反之亦然。例如，在研究某公司职工情况时，该公司的全部职工是总体，该公司的工资总额是统计指标。而在研究该公司所属的集团公司职工工资时，该公司就是总体单位，则该公司的工资总额为数量标志，具体的工资总额数值为标志值。于是，该公司的工资总额由统计指标相应变为数量标志了。

1.2.4 变异与变量

统计中的变异是普遍存在的，一般意义上的变异是指标志在总体单位之间的不同具体表现，但严格地说，变异仅指品质标志的不同具体表现，如性别表现为男、女，民族表现为汉族、满族、蒙古族、回族、苗族等。而数量标志的不同具体表现则称为变量值或标志值，如某职工的年龄为 35 岁、工龄为 14 年、月工资为 8 500 元等。可变的数量标志称为变量。品质标志的变异最后表现为综合性的数量时，如按职工的性别，汇总计算出男、女各多少人，才构成统计研究的对象。观察登记总体各单位的品质标志和数量标志的变异与变量，是统计研究的起点。

变量按其取值是否连续，可分为离散变量和连续变量。凡变量值只能以整数出现的变量，称为离散变量；凡变量值可作无限分割的变量，称为连续变量。例如，一个地区的人口数、工厂数、一个工厂的机器台数等，都只能是整数而不可能带小数，这些就是离散变量。但人的身高、体重、工厂的产值、利润等却是可以带小数而且其数值是可以无限分割的，在两个数字之间还可以有连续不断变化的其他数字，这种变量就是连续变量。

变量按其所受因素影响的不同，可分为确定性变量和随机性变量。确定性变量是具有某种（或某些）起决定性作用的因素致使其沿着一定的方向呈上升、下降或水平变动的变量。例如，随着人们生活水平的提高以及医疗卫生条件的完善，这些确定性因素的影响，使得人们的期望寿命这个变量的变量值不断提高。期望寿命就是确定性变量。随机性变量是指变量值的变化受不确定性因素的影响,变量值的变化没有一个确定的方向，有很大的偶然性。例如，在同一台机器设备上加工某种机械零件，其尺寸大小总是存在差异的。造成这些差异的因素可能有原材料质量、电压的不稳定，气温和环境的变化以及操作工人的情绪波动等。这些影响该种机械零件尺寸变动的因素都是随机发生的，是不确定的。这里的机械零件尺寸就是一个随机性变量。

1.3 商业世界中的统计学

统计学作为一门基础学科，其方法适用于所有学科领域。统计分析方法是一种通用数据分析方法。可以说，只要有数据的地方就会用到统计方法。随着人们对定量研究的日益重视，统计方法已被应用到自然科学和社会科学的众多领域。几乎所有的研究领域都要用到统计方法，如政府部门、学术研究领域、日常生活、公司或企业的生产经营管理等。下面简要介绍统计在商业中的一些应用。

1. 企业发展战略

发展战略的重要性对一个企业而言是不言而喻的。发展战略的制定需要把握整个宏观经济和市场的状况及发展变化趋势。同时，还要对本企业进行合理的市场定位，以把握企业自身的优势和劣势。所有这些都离不开统计。它不仅需要统计提供可靠的数据，还需要利用统计方法对数据进行科学的分析和预测。

2. 市场研究

市场竞争是激烈的。企业要在激烈的市场竞争中获胜，首先必须了解市场。为此，企业需要作广泛的市场调查，取得所需的信息，并对这些信息进行科学的分析，以便作为生产和营销的依据，这些都需要统计的支持。

3. 产品质量管理

质量是企业的生命，是企业持续发展的基础。质量管理中离不开统计的应用。质量控制已成为统计学在生产领域中的一项重要应用。各种统计质量控制图被广泛应用于监测生产过程。当今 6σ 准则已成为一种重要的产品质量管理理念。

4. 财务分析

企业的财务分析不可避免地使用统计分析方法。一方面，企业自身的投资，离不开对财务数据的分析，其中要用到大量的统计方法；另一方面，投资者往往根据上市公司提供的财务报表和相关的统计数据进行分析，以此作为投资决策的参考依据。

5. 经济预测

企业经营者必须对未来的市场状况进行预测。在进行预测时要使用各种统计信息和统计方法。例如，企业要对产品的市场潜力作出预测，以便及时调整生产计划，这就需要利用市场调查取得数据，并对数据进行统计分析。

6. 人力资源管理

企业人力资源管理人员利用统计方法对企业员工的年龄、性别、受教育程度、工作业绩、工资等进行分析，并作为企业制订工资计划、奖惩制度的依据。

当然，统计并不是仅仅为了管理才有用，它是为自然科学、社会科学的多个领域而发展起来的，为多个学科提供了一种通用的数据分析方法。从某种意义上说，统计仅仅是一种数据分析的方法。与数学一样，统计是一种工具，它是一种数据分析的工具。利用统计方法可以简化繁杂的数据，如用图表展示数据，建立数据模型。有人认为统计的全部目的就是让人看懂数据，其实这仅仅是统计的一个方面。统计更重要的功能是对数据进行分析。它提供了一套分析数据的方法和工具。统计不是万能的，它不能解决你所面临的所有问题。统计可以帮助分析数据，并从分析中得出某种结论，但对统计结论的进一步解释，则需要你的专业知识。例如，吸烟会使患肺癌的概率增大，这是一个统计结论，但要解释吸烟为什么能引起肺癌，这就不是统计学家所能解释的，而需要有更多的医学知识才行。

商务统计学应用的广泛性，在于它的分析方法的有效性，其中就包括统计模型。统计模型用统计学方法描述经济活动。根据所采用的数学方法不同，对经济活动揭示的程度不同，构成各类不同的统计模型。主要有相关回归分析模型、时间序列分析模型以及统计决策模型等，相关知识我们将在后续章节相应介绍。

1.4 统计数据的计量尺度与类型

1.4.1 统计数据的计量尺度

要对客观对象进行计量，就要弄清楚统计数据的计量尺度问题。根据对研究对象计量的不同精确程度，人们将计量尺度由粗略到精确分为四个层次：定类尺度、定序尺度、定距尺度和定比尺度。

1. 定类尺度

定类尺度是最粗略、计量层次最低的计量尺度。它是按照客观现象的某种属性对其进行分类，不能进行加、减、乘、除等数学运算。这一场合所使用的数值只是作为各种分类的代码，并不反映各类的优劣、量的大小或顺序。例如，人口按性别分为男、女，用"1"表示男性，"0"表示女性。

2. 定序尺度

定序尺度也称顺序尺度，是对现象之间的等级或顺序差别的一种度量。利用定序尺度不仅可以将研究对象分为不同的类别，还可以反映各类的优劣、量的大小或顺序，但不能进行加、减、乘、除等数学运算。例如，学生成绩可分为优、良、中、及格和不及格五类，产品质量可分为一、二、三等，一个人对某件事情的态度可以分为非常赞同、赞同、不赞同、坚决反对等。

3. 定距尺度

定距尺度是对现象类别或顺序之间间距的度量。定距尺度不仅可以用数表示现象各类别的不同和顺序大小的差异，而且可以用确切的数值反映现象之间在量方面的差异。定距尺度的计算结果表现为数值，可以进行加、减等数学运算。反映现象规模水平的数据必须以定距尺度计量，如产品产量、人口数、企业数、国内生产总值等都以定距尺度来计量。定距尺度在统计数据中占据重要地位，统计中的总量指标也是用定距尺度来计量的。

4. 定比尺度

定比尺度是在定距尺度的基础上，确定相应的比较基数，然后将两种相关的数加以对比而形成相对数（或平均数），用于反映现象的结构、比重、密度、速度等数量关系。定比尺度的计量结果也是数值，可以进行加、减、乘、除等数学运算。例如，将一个企业创造的增加值与该企业的职工人数对比，计算全员劳动生产率，以此反映该企业的生产效率。在统计的对比分析中，要广泛地运用定比尺度进行计量。

1.4.2 统计数据的类型

统计数据是对现象进行计量的结果。例如，对经济活动总量的计量可以得到国内生产总值的数据，对股票价格变动水平的计量可以得到股票价格指数的数据，对人口性别的计量可以得到男或女这样的数据，等等。由此可见，统计数据不仅仅是数字，也可以是文字的。

按照所采用的计量尺度不同，可以将统计数据分为分类数据、顺序数据和数值型数据。统计数据还可以从其他角度进行分类，如按照统计数据的收集方法，可以将其分为观测数据和实验数据；按照被描述的对象与时间的关系，可以将统计数据分为截面数据和时间序列数据。

1. 分类数据、顺序数据和数值型数据

（1）分类数据。只能归于某一类别的非数字型数据，称为分类数据。分类数据是对事物进行分类的结果，数据则表现为类别，是用文字来表述的。例如，人口按照性别分为男、女两类，学位按照等级分为博士、硕士和学士三类。

在分类数据中，各类别之间是平等的并列关系，无法区分优劣或大小，各类别之间的顺序是可以任意改变的。它仅具有等于或不等于的数学特性。虽然分类数据只是表现为某种类别，但为了便于统计处理，特别是为了便于计算机识别，我们可以对不同类别用不同的数字或编码来表示，如用"1"表示男性人口，"0"表示女性人口；用"1"表示国有企业，"2"表示集体企业，"3"表示私营企业；等等。这些数字只是给不同类别的一个代码，并不意味着这些数字可以区分大小或进行任何数学运算。

（2）顺序数据。只能归于某一有序类别的非数字型数据，称为顺序数据。顺序数据也是对事物进行分类的结果，但这些类别是有顺序的。例如，学生考试成绩可以分为优、良、中、及格、不及格，一个人的受教育水平可以分为小学、初中、高中、大学及以上；一个人对某一事物的态度可以分为非常同意、同意、保持中立、不同意、非常不同意，等等。

顺序尺度的计量结果虽然也表现为类别，但这些类别之间是可以比较顺序的。很显然，顺序数据要比分类数据精确一些，它除了具有等于或不等于的数学特性外，还具有大于或小于的数学特性。

（3）数值型数据。按数字尺度测量的观察值，称为数值型数据。数值型数据是使用自然或度量衡单位对事物进行计量的结果，其结果表现为具体的数值。例如，考试成绩用百分制度量，重量用克度量，长度用米度量，等等，其结果都表现为具体的数值。因此数值型数据可以进行加、减、乘、除运算。

分类数据和顺序数据说明的是事物的品质特征，通常是用文字来表述的，其结果均表现为类别，因而也可统称为定性数据或品质数据；数值型数据说明的是现象的数量特征，通常是用数值来表现的，因此也可称为定量数据或数量数据。我们所处理的数据大多为数值型数据。

2. 观测数据和实验数据

观测数据是通过调查或观测收集到的数据，这类数据是在没有对事物人为控制的条件下而得到的，有关社会经济现象的统计数据几乎都是观测数据。实验数据是在实验中控制实验对象而收集到的数据。例如，对一种新药疗效的实验，对一种新的农作物品种的实验等，自然科学领域的大多数数据都为实验数据。

3. 截面数据和时间序列数据

不同对象在同一时期或时点发生的数据，称为截面数据。截面数据所描述的是现象在某一时刻的变化情况。例如，2017 年我国 34 个省市的国内生产总值数据就是截面数据。

同一对象在不同时期或时点发生的数据，称为时间序列数据。时间序列数据所描述的是现象随时间而变化的情况，如 2001—2017 年我国的国内生产总值数据就是时间序列数据。

下面我们给出统计数据分类的框图，如图 1-2 所示。

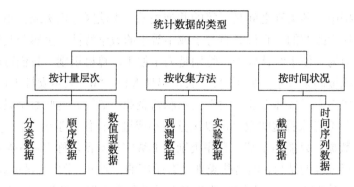

图 1-2 统计数据的分类

区分数据的类型是十分重要的，因为对不同类型的数据，我们将采用不同的统计方法来处理和分析。适用于低层次测量数据的统计方法，也适用于较高层次的测量数据，因为后者具有前者的数学特性。例如，在描述数据的集中趋势时，对分类数据，我们通常是计算众数，对顺序数据通常是计算中位数，但对数值型数据同样也可以计算众数和中位数；反之，适用于高层次测量数据的统计方法，则不能用于较低层次的测量数据，因为低层次测量数据不具有高层次测量数据的数学特性。例如，对于数值型数据我们可以计算平均数，但对于分类数据和顺序数据则不能计算平均数。理解这一点，对于选择统计分析方法是十分有用的。值得注意的是，对于 SPSS 等统计软件，必须定义变量的类型，否则无法进行统计运算。

1.5　统计研究方法与过程

1.5.1　统计研究方法

统计学研究客观现象总体的数量特征与规律性所涉及的方法多种多样，这些统计研究方法构成了统计研究方法体系。在统计研究方法体系中，最重要、最基本的研究方法有以下几种。

1. 大量观察法

大量观察法是根据总体中足够多数的单位进行统计研究的方法。由于在研究的总体中，总体单位受各种因素的影响往往具有差异性，总体单位不能反映总体的一般特征和规律性。这就要求统计必须对足够多的总体单位进行综合研究，以清除偶然因素的影响，反映出总体的必然性、数量特征和规律性。大量观察法可以是对总体所有单位进行研究，如普查；亦可以是对能表现现象本质特征和规律性的部分单位进行非全面统计，如抽样调查。

2. 统计分组法

统计分组法是对所研究的客观现象按照一定的分类标准或标志，把研究的全部总体单位划分为不同的组别，用以区别现象的各种不同类型，揭示总体的内部结构及其分别特征，反映现象之间的相互关系，达到认识客观现象的本质特征和规律性的目的。统计分组法既是统计资料整理的基本方法，也是一种重要的统计分析方法。

3. 综合指标法

综合指标法是统计研究中不可缺少的基本方法。综合指标是表明客观现象总体数量特征的各种数量化的概念及其数值。常用的综合指标有总量指标、相对指标、平均指标等。综合指标法是统计整理、统计分析的基本方法，其他各种统计分析方法均以它作为基础，如时间序列法、指数法、抽样法、相关法等都离不开综合指标的对比研究。

4. 归纳推断法

归纳法是从个别到一般的推理方法。综合指标法是对个体的数值综合汇总成总体的数值，以概括反映总体的一般数量特征，就是归纳法的具体体现。统计分组法是将总体各个个体划分为不同的组别，以研究总体的内部结构和分别特征，也是一种归纳法。推断法是根据样本数据来推断总体特征的方法，常用的推断法有抽样推断、参数估计、假设检验、产品质量检测、统计预测决策法等。

1.5.2 统计研究过程

统计研究是一个复杂的过程，主要包括以下几个步骤。

1. 统计设计

统计设计是根据统计研究的目的和要求，对统计研究的对象、内容、方法及程序所做的通盘考虑和安排。统计设计的结果表现为各种设计方案，如统计调查方案、统计指标体系、分类目录、统计报表制度、统计整理与分析方案等。它是统计工作在实践展开前所做的计划性安排，既包括统计方案的全面设计，又包括人、财、物等各种资源的安排。一项统计工作能否顺利进行与统计设计是否全面、周密有很大关系。

2. 统计调查

统计调查是根据统计设计的要求收集统计数据的阶段，是定量认识的起点。统计调查与其他调查活动的不同点在于，精心设计的统计调查方法更能保证调查活动收到事半功倍的效果。统计调查的方法分为普查、统计报表制度、重点调查、典型调查和抽样调查，这五种方法各有特点。普查收集的资料最全面、详细、准确，但缺点也很明显，那就是费钱、费时且费力。重点调查和典型调查是我们短期迅速获得数据的好方法，但容易产生无法控制的误差，且随意性很大。抽样调查是最经常使用的一种方法，原因在于它具有时效性强、低成本、高质量和科学性的特点，虽然抽样调查的结果存在误差，但这个误差是我们可以接受和控制的。抽样调查有一整套科学方法，是统计学的重要分支。

3. 统计整理

统计整理是对通过统计调查收集到的原始数据、统计资料，根据研究的需要进行分类、汇总等。统计整理是一个对统计调查结果去粗取精、去伪存真的过程，就是要对统计调查收集到的原始数据进行把关。统计整理后的结果就是我们通常看到的各种统计资料。

4. 统计分析

统计分析是对统计整理的数据进行再加工和深加工的过程，主要是采用各种分析方法，计算各种分析指标，以揭示被研究对象的总体数量特征和规律性，从而达到统计研究的最终目的。这一阶段充分体现了统计学的精华，主要表现为对各种统计分析方法的应用，如统计指标、时间序列分析、统计指数和回归分析等。

统计研究过程框架如图 1-3 所示。

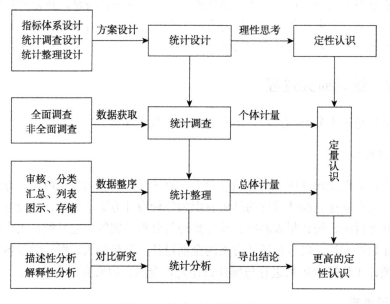

图 1-3　统计研究过程框架

1.6　案例：高考志愿

1.6.1　案例背景

湖南的赵大爷一家祖祖辈辈都是地地道道的农民，全家节衣缩食供唯一的孙女读书，希望知识改变命运。孙女芳芳刻苦努力，不负众望，2017 年高考成绩 588 分（理科）。在填高考志愿之际，赵大爷问在中南大学工作的杨老师：能否填报中南大学？

1.6.2 案例分析

1. 高考志愿填报的基本步骤

考生该如何填报高考志愿呢？一般而言，应经过以下几个基本步骤。

（1）熟悉规则。每一位考生可以填写 10 个平行志愿——10 所大学，每个志愿下可填写 6 个专业，高考录取遵循"分数优先、志愿优先"的原则。

（2）收集资料。查询历年（尤其是近 3 年）国家最低控制分数线和各高校的抛档分数线。

（3）数据分析。根据当年的最低控制线和历年的最低控制线，预测各高校当年的抛档分数线。

（4）统计决策。根据考生当年的高考分数和预测的高校抛档分数线，选择学校。根据选择的学校，进一步查询该校历年各专业的录取线，结合当年实际分数和自己的兴趣，选择相关专业。

2. 芳芳的高考志愿填报

2017 年芳芳高考理科成绩 588 分，湖南省本科一批理科国家最低控制线是 505 分，在一本院校选择。而中南大学属于一本，可以进一步分析被中南大学录取的可能性。中南大学理工科 2014—2016 年最低控制分数线依次为 522 分、526 分、517 分，抛档分数线依次为 612 分、614 分、610 分。抛档分数线高出最低控制分数线 90 分、88 分和 93 分，平均高出约 90 分。预测 2017 年中南大学理工科抛档分数线至少 595 分，芳芳不宜填报中南大学。事实上，2017 年中南大学理工科实际抛档分数线为 601 分。

习 题 1

1.1 怎样理解统计学与统计数据的关系？
1.2 统计数据分为哪几种类型？比较不同类型数据的特点。
1.3 什么是变量？变量有哪些类型？
1.4 举例说明连续变量与离散变量。
1.5 举例说明总体、样本、参数、统计量等概念。
1.6 指标与标志的区别是什么？请举例加以说明。
1.7 举例区分不同的统计尺度。
1.8 结合实际问题论述统计研究过程。
1.9 常见的统计研究方法有哪些？请举例加以说明。
1.10 结合实际问题谈谈商务统计的应用。

第 2 章

统计数据的收集

《2017年国民经济和社会发展统计公报》

2018年2月28日国家统计局发布的《2017年国民经济和社会发展统计公报》显示了2017年国民经济和社会发展情况。我国国内生产总值82.7万亿元,按年平均汇率折算超过12万亿美元,占世界经济的比重15%左右;年末内地总人口139 008万人、城镇新增就业1 351万人、全年全国一般公共预算收入172 567亿元、粮食产量61 791万吨、全社会固定资产投资641 238亿元、社会消费品零售总额366 262亿元、货物进出口总额277 923亿元、在学研究生263.9万人、在校普通本专科生2 753.6万人、新改建高速公路里程6 796千米、新建高速铁路投产里程2 182千米、农村贫困人口比上年末减少1 289万人、年末国家外汇储备余额31 399亿美元……笔笔数据记录了过去一年全国上下拼搏奋进的累累硕果,展示了我国发展取得的历史性成就、发生的历史性变革,经济社会发展主要预期目标实现,开启了高质量发展时代新征程。

为什么国民经济与社会发展统计公报中选择这些指标,指标数值是如何调查获得的?

2.1 统 计 设 计

2.1.1 统计设计的概念和意义

统计设计是根据统计研究的目的和研究对象的特点,筹划和安排统计工作的各个方面和环节,制订各种具体实施方案的工作阶段。统计设计阶段是统计工作过程不可缺少的环节,制订的各种统计工作方案是统计工作的指导依据。统计设计阶段制定统计指标体系、统计分类目录、统计报表制度、统计调查方案、统计汇总或整理方案、统计分析提纲或方案等方面的工作方案,也是统计设计的基本任务。

统计设计是整个统计工作过程的第一阶段,是统计调查、统计整理、统计分析进行之前的必要准备阶段,统计设计制订的各种工作方案是统计工作实施的基本依据和重要保证。从认识角度看,对客观现象和事物的认识从定性认识开始,没有定性认识作为基础,就无法进行定量分析。统计设计是对统计总体的定性认识和定量认识的连接点,没有统计设计阶段的筹划安排,就不知道去调查什么和怎么调查,也不知道去研究什么和怎么研究，更不知道如何组织。从工作角度看，统计是一项高度集中统一的工作，需要把认识对象作为一个整体来进行全面综合的反映和研究，必须经过事先的通盘考虑、统筹安排才能制订出科学合理、行之有效的统计设计工作方案，才能为后续统计工作质量提供保证。从统计实践来看，加强和重视统计设计工作对完成整个统计工作，保证统计工作的质量是必需的，是使整个统计工作协调有序顺利进行的重要保证。

2.1.2 统计设计的种类与内容

1. 横向设计与纵向设计

统计设计的内容是对统计研究对象的内容和统计工作过程通盘规划与统筹规划的综合，统计工作的研究目的不同，统计设计的内容就存在差异。按设计的角度不同，统计设计分为横向设计和纵向设计两个方面。

1）横向设计

横向设计是统计研究对象的内容设计，就是对统计工作涉及的各个方面或组成部分的设计，可分为整体设计和专项设计。整体设计是将统计研究内容或认识对象作为一个整体，对其整个工作进行的全面设计。如为调查某企业生产经营状况、某区域社会经济发展状况，对该企业整个生产经营工作或该区域社会经济发展的整体统计工作的设计就是整体设计。专项设计是对研究对象的某一个方面或组成部分的具体内容的设计。如对某区域统计调查工作中农业、工业、贸易、教育、科技、金融等工作中的某一方面设计，对某企业的人力资源、物资、资金、生产、供应、营销等工作中的某一方面设计，等等。横向设计中，整体设计是主要的，专项设计在整体设计的基础上进行，并且服从整体设计的统一安排。

不同的横向设计的内容不同，但主要的基本内容是具有共性的，包括以下几个方面。

（1）统计指标和指标体系的设计。统计指标和统计指标体系是统计设计首先要解决的问题和主要内容。统计指标是统计工作研究客观现象总体数量特征所运用的最基本、最重要的手段。一系列相互联系的统计指标组成统计指标体系可全面系统地反映和体现总体主要特征。

（2）统计分类或分组的设计。统计分类或分组的设计是统计指标和统计指标体系紧密相联系的另一个重要的设计，但侧重于对象分类，是深入研究客观现象数量特征的重要方法。

（3）统计调查方式和方法的设计。对客观事物的数据进行收集可采用不同的方式、方法，无论采用哪一种都要从多方面进行考虑，使得调查的效果最好。

（4）统计分析方法的设计。统计分析是统计工作的最重要的阶段，是统计工作出成果、出结论的阶段，必须选择合理的统计分析方法。对总体的本质特征作出定性和定量分析，才可能获得符合实际的结果。

（5）统计工作各个部门和各个阶段的协调与关联。统计工作中涉及很多部门，要经过多个阶段，只有建立了有力的协调与沟通机制，才能确保统计工作高效有序地进行。

（6）统计力量的组织与安排。统计工作的开展离不开一定的人力、物力和财力，统计设计需要对统计人员的培训与使用、对有关经费的筹集、分配与使用和对物资、设备的调拨使用等作出妥善的安排。

2）纵向设计

纵向设计是统计工作过程的设计，是对统计工作的各个环节的设计，可分为全阶段设计和单阶段设计。全阶段设计是对统计工作全过程的设计，也就是对统计工作中经历的各个阶段所进行的全面设计，既包括从确定统计内容、统计指标体系开始到分析研究的全过程的通盘安排，也包括统计工作阶段所有的设计方案及工作阶段间的协调统一。单阶段设计则是对统计工作过程中某一具体阶段所进行的设计。一般体现某一阶段具体的统计设计方案，如统计调查方案设计、统计整理方案设计、统计专题分析方案设计等。全阶段设计是主要的，单阶段设计在全阶段设计的基础上进行，并且服从全阶段设计的安排。

纵向设计在主要内容上是具有共性的，以全阶段设计为例，其主要内容包括以下几个方面。

（1）明确规定统计研究的目的。统计设计中首先确定的是统计研究的目的，它是统计设计其他内容的基础，必须根据调查组织单位的实际情况与要求确定。

（2）制订统计调查方案。制订统计调查方案是指在确定统计工作的目的的基础上，明确统计总体、样本、总体单位、填报单位的范围；规定统计的空间标准和时间标准；根据统计目的和分析研究的要求，制定出调查登记的项目和指标；设计好获取资料的方式方法；等等。

（3）明确统计整理的基本任务。统计整理中要考虑如何对资料进行审核、筛选和排序，如何明确分组目的、选择分组标志与分组方法、确定组数组距和组限、对资料分类或分组，如何选择统计整理指标和确定资料汇总的方法，如何编制的统计图表，等等。

（4）选择恰当的统计分析方法。常见的统计分析方法有抽样推断、假设检验、相关分析与回归分析、主成分分析与因子分析、聚类分析与判别分析、时间序列分析、统计指数分析、贝叶斯分析等。

（5）统计工作全过程的组织工作。统计工作组织中要成立统计工作机构，妥善安排各方面统计人员的招聘、培训与使用，规定各个阶段的工作进度、时间安排，对有关经费的筹集与分配、物资设备的准备与使用等，统筹规划各个工作阶段的联系和各阶段的工作基本方法，制订保证统计资料准确性、及时性、完整性的措施。

2. 长期设计、中期设计和短期设计

按设计时期的长短不同，统计设计可分为长期设计、中期设计和短期设计三类。

1）长期设计

长期设计是对较长时期的统计工作的设计，如对未来五年以上的统计工作的规划。

2）中期设计

中期设计所包含的时期长度介于长期设计与短期设计之间，一般是对一年以上到五年之内的统计工作的设计。

3）短期设计

短期设计是对较短时期的统计工作的设计，时间长度通常在一年以内，如对一年、半年或一个季度的统计工作的安排。

通常统计设计的时期越长，设计的内容越简略、概括；统计设计的时期越短，设计的内容越详细、具体、明确。

2.1.3 统计指标和指标体系设计的内容

统计指标和指标体系设计的内容包括以下几方面。

1. 确定统计指标体系的框架

统计指标体系的框架主要确定指标体系包括哪些指标，哪个指标是指标体系中的核心指标，各个指标之间具有什么样的联系，等等。核心指标是统计指标体系中为主的指标，核心指标的确定取决于许多因素，如统计对象的性质、统计总体的范围、统计研究的目的等；核心指标不是固定不变的，它可以随着客观情况的变化而变化。目前，我国国民经济核算指标体系以国内生产总值作为核心指标，工业企业生产经营指标体系通常以利润作为核心指标。

核心指标确定以后，一是应当围绕核心指标从不同的角度设计各种相互依存、相互联系的指标体系。例如，以国内生产总值指标作为国民经济统计指标体系的核心指标，考虑到国内生产总值的形成、国民经济中的各种事物和现象总量之间的主要比例关系等，如农业、工业和服务业状况，人口及就业，收入支出，国内外贸易与投资，社会保障，教育科技文化体育卫生，资源环境等方面社会经济指标及其变化发展。这样设计各种统计指标，对各种比例的数量进行观察。二是根据影响核心指标的活动成果因素进行设计。例如，以利润指标作为工业企业统计指标体系的核心指标，而利润的形成依赖于企业各种物资的供应和消耗状况、设备的利用和运转情况、工艺技术水平、劳动生产率高低等各种因素，可设计指标对各种因素的数量进行观察，从而形成工业企业统计指标体系。三是根据核心指标的活动成果构成进行设计。例如，以财政总收入和财政总支出作为财政部门统计指标体系的核心指标，考虑到财政收入的来源有各项税收、企业收入、债务收入、其他收入等，财政支出有经济建设投资、科教文卫事业费用、国防支出、行政管理费用、其他支出等，这样可设计各种指标分别对财政收支的各组成部分的数量进行观察，从而形成财政部门统计指标体系。

2. 确定各项指标的名称、内涵和外延

统计指标是表明总体数量特征的概念和数值，必须首先有一个明确的概念，才能据此计算出指标数值。统计指标名称的确定既要考虑研究对象本身的特点，又要依据一定的理论、规定和惯例。有些概念具有明显测度功能，如价格、成本、工资、利润等直接体现了测度的特征，可以直接用作指标名称。有些概念不具备测度功能，如企业规模、产品质量等，必须通过合适的方法选择能体现本质特征、具有测度功能作为统计指标，通常有：一是从与性质相近的具有测度功能的特征中选择最合适的作为统计指标，如企业规模是不可度量的，可选择与其性质近似的职工人数、资产总额、产量、销售收入等

特征作为统计指标；二是从变动的原因或形成的结果等具有测度功能的特征中选择最能体现本质特征的作为统计指标，如技术水平可选择接受教育年限、学历、职称、技术等级等特征作为统计指标；三是根据性质与运动规律设计专门的测量手段作为统计指标，如设计智商（儿童达到的智力年龄与实际年龄之商）作为观察儿童智力的统计指标；四是根据品质差异设计顺序或等级，如将产品质量按标准划分为特等品、一等品、二等品等。

任何一个统计指标的概念都包括指标的实质含义（内涵）和所属范围（外延）两方面，指标的内涵是对事物本质属性的反映，而指标的外延则是指标计算的范围，它们是设计统计指标的第一个要点。也就是说，设计任何指标首先要明确确定它是什么，界限划在什么地方，什么内容应该计算在内，什么内容不应该计算在内。指标体系的各个指标应该统一口径，其口径范围应以核心指标的口径范围来确定，指标的不可比给统计分析带来困难。

3. 确定各项统计指标的计量单位

计量单位是统计指标的组成部分之一，指标的计量单位有不同的表现形式。有些统计指标可以有若干种计量单位，可在实物单位、价值单位、劳动单位之间进行选择，而且在同种类型里也可以有多种选择。不恰当的计量单位，给统计的综合带来很大的不方便，需要从若干种计量单位中确定一种比较适合的、统一的计量单位。对于自然形成的计算单位可以依据事物和现象的计量标准来确定，如汽车产量以辆计量、销售收入以元计量等。对于利用两个及以上特征通过一定形式结合而成的统计指标，其计量单位应是结合相应特征，多数使用复合单位计量或无名数计量的。

4. 确定各项统计指标的计算方法

一个指标可能有多种计算方法，不同方法计算的结果有可能产生相当程度的差异。而不同指标的计算方法难易程度差别很大，有些指标如职工人数、产品产量的计算方法等比较简单，通过点数、测量、登记和汇总等；有些指标如国内生产总值、居民消费价格指数等的计算都很复杂，依据一定的理论，如何选择计算方法特别重要。当一个指标有几种可供选择的计算方法时，既要考虑研究对象的特点，也要考虑工作条件、工作惯例与有关规定，还应比较更符合这些理论和实践的要求决定计算方法的取舍。

5. 确定统计指标的计算时间和空间范围

统计指标的计算时间就是统计指标所属的时间，也叫作统计指标的时间标准。统计指标的时间标准具体表现形式包括时期标准和时点标准两种，其中时期标准就是指标计算的起止期限，用一段时间表示，如一个月、一个季度、一年等；时点标准则是指标值所属的标准时点，就是某一具体时刻，如以某年的年初、年末、月初、月末等为时间标准。计算时间是由统计指标性质、特点、需要和可能来决定的。

统计指标的空间范围就是统计指标的空间标准，是指地区范围和组织系统范围，主要是地区范围。

2.1.4 统计指标和指标体系设计的原则

统计指标和指标体系设计的原则包括以下几方面。

1. 科学性原则

统计指标和指标体系的科学性原则包含三重含义：一是指标体系的设计要符合客观现象本身的性质特点，反映客观事物总体的真实情况、内部及相互之间的数量关系；二是指标体系的设计必须以正确的、科学的理论为指导，根据各种社会经济理论对总体进行深刻的定性分析，以便使设计的核心指标、指标数量、指标口径、计算时间、计算方法和计量单位等都符合科学原则的要求；三是符合我国的国情和社会经济，从实际出发。

2. 目的性原则

统计指标和指标体系的设计要依据统计研究的目的或目标。指标是目标的具体化、行为化和操作化，必须充分地反映目标，与目标相一致。同一研究对象具有多方面的属性，一组指标体系反映一个方面的属性。例如，对国民经济活动进行统计核算，反映生产过程时要设置一套指标体系，反映分配过程时又有一套指标体系。要保证指标体系内各条具体指标的目标的一致性，不能把两条相互冲突的指标放在同一指标体系中。

3. 整体完备性原则

指标体系内各项指标之间是相互联系、相互制约、相互依赖、相互补充的关系，彼此之间协调一致，它们完整地反映被研究对象的基本特性，合在一起表现出一定的整体功能。指标体系不应遗漏任何一个重要指标，才能全面地、毫无遗漏地再现和反映目标。统计指标和指标体系的设计，要从整体上考虑各个指标之间的联系，指标口径、时间、空间和计算方法的确定要从全局出发，考虑到彼此间的联系。

4. 结构层次性原则

指标体系内的各个指标间不能是杂乱无章的，而应形成一定的结构和层次，即要求明确何者为核心指标，何者为次要指标，指标间如何联系，等等。各指标间只有形成一定的结构层次，才能使指标显示出一定的整体功能。

5. 可行性原则

可行性原则又称可能性原则，包括四个方面内容：第一有足够的信息可利用，第二有足够的人力、物力和财力可利用，第三有切实可行的量化方法可利用，第四信息是可能获得的。

6. 可比性原则

要使设计的统计指标和指标体系能满足管理的需要与科学研究的要求，要注意不同地区、不同单位、不同时期统计指标和指标体系的可比性，这样便于统计指标和指标体系的相互比较，便于随着社会经济的发展，改革和充实统计指标与指标体系，有利于各个指标在不同时期的相互衔接和相对稳定，以便于分析、研究事物发展变化的规律性。

7. 相互独立性原则

指标体系是由一组相互紧密联系的指标结合而成的，但各个指标必须是相互独立的，同一层次的各指标必须不存在任何包含与被包含的关系、不存在因果关系、相互不重叠。原因主要有二：一是不独立指标实质上反映了同一事物的同一方面，它的存在对整个指标体系没有贡献，还加大了统计工作量；二是不独立指标，重复计算加大了在指标体系中的指标权重。

8. 统一性原则

统一性原则要求指标体系中各指标在分类标准、指标口径和计算方法等方面协调一致。统计指标和指标体系的设计要力求与计划、会计和业务核算相统一，即设计时必须考虑到计划、会计、业务核算的实际情况和统计的需要，尽可能地使各种核算的原始记录统一、计算方法一样，统计范围、经济内容相同，起止时间一致，等等。

2.1.5 统计指标体系的构成

指标必须与目标相一致，可以通过分解目标的方式来形成指标体系，这是建立指标体系的基本途径。对于复杂的系统，还可以在目标与指标之间设置若干中间过渡环节，中间环节通常称为次级目标。我们一般可以把指标分解为总体指标、结构指标、单项指标三个基本层次，分别对应零级指标、一级指标、二级指标，有时甚至分解为四级指标、五级指标。指标体系包含指标层级的多少，一般应由研究问题的复杂性决定，运用时要根据实际情况确定。

多级指标体系有树形多级指标体系（图 2-1）和非树形多级指标体系（图 2-2）两种表现形式，两种指标体系中至少包含三级指标，同一指标层中的不同指标之间存在并列

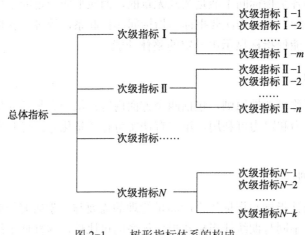

图 2-1　树形指标体系的构成

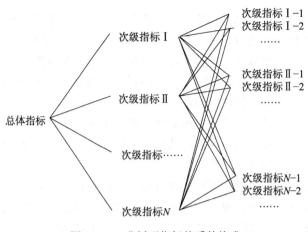

图 2-2　非树形指标体系的构成

关系，彼此之间不存在隶属关系。但是在相邻的两级指标中，树形多级指标体系中下一级的任一指标只隶属于与之相邻的上一级指标中的一个指标；非树形多级指标体系中下一级的某一指标可以同时隶属于上一级中的多个指标。

2.2　统计调查的方式与方法

2.2.1　统计调查的意义与基本要求

1. 统计调查的意义

统计调查就是统计资料的收集，是根据统计研究的目的和要求，有组织、有计划地向调查对象收集统计资料的过程。

统计调查过程中收集的统计资料，分为原始资料和次级资料。原始资料又称初级资料，指为特定目的而进行实地观察或通过对党政机关、企事业单位和其他组织或团体调查而获得的第一手资料。它是直接向调查对象收集各个总体单位的资料，是没有经过分组汇总、需要由总体单位过渡到总体的统计资料。原始资料是资料的直接来源，主要有调查资料和实验资料。其中，调查资料是通过统计调查方法获得的资料，通常是对社会现象而言的，一般取自有限总体；实验资料是通过实验方法得到的资料，通常是对自然现象而言的，也被广泛运用到社会科学中，如经济学、管理学、心理学、教育学、社会学等。作为一个相对独立的工作阶段，统计调查的主要任务是收集原始资料。

次级资料是指已经经过加工整理的资料，如统计公报、统计年鉴、会计报表、研究报告、报纸杂志的摘引等。次级资料是资料的间接来源，可分为系统外部资料和系统内部资料。其中系统外部资料主要包括政府部门尤其是统计部门公布的有关资料，如各类统计年鉴、统计公报等；各类经济信息中心、信息咨询机构、专业调查机构等提供的资料；各类专业期刊、报纸、书籍所提供的资料；各种会议，如博览会、展销会、交易会及专业性、学术性研讨会上交流的有关资料；从互联网或图书馆查阅到的相关资料；等等。而系统内部资料,主要包括业务资料,如与业务活动有关的各种单据、记录;活动过程中的各种统计报表;各种财务、会计核算和分析资料;等等。

次级资料已加工整理成型,内容广泛、收集容易、采集成本低,而且作用广泛,可以用于分析所要研究的问题、提供研究问题的背景、帮助研究者更好地定义问题、检验和回答某些疑问与假设、寻找研究问题的思路和途径等,缺点是时效性、可靠性相对较差。但是在使用时注意进行评估,考虑资料是谁收集的、为什么目的而收集的、资料是怎样收集的、什么时候收集的等因素,从而大大提高次级资料的准确性,很多情况下收集次级资料在研究中可以优先考虑。

统计工作过程就是收集统计资料、进行加工整理数据,而后开展分析研究的过程。在整个统计工作过程中,统计调查担负着提供基础资料的任务,所有的统计计算、研究和分析都是建立在统计资料收集的基础上的。因此,统计调查是整个统计工作过程的基础,是统计整理、统计分析、预测和决策的前提,关系到整个统计工作的成败。

统计调查是决定整个统计工作质量的首要环节,调查工作的好坏、取得资料是否完整与正确,将直接影响到以后各个阶段工作的好坏,影响整个统计工作任务的完成。只有搞好统计调查,才能保证统计资料整理及统计分析结论的正确性,进而认识客观事物的规律性。

2. 统计调查的基本要求

统计调查在统计工作过程中起着举足轻重的作用,这对统计调查提出了一些要求,具体表现在以下几个方面。

1)准确性

统计资料的准确是统计的第一生命。要求统计调查所得到的统计资料符合客观实际、真实可靠,避免人为因素可能造成的消极影响。只有基于准确可靠的统计信息,才有可能得到对客观事物的正确认识。

2)及时性

自古以来人们对于信息的时效性一直有很高的要求,它是人们运筹帷幄、决胜千里的基本保证。统计调查的目的是获取和提供满足各级各类决策者需要的统计信息,其时效性特别关键,要求各项统计资料必须迅速、及时,做到及时反映、及时预报,才能收到"雪中送炭"的功效;不能满足时效的资料犹如"雨后送伞",失去了它的价值。在信息化的今天,统计资料的迅速、及时显得尤为重要。

3)完整性

统计调查取得的资料必须系统和完整,该调查的单位就必须调查,该有的调查项目就必须有,并且应保证各调查项目之间有必要的逻辑联系,不仅达到统计调查资料最大的开发利用价值,而且要确保达到对社会经济现象总体特征的正确认识目的。

4)经济性

在满足资料质量要求的前提下,尽可能降低成本,要力争最大限度地降低人力、物力、财力消耗,以达到尽可能好的效果。

对统计调查资料的准确、及时、完整、经济等方面的要求,是相互联系、相辅相成的，不能孤立地、片面地去理解。强调统计资料的及时性，更要强调它的准确和完整，任何虚假的、残缺不全的"统计资料"都是没有价值的，甚至是有害的；而准确、完整的统计资料必须及时提供才能发挥其应有的作用，为此应避免"放马后炮"；过高的成本会使统计资料失去应有的效用与价值。统计调查要注意把四者辩证地结合起来，以准为基础，做到准中求快、准中求全、力求节约。

2.2.2 统计资料的收集方式和方法

在组织统计调查时，应根据不同的调查对象和调查的目的、任务，采用不同的调查方式。

1. 全面调查和非全面调查

按调查对象的范围，统计调查分为全面调查和非全面调查。全面调查是对调查对象中的全部总体单位进行调查，如普查、全面统计报表等。全面调查能比较准确、完整地掌握统计资料，了解事物和现象的全貌，但它往往调查对象范围较广、涉及面较宽、调查单位较多，需要花费较多的人力、物力、财力和时间，操作难度大、组织工作复杂，不利于对事物做深入细致的调查和研究。由于全面调查对所有个体进行调查，其调查内容不宜太多，适合总体规模相对较小或者调查特别重要的基础资料的场合。非全面调查是对调查对象中的部分总体单位进行调查，如抽样调查、典型调查、重点调查和非全面统计报表等。非全面调查的调查单位少，可以集中力量做深入细致的调查，能够调查更多的指标；通过非全面调查可以了解客观事物的详细情况及其发展变化的原因；同时实施灵活简便，能及时经济地取得统计资料，并可根据调查资料估计或推断全部总体的情况。非全面调查在实践中应用非常广泛，它既适用于有限总体，也适用于无限总体，一般能采用非全面调查满足要求就不必进行全面调查。

2. 经常性调查和一次性调查

调查时间的连续性，统计调查分为经常性调查和一次性调查。经常性调查是对调查对象进行连续不断的登记和调查。经常性调查的目的是取得反映事物和现象随时间变化在数量上变动情况的资料，如企业的产品产量、原材料燃料和动力消耗、商品销售量、工业增加值就是逐日、逐月、逐季地连续登记获得的，是采用各种统计报表来进行的。经常性调查适合于时期指标，时期指标数值与时间长短有直接关系，经过一段时间才会发生较大的变化量，只有连续不断地登记和调查才能获得事物与现象正确、完整、连续的资料。一次性调查又称一时调查，是对调查对象在某一时点的状况进行不连续的调查。一次性调查是间隔一段时间对事物和现象进行调查，适用于时点指标，由于时点指标在一段时期内的变化量通常相对较小，不需连续不断地登记或调查，如对人口资料、固定资产和商品库存量等的调查。一次性调查可以定期或不定期进行，定期调查是每隔一个固定间隔期而进行的调查，如每月末登记职工人数、每五年一次的投入产出调查等；不定期调查是根据调查目的和需要，在间隔不等的时间上所进行的调查。随着科技的进步，很多一次性调查的事项可以进行连续不断的登记、监测，如借助电子计算机对企业或单位各类商品库存量进行连续监控。

3. 统计报表和专门调查

按调查的组织方式不同，统计调查可分为统计报表和专门调查。

1）统计报表

统计报表是按统一规定的指标体系、表格形式、报送程序和报送时间，自上而下统一布置，定期地自下而上报送基本统计资料的一种调查方式。统计报表主要用于收集全面的基本情况，也常为重点调查等非全面调查所采用。

相对于其他统计调查方式，统计报表具有以下特征。

（1）统一性。在统计报表实施范围内，所有单位按照国家或地方统一规定的指标体系、表格形式、报送程序和报送时间等报送统计资料，统计报表的指标含义、计算方法、计算口径是统一的。

（2）强制性。统计报表一般由国家或地方政府授权的有关部门根据统计法规统一设计、布置、报送和管理，具有法律的强制力。弄虚作假、不及时报送会受到行政的、法律的制裁。

（3）周期性。周期性也称经常性，统计报表必须严格按照规定的时间和程序上报，规定范围内的单位要定期收集、报送国民经济和社会发展基本情况的某些方面的资料，而且填报的项目相对稳定，可以完整地积累形成一系列时间序列资料。

（4）相对可靠性。统计报表是根据国民经济和社会发展宏观管理的需要而周密设计的统计信息系统，是建立在基层单位日常业务的原始记录和核算数字基础上的，通过分门别类地系统积累和总结形成统计台账，再到统计报表，使调查资料具有可靠的基础。

统计报表按照不同分类标准有不同的分类。

（1）按调查范围，统计报表可分为全面统计报表和非全面统计报表。全面统计报表由调查对象的全部单位填报，非全面统计报表按要求由调查对象的一部分单位填报。

（2）按填报单位，统计报表可分为基层统计报表和综合统计报表。基层统计报表是由基层企业、事业单位填报的报表，为有关管理部门提供各单位基础资料；综合统计报表是由管理部门或单位根据基层报表逐级汇总填报的报表，汇总后得到各级的基本统计指标。

（3）按报送周期长短不同，统计报表可分为日报、旬报、月报、季报、半年报和年报。日报、旬报、月报、季报和半年报合称为定期报表。日报和旬报称为进度报表，主要用来反映生产、工作的进展情况，也用于报告重大或紧急统计项目或指标状况；月报、季报、半年报用于检查各月、季、半年的生产经营等工作情况，反映各月、季、半年国民经济重要基础数据进展状况、经常性计划和合同执行情况检查；年报用于年度总结和分析，全面反映全年社会经济活动的成果，检查年度国民经济与社会发展计划的方针、政策和计划贯彻执行情况等。

（4）按报表实施范围，统计报表可分为国家统计报表、部门统计报表和地方统计报表。国家统计报表是国民经济基本统计报表，由国家统计部门统一制发，用以收集全国性的经济和社会基本情况，包括农业、工业、基建、物资、商业、外贸、劳动工资、财政等方面最基本的统计资料；部门统计报表是为了适应各部门业务管理需要而制定的专业技术报表；地方统计报表是适应地区特点而补充制定的地区性统计报表，是为本地区的计划和管理服务的。

（5）按报表内容，统计报表可分为基本统计报表和专业统计报表。基本统计报表是提供国民经济各部门、各行业最基本的统计资料，作为国家和地方宏观决策与调控依据；专业统计报表是根据部门业务特点设计，为部门、企业和事业单位管理提供资料。专业统计报表比基本统计报表内容要多些，详细些，但不得与其相抵触。

统计报表数据的来源主要包括以下几个方面。

（1）原始记录。原始记录是基层单位通过一定的表式，用数字或文字对事物和现象的过程与结果所作的最初记录，是未经过任何加工整理的初级资料。原始记录形式多种多样，如一个工业企业有：生产进度、产量、品种、质量等产品生产的原始记录；职工的基本情况、变动情况、考勤、工时利用等劳动方面的原始记录；设备增减、运转、利用、维修、完好状况等使用的原始记录；原材料燃料的收入、拨出、领用、消耗、利用、储备等原始记录；等等。从原始记录的形式看，包括综合性原始记录和专用性原始记录。综合性原始记录是一张原始记录上记录了调查对象的几个方面情况，如以产品为对象的综合性原始记录的施工单、加工路线单等反映工序的产量、质量和工时利用情况；以生产者为对象的综合性原始记录的个人和生产班组的生产日记，反映产量、质量和工时利用；以生产设备为对象的综合性原始记录反映设备的操作情况和生产成果。专用性原始记录是在一张原始记录上只记录调查对象的某个方面情况，如入库单、质量检验单、废品通知单、领料单、退料单等反映某项生产经营管理工作。

（2）统计台账。统计台账是根据统计报表和单位管理的需要，以一定的表格形式，按时间顺序分类登记和定期汇总统计资料的一种记录表册。是基层单位根据统计报表和管理需要而设置的一种系统积累统计资料的整理性的记录表册，是对原始记录的初步整理核算。统计台账有综合台账和专用台账两种形式，综合台账按时间顺序，同时登记若干有关指标的数值；专用台账按时间顺序，同时登记各单位某项指标的数值。统计台账的记载必须与原始记录数据衔接，做到准确、及时、连续、完整、清晰，查询方便。

（3）内部报表。内部报表是反映事物和现象在一段时间内的发展变化状况与综合成果的报表。如企业内部报表反映企业内部各层级在一定时期内生产、劳动、设备原材料和财务成本情况与综合成果，又为编制企业统计报表、制订计划、指导生产提供依据。内部报表是为了向本单位领导提供情况而编报的，主要反映产品产量、产品工时、产品成本、原材料消耗、设备运转、工时利用、技术革新及主要技术经济指标等方面的报表。内部报表一般不需要统一规定的格式，也没有统一的指标体系，具有灵活性、及时性、针对性和网络性等特点，可以及时满足内部管理的需要。内部报表应严格控制，宁缺勿滥，内容要力求精简。

（4）对外报表。对外报表是按上级规定或为了其他需要而编报的报表。企业的对外报表是企业向外提供的，供投资人、债权人、政府部门、其他企业和个人了解有关信息的统计报表，常见的是财务报表，如资产负债表、现金流量表、利润与利润分配表、资产减值准备明细表、股东权益增减变动表、分部报表和其他有关附表等。

统计报表有专门的制度。统计报表制度是统计报表按照国家统计法规制定、实施和管理的一整套办法。执行统计报表制度，是各地区、各部门、各单位按照国家的法律规定必须向国家履行的一种义务。统计报表制度分为国家统计报表制度、部门统计报表制度和地方统计报表制度。国家统计报表制度是各级政府统计部门实施国家统计调查项目的业务工作方案，由国家统计局单独制定或者与国务院有关部门共同制定，包括周期性普查制度、经常性调查制度和非经常性调查制度。周期性普查制度是由国务院组织，每隔一段时间对我国社会经济发展状况进行一次普查的统计调查制度；经常性调查制度是年度和定期地经常性统计的统计调查制度，我国现行的共30项；非经常性调查制度是在一定时期内持续实施或一次性实施的专项调查、试点调查等临时性统计调查制度。部门统计报表制度是国务院有关部门实施部门统计调查项目的工作业务方案。地方统计报表制度是指县及县以上地方人民政府及其部门实施地方统计调查项目的工作业务方案。统计报表制度根据《中华人民共和国统计法》的有关规定制定，遵循统一规范化的原则和要求，按照统一的统计标准，以便于统计数据自动化处理，相互调用，实现统计信息共享。

我国统计报表制度的基本内容有以下几个方面。

（1）指标和指标体系的确定。统计报表中一系列指标和指标体系的设置，必须以理论为指导、从实际出发、从当前社会经济发展需要出发，做到既能满足国家又能满足各级主管部门的需要。

（2）报表表式的设计。报表表式是由国家统计部门根据研究的任务与目的而专门设计制定的统计报表表格，是统计报表制度的主体，设计应简明扼要，清晰易懂。报表表式包括主栏项目、宾栏项目以及补充资料项目、表名、表号、填报单位、报告期别、报送日期、报送方式、单位负责人及填报人签署等，并分为基本表式和专业表式。

（3）报表的实施范围。报表的实施范围是指填报单位（报告单位）、汇总单位（报告单位）、各级统计部门与主管部门的范围等，一般是应执行国家统一规定的报表制度的企事业单位。因为我国经济类型的多样化，报表的实施范围要从实际出发，对所有制形式不同、规模大小不同、经营管理水平不同的企业，应根据不同情况区别对待。

（4）报表的报送程序和报送日期。报表的报送要规定统计报表的报送程序，填报单位填报报表的份数、方式和受表单位，报送日期。

（5）填表说明。填表说明的重点是指标解释，指标解释是对列入表的统计指标的含义、计算方法、计算价格、计量单位以及其他有关问题的具体说明，有时是对统计报表的统计范围、分类目录等作出的规定。

（6）统计目录。统计目录是指统计报表中主栏项目的一览表，是主栏中应填报项目的分类。统计目录大体可分为两类：一类是主栏中填报的统计分组用的目录，如工业部门分类目录等；另一类是主栏中填报的具体项目的目录，如工业产品目录等。

统计报表制度是一个庞大的组织系统。它不仅要求各基层单位有完善的原始记录、统计台账和内部报表等良好的基础，而且要有一支熟悉业务的专业队伍，要很好地发挥统计报表制度的积极作用，必须严格按照统计法规办事，实行系统内的有效监督和管理。

报表制定时应坚持适用原则；精简原则即少而精，可要可不要的表式指标栏目，坚决不要；统一配套，并保持相对稳定；国家、部门、地方的统计报表制度必须适当分工，互相配合，尽可能减轻基层单位的填报负担。既要防止多、乱、滥发报表，又要防止虚报、瞒报和漏报，才能保证统计数字的质量，降低统计的社会成本。

统计报表是一种收集基本统计资料的基本的、传统的方法，由于存在内容较固定且中间环节较多，从经济和效率的角度考虑，在可能的情况下尽量减少统计报表，更多采用专门调查满足资料收集的需要。

2）专门调查

专门调查是为研究和解决某种问题而临时组织的一次性调查。专门调查包括普查、重点调查、典型调查、抽样调查等种类，具有灵活多样、适应性强、因事制宜等优点。专门调查可以针对某专项内容进行，又可以补充统计报表的不足，应用的领域和范围很广，特别是社会经济运行的热点、难点问题；跟踪国家政策执行情况；各级党政领导关心、人民群众关注的问题、社会经济生活中出现的新情况和新问题；企事业单位和人民生活的需要等诸多方面。

（1）普查。普查是普遍调查的简称，是为了某些特定目的而专门组织的一次性全面调查。普查主要用来调查不能够或不适宜用定期全面统计报表来收集的资料，作为了解和掌握基本国情国力资料的重要途径，在社会经济管理中占据重要地位。国家组织的农业普查、经济普查、人口普查按国家规定的统一组织、统一标准、统一方法、统一时间、统一表式和统一内容。普查数据一般较准确、规范化程度也较高，可以为抽样调查或其他调查提供基本依据。普查也有其局限性。普查要花费大量的人力、物力、财力和时间，因而间隔的时间通常较长，统计普查也不能经常进行。

普查一般适用于调查一定时点上的社会经济现象的总量，也可以调查某些时期现象的总量乃至一些并非总量的指标。我国的普查多半是在全国范围内进行的，而且所要收集的是经常的、定期的统计报表所不能提供的更为详细的资料，特别是重要的国情国力数据。目前我国实施周期性的普查制度，其明确规定人口普查和农业普查每 10 年进行一次，人口普查在逢 0 年份实施、农业普查在逢 6 年份实施；经济普查每 5 年进行一次，在逢 3 和 8 的年份实施。

普查是一次性调查，用来调查时点指标的，所取得的资料是反映事物或现象在一定时点上的总量和总体的各种构成情况的。由于普查工作量很大，涉及调查单位很广，调查项目较多，调查员队伍庞大，调查经费开支较大，国家普查需要差不多一年才能得到最终数据资料，因而根据实际需要和调查对象本身的特点，每隔较长一段时间才进行一次，一般这个间隔为 5 年或 10 年。普查是全面调查，对调查对象中包括的所有调查单位无一遗漏地进行调查，如经济普查就需对我国所有第二产业、第三产业的经济单位的发展规模、结构和效益等方面情况进行全面调查。普查数据标准化程度高，有着较高的准确性，可以为其他调查提供基本依据。

普查的组织方式一般有两种：一种是建立专门的普查机构普查。这种方式配备大量的专业普查人员对调查单位进行直接登记并开展普查工作。我国的人口普查、经济普查和农业普查从中央到地方，建立各级普查领导小组和工作小组，制订普查方案；组织普查人员和物力财力，对全国范围内的调查单位进行直接登记，再汇总和公布资料，最后总结普查工作。如我国第二次全国农业普查历时3年，直接调查的原始指标600多个，全国近700万普查指导员和普查员，共调查了2.3亿普查户、40万个农业生产经营单位、65万多个村和4万多个乡镇，填报普查表近5亿张。另一种以调查单位填报开展普查。它颁发调查表，利用调查单位的原始记录和核算资料、结合盘点清查，由报告单位填报，如物资库存普查等。这种方式不设置专门的普查机构而利用基层单位本身的组织系统，但需有专门的组织和人员从事该项普查工作。这种方式适用于内容比较单一、涉及范围较小的情况，特别是为了满足某种紧迫需要而进行的"快速普查"。

普查时要注意：一是规定统一的普查标准时点。规定统一的普查标准时点是指对被调查对象登记时所依据的统一时点。调查资料必须反映调查对象的这一时点上的状况或这个时点前的一段时间的状况，以避免调查时因情况变动而产生重复登记或遗漏。二是规定统一的普查期限。普查期限是指普查中对调查对象进行登记的时间。在普查范围内各调查单位或调查人员应尽可能同时进行登记，并在最短的期限内完成，以便在方法和步调上保持一致，保证资料的准确性和时效性。三是规定统一的普查项目和指标。普查时必须按照统一规定的项目和指标进行登记，不准任意改变或增减，以免影响汇总和综合，降低资料质量。同一种普查，每次调查的项目和指标应力求一致，便于历次普查资料的对比分析和观察事物与现象发展变化情况。

（2）重点调查。重点调查是指在调查对象中选择一部分重点单位进行调查，以了解总体基本情况的一种非全面调查。重点调查的关键是选择重点单位。重点单位就是在总体中具有举足轻重的地位或单位数虽少但其标志值在总体标志值中占有很大比重的调查单位。通过对重点单位某种标志的观察和了解，就可以从数量方面把握整个总体在该标志方面的基本情况。例如，要掌握我国移动通信运营的基本情况，只需对中国移动、中国电信和中国联通三个移动通信运营商进行调查就可以了，它们占据我国移动通信的绝大部分业务。由于重点调查所涉及的调查单位较少，项目较细，内容相对较多，可以节省较多的人力、物力、财力，以较高的时效取得调查总体基本情况的资料。

重点调查一般有两种做法：一是采用一次性调查方式，对重点单位的某些标志值组织专门机构进行调查；二是采用经常性调查方式，向重点单位布置定期统计报表，定期观察这些重点单位的主要指标完成情况及其变动。

重点单位的确定要考虑：第一，根据调查任务来确定重点单位，不同的调查任务有不同的重点单位。一个调查单位只可能在一个或几个方面的标志值占有较大比重，符合重点单位的条件，只有选择其调查符合重点单位条件的方面。第二，重点单位数量应根据调查总体的实际情况确定。选出的重点单位数应尽可能少些，其标志值在总体标志值中所占比重应尽可能大些，若调查单位标志值集中度高则调查单位数可以少一些，反之则多一些。第三，选中的单位应是管理健全、统计基础工作较好的单位，以有利于统计调查的实施。第四，适时调整重点单位。重点单位是可以变动的，不同问题的重点调查或同一问题不同时间、不同方面内容的重点调查有不同的重点单位，要随着情况的变化而调整重点单位。

重点调查适用于只要求掌握调查对象的基本情况，总体中要有重点单位即总体中部分单位能较集中地反映要研究的问题。如对我国石油行业生产情况进行调查，就可采用重点调查，因为我国石油产量比较集中在中石油、中石化和中海油三家生产单位。只有存在重点单位时，才采用重点调查了解总体基本情况；对于没有重点单位的总体现象的认识，就不能采取重点调查了。由于重点单位在全体调查对象中只占一小部分，调查的标志量在总体中却占绝大的比重，因面对这部分重点单位进行调查所取得的统计数据能够反映事物和现象发展变化的基本趋势，不能用以推断总体，因而也只是一种补充性的调查方法。

（3）典型调查。典型调查是根据调查的目的和要求，在对调查对象全面分析的基础上，有意识地选择部分有代表性或典型意义的单位进行调查，以认识同类事物和现象的发展变化规律及本质的一种调查方法。典型调查只调查部分有代表性的单位，属于非全面调查。

典型调查有以下几个特点：一是根据调查者对总体分析和判断来确定调查单位。典型单位是根据调查目的和任务有意识地选取的，受主观因素的影响很大，调查者对调查单位的了解情况、思想水平和判断能力对选择典型的代表性起着决定作用。二是典型调查主要是定性调查。它主要依靠调查者深入典型单位进行调查，对调查对象直接剖析，取得第一手资料，能够透过现象发现本质和发展规律，是一种以定性研究为主的调查方式。三是典型调查是一种由点及面，由个别到一般的认识方法。典型调查的方法论基础是辩证唯物论中关于从特殊到一般的认识原理，通过对少数典型单位的了解来指导一般，典型调查的结果可以用来大体上估计总体，但不能严格推及总体。四是典型调查是一种深入细致的调查研究。典型单位较少、设置指标可多一些、内容可细一些、使用调查工具不多，便于对事物和现象的状况深入分析与研究。运用灵活方便，节省人力、物力、财力和时间。

典型单位的选择方式主要包括以下三种：一是"解剖麻雀"。即对个别典型单位进行调查和研究，通过典型单位特征来说明事物的一般情况或事物发展的一般规律性。当调查单位之间情况差异较少，可选择若干个典型进行"解剖麻雀式"调查。二是划类选典。当调查对象的各单位间差异较大、涉及问题较复杂时，在了解总体大致情况的基础上把总体划分成若干类型，各类型单位按总体单位中所占比重从单一类型中选出若干典型单位进行调查，以从数量上推断整个总体。三是"抓两头"法。从调查目的和要求出发，分别从先进单位和落后单位中选择典型，以便总结成功经验和吸取落后教训，带动中间状态的单位，推动整体的发展。

选择典型单位是典型调查的首要问题，选择时要考虑以下方面：一是依据研究的目的和事物的特点选择典型。根据统计调查的目的和调查对象的特点选择典型，正确划分社会经济现象的类型和确定所选典型的类别。如果研究的目的在于探讨事物发展的一般规律，就应选取各方面发展较全面、较完善的单位作为典型。如在加强环保、美化城市方面，可选择全国优秀且有较成熟经验的大连、珠海等城市作为典型；如果要研究新生事物，应选择刚涌现的事物作为典型，如新一轮农村土地改革、产业发展智能化等问题；如研究问题的目的是表彰先进、树立榜样，当然要选择先进单位为典型。二是从事物的联系中去挑选典型。从事物的联系和共性出发，选择各类型单位中代表性强的单位作为典型单位。如果是先进典型则优先考虑选择那些最有特色、最突出、最有借鉴意义的方面的单位；中间水平的典型单位可以考虑选择最普通、最一般、最有共性的对象作为典型单位；后进典型单位可能要有最值得改进或最需要吸取教训的方面的单位好一些。三是典型单位数目依据总体单位之间的差异程度确定。总体各单位之间差异程度大的，典型单位应该多选择一些，才能保证代表性；总体各单位之间差异程度小的，典型单位可以少选择一些。

只要客观地、正确地选择典型单位，通过对典型单位的深入细致的调查，既收集详细的第一手数字资料，又掌握生动具体的情况，就可以获得对总体本质特征的深刻认识，特别是对一些复杂的社会经济问题的研究，典型调查可以了解得更深入、更具体、更详尽。

典型调查是面对面的直接调查，主要依靠调查者深入基层与调查对象直接接触与剖析，通常有开调查会、个别访问、现场观察、查阅资料等典型调查的方法，其中开调查会是最常见的方法，这样才能对事物和现象的内部机制与变化过程了解得比较清楚、资料比较系统全面。

典型调查的适用有以下几个方面情形：一是研究新事物、了解新情况、发现新问题。改革和发展的年代，新生事物不断涌现、新情况和新问题不断产生，要全面了解它们的情况比较困难，通过对典型单位深入细致的调查，可以及时发现新情况、新问题，探测事物发展变化的趋势，形成科学的预见，并及时研究尚未充分发展、处于萌芽状况的新生事物，发现和解决出现的新问题或某种倾向性的社会问题。二是通过调查典型单位指导一般。由于典型调查的调查单位少，可以集中精力和时间深入调查典型单位，详细了解现象的具体情况，将事物的来龙去脉调查研究得清清楚楚，从而认识现象发展的一般规律，并以此指导和推动面上的工作。三是补充其他调查的不足。在总体内部差别不大，或分类后各类型内部差别不大的情况下，典型单位的代表性很显著，可用典型调查收集统计报表和其他专门调查无法取得的统计资料、收集不能用数字反映的各种情况、验证全面调查数字的真实性。四是一定条件下，可用典型调查资料结合基本统计数字估计总体指标数值。典型调查与全面统计相结合，可以补充全面数字的不足。全面资料只能反映总体事物的综合发展状况，为了更生动地说明问题，往往用典型调查所取得的具体资料加以补充。

（4）抽样调查。抽样调查的概念有广义和狭义之分。从广义上看，抽样调查就是非全面调查，它是指从调查对象中按一定的原则抽取部分单位作为样本进行观察研究，并根据样本结果来认识总体的一种调查方法。抽样调查按抽样方法不同，可分为随机抽样和非随机抽样两种。

随机抽样也叫概率抽样。一般所讲的抽样调查，大多数是指随机抽样，就是狭义的抽样调查，它是按照随机原则从调查对象中抽取部分单位进行调查，并根据所获得的样本数据对总体数量作出估计和推断的调查方法。随机原则是根据大数定律的要求，在抽取调查单位时，应保证总体中各个单位都有同样的机会被随机地抽中。

随机抽样具有以下几个基本特点：第一，按照随机原则抽选调查单位。样本单位的抽取不受任何主观因素及其他系统性因素的影响，总体的每个单位都有一定的机会被抽选为样本单位。第二，对部分单位调查的目的是推断总体指标。抽样调查中的样本指标和对应的总体指标之间存在内在联系，提供了用实际调查部分信息对总体数量特征进行推断的科学方法，用样本统计量对总体参数进行估计。第三，抽样误差可以事先计算并加以控制。以样本资料对总体数量特征进行推断，不可避免会产生代表性误差，但抽样调查的代表性误差是可以根据有关资料事先计算并进行控制的，故可以保证推断结果达到预期的可靠程度。但随机抽样比较复杂，对调查人员的专业技术要求高，调查中需要抽样框，而构建和维护一个高质量的抽样框费用很高，抽样单位可能非常分散，而且不能轻易更换样本单位，增加了调查费用。

同全面调查相比较，随机抽样有以下优点：第一，随机抽样节约费用、快速及时，而且比较灵活。随机抽样的调查单位少，收集整理和汇总工作量少，尤其对急需的有关信息可以及时地获得结果，有时可以根据需要增加调查内容。第二，随机抽样能够提高资料的准确性和可靠性。抽样误差通过抽样单位数和抽样组织形式来调节与控制。全面调查只有工作误差而没有代表性误差，而随机抽样则两种误差全有，在全面调查过程控制得好时，随机抽样相对不准确。但是不能忽略了随机抽样和全面调查中两种误差的大小，全面调查的调查单位多、涉及面广，参加人员多、水平不齐，发生工作误差的可能性就大；随机抽样的调查单位少、参加人员少，可以严格培训，因而发生工作误差的可能性小，因而随机抽样有可能比全面调查的结果更准确。第三，随机抽样和全面调查是不能互相代替的。随机抽样只能提供说明整个总体情况的统计资料，而不能提供总体各层级状况中各个组成部分的资料，难以满足各级管理部门的要求。应根据资料的性质和调查对象的不同，采用不同的统计调查形式。一些重要的国情、国力的统计资料，必须组织全面调查。很多国家的人口普查与人口随机抽样同时进行，一些项目通过普查取得资料，另一些项目通过随机抽样取得资料，这样既节省了调查费用和时间，又丰富了调查内容。

随机抽样具有以下几个作用：第一，不可能进行全面调查的场合而又需要了解全面资料，必须采用随机抽样的方法。调查所使用的手段具有破坏性、损伤性或消耗性，如产品质量检验、食品防腐期限试验等都不可能将所有产品进行检查和实验；对无限总体或总体规模非常大的场合进行调查，如要测定湖水的含氧量、调查大气的污染程度、研究太空中行星运动规律等只能采用随机抽样的方法。第二，没有必要进行全面调查但需要掌握总体全面情况。实际上没有必要或很难办到要采用随机抽样，如要了解全国城乡人民的家庭生活状况，从理论上讲可以挨门逐户进行全面调查，但是调查范围太大、调查单位太多，实际上难以办到、也没有必要。第三，随机抽样的结果可以对全面调查的结果进行检查和修正。全面调查涉及面广、工作量大、参加人员多，较容易产生漏查、重查、填错、算错等调查性差错。而随机抽样单位少、有准确度高及抽样误差可以控制等优点，在全面调查之后进行抽样复查，根据抽查结果计算差错率，并以此为依据检查和修正全面调查结果。第四，用于资料时效性要求很强的场合。例如，大量农产品收割前一般要进行产量预计，以便及时地组织仓储和运输设备；对工厂连续大量生产的产品质量检验和控制等都对调查结果有很强的及时性要求，一般均需采用抽样方法。第五，随机抽样可以用于工业生产过程的质量控制。在工业产品成批或大量连续生产过程中，利用随机抽样可以检验生产过程是否正常，进行质量控制，保证生产质量稳定。便于采取措施，预防废品的发生。

随机抽样包括简单随机抽样、类型抽样、等距抽样、整群抽样和多级抽样等形式。简单随机抽样又称纯随机抽样，是事前对总体数量不作任何分组排列，完全凭偶然的机遇从总体中抽取样本进行调查的方法。简单随机抽样一般可采用直接抽样、抽签、摇码或查随机数表等方法抽取样本。采用这种抽样方式比较适合于总体单位之间差异较小的状况。等距抽样亦称机械抽样或系统抽样，它要求先将总体各个单位按照空间、时间或某些与调查无关的标志排列起来，然后等间隔地依次抽取样本单位。抽样间隔则等于总体单位数除去样本数所得的商。这种抽样方法在被调查总体数量较多时更为方便。类型抽样亦称分层抽样或分类抽样，先将总体单位按其差异程度或某一特征分类、分层，然后在各类或每层中随机抽取样本单位。它实际上是科学分组、分类与随机原则的结合，适用于总体量大、差异程度较大的情况。分层抽样有等比抽样和不等比抽样之分，当总数各类差别过大时，可采用不等比抽样。除了分层或分类外，其组织方式与简单随机抽样和等距抽样相同。整群抽样是按照某一标准将总体单位分成"群"或"组"，并从中抽选，然后把被抽出的"群"或"组"的所有单位都定为样本单位，最后利用抽中"群"或"组"的调查结果推断总体。抽取"群"或"组"可以采用随机方式或分类方式，也可以采用等距方式来确定；"群"或"组"内的调查采用普查方式进行。前四种抽样方法均为一次性直接从总体中抽出样本，称为单阶段抽样。还有多阶段抽样，又称多级抽样，它是将抽样过程分为几个阶段，结合使用上述方法中的两种或数种。

非随机抽样又称非概率抽样，是指调查者根据自己的认识和判断，从调查对象中有意识地抽取部分单位作为样本，进行观察研究，以认识总体的统计调查方法。一是方便抽样。方便抽样就是调查过程中由调查人员依据方便原则，自行确定样本单位的调查方法。其样本往往限于总体中易于抽到的一部分，最常见的是偶遇抽样，研究者将在某一时间和环境中所遇到的每一总体单位均作为样本成员。如调查者在街头、公园、商店等公共场所进行拦截调查，厂家在出售产品柜台前对路过顾客进行的调查。方便抽样具有容易实施、节约时间、调查成本低等优点；但是样本单位的确定带有随意性，样本无法代表有明确定义的总体，样本代表性因受偶然因素的影响太大而得不到保证，调查结果不宜推断总体。二是自愿抽样。自愿抽样是指公开征求自愿接受调查或实验对象的抽样方法。被调查者自愿参加、成为样本中的一分子，向调查人员提供有关信息，如参与媒体调查问卷活动等属于自愿抽样。自愿抽样的样本只能反映特定人群的情况，是有偏颇的，不能依据样本的信息推断总体。实际中可能出现自愿者的教育程度或社会经济地位比非自愿者高、女性多于男性的情况。三是判断抽样。判断抽样又称立意抽样，研究人员根据研究的目的和对研究对象的了解，按照自己的经验、判断，从总体中选择最能代表总体的单位作为样本的抽样方法。判断抽样有重点抽样、典型抽样等方式。判断抽样是主观的，样本选择的好坏取决于调研者的判断、经验、专业程度和创造性。当研究者对自己的研究领域十分熟悉，对研究总体比较了解时采用这种抽样方法，可获代表性较高的样本。这种抽样方法多应用于总体小而内部差异大的情况，以及在总体边界无法确定或因研究者的时间与人力、物力有限时采用，具有抽样成本比较低、容易操作的特点；

但样本是人为确定的、没有依据随机原则,调查结果不能用于推断总体。四是滚雪球抽样。根据研究的目的和要求,先选择一组具有所需特征的调查单位并对其调查,依靠它们提供符合要求的调查对象……依此类推,如同滚雪球般将调查过程持续进行。滚雪球抽样多用于总体单位的信息不足或观察性研究的情况,特别是稀少群体和特定群体研究。做到容易找到那些属于特定群体的被调查者,调查的成本也比较低。五是配额抽样。配额抽样也称定额抽样,先将总体按一定的标志分为若干类(层或群),按照各类型样本数与总体单位数成比例的原则主观抽取样本。配额抽样操作简单,节省费用,选择过程短,能够较快地取得调查结果,可以保证总体中不同类别的单位都包括在样本中,并使得样本结构和总体结构类似。配额抽样类似于分层抽样,有两点重要区别:首先,配额抽样的被调查者不是按随机原则抽选出来的,而分层抽样必须遵守随机抽样的原则;其次,在分层抽样中用于分类的指标应联系研究目标选择,而配额抽样无此要求。

非随机抽样比随机抽样容易实施、成本低、省时间,可根据样本调查结果,从一定程度上说明总体的性质、特征。但由于无法排除抽样者的主观性,不知道也无法控制和客观地测量样本的代表性,不能估计出抽样误差,非随机抽样的结果不能也不应该推算总体,也无法正确地说明样本统计值在多大程度上适合于总体。非随机抽样对精确性要求不严格的调查有相当大的吸引力,多用于探索性研究和预备性研究以及总体边界不清、难以实施随机抽样的研究。在实际应用中,非随机抽样往往与随机抽样结合使用,以取得更准确的结果。

2.2.3 统计数据的收集方法

任何一种调查都必须采用一定的调查方法去收集原始资料,即使调查的组织形式相同,其调查方法也可以是不同的。应根据调查目的与被调查对象的具体特点,选择合适的调查方法。

根据调查对象、调查单位的特点和调查内容不同,统计数据的收集方法分为以下几种。

1. 实验调查法

实验调查法也称试验调查法,就是通过某种实验或者实践活动的验证去收集有关资料的一种调查方法。实验调查法通过实验方法得到的数据,就是实验者按照一定实验假设,通过改变某些实验环境的实践活动来认识实验对象的本质及其发展规律的调查。将一组随机抽取的实验对象随机分配到两种或多种处理组,观察比较不同处理的效应,这种研究称为实验新方法或新方案使用效果的数据资料。实验设计能有效地控制误差,节省人力、财力、物力,提高效率,但须遵循以下四个基本原则。

(1)对照原则。对照原则即实验要设立对照,除实验因素外,对照组与实验组其余因素保持一致。

(2)重复原则。重复原则即研究对象要有一定的数量,或者说样本含量应足够,根据每个具体研究,可有不同的方法来进行样本含量估计。

(3) 随机原则。随机原则即应保证每个实验对象有同等机会进入实验或接受某种处理。

(4) 均衡原则。均衡原则即各组的非实验因素条件基本一致,以消除其影响。

实验调查法通常是对自然现象而言的,现在广泛运用到社会科学中。社会经济现象采用实验调查法是以社会为"实验室",以实践为基础。常用于收集测试某一新产品、新工艺或新方法使用效果的资料的方法。如了解某新产品的质量和提高产品质量应采取的措施,可免费将新产品赠送给用户或消费者个人试用,以征求用户或消费者个人的意见;了解某新产品的销路和顾客对产品质量与价格的意见,可举办新产品展销会;为进行某项改革和推行某项新政策,先在小范围内进行试验,以了解改革的新政策的社会效应。

实验法要注意以下几个问题。

(1) 人的意愿。研究的对象是人的时候,在划分实验组和对照组时的随机原则将面临挑战。

(2) 心理问题。人们对被研究非常敏感,这使得他们更加注意自我,从而走到事物的另一个极端。

(3) 道德问题。当某种实验涉及道德问题时,人们会处于进退两难的尴尬境地。

2. 直接观察法

直接观察法又称现场观察法,是由调查人员到现场对调查对象进行直接点数和计量的一种调查方法。如要了解商场中商品库存量,调查员亲自到商场和仓库中现场观察、点数、计量;要测量农作物的产量,调查员到地块中进行实割实测;等等。这种方法能够保证所收集的统计资料的准确性,但经济性差,要花费较多的人力、物力和时间。调查机关派出调查人员到调查所涉及的事物所在的场所进行现场观察、点数、计量或用仪器测量和记录现场情况的调查方法。

直接观察法适用于非全面调查、收集表象资料、了解现实情况。由于受到观测、计量等方面能力和手段的限制,只能观察到表面现象或现场实际数量,无法了解被观察对象的内部状态,如对企业生产经营状况进行调查,如果仅通过现场观察企业的生产或销售等活动,可以统计当时发生的生产和销售等现状数据,但无法了解生产者、中间商、消费者等各种被观察者的心理活动,也无法对历史情况进行研究。

3. 采访法

采访法是指调查人员向被调查者提出问题,根据被调查者的回答以取得资料的调查方法,可根据具体情况,采用个别询问或以座谈会的形式收集资料。采访法分为口头访问、书面访问、个人访问、集体访问等形式。

现实中较常见的采访法有问卷调查法、座谈会和深度访问等。

1) 问卷调查法

问卷调查法也称问卷法,是采访法中的书面访问和集体访问形式的结合,是调查者运用统一设计的问卷向被选取的调查对象了解情况或征询意见的调查方法。它是为了特定的目的,选择合适的目标对象群,以问卷形式提问、由被调查者自愿自由回答的一种采集资料的方法。调查问卷由一连串写好的小问题组成,编制成书面的问题表格,收集被访问者的意见、感受、反应及对知识的认识等，然后收回整理分析，从而得出结论。

2）座谈会

座谈会也称集体访谈法，就是将一组被调查者集中在调查现场，让他们对调查的主题发表意见，从而获取资料的方法。参加座谈会的被调查者应是所调查问题的专家或有经验者，人数不宜太多，通常为6~10人，研究人员应对被调查者进行严格的甄别、筛选。讨论方式主要看主持人的习惯和爱好。这种方法能获取其他方法无法取得的资料，因为在彼此交流的环境里，被调查者相互影响、启发、补充，不断修正自己的观点，这就有利于研究者从中获得较为广泛深入的想法和意见，而且座谈会不会因为问卷过长而遭到拒访。

3）深度访问

深度访问是一种一次只要一名被调查者参加的特殊的定性研究，简称"深访"。"深访"暗示着要不断深入到被调查者的思想中，努力发掘其行为的真实动机。"深访"是一种无结构的个人访问，调查者运用大量的追问技巧，尽可能让被调查者自由发挥，表达他的想法和感受。"深访"常用于动机研究，如消费者购买某种产品的动机等，以发掘被调查者非表面化的深层意见；最适用于研究个人隐私问题、敏感问题或政治性问题等。对于那些不同人之间观点差异极大的问题，用小组讨论可能会把问题弄糟，也可采用"深访"。

采访法在实施中，调查人员和被调查者直接交谈，调查人员可向被调查者说明调查的目的和要求，从而打消被调查者不必要的顾虑，也可当场解释调查中出现的问题、解答被调查者的各种疑问；在集体访问中，调查人员与被调查者可以相互讨论，相互补充，从而可保证收集资料的质量。但是采访法同时也具有耗费过大的缺点，在调查经费紧张时不宜采用这种方法。

采访法顺利实施需具备一定的条件，主要包括能激发被调查者的兴趣，愿意给予支持和合作；问题明确，易于回答；对调查结果不要求十分精确；不需要所有的调查对象都给答案；不属于个人保密情况。

4. 通信法

通信法指调查者利用网络、电视、电话、移动通信、信函、传真等通信中介手段将调查表格传递给被调查者，并请被调查者按调查内容反馈调查者的一种调查方法。常见的几种通信法有以下几种。

1）网络调查

网络调查是一种利用互联网作为媒介的调查方式。将问卷在网上发布，被调查对象通过 Internet 完成调查。网上问卷调查一般有三种途径：第一种是将问卷放置在 WWW 站点上，等待访问者访问时填写问卷。第二种是通过 E-mail 方式将问卷发送给被调查者，被调查者完成后将结果通过 E-mail 返回；第三种是主题调查法，通过视频会议、新闻组、BBS、聊天室进行。它充分利用了互联网的速度快、互动性、实时性、方便性、调查空间大、调研群体大、费用低廉、调研内容设置灵活、易获得连续性数据等优点。局限性在于调查对象只能是互联网用户，代表性、保密性和可信度都较低。

2）电话调查

电话调查是调查人员利用电话同被调查者进行语言交流，从而获得信息的一种调查方法。该方法具有时效快、费用低等特点。随着电话的普及，电话调查也越来越广泛。电话调查可以按照事先设计好的问卷进行，也可以针对某一专门问题进行电话采访。电话调查所提问题要明确，且数量不宜过多。

3）短信调查法

短信调查法是调查者以短信的方式向被调查者提出问题，通过被调查者自愿回答来获得信息的一种调查方法。短信调查往往借助短信调查系统，调查者通过调查系统设置调查内容、调查流程以及调查过程中对被调查者进行自动引导，能根据被调查者的设置自动分析调查结果，等等。短信调查系统有两种调查方式：一种是对指定调查对象进行调查，调查系统根据调查者设置向预先拟定好的调查对象发送调查内容，根据被调查者的回复内容引导调查者完成整个调查过程。另一种是对所有自愿接受调查的调查对象进行调查，调查系统根据调查者设置接收所有被调查者的调查请求，将引导调查者完成整个调查过程。

4）邮寄调查

邮寄调查是通过邮寄、宣传媒体和专门场所等将调查表或问卷送至被调查者手中，由被调查者填写，然后将调查表寄回或投放到收集点的一种调查方法。这是一种标准化调查，其特点是，调查人员和受调查者没有直接的语言交流，信息的传递完全依赖于调查表。邮寄调查在统计部门进行的统计报表及市场调查机构进行的问卷调查中经常使用。

为了提高效率，通过短信群发通知调查对象、宣传调查内容；为了提高被调查者参与的积极性，往往设计抽奖环节。短信调查具有便宜、方便、准确等优势，越来越被众多调查者，特别是企事业单位所采用。

采用通信中介调查，较派员采访节省人力、物力、财力和时间，成本较低，但是由于通信中介有覆盖范围和使用人群的限制，可能造成部分本来应该成为调查对象的不可能被调查，从而造成调查单位的代表性不够，影响调查结果的准确性和完整性；调查者和被调查者不直接接触、调查的实施没有强制性，往往反馈率较低、疑难问题回答的正确性不高。

5. 报告法

报告法是被调查者按调查机构统一颁发的调查方案，按一定的报送程序、报送时间向调查者报告有关资料的调查方法。我国现行的统计报表制度就是采用报告法收集统计资料的，这种调查方法是各地区、各部门、各单位按照有关法规的规定，必须对国家履行的一种义务。报告法的特点是有统一项目、统一表格、统一要求和统一上报程序与上报时间，其资料来源于原始记录，可以同时进行大量的调查。在报告系统健全、原始记录和核算工作系统完整的情况下，报告法可以保证所提供资料的准确性和及时性。

报告法的实施必须带有强制性，即被调查者必须按规定准确及时地向有行政权力和法律手段作支持的调查者报告统计资料；报告法通常适用于政府部门，报告单位一般是机关团体或企事业单位,而不是个人;相对于直接观察法,报告法具有经济性和及时性,能显著节省人力、物力、财力和时间。

由于报告法采用的是调查者和被调查者不直接接触,因此方案要简明准确,通俗易懂,以防误解而影响统计质量。

2.3 统计调查方案与调查问卷的设计

2.3.1 统计调查方案的设计

统计调查是一项非常强的理论与实践紧密结合的系统性工作,一项大型的调查往往需要成千上万的人协同工作,可能涉及国民经济和社会发展的方方面面,为了使整个统计调查统一认识、统一计划、统一标准、统一组织、统一步骤、有条不紊地进行,圆满完成调查任务,事先制订一个科学周密的统计调查方案是不可缺少的前提条件。

统计调查方案是指导统计调查的纲领性文件,而正确地制订统计调查方案是保证统计调查有计划、有组织进行的首要步骤,是保证统计调查顺利进行的前提,也是准确、及时取得统计资料的重要条件。

一个完整的统计调查方案应包括以下几个方面。

1. 调查目的

明确调查目的是制订统计调查方案的首要问题,调查目的决定着调查对象、调查内容和调查方法。调查目的首先确定了"为什么要进行调查"的问题,明确这次调查要了解什么问题、解决什么问题和要取得什么资料等根本问题。只有在此基础上,才能进一步确定向谁调查,调查什么及采用什么方法调查,才能进一步明确具体的调查任务。如果调查目的不明,就会使整个调查工作陷入盲目状态,最终酿成整个调查工作的失败。

2. 调查对象、调查单位和报告单位

统计调查的目的确定以后,就可以进一步确定调查对象、调查单位和报告单位,回答向谁调查、由谁来具体提供资料的问题。

调查对象就是根据调查目的所确定的调查研究的事物的总体,它由性质相同的许多调查单位所组成,确定了调查对象也就明确了调查范围。调查单位是构成调查对象的各个单位,是调查资料的承担者,是在调查的对象中所要调查的具体单位,确定了调查单位,则使我们知道从哪里取得有关标志的情况和资料,即解决了向谁调查和由谁来提供统计资料的问题。调查单位可以是一个企业、一个事业单位,也可以是一个人,甚至是一件产品。报告单位也称填报单位,是负责向上报送调查内容、提交统计资料的单位。例如,要对中国大学教育状况进行调查,那么中国所有大学就构成调查对象,即调查总体,而中国的每一所大学,都是调查单位。若调查目的是了解全国大学生的学习和生活情况,则全国所有大学的大学生就是调查对象,而每一个大学生就是调查单位。

调查执行时，应注意理解调查单位和报告单位的关系。报告单位一般是在行政上、经济上具有一定独立性的单位，而调查单位可以是人、企事业单位，也可以是物。根据调查目的，调查单位与报告单位有时一致，有时不一致。如经济普查，每个经济单位既是调查单位又是报告单位；而企业设备普查，调查单位是企业的每台生产设备，而报告单位是每个企业。而在科技人员调查中，调查单位和填报单位就不一致，前者是每一个科技人员，而后者则是科技人员所在的工作单位。

3. 调查项目和调查表

调查项目即调查的内容，就是调查中所要登记的调查单位的特征名称，由调查单位的一系列品质标志和数量标志构成。确定调查项目所要解决的问题是：向调查单位调查什么？反映调查单位特征的标志是多种多样的，如要反映国有企业的生产经营情况，就需收集每个被调查企业的职工人数、职工工资、工业总产值、工业增加值、销售额、利润、成本、劳动生产率、税收等方面的相关资料。

调查中选择哪些调查项目可依据事先设计好的统计指标体系，根据调查目的和调查单位的特点来确定。确定调查项目时应注意以下几点。

（1）项目的出发点，从事物和现象之间的相互联系，从现象的过去、现在和发展等方面出发。

（2）项目的必需性，即根据调查目的所必需的项目。

（3）取得资料的可能性，即只提出能够取得确切资料的项目。

（4）项目之间的衔接性，即项目之间尽可能做到互相联系，便于核对。

（5）项目解释的一致性，即调查的项目含义明确，不要模棱两可和引起歧义，项目动态可比性。

调查表就是承载调查项目的统计表格，是将确定的调查项目按一定顺序列示出来的表格，它是统计工作中收集统计资料的基本工具。调查表是调查方案的核心部分，调查项目应科学地分类，按照一定的逻辑顺序和技术要求在调查表中合理地排列。一份调查表能将调查资料清晰、有条理地表示出来，不仅便于收集和登记资料，而且便于调查后对统计资料的汇总、整理和分析。

调查表一般由表头、表体和表脚三部分内容组成：表头在调查表的上方居中，用来标明调查表的名称；左上填写调查单位的名称、性质、隶属关系等项；右上注明表号、制表单位、批准备案文号等。表体是调查表的主要部分，包括事物和现象的调查项目的具体内容及数字、计量单位等具体表现；表脚包括调查者和单位负责人的签名与调查日期等内容，以便明确责任，发现问题时便于查询。

调查表的形式一般有两种：单一表和一览表。单一表是在一张表上只登记一个调查单位的调查资料（表2-1），它可以容纳较多的调查项目，便于整理、分类，但内容烦琐，适用于调查项目多、调查单位少且较详细的统计调查。一览表是在一张表上登记若干个调查单位的调查资料（表2-2），它的调查项目不宜过多，一览表的使用节省人力、物力，而且一目了然，便于合计和核对差错，它适用于调查项目较少、调查单位较多时。

表 2-1　企业职工状况调查表

企业名称：　　　　　　　　　企业地址：

企业性质：1. 国有　　2. 集体　　3. 私有　　4. 外资　　5. 港澳台经济　　6. 其他

企业规模：1. 大型　　2. 中型　　3. 小型　　4. 微型

企业盈亏状况：1. 盈　　2. 亏　　　　　上年盈亏状况：1. 盈　　2. 亏

职工状况

职工总数___人

其中：男职工___人　　　女职工___人

年龄构成：　　　　　　　　　　　　　受教育程度：
　　20 岁以下的___人　　　　　　　　小学及以下___人
　　20～30 岁的___人　　　　　　　　中　　学___人
　　30～40 岁的___人　　　　　　　　专　　科___人
　　40～50 岁的___人　　　　　　　　本　　科___人
　　50 岁以上的___人　　　　　　　　研究生及以上___人

企业负责人签字：　　　　填表人签字：　　　　填表日期：

表 2-2　××市 20××年工业企业情况调查表

企业名称	企业代码	职工人数	资产总额	销售收入	利润	税金

单位负责人：　　　　填表人：　　　　填表日期：

4. 调查方式和调查方法

调查方式是指调查的组织形式，调查方法是指收集资料的具体方法的选择。调查的方式、方法包含多种，它们各自都有自己的特点和适用条件。实际工作中，在选择调查的方式、方法时，要根据统计调查的内容和调查对象的特点，结合方式方法的优缺点考虑，不论采用哪种方式组织调查，都要运用具体的调查方法进行统计资料的采集，可以只用某一种方式、方法或若干种方式、方法结合使用。我国经济普查规定，对法人单位、产业活动单位采用普查的方式，对个体经营户采用普查辅以典型调查的方式，具体收集数据一律采用访问。

5. 调查时间和调查地点

调查时间包括三个方面的含义。

（1）调查资料所属的时间。如果所调查的是时期现象，就要明确规定反映的调查对象从何年何月何日起到何年何月何日止的资料，如调查某企业工业总产值，就应规定工业总产值的起止日期，是某一年的，或是某一季度的，等等；如果所要调查的是时点现象，就要明确规定统一的标准时点。如我国第六次人口普查规定的标准时点，即 2010 年 11 月 1 日零时（或 10 月 31 日 24 时）。

（2）调查工作进行的时间。调查工作进行的时间即指对调查单位的标志进行登记的时间。人口普查中规定入户登记的时间为 15 天。

（3）调查期限。调查期限即整个调查工作的期限，包括从调查准备工作开始，到收集资料，报送资料，到数据完全公布为止的整个调查工作所需的时间，2010 年全国第六次人口普查，从 2010 年 11 月开始到 2011 年 4 月 29 日发布第二号人口普查统计公报为止，历时将近 6 个月，而实际普查开始准备的时间更早。实践中，为了保证调查工作如期完成，人们还往往规定不同调查阶段的工作时间。为了保证资料时效性，对调查期限的规定，要尽可能短。

调查地点是指取得资料的合适地点。不同的场合会有不同的人群，不同的人群在不同的地点更容易得到被调查者的配合和支持，以便更好地完成调查任务，获得更加准确的资料。

6. 调查工作的组织实施计划

为了保证整个统计调查工作顺利进行，需要有一套严密细致的工作组织系统与之匹配，在调查方案中还应该有一个考虑周密的组织实施计划。其主要内容应包括以下几个方面。

（1）成立调查领导机构和办事机构。我国历次人口普查、经济普查、工业普查、农业普查等，都成立了专门的领导机构，负责组织和协调整个统计调查工作。

（2）配备调查人员。通常统计调查业务人员是从统计业务部门抽调的，他们是统计调查的业务指导员，对统计调查的成败有至关重要的影响作用，同时还要通过他们培训调查员。

（3）调查宣传。调查宣传即对调查意义的宣传，其目的在于使更多的人了解和认识开展调查的目的、任务和意义，取得调查单位的理解和支持，对统计调查来说是很重要的。

（4）相关人员的培训。一项大规模的统计调查单靠统计部门是难以完成的，需要动员社会各界人士的参与。例如，2010 年我国第六次人口普查仅普查员就 700 多万人，这些业务人员的素质直接影响统计源头的信息质量，因此，对调查员的培训是必不可少的。

（5）各种文件及调查表格的印刷、调查经费的筹集和管理、调查方案的传达布置、试点及其他工作、调查结果公布时间等。

2.3.2 统计调查问卷的设计

问卷是指为了达到调查的目的和收集必要数据事先设计好的询问提纲或一系列问题表，是最常用的一种调查工具。调查问卷是指根据调查的目的和任务，采用提问的形式系统地记载调查内容，并由被调查者回答的一种问题清单或表格，又称调查表或问卷表。它既是一种收集数据的结构化技术，又是实施各种调查方法在收集资料时的一种必备的工具，可以是表格式、卡片式或簿记式等形式。用它可以反映人们的行为、行为结果和对某项事物的认知程度、态度、基本意向等，从而为定量分析提供依据。完美的问卷必须具备两个功能，即能将问题传达给被问的人和使被问者乐于回答。要完成这两个功能，在问卷设计时应当遵循一定的原则和程序，运用一定的技巧。

1. 调查问卷的主要类型

调查问卷的主要类型有以下几种。

1）从调查问卷的内容看，调查问卷可分为甄别问卷、主体问卷和背景问卷

甄别问卷是为过滤调查对象而专门设计的问卷。甄别问卷主要用来将不符合项目访问要求的被调查者剔掉，找出真正符合项目要求的、合格的被调查者。项目不同，甄别的内容也有所不同，可根据实际要求进行取舍，通常包括被调查者所在行业的要求、年龄、收入、职务、决策权等要求方面的内容。通常甄别问卷会在一个完整问卷的开头部分，对甄别不合格的被调查者将在这一部分终止访问。如果没有经过甄别而直接开始问卷调查，那么很有可能得出的结果是毫无意义的。

主体问卷是指问卷中所设计的问题必须能表达调查主要内容的问卷；主体问卷是整个问卷的核心，其内容因项目不同而各异，需要根据具体要求来设计这部分问题。一般来讲，先是一般性问题，是被调查者容易回答和较为关心的问题，以引起被调查者的兴趣；中间的问题是需要被调查者思考的、开放性的问题；最后是专业性强、敏感的、较难回答的问题。

背景问卷主要用来了解被调查者个人或其家庭的一些基本情况，以帮助后期能够分析不同类型被调查者的情况有何不同。背景问卷通常包括被调查者的职业、年龄、受教育程度、职位、家庭成员数量、个人及家庭收入等方面内容。

2）从调查问卷的作答者看，调查问卷可分为自填式问卷和访问式问卷

自填式问卷是由调查者发给（或邮寄或网上提供）被调查者，由被调查者自行填写、作答的问卷。访问式问卷是由调查者按照统一设计的问卷，向被调查者当面或电话提出问题，然后再由调查者根据被调查者的口头回答来填写的问卷。

3）从调查问卷的结构看，调查问卷可分为结构式问卷和无结构式问卷

结构式问卷又称标准式问卷，是按照调查目的和内容精心设计的具有结构的问卷。问卷中的问题是按一定的提问方式和顺序进行安排的，对问卷中的问题和顺序，调查者是不能随意变动的。结构式问卷根据答案形式分为封闭式问卷、开放式问卷和半封闭式问卷三种。

（1）封闭式问卷。封闭式问卷是指对提出的每一个问题都给出了明确的答案，被调查者只能从已给的备选答案中进行选择的问卷。封闭式调查问卷的优点是便于综合，缺点是有时答案可能不全。

（2）开放式问卷。开放式问卷又称自由问卷，是指只提出问题，不提供任何可能答案，由被调查者自由回答的问卷。第一种开放式问卷不限制被调查者如何回答，被调查者可以在问题范围内说出结果；第二种开放式问卷是在前一问题的基础上，加了个尾巴"为什么？"，调查者希望获得被调查者作出前述回答的原因。使用开放式问卷的优点在于可以使调查得到比较符合被调查者实际的答案，缺点是有时意见比较分散，难以综合。

开放式问卷对探索性研究有许多好处：如提供行为的方向、问题的焦点、主要价值观念；有的问题还不是十分肯定，需先做探索。

（3）半封闭式问卷。半封闭式问卷也称半开放式问卷，是指封闭式与开放式相结合的问卷。其有两种形式：一种是在一个问题中，除给出一定的备选答案供选择外，还相应地列出一个或若干个开放式问题以便回答；另一种是问卷的一部分问题采用封闭式，另一部分采用开放式。

无结构式问卷是指问卷中的问题没有在组织中加以严格设计和安排，只是围绕研究目的提出问题，调查者在实施调查时，可根据实际情况适当变动问题和顺序。无结构式问卷的特点在于被调查者可以自由回答，毫无限制；调查者在不变更内容与方向的前提下，可以有相当程度的自由运用。如访问某组织的成员时可以随情况而改变问法，问甲时可以说：目的是什么？问乙时可以说：当初为了什么才组成这个组织？无结构式问卷多半用在深入访问的场合，适合被调查者人数较少、不必将资料量化、必须向有关人士问差不多相同的问题；无结构问卷比较适合于小样本，但对大样本研究也能产生辅助作用，把研究中的几个主要问题提出来讨论，然后与大样本问卷数据相互印证；对于集体研究，临时发现了重大的问题，值得进一步追究。

2. 调查问卷的设计原则

在问卷调查之前，一项重要的工作内容就是设计调查问卷，它是问卷调查中最基本的工作，问卷调查的成功与失败，能否达到预期目的，在很大程度上取决于调查问卷的质量。调查问卷的设计要遵循以下几个原则。

1）目的原则

目的原则是调查问卷设计最重要的、首先遵守的原则。问卷的主要目的是提供需要管理的信息。调查问卷设计服从于调查研究的目的和要求，所有项目必须与调查主题紧密相关，与调查主题无关的、可要可不要的项目都不要列入调查问卷，不设容易引起被调查者反感或疑惑而不能获得答案的项目；必须透彻了解调查项目的主题，能拟出可从被调查者得到最充分资料的项目，以满足调查机构对资料的需求，做到既不遗漏一个项目以致需要的信息资料残缺不全，也不浪费一个项目去取得不需要的信息资料。

2）接受原则

接受原则就是被调查者能够接受调查问卷。这是设计调查问卷必须考虑的因素，是获得被调查者支持的关键。要求做到调查问卷提问自然、用词准确、语气亲切、通俗易懂、适合被调查者身份、易为被调查者接受与合作，对敏感性问题采取一定的技巧调查，使问卷具有合理性和可答性，避免主观性和暗示性，以免资料信息失真。

3）简明原则

简明原则就是整体设计问卷、问题要简单明了。它是评价问卷质量的重要因素，包括内容精简扼要；语言简明、准确，而不要模棱两可，以避免理解和答问的错误，影响资料可信度；等等。应该控制问卷的长度。回答问卷的时间应尽量控制在 20 分钟以内，过长的问卷会影响被调查者的参与积极性和回答问题的准确性，最终会降低调查结果的可信度。

4）适当原则

适当原则包括问题适当、调查对象适当等。问题适当就是选择的问题要与研究假设相符，即所选择的问题是针对研究假设的，是研究假设合理的内涵和外延；所选问题在数量上要适当，这可根据一般经验和预试的结果来确定；问题中的调查指标要求适当，调查指标是能够累加和便于累加的、指标的累计与相对数的计算是有意义的、能够通过数据清楚明了地说明所要调查的问题，这样就能够做到调查结果的容易得出和调查结果的说服力，也便于调查后的整理与分析工作。调查对象适当是指选择的对象要符合对研究假设的推论；问卷的结构和形式、问题的形式及用语都要考虑调查对象的适当性。

5）排序原则

排序原则是指调查问卷的问题必须按照合理的顺序排序。问题排序是否恰当是问卷能否激发被调查者兴趣的关键。问题排序根据项目之间的联系，考虑内容、类别、时间、逻辑等方面的要求，合理设置各问题间的次序和关系。符合应答者的思维程序和逻辑，一般是先易后难、先简后繁、先具体后抽象，确保所取得的信息资料正确无误。

6）完整性原则

完整性原则要求确保问卷题目的完整性和选项的完整性。调查问卷中题目提供的选择答案应在逻辑上是排他的，在可能性上又是穷尽的，既不浪费一个问句，也不遗漏一个问句，确保准确全面地反映研究的问题。不同的调查问卷的问题内容差异很大，一般的调查问卷的主体内容通常包括以下三个方面：一是人们的事实与行为，包括对被调查者本人的事实与行为或通过被调查者了解他人的事实与行为。如对消费者的消费行为进行调查，就要调查消费者的具体消费行为。二是人们的事实与行为后果。被调查者本人的事实与行为或通过被调查者了解他人的事实与行为的后果及产生后果的原因。三是人们的态度、意见、动机、感觉、偏好等。

3. 调查问卷的内容

一份完整的调查问卷，应包括以下几个方面的内容。

1）问卷标题

问卷标题必须能够概括调查的主题，以使被调查者明确调查的主要内容和调查目的，应简明扼要，但又必须点明调查对象或调查主题。国家确定的调查问卷，还应在表头的左上方列出调查对象，右上方标明"表号、制表机关和文号"字样。

2）问卷前言

问卷的卷首通常有一个简要的前言，问卷前言又称引言，一般是以信函的形式向被调查者表示感谢，说明本次调查的目的、意义、主要内容和承诺有关保证及调查的组织单位、调查结果的使用者等有关事项，其目的在于引起被调查者对填答问卷的重视和兴趣，使其对调查给予积极支持和合作。如涉及需为被调查者保密的内容，必须指明予以保密，不对外提供，等等。

3）甄别内容

甄别内容是指通过设计一些问题先对被调查者进行过滤，筛选掉不符合条件的被调查者，然后得到满足条件的调查对象。通过甄别或过滤，一方面可以筛选掉与调查事项有直接关系的人,以达到避嫌的目的;另一方面可以确定哪些人是合格的被调查者,哪些人不是合格的被调查者。

4) 被调查者信息

被调查者信息主要是指被调查者的一些主要标志,这些是分类分析的基本控制变量。如果被调查者是个人,其基本情况信息可能包括被调查者的性别、民族、职业、收入、教育程度、婚姻状况、家庭人口等;如果被调查者是企业,其基本情况是指企业名称、单位代码、行政区划代码、企业地址、企业规模、企业所在国民经济行业、企业登记注册类型、固定资产原值、职工人数、营业收入等情况。具体列入多少项目,应根据调查目的、调查要求及调查对象的特点而定,并非多多益善。设置这些项目,一是满足对调查资料进行分组研究的需要;二是进一步了解被调查者情况的需要;三是查询的需要。有时也可以考虑将被调查者基本情况放在问卷说明后面或者问卷的末尾。

5) 问卷主体

调查问卷的主体内容是问题和答案,是调查者所要调查的基本内容和调查问卷中最重要的部分。调查问卷的主体内容设计是否准确、科学和易懂,直接影响整个调查的价值和资料的质量。调查问卷的主体内容应主要是提出调查的问题和可供选择的答案,根据调查目的,通过问题的逐一展开,以获取有关资料,但内容不宜过多、过繁,应根据需要而确定。

6) 问卷编码

编码是调查问卷中的一个组成部分,是对问卷中的问题和答案用数字或字符统一设计代码的工作过程。要对问卷调查所得的资料进行定量分析,就必须把调查问卷加以编码,把问题和答案变成计算机能够接受与处理的语言,然后输入计算机,再用一定的程序进行统计分析。一般情况都是用数字代号系统,并在问卷的最右侧留出"统计编码"位置。

7) 问卷说明

一份完整的调查问卷应包括必要的问卷说明或注释,问卷说明可设在问卷的最后,也可放在问卷前言之后。它是为帮助被调查者正确回答问题而作出的补充说明。问卷说明通常包括指标解释、调查须知及其他事项说明等。这部分通常还可以增加简短的几句话对被调查者的合作表示真诚的感谢;也可以稍长一些,顺便征询一下对问卷设计和问卷调查本身有何感受。

8) 作业记载

作业记载是指在调查问卷的最后记录调查人员的姓名、访问日期、对被调查者回答的评价及调查实施情况等的记录。调查实施情况记录一般记录调查中可供参考的重要情况、调查的效果和需要复查、校正的问题等。如有必要,作业证明的记载中还需注明被调查者的姓名、单位或家庭住址、联系方式等,以便于审核和进一步追踪调查。对于涉及被调查者隐私的问卷,则视情况是否不列入上述内容。

9) 结束语

结束语一般采用以下三种表达方式。

(1) 周密式结束语。对被访者的合作再次表示感谢,以及关于复核与不要漏填少填的请求。这种表达方式既显示访问者首尾一贯的礼貌，又督促被访者填好未回答的问题和改正有差错的答案。如可以这么表述："对于你所提供的协助，我们表示诚挚的感谢！为了保证资料的完整与翔实，请你再花一分钟，翻一下自己填过的问卷，看看是否有填错、填漏的地方。谢谢！"

（2）响应式结束语。提出关于本次调研的形式与内容的感受或意见等方面的问题，征询被访者的意见，问题形式可用封闭式，也可用开放式。

（3）开放式结束语。提出本次调查研究中的一个重要问题，在结尾安排一个开放式的问题，以了解被访者在标准问题上无法回答的想法。例如，"你对××××方面有何建议？"

（4）封闭式结束语。如你填完问卷后对我们的这次调查有什么感想？

4. 调查问卷的问句设计

调查问卷的问句设计之前，需要构建一个调查问卷的总体框架，作为指导设计问卷的提问语句和对资料进行分析的一种总体思路的逻辑架构图。总体框架紧紧围绕所研究的主题，明确问卷中应设置哪些问句，不设置哪些问句，使得问卷中的每一个问题都不可或缺，不可替代；还使得各问题之间建立起一种内在的逻辑联系，为以后的统计分析提供依据。同时为保证所有可能情况都已包括在内，需为过滤性问题设立一个流程图。

在总体框架下精心设计出每一个问句，问句可以选择设计为开放式或封闭式。一般来说，问句应以封闭式问题为主，使得回答者填写时较方便、容易，能省时省力，还便于进行数据处理和定量分析。开放式问题由于回答者可以充分自由地发挥、取得的资料较生动、可对问题进行深入的研究，但要花费较多的时间和精力，且要求回答者具有较高的知识水准和文字表达能力，所以适用于探索性问题的调查。

调查问卷的问句设计需要着重考虑措辞，要把问题的内容和结构转化成清晰易懂的语句，在问题的措辞上要注意以下事项。

1）表述的语言

问题内容的语言表述按照以下要求。

（1）语言应浅显、易懂，不要超过被调查者的领悟能力，应该用普通用语，而不用特殊专有名词。

（2）用语要尽量简单，不能太复杂，让社会各个阶层的被调查者理解其含义。

（3）字句的意义力求清楚明白，措辞不要含混或暧昧。

（4）问题不能具有双重（多重）含义、两个（多个）事实或观念，以免造成被调查者不知如何选择。

（5）用准确的语言叙述或描述，把范围固定。

（6）避免太普遍化的问话，以免使被调查者不知真正目的。

2）表述的情绪

问题表述的情绪按照以下要求。

（1）避免主观及情绪化。避免主观及情绪化字句，以免引起被调查者的自我保卫性回答。

（2）避免诱导回答及暗示性回答。诱导包括前言式诱导、问题的陈述偏袒和结构性的诱导。

（3）问题不能带有倾向性。以免诱导被调查者选择某一答案，影响调查问卷的可信度。

（4）避免涉及隐私的问题。避免不受欢迎或涉及隐私的问题，以免得到不真实的回答。

（5）不直接询问敏感性问题。不要直接询问敏感性问题，通过间接、婉转、富有技巧性的方式方法提问敏感性问题。

（6）问题原则上涉及社会禁忌与爱好。

3）内容的理解

问题内容的理解按照以下要求。

（1）提出的问题要在被调查者的知识和能力范围内能懂得。

（2）不要引起误解或争论，力争得到真实的回答。

（3）不要用假设或猜测语句。

（4）不要问被调查者不知道的问题。

（5）不要用否定句提问，避免造成被调查者的不适应。

4）问题的原则

问题内容坚持的基本原则如下。

（1）问题不应采用"一般"问题，以"特殊"问题为主。特殊性问题容易得到准确答案，而一般性问题难以得到可靠答案，因为一般性问题包含多个特殊性问题，这些特殊性问题有可能包含被调查者的截然相反的看法，难以统一成一个答案。

（2）一般先问集体性问题，再问个体性问题。

（3）只要被调查者能够明白问题的确切含义，问题的陈述就要采用尽可能简短的语言。

（4）敏感性的问题尽可能采用间接提问，而其他问题最好直接提问。

5. 问卷的答案设计

封闭式问卷是以问和答的形式来取得资料的，若答案设计不好，即使问题提得再好，也势必影响到问卷的质量。

1）答案设计的要求

问卷答案的设计需要满足以下要求。

（1）答案与问题相对应。使答案与问题相对应，避免答非所问。

（2）答案要具有穷尽性。穷尽性就是说问卷应当努力设计完备的答案，应该涵盖所有可能的回答，不能有遗漏。

（3）答案要具有互斥性。应该努力使每个答案彼此独立，彼此不会重叠或相互包含，从而避免被调查者选择困难或者往往在只能选一项时却选择了相关的多项。

（4）选择合适的测量尺度。鉴于答案实际上是测量尺度，所以，在能够使用高层次尺度时，应当尽量使用高层次尺度，这样在分析数据时，可以根据需要将其转换为较低层次的尺度。

（5）答案的设计要简洁明了。答案的设计，既要避免每个答案的表述太长、太啰唆，又要避免答案数量太多。

2）答案类型

问卷答案有开放式答案和封闭式答案两种。开放式答案可以让被调查者充分地表达自己的看法和理由，并且比较深入，有时还可获得研究者始料未及的答案，但是可能收集到的资料中无用信息较多，难以统计分析，面访时调查员的记录直接影响到调查结果，并且由于回答费事，可能遭到拒答。封闭式答案是标准化的，对答案进行编码和分析都比较容易；回答者易于作答，有利于提高问卷的回收率；问题的含义比较清楚，其提供的答案有助于理解题意，避免被调查者因不理解题意而拒绝回答。也有可能被调查者对题目理解不正确，难以觉察出来，或者可能产生"顺序偏差"或"位置偏差"，即被调查者选择答案可能与该答案的排列位置有关。

（1）开放式问题的答案类型。开放式问题的答案类型主要包括：自由回答法是问卷中的设问项目没有指定可供选择答案，被调查者自由回答，也叫无限制回答法。空位填答法是被调查者在设问问题中空出答案的位置填答内容。词语联想法是指调研人员将一些词语给被调查者，并要求他立即回答所想到的是什么。在立即反应下，可以获得与"刺激词汇"相对应的联想。其他还有文章完成法、图画完成法、角色扮演法等不常见的方法。

（2）封闭式问题的答案类式。封闭式问题的答案类型主要包括以下几种。

二项选择法。二项选择法对问卷中的问题给出非此即彼的两个答案，强制被调查者只选择其中一项即可。

多项选择法。多项选择法对问卷中的设问项目同时给出多种答案，由答问者从中选择一项或多项。答案应当包括需要了解的所有可能的情况；各种可能答案必须互相排斥，而不能互相交叉，更不能相互包容；答案的选择项应表达明确，使问题与答案不出现矛盾。

赋值评价法。赋值评价法也称等级评价法，是用打分数或确定等级来评价事物的好坏或优劣的方法。对两个以上分成等级的答案进行选择，只能选择一项，可分100分制或10分制，可分5级或10级。常用于满意度或者一些程度调查。

分配法。分配法根据实际情况分配调查对象的某项目各构成部分所占比重，要求各构成部分比重之和为1。

顺序选择法。顺序选择法的问题答案也有多个，要求被调查者在回答时，对所选的答案按要求的顺序或重要程度加以排列。其中，对所选的答案数量可以进行一定的限制，也可以不进行限制。

量表法。量表法又称评定尺度法，是问题答案由表示不同等级的形容词组成，并按照一定的程度排序，由被调查者依次选择的方法（表2-3）。量表是一种工具，旨在将一些主观的、抽象的概念定量化。根据所测量的变量有四种级别，量表也从低级到高级有四种水平，分别是"定类量表""定序量表""定距量表"和"定比量表"，每个量表都有各自不同的统计分析方法。适用于若干个有相同答案形式的问题，可以将这些问题集中在一起构成一个问题的表达方式。

表 2-3 李克特量表

项目	很好	较好	一般	较差	很差
项目 1					
项目 2					
项目 3					
项目 4					
…					

双向列联法。双向列联法是将两类不同问题综合到一起，通常用表格来表现，表的横向是一类问题，纵向是另一类问题。这种问题结构可以反映两方面因素的综合作用，提供单一类型问题无法提供的信息，同时也可以节省问卷的篇幅。

配对比较法。配对比较法是设计一组具有两个不同选项的问题，要求被调查者从每个问题的一对选项中选择一项作为答案，由于问题的选项是成对的，且每对选项彼此相异，分布平衡，可以消除单项设计所难免的偏向。使用配对比较法的结果与顺序尺度法相当，但提供了较多的两两比较的详细内容，可以更好地以判断次序、优劣、喜好等。

连线配合法。连线配合法将问卷的调查项目与答案排成两列，请被调查者在调查项目与答案之间画线连接作答。

3）答案设计的形式

根据所提问题的变量类型不同，答案设计可有如下几种形式。

（1）定类问题的答案设计。这种设计需要对所研究的对象进行分类，类分好了，答案也就设计出来了。对于有习惯或者规定的较简单定类问题，直接根据习惯或者规定的种类进行分类，如性别、文化程度等。对于没有规定或者习惯分类的复杂问题，特别是较抽象的问题，为了达到穷尽性的要求，对于较复杂的问题，在分类时往往这样进行：先将定类问题分成几大类，然后在大类下分小类，最后将各小类进行综合，删除重复部分，就为所有可能答案；为了达到互斥性的要求，可以按同一抽象层次或标志分类，然后在某一确定的层次或标志上列出答案，为了满足变量层次的要求，根据调查者的需要来确定变量需要的层次。

（2）定序问题的答案设计。问卷中大量的问题都是对人们态度的提问，而这些问题大多属于定序问题。对这类问题的答案往往采取的设计样式是："①非常同意　②同意　③无所谓　④不同意　⑤很不同意"五等级，或者"①同意　②无所谓　③不同意"三等级的定序形式，以五等级定序答案最为常见。

（3）定距问题的答案设计。定距问题的答案是用数字来表示的。例如，"您的月工资是：① 2 000 元以下　② 2 000～3 000 元　③ 3 000～5 000 元　④ 5 000～9000 元

⑤9 000元以上"。设计这类答案时，划分的档次不宜太多，每档的距离可以不等，但不宜太大，应注意每档的同质性。如在对工资收入划分时，应区别高、中、低的差别。

6. 调查问卷的问题顺序

在设计好全部问题语句和限制性答案之后，要将问题按一定的顺序进行排列，形成完整的问卷。调查问卷的问题编排的先后次序会影响到被调查者对答案的选择和对问卷的兴趣及答卷质量，是设计调查问卷的一项非常重要的工作。为了形成合理的结构，通常要注意两个方面：第一，要方便被调查者顺利地回答问题；第二，要便于调查后的资料整理和分析。

调查问卷的问题排列顺序方式常见的有以下几种。

1）时间性顺序

时间性顺序就是问题按时间顺序来安排。一般来说，应根据历史的线索，由过去到现在，再到将来，这样就可以使逻辑和历史统一起来。若问卷有多个与时间有关的参考分框架，最好先处理完一个时间分框架，再处理下一个时间分框架，直到完整处理。

2）类别性顺序

类别性顺序就是把同类性质的问题尽量安排在一起，而不要让不同性质或类别的问题互相混杂。这样就便于被调查者按照问题的顺序，回答完一类问题后再回答另一类问题，而不至于使他回答问题的思路经常中断和来回跳动。最常见的类别顺序形式，是先设计有关个人特征资料的问题，然后设计事实性的问题，再设计态度性的问题。

3）内容性顺序

内容性顺序就是把问题按其复杂和困难程度来排列。

（1）一般来说，应该先易后难、先熟后生、由浅入深，先一般性质问题、后特殊性质问题。问卷的前面的题目容易回答能够提高被调查者的积极性，会产生预热效应，有利于问卷答完。

（2）把能引起被调查者兴趣的问题放在前面，更能激励被调查者快速高效地完成调查问卷。

（3）对于敏感性强、威胁性大的问题，更应该放在各类问题的后面。这样，有利于创造一种宽松、随和、融洽的调查气氛，以便增强被调查者的信心，将思路逐步引向深入，而不至于一开始便面临困难或遭遇困境。

（4）开放性问题放在最后。封闭性问题较易回答，若将较难回答的开放性问题放在前面，可能一开始就有遭到被调查者拒绝的危险。

4）逻辑性顺序

逻辑性顺序就是研究者有意识将自变量问题放在前面，因变量问题放在后面，这样便于研究者进行资料的分析。首先是对辨别目标被调查者起过滤性作用的限制性问题；其次是最初几个问题，是易于回答、向被调查者表明调查很简单的适应性问题；再次，前 1/3 是与调研目的有关、需稍费力回答的过渡性问题，然后是中间 1/3 的难以回答及复杂的问题；最后部分是被调查者可能留下空白的问题以及分类和个人情况。

2.4 统计调查误差与控制

2.4.1 统计调查误差的概念和种类

1. 统计调查误差的概念

统计调查误差是统计调查所得的统计数量与调查对象的实际数量之间的差异,即调查所得的数量大于或小于调查对象的实际数量的差额。

2. 统计调查误差的种类

统计调查误差的种类有以下几种。

1)工作误差和代表性误差

按误差的产生原因,统计调查误差可分为工作误差和代表性误差。

工作误差是由于调查工作的失误所造成的误差。如错误判断事实或者错误登记事实而造成的误差等,不管是全面调查或是非全面调查都会产生工作误差,从理论上看是一种人为的、可以避免的误差。调查过程的各个环节上的工作不准确(如计量、登录、计算等方面错误)而造成的,不是指故意性行为,有意识地虚报、瞒报、拒报、迟报、伪造篡改等不属于工作误差,而是违法行为。代表性误差是以部分代表总体和推断总体时必然存在的误差。代表性误差由部分与总体间存在结构和水平上的差异,通常分为:没有遵守随机原则,主观地或部分主观地从总体中选取部分个体时,如故意多选有利的或不利的单位进行调查,从而使计算出的指标值与总体实际数量产生误差;遵守随机原则的前提下,由于样本指标值是随着抽到的样本不同而变化的,使样本指标与总体指标之间存在的差异。代表性误差是不可避免的,但可以计算和控制。只有非全面调查中才有代表性误差,全面调查中不存在这类误差。

2)偶然性误差和系统性误差

按误差的来源,统计调查误差可分为偶然性误差和系统性误差。

偶然性误差是由各种偶然因素影响而对调查结果产生的误差。偶然性误差产生的原因主要是人们的无意行为。偶然性误差是随机产生的,不会具有某种倾向性,即在数量上的方向和大小都不固定。在对大量资料进行整理时,这种忽大忽小的偶然性误差往往会互相抵消。系统性误差是由各种确定性因素影响而对调查结果产生的误差,又称系偏差。它具有明显的倾向性,数量上有固定的方向和大小。产生系统性误差的原因有主观因素和客观因素两个方面。主观因素就是人们出于某种目的故意夸大或缩小统计数据。客观因素主要是调查环境、调查条件决定的,如测量工具不准确、对指标概念的理解不清、调查范围模糊等。系统性误差对统计结果的影响较大,应尽量将它消除,以保证统计资料的准确性。

3)空间误差、时间误差、方法误差和人为误差

按误差的性质,调查误差可分为空间误差、时间误差、方法误差和人为误差。

空间误差是指统计调查范围所产生的误差,包括重复或遗漏调查单位、跨区域统

计、跨单位统计等。时间误差是指统计调查对象因时期或时点界定不准确所产生的误差。如企业核算时间不能满足统计部门的报表制度要求而估报所产生的误差；延长或缩短时期所产生的误差；时间错位产生的误差；等等。方法误差是因使用特定的统计调查方法所产生的误差。如抽样调查中的代表性误差是指采用抽样调查方法中的随机样本来推算总体所产生的误差的平均值，即抽样平均误差，不是绝对的统计误差。对代表性误差，根据组织方法和抽取样本的容量，一般可以计算其平均误差，而且通过扩大样本量或优化调查的组织方法来缩小。又如统计部门因人力、物力和财力等资源不足，致使报送渠道不畅通，统计调查不到位，推算方法不科学、不规范所产生的误差。人为误差是指在统计设计、调查、整理汇总和推算等过程中因人为过错产生的误差。人为误差是统计误差中产生因素最多的一类，它又分为度量性误差、知识性误差、态度性误差和干扰性误差。度量性误差是指统计指标因计量或者从生产量到价值量换算所产生的误差；知识性误差是指统计人员因统计知识不够，对统计指标的含义不理解或错误理解所产生的误差；态度性误差是指统计人员因对统计工作不负责而随意填报统计数据而产生的误差，包括乱报、漏填或不按规定的计量单位填报等；干扰性误差是指统计对象或统计部门受某种利益驱动而虚报、漏报或者捏造统计数据所形成的误差。

4）源头误差、中间环节误差和最终误差

按误差产生的环节，统计调查误差可分为源头误差、中间环节误差和最终误差。

源头误差是指起报单位或申报者所产生的误差，有些场合也叫调查误差或登记误差。中间环节误差是指统计调查数据在逐级上报过程中所产生的误差，包括加工整理、汇总和推算等环节。最终误差是指下级各基层数据汇总数或规范的方法得到的推算数与最终使用数之间的差异值。按工作环节划分的统计误差类别是相对的，中间环节误差在不同的场合有可能是源头误差，也有可能是最终误差。

2.4.2 统计调查误差的产生原因

调查误差的产生原因是多方面的，主要包括以下几点。

（1）因调查方案规定不妥、问卷设计不科学而产生的设计误差，如采用了有缺陷的抽样框、不适当的调查方式方法、组织实施程序设计不合理。

（2）因调查人员在执行访问调查过程中操作不当或与被调查者合作不畅而产生的登记误差，如问答欠佳、记录不准、转抄有误和录入出错等。

（3）因计量器具不准、计量手段的局限性、数据计算与汇总有误而产生的计量误差。

（4）因被调查者原因而产生的立意误差，主要包括不能正确回答误差和不愿正确回答误差，以及不回答误差。例如，被调查者因统计知识不够、文化水平低，对调查指标的含义不能理解或错误理解所产生的知识性误差；由于调查指标内涵过大、调查时期跨度过长，被调查者回忆不清而产生的回忆性误差；被调查者对统计调查工作不负责而随意填报数据而产生的态度性误差，包括无回答、乱报或不按规定的计量单位填报等；被调查者或统计部门受某种利益驱动，不愿意如实反映而虚报、漏报或者捏造数据所形成的意愿性误差。

2.4.3 防止与减少统计调查误差的办法

防止与减少统计调查误差的办法有以下几种。

1. 制订科学的调查方案

要正确周密地制订统计调查方案。调查过程是一项系统工程,事先必须进行周密设计,包括明确调查对象的范围,说明调查项目的具体含义和计算方法,确定合理的调查方式方法,规定合适的时间、地点,等等,以使调查人员或填报人员有一个统一的依据。

2. 搞好统计的基础工作

加强对统计人员的业务培训,提高统计人员的素质;健全原始记录,完善统计台账和内部报表,确保资料来源可靠;建立对现场调查人员进行奖惩的制度。

3. 切实抓好调查实施工作

重视对调查人员的挑选和管理、重视现场调查工作,抓实各个环节的操作,达到操作规范化,确保各地调查执行方案统一、数据统计口径一致;选择合理的资料收集方法,做到科学抽样和选典;要建立现场登记数据质量评估标准,进行调查过程的检查与监控;要加强对调查资料的审核,发现差错及时纠正;强化对调查结果进行检验、评估;等等。

4. 依法行政,依法治统

从建立健全统计法制入手,教育统计人员严格执行统计法,坚持原则,同一切弄虚作假的行为作斗争,维护统计数字的真实性。要加大统计执法力度,严惩弄虚作假行为,维护统计工作的严肃性,逐步建立全社会的统计诚信体系。

2.5 案例:我国人口统计数据的调查与发布

2.5.1 案例背景

人口统计是统计制度中一项重要的内容,是适应社会发展和国家管理的需要而产生与发展起来的,它是人类社会出现最早的统计。公元前 4500 年,巴比伦调查过人口项目;中国在公元前 2100 年的夏禹时代就有了人口数和土地数的统计;周朝以后,历代都有人口调查制度;公元 2 年有正式的全国和分地区的人口记载,奴隶社会和封建社会进行人口调查与登记是为了适应赋税、徭役、征兵的需要,统计的方法和内容都比较简单;在汉代,武帝时期进行了人类历史上第一次人口统计;资本主义社会的人口统计有了很大发展,包含人口数、性别、年龄、民族、就业和失业、行业和职业、文化程度、宗教信仰、婚姻状况、生育情况以及其他等统计,统计内容日益丰富,人口统计制度更趋健全,并逐步建立和发展了现代人口普查制度,人口统计资料越来越系统完整。在社会主义社会,经济发展和人口发展都纳入国家计划,人口统计为编制国民经济和社会发展计划、制定人口政策、编制和检查人口计划服务，而且为国家行政管理和人口研究工作提供资料，统计方法与数据的发布方法逐步按照国际通行的标准进行，包括指标设置、指标定义、调查方法以及数据的发布方法等统计行为。

人口统计调查是按人口统计任务提出的具体要求，有目的、有计划、有组织地对全国或某一地区、某一特定部分的人口进行调查，收集有关人口原始资料的过程，它是人口统计工作的基础，是人口统计资料整理和人口统计分析的前提，目前我国建立起以人口普查、1%人口抽样调查、人口变动抽样调查与人口统计报表制度相结合的人口调查制度。

2.5.2 案例分析

1. 人口变动抽样调查

人口抽样调查是指按照随机的原则，从被研究的人口总体中抽选一部分单位作为样本进行调查，并根据调查所得的资料推断人口总体相应指标值的一种非全面的调查。我国自 20 世纪 80 年代以来实施全国定期人口抽样调查。国家统计局在 1982 年第三次人口普查的基础上，每年调查一次，形成了一项调查制度。调查目的是准确及时地掌握每年人口变动情况，并为国家检查人口政策和人口计划执行情况提供可靠的调查数据。人口变动抽样调查的基本方法是：以出生率作为估计样本的依据，确定置信度为 95%，允许误差为 0.5‰，开始实施时样本规模约为总人数的 0.5‰，目前抽取占全国总人口的 1‰左右，该项调查只对国家和省级有代表性。

人口变动抽样调查的调查表在住户登记之后，被收集集中到省级统计局，由省级统计局进行编码、数据录入、编辑审核等项工作，然后，将净化后的原始数据传输到国家统计局，进行最后的汇总工作。汇总出各项主要数据并根据科学方法推算出年度的总体数据，在第二年的 2 月下旬发表的"国民经济与社会发展统计公报"中公布。此项调查同样规定，调查机构和调查人员必须为住户申报的家庭资料保密，不得泄露。

目前，我国全国人口变动抽样调查方案的主体内容包括以下几个方面。

（1）调查目的。为了准确、及时地掌握全国和各省（自治区、直辖市）人口变动情况，为国家和省级人民政府制定国民经济与社会发展计划、掌握人口增长情况提供可靠的人口数据，根据国办发〔1992〕57 号文件的要求，进行年度人口变动情况抽样调查。

（2）统计范围和调查对象。人口变动调查对象为抽中调查小区内具有中华人民共和国国籍的人。调查以户为单位进行，既调查家庭户，也调查集体户。应在抽中调查小区内登记的人包括：①调查时点居住在本户的人；②户口在本户，调查时点未居住在本户的人；③抽中调查小区年度内死亡人登记相关项目。

（3）调查内容。调查内容分为按户填报、按人填报和按社区填报。按户填报的项目有户编号、户别、应在本户登记的人数、年度本户出生人口和死亡人口 5 个基本信息；按人填报的项目：姓名、性别、出生年月、民族、与户主关系等人口基本信息，调查时点居住地、户口登记地、在本市居住时间、离开户口登记地时间、离开户口登记地原因、户口性质、土地承包权、一年前常住地、一年常住地类型等反映人口迁移流动的指标，还有是否识字、受教育程度、学业完成情况、上周工作情况、行业、职业、工作地点、前往工作地所乘主要交通工具及所需时间、参加社会保险情况、婚姻状况和年度内生育情况等指标；死亡人口填报的项目有编号、姓名、性别、出生年月、死亡年月。

所有村和社区将填报《2015年人口调查村、居委会（社区）基本情况表》，填报项目有常住人口数、户籍人口数、外来人口、外出人口、出生人口、死亡人口、家庭户人数、集体户人数、是否有集体宿舍集中区域、农林牧渔从业人员占从业人员比例、主要饮用水来源、市政排水系统、生活垃圾处理系统，共13个。根据国家需要，每年还在调查中增加或调整个别重要项目。

（4）抽样调查方法。人口变动调查以全国为总体，以各省（区、市）为子总体。人口变动调查以全国为总体，以各省（区、市）为子总体。采取分层、多阶段、概率比例、整群抽样等方法抽样，最终样本单位为调查小区。设计样本量约为140万人。多阶段抽样的方法为：第一阶段抽取县级单位，抽取方法为分层、概率比例抽样；第二阶段抽取村级单位，采取简单随机抽样；第三阶段抽取调查小区，调查小区以2015年全国1%人口抽样调查划分的调查小区的对应地域为准。按平均每个调查小区常住人口为250人左右计算，调查小区样本量全国5 500～5 800个。对2016年至2019年全国人口变动调查进行为期4年的周期样本设计，在2015年建立的样本轮换框中，根据样本按比例轮换的要求选取本次调查的样本，调查小区为最终样本单位。数据采集和汇总程序由国家统计局数管中心负责统一编制并下发。2014年及以前的调查，调查员入户登记，填写纸质调查表后，由区县统计局工作人员进行数据录入工作后上报；2016年起，调查员手持PDA（电子终端设备）进行数据采集后直接上报。

（5）调查时间和地点。人口变动调查标准时点为当年11月1日零点，调查期限为11月1日至11月中旬。调查员入户登记，采集人口数据后直接上报。

（6）组织实施计划。①为了保证全国调查数据的范围、分类和计算方法的统一性，各地区必须严格执行调查制度的规定，不得自行更改。②调查员、调查指导员以及各级统计机构及其工作人员都要按照《中华人民共和国统计法》的规定，对调查结果，特别是被调查户的情况保守秘密，不得向调查机构以外的任何单位和个人泄露。③数据处理。全国数据由国家统计局负责汇总，各省（自治区、直辖市）的数据要按照国家统计局统一的部署和安排进行汇总。④数据发布。按年度频率通过国家统计局外网、新闻发布会、统计公报、统计年鉴或其他统计资料等形式对公众发布。

2. 人口普查

我国已成功地进行了六次人口普查，这些普查分别于1953年、1964年、1982年、1990年、2000年、2010年进行。我国最新的《全国人口普查条例》规定，我国的人口普查每10年进行一次，在年号末尾为0的年份进行。这是联合国所建议和提倡的，是世界大多数国家进行人口普查所采用的时间，少数国家为接近0的年份。

我国第六次人口普查方案主体内容如下。

（1）调查目的。第六次全国人口普查的目的是查清2000年以来我国人口数量、结构、分布和居住环境等方面的变化情况，为科学制订国民经济和社会发展规划，统筹安排人民的物质和文化生活，实现可持续发展战略，构建社会主义和谐社会，提供真实准确、完整及时的人口统计信息支持。

（2）调查对象和调查单位。人口普查对象是指普查标准时点在中华人民共和国境内的自然人以及在中华人民共和国境外但未定居的中国公民，不包括在中华人民共和国境内短期停留的境外人员。人口普查以户为单位进行登记，分为家庭户和集体户。以家庭成员关系为主、居住一处共同生活的人口，作为一个家庭户；单身居住独自生活的，也作为一个家庭户。相互之间没有家庭成员关系、集体居住共同生活的人口，作为集体户。

（3）调查项目。人口普查表分为《第六次全国人口普查表短表》和《第六次全国人口普查表长表》，普查表长表抽取10%的户填报，普查表短表由其余的户填报。人口普查登记的主要内容包括姓名、性别、年龄、民族、国籍、受教育程度、行业、职业、迁移流动、社会保障、婚姻、生育、死亡、住房情况等。

普查表短表共有18个项目，分为两个部分，按户填报和按人填报。按户填报的项目有户编号、户别、本户应登记人数、（2009年11月1日至2010年10月31日）出生人口和死亡人口、本户住房建筑面积和本户住房间数6个项目；按人填报的项目有姓名、与户主关系、性别、出生年月、民族、普查时点居住地、户口登记地、离开户口登记地时间、离开户口登记地原因、户口性质、是否识字及受教育程度12个项目。

普查表长表共有45个项目，按户填报的项目有户编号、户别、本户应登记人数、2009.11.1—2010.10.31出生与死亡人口、住房用途、本户住房建筑面积、本户住房间数、建筑层数、承重类型、住房建成年代、主要炊事燃料、住房内有无管道自来水、住房内有无厨房、住房内有无厕所、住房内有无洗澡设施、住房来源、月租房费用17项。按人填报的项目有姓名、与户主关系、性别、出生年月、民族、普查时点居住地、户口登记地、离开户口登记地时间、离开户口登记地原因、户口登记地类型、户口性质、出生地、五年前常住地、是否识字、受教育程度、学业完成情况、工作情况、行业、职业、未工作原因、三个月内是否找过工作、能否工作、主要生活来源、婚姻状况、结婚（初婚）年月、生育子女数、2009.11.1—2010.10.31的生育状况、身体健康状况28项。

2009年11月1日至2010年10月31日期间有死亡人口的户，同时填报《第六次全国人口普查死亡人口调查表》。包括死亡人口的户编号、姓名、性别、出生年月、死亡年月及年龄、民族、受教育程度、婚姻状况8个项目。

在境内居住的港澳台和外籍人员，在现住地进行登记，填写供港澳台和外籍人员使用的普查表短表。

（4）调查时间和地点。第六次全国人口普查的标准时点是2010年11月1日零时，从11月1日起普查人员正式入户登记。人口普查的登记工作，从2010年11月1日开始到11月10日结束。

（5）调查方式方法。人口普查采用按现住地登记的原则。每个人必须在现住地进行登记。普查对象不在户口登记地居住的，户口登记地要登记相应信息。普查区划分以村民委员会和居民委员会所辖区域为基础。每个普查区按照一个普查员所能承担的工作量，划分成若干个普查小区。每个普查小区至少配备1名普查员，每个普查区至少配备1名普查指导员，原则上4~5个普查小区配备1名普查指导员。人口普查登记，采用普查员入户查点询问、当场填报的方式。普查员应当按照普查表列出的项目逐户逐人询问清楚，逐项进行填写，做到不重不漏、准确无误。现役军人及军队管理的离退休人员，武装警察部队由军队领导机关、武警机关统一进行普查、汇总。依法被判处徒刑、劳动教养的人员，由当地公安机关和监狱、劳教机关进行普查。

（6）组织实施计划。人口普查工作，按照"全国统一领导、部门分工协作、地方分级负责、各方共同参与"的原则组织实施。国务院和地方各级人民政府设立第六次全国人口普查领导小组及其办公室，领导和组织实施全国与本区域内的人口普查工作；村民委员会和居民委员会设立人口普查小组，做好本区域内的人口普查工作；领导小组各成员单位按照各自职能，各负其责、通力协作、密切配合。人口普查所需经费，由国务院和地方各级人民政府共同负担，并列入相应年度的财政预算，按时拨付，确保足额到位。各级宣传部门和人口普查机构应采取多种方式，积极做好人口普查的宣传工作，为人口普查工作的开展营造良好的社会氛围。人口普查实行严格的质量控制制度，地方各级人口普查机构主要负责人对本行政区域人口普查数据质量负总责，确保人口普查数据真实、准确、完整、及时。在人口普查登记、快速汇总、编码、数据处理各环节实行质量验收制度，验收不合格的必须返工，直至达到规定的质量验收标准方可转入下一工作环节。

2010 年 8 月底前完成户口整顿工作；2010 年 10 月底前完成摸底工作；2010 年 11 月 1 日开始到 11 月 10 日进行人口普查的登记工作；2010 年 11 月 15 日前完成复查工作；2010 年 11 月底前完成事后质量抽查工作。人口普查数据由人口普查机构负责进行数据处理。录入采用光电录入的方式，数据录入、编辑、审核、汇总程序由国务院人口普查办公室统一下发。人口普查机构对普查登记的主要数据，先进行快速汇总。国家统计局和国务院人口普查办公室对数据进行审核后发布主要数据公报，各省、自治区、直辖市的主要数据应于国家公报发布之后发布。国务院人口普查办公室应于 2011 年 12 月 31 日前完成人口普查全部数据的汇总工作。人口普查数据处理工作结束后，原始普查表按国务院人口普查办公室的统一规定销毁。

3. 人口小普查

国务院 2010 年颁布的《全国人口普查条例》规定，在两次人口普查之间开展一次较大规模的人口调查，每逢年号末尾为 5 时，就进行 1%人口抽样调查，也称"人口小普查"。"小普查"的内容、组织实施形式和数据发布时间与方法等，都与大普查相似。因此在 2015 年开展全国 1%人口抽样调查，有利于查清 2010 年以来我国人口在数量、素质、结构、分布以及居住等方面的变化情况，为科学制订国民经济和社会发展规划，提供科学准确的统计信息支持。

我国 2015 年全国 1%人口抽样调查方案如下。

（1）调查目的。2015 年全国 1%人口抽样调查的目的是了解 2010 年以来我国人口在数量、素质、结构、分布以及居住等方面的变化情况，为制订国民经济和社会发展规划提供科学准确的统计信息支持。

（2）调查对象和调查单位。调查以全国为总体，各地级市为子总体，调查对象为抽中调查小区内的全部人口（不包括港澳台居民和外国人），采取分层、二阶段、概率比例、整群抽样方法，其中群即最终样本单位为调查小区。全国调查的样本量约占全国总人口的 1%，在我国境内抽取约 6 万个调查小区，覆盖人口约 1 400 万人。应在抽中调查小区内登记的人包括：2015 年 10 月 31 日晚居住在本调查小区的人；户口在本调查小区，2015 年 10 月 31 日晚未居住在本调查小区的人。中国人民解放军现役军人由军队领导机关统一进行调查。调查以户为单位进行登记，分为家庭户和集体户。2015 年全国 1%人口抽样调查小区规模划分原则为 80 个住房单元，常住人口大约 250 人。

（3）调查内容。主要调查人口和住户的基本情况，共设置两张入户登记表：《2015 年全国 1%人口抽样调查表》《2015 年全国 1%人口抽样调查死亡人口调查表》。《2015 年全国 1%人口抽样调查表》的调查内容分为"住户项目"和"个人项目"，"住户项目"调查住户的住房详细地址，年度内出生和死亡人数，住户类别，住房的类型、面积、房间数、建筑物层数、建成年代、来源、有无厨房、有无厕所等人口和住房方面情况；"个人项目"设置个人姓名、与户主关系、性别、出生年月、民族、户口登记地址、登记时居住地址、在本市居住时间、离开户口登记地的时间和原因、是否有农村土地承包权、一年常住地、五年前常住地、是否识字、受教育程度、学业完成情况、上周工作情况、行业、职业、工作地点、通勤工具、未工作原因、三个月内是否找过工作、有合适工作能否在两周内开始工作、婚姻状况、夫妇为独生子女情况、生育子女数量、过去一年生育情况、主要生活来源、参加养老保险和社会医疗保险情况、身体健康情况等调查项目。《2015 年全国 1%人口抽样调查死亡人口调查表》包括死亡人口的姓名、性别、出生年月、死亡时间、民族、受教育程度、婚姻状况 7 个项目。

（4）调查时间和地点。调查的标准时点为 2015 年 11 月 1 日零时。住户可以选择由调查员手持电子终端设备（PDA）入户登记的方式，也可以选择在互联网上填写调查表直接上报的方式。选择互联网填报的住户应于 2015 年 11 月 7 日前完成调查表的填写和提交。对在规定时间内没有完成的住户，调查员将再次入户使用 PDA 进行登记。全部登记工作应于 11 月 15 日前完成。

（5）调查方式方法。样本的抽取由全国 1%人口抽样调查办公室负责实施，全国调查的样本量约占全国总人口的 1%。调查以全国为总体，各地级市为子总体，采取分层、二阶段、概率比例、整群抽样方法，其中群即最终样本单位为调查小区。二阶段抽样的方法为：第一阶段抽取村级单位，抽取方法为分层、概率比例抽样，第二阶段抽取调查小区。在划分调查小区的同时，绘制抽中村级单位内调查小区分布图，并给调查小区升序编码，绘制抽中调查小区内所有建筑物的分布图。调查采用调查员手持电子终端设备（PDA）入户登记与互联网自主填报相结合的方式。

（6）组织实施计划。调查工作按照"统一领导、分工协作、分级负责、共同参与"的原则组织实施。国家和县以上地方各级人民政府成立 2015 年全国 1%人口抽样调查工作领导机构及其办公室，被抽中的乡、镇和街道办事处成立 1%人口抽样调查办公室，领导和组织实施全国与本地区的 1%人口抽样调查工作。领导机构各成员单位要按照各自职能分工，对本行政区域的调查数据质量负责，确保调查数据真实、准确、完整、及时；经费按照分级负担原则，由中央和地方各级人民政府共同负担，并列入相应年度的财政预算，按时拨付、确保到位；各级宣传部门和调查机构应采取多种方式，积极做好

1%人口抽样调查的宣传工作。

2015年10月31日前，调查员和调查指导员完成对调查小区的人口状况摸底工作，明确调查登记的范围、绘制调查小区图、编制调查小区户主姓名底册。现场登记工作从2015年11月1日开始，采用调查员手持PDA入户询问、现场填报，或由住户通过互联网自主填报的方式进行。2015年11月25日以前完成事后质量抽查，其结果只作为评价全国调查数据质量的依据。预计2016年4月底以前调查数据的汇总、发布和管理。

我国还有人口统计报表制度，它是我国经常地、定期地按照统一规定，由各级公安机关根据户口登记资料，自下而上提供人口资料的一种制度。

习 题 2

2.1 简述统计设计的分类与统计设计的内容。
2.2 简述指标体系设计的内容，科学地建立统计指标体系，必须遵循什么原则？
2.3 设计企业的某一方面的评价指标体系。
2.4 统计调查有哪些分类？统计数据的具体收集方法有哪些？
2.5 什么是普查？普查有哪些主要特点和应用意义？
2.6 试述重点调查、典型调查、抽样调查的区别和联系。
2.7 随机抽样有哪些主要类型？举例说明它们的特点及适用条件。
2.8 完整的统计调查方案必须包括哪些内容？
2.9 举例说明调查单位、调查对象与填报单位及它们之间的关系。
2.10 某城市拟对该市专业技术人员进行调查，想要通过调查来研究下列问题：通过描述专业技术人员队伍的学历结构来反映队伍的整体质量；研究专业技术人员总体的职称结构比例是否合理；描述专业技术人员总体的年龄分布状况；研究专业技术人员完成的科研成果数是否与其最后学历有关。请回答：
    (1) 该项调查研究的调查对象和调查单位是什么？
    (2) 该项调查研究需要用到的基本统计分析方法是什么？
    (3) 为完成该项调查研究任务，对每一个调查单位应询问哪些调查项目？
2.11 某化妆品生产商欲了解近期推出的一种新产品的使用效果，准备做市场调查，请问：
    (1) 本调查的对象是什么？
    (2) 调查单位是什么？
    (3) 报告单位是什么？
    (4) 采取什么调查方式为好？
2.12 某服装生产厂家想通过市场调查了解以下问题：企业产品的知名度；产品的市场占有率；用户对产品质量的评价及满意程度。回答以下问题：
    (1) 设计出一份调查方案。
    (2) 你认为这项调查采取哪种调查方法比较合适？
    (3) 设计出一份调查问卷。
2.13 怎样减少和防止统计调查误差？试举例说明。

第 3 章

统 计 整 理

第三次全国农业普查主要数据公报（第五号）

每年开始的几个月内，从每个企业发布上一年度的年报、国家和各级政府的统计部门发布所属区域的上一年度国民经济与社会发展统计公报，每次人口普查、经济普查、农业普查都会发布公报，这些报表图文并茂、简明准确。例如，我国第三次全国农业普查第五号公报显示：2016 年，我国农业生产经营人员 31 422 万人，其中女性 14 927 万人。在农业生产经营人员中，年龄 35 岁及以下的 6 023 万人，年龄在 36~54 岁的 14 848 万人，年龄 55 岁及以上的 10 551 万人，具体数据如表 3-1 所示。

表 3-1 农业生产经营人员数量和结构　　　　　　万人、%

项目	全国	东部地区	中部地区	西部地区	东北地区
人员总数/万人	31 422	8 746	9 809	10 734	2 133
性别构成					
男性	52.5	52.4	52.6	52.1	54.3
女性	47.5	47.6	47.4	47.9	45.7
年龄构成					
35 岁及以下	19.2	17.6	18.0	21.9	17.6
36~54 岁	47.3	44.5	47.7	48.6	49.8
55 岁及以上	33.6	37.9	34.4	29.5	32.6
受教育程度构成					
未上过学	6.4	5.3	5.7	8.7	1.9
小学	37.0	32.5	32.7	44.7	36.1
初中	48.4	52.5	52.6	39.9	55.0
高中或中专	7.1	8.5	7.9	5.4	5.6
大专及以上	1.2	1.2	1.1	1.2	1.4
从事农业行业构成					
种植业	92.9	93.3	94.4	91.8	90.1
林业	2.2	2.0	1.8	2.8	2.0
畜牧业	3.5	2.4	2.6	4.6	6.4
渔业	0.8	1.6	0.6	0.3	0.5
农林牧渔服务业	0.6	0.7	0.6	0.5	1.0

调查获得分散、零碎、杂乱的数据资料之后,在审核、筛选、排序等预处理的基础上,如何选择分组标志、确定分组参数等进行统计分组,运用哪些方式方法进行统计汇总,将调查获得的数据变成能反映丰富信息的统计表格,统计表格包括哪些内容、有哪些种类、有什么绘制规则,如何使这些统计表变成各种美观生动、丰富多样的统计图形,等等,这些内容都会在本章学习中涉及。

3.1 统计整理概述

3.1.1 统计整理的概念与意义

统计整理就是根据统计研究的目的和任务的要求,对收集的资料进行科学的加工整理,使之系统化、条理化,成为能够说明事物或现象的总体数量特征的资料的过程。广义的统计整理包括对原始资料的整理和对次级资料的整理两个方面,其中主要是对原始资料的整理。

统计整理在整个统计工作过程中具有不可替代的作用,其重要意义具体体现在以下几个方面。

1. 统计整理是获得能揭示总体特征的资料的途径

统计调查取得的第一手资料,通常只是反映总体各单位特征的资料,是分散、零碎、表面的具体情况,不能体现总体的特征和规律性。需要对各单位的资料进行加工整理,去伪存真、去粗取精,使之系统化、条理化,使它能说明总体情况,揭示出总体的内在特征,以便通过综合指标对总体作出概括性的说明。

2. 统计整理是整个统计工作和研究过程的中间环节,起着承前启后的作用

统计整理是统计调查的继续和发展、统计分析的前提和基础,是统计工作和研究过程中的承前启后的连接点。统计调查收集的资料只有通过科学地预处理、分组、汇总、编制图表等,才能使人们的认识实现由个别到全体、由特殊到一般、由现象到本质、由感性到理性的转化,提供准确、系统、条理清晰、能在一定程度上说明总体特征的综合资料,使统计调查得到的资料充分发挥作用,以保障统计分析顺利进行。

3. 统计整理是积累历史资料的必要手段

统计调查的资料分散、零碎、量大,特别是大规模的统计调查取得的统计资料数量庞大,不便于保存,只有整理后的系统化、条理化的资料才能更有价值和便于保存。统计工作和研究过程中通常需要跟踪研究与动态分析,以便更好地揭示事物和现象的特征与规律,这就要求有长期的资料累积。为了积累资料,要求对已有的统计资料进行审核、筛选、分类汇总或者按历史的口径对现有的统计资料重新调整、分类和汇总等,也就是必须通过统计整理来实现。

3.1.2 统计整理的程序

统计整理的全过程包括统计整理方案设计、资料预处理、统计分组、资料汇总与图表编制五个环节，具体步骤如下。

1. 统计整理方案设计

统计整理方案设计是统计整理的首要步骤和依据，是保证统计整理有计划、有组织地进行的前提和基础，是统计设计在统计整理阶段的具体化。整理方案与调查方案应紧密衔接，统计调查获得了大量统计数据，尤其是人口普查和经济普查等大规模的统计调查获得数量庞大的统计资料，同时需要投入大量的人力、物力、资金和时间。为保证统计资料整理的质量，必须对统计整理各个阶段方方面面的工作进行全面统筹安排，设计科学合理的统计资料整理方案，其内容包括：①整理工作和程序安排；②资料审核、筛选、排序的要求；③资料的分组方法；④资料汇总方式与内容；⑤整理结果的表达内容与方式；等等，要保证整个整理方案内容及其实施的统一性，整理方案是否科学，对于统计整理乃至统计分析的质量都是至关重要的。

2. 资料预处理

资料预处理包括审核、筛选、排序等方面的处理。全面审核收集的资料，以确保统计资料符合统计研究的目的和要求，做到准确、及时、完整；然后筛选出符合条件的资料，剔除不符合要求的或有明显错误的资料；再按一定顺序排列资料，以体现事物和现象的基本特征、趋势或规律。

3. 统计分组

统计分组是统计整理的关键内容和统计分析的基础。根据研究的目的和统计分析的需要，选择合适的标志对资料进行划类分组，以有利于整理出有价值的综合指标，便于进一步揭示现象的本质与规律。

4. 资料汇总

在分组的基础上，将各项资料进行汇总，计算出各组总数和总体合计数，显现总体数量分布特征；得到反映各组和总体数量特征的各种指标。对整理的统计资料再次审核，及时纠正汇总过程中的各种差错。

5. 图表编制

统计资料汇总的结果通过统计表和统计图的形式展示出来，使得整理的资料简捷明了、系统有序，有利于统计数据资料的积累和应用。

3.1.3 统计整理的原则

对统计资料的加工整理需要遵循以下原则。

1. 区分事物的数量和品质特征

任何事物和现象都有数量与品质两个方面的特征。数量特征体现为事物及其特性在数量上的大小多少以及增加减少，同一事物可以有不同的量，是一种不显著、渐进的、不断发生的特征；品质特征是事物和现象的根本与属性，任何事物和现象都具有自己特殊的质的规定性。在统计整理时，要根据研究的目的和任务的要求，结合调查对象的特点，区分和把握事物的质的方面与量的方面的特征及其差别程度，存在品质差异的优先区分品质的差异。

2. 显示事物的整体特征

事物和现象具有多方面的特征且它们之间存在多方面的相互联系。把握事物和现象的每一方面的特征对于全面了解这一事物有重要的作用，不能只顾一方面而忽视另一方面。统计整理时，要尽可能全面显示事物各方面的特征，研究其全貌，描绘事物的整个发展过程，有利于揭示事物和现象的总体特征与规律性。

3. 体现事物的本质特征

事物和现象具有诸多的特征与属性，其中有一个方面或几个方面的特征是基本的、主要的、关键性的，是事物的本质特征；而其余的特征可能只有辅助的、次要的、补充的作用。统计整理必须在对事物和现象进行深刻研究的基础上，抓住最基本的、最能说明问题的本质特征资料进行加工整理。

3.2 资料预处理

资料预处理是对所收集资料进行分类或分组之前的审核、筛选、排序等必要的处理。

3.2.1 资料审核

统计整理中，为了保证统计资料的质量，首先要对资料进行审核，为进一步的统计整理与统计分析奠定基础。资料审核是为了发现资料中的错误并订正。从不同渠道取得的资料的内容与类型不同，不同类型的资料在审核内容和方法上存在差异。

1. 原始资料审核

对于原始资料主要从完整性、及时性和准确性三个方面进行审核。

（1）完整性审核。完整性审核是对调查对象的完整性和项目的完整性的审核，审查调查单位或者填报单位是否有遗漏、调查项目或指标是否填写齐全、资料的份数是否符合规定等。

（2）及时性审核。及时性审核是对需要整理的资料符合时间规定性的审核，如审查资料所属时间期限是否符合要求、调查工作是否按时间完成、资料报送时间是否符合规定，查清不报、漏报或迟报的现象等。

（3）准确性审核。准确性审核是对填报的资料的真实性和精确性的审核，主要审核资料是否真实地反映了客观实际情况、内容是否符合实际、资料是否有错误、计算是否正确等，重点检查调查过程中所发生的误差。准确性审核主要有逻辑检查和计算检查两种方法。逻辑检查主要是从定性角度审核资料是否有悖理论或常识、数值是否符合逻辑、内容是否合理、各项目或数字之间有无相互矛盾的现象，常用于对定类数据和定序数据的审核，如某企业销售成本率显著低于同行业先进企业水平或利润总额大于同期销售收入可能不符合逻辑，等等。计算检查主要检查各项指标的计算口径和计量单位是否符合规定，各项数据在计算方法和计算结果上有无错误，常用于对定距数据和定比数据的审核，如各分项或者总体单位数值之和是否等于相应的合计数，各部分结构之和是否等于1或100%，出现在不同表格上的同一指标数值是否相同，等等；也可以从指标间的相互关系以及指标的变动趋势来检查它的正确性；对不能满足现在要求、缺漏或有疑问的资料，要进行有科学根据的推算、弥补和订正。

2. 次级资料审核

对于次级资料，在审核完整性和准确性的基础上，要突出审核资料的适用性和时效性。审核资料的适用性是根据资料的用途，检查资料解释说明问题的程度。由于次级资料可以来自多种渠道，有些资料可能是为特定目的通过专门调查而取得的，或者是已经按特定目的的需要做了加工整理，应审核资料的可靠程度、指标含义、所属时间范围与空间范围、计算方法和分组条件与规定的要求是否一致。对于使用者来说，具体需要弄清楚资料的来源、调查者收集资料的目的、资料的口径以及有关的背景材料，以便判断资料的可靠程度、确定这些资料是否符合分析研究的需要，是否需要重新加工整理，等等，不能盲目生搬硬套。

对资料的时效性进行审核，对时效性较强的问题，如果所取得的资料过于滞后，就失去了研究的意义。一般来说，应尽可能使用最新的统计资料。资料经过审核后，确认适合实际需要，才有必要做进一步的加工整理。

3. 资料订正

通过对资料的审核，如发现有缺报、缺份和缺项等情况，应及时催报、补报；如有不正确之处应对资料进行订正，应分别不同情况做如下处理。

（1）可肯定的一般错误，应及时代为更正，并通知原单位。

（2）对于可疑之数或无法代为更正的错误，应要求原单位复查更正。

（3）若所发现差错在其他单位也可能发生，应将错误情况通报所有单位，防止类似错误。

（4）对于严重错误，应重新填报，并查明错误原因，对违法行为应依法严肃处理。

以上处理方式主要适合统计报表等通过报告法获取的资料；若是通过采访法获取的资料，方案尽可能介绍得详细、明确，力争获得被调查者的全力支持，必须在现场发现才可能订正。

3.2.2 资料筛选

资料筛选就是找出符合条件的资料或剔除不符合特定条件的资料。资料筛选在经济管理中十分重要。

对审核过程中发现的错误应尽可能予以纠正。调查结束后,当资料中发现的错误不能予以纠正,或者有些资料不符合调查的要求而又无法弥补时,就需要对资料进行筛选。资料筛选包括两方面内容:一是将某些不符合要求的资料或有明显错误的资料予以剔除;二是将符合某种特定条件的数据筛选出来,对不符合特定条件的数据予以剔除。

3.2.3 资料排序

资料排序是按一定顺序将资料进行排列。资料排序便于研究者通过阅读资料发现一些明显的特征或趋势,找到解决问题的线索;排序也有助于对资料检查纠错,为重新归类或分组等提供依据;有时排序本身就是分析的目的之一,有利于发现事物和现象在总体中所处地位与状况,便于有针对性地管理。例如,每年有多个机构发布企业排行榜,如世界 500 强企业排行榜、中国企业 500 强排行榜,根据排行榜不仅可以了解企业所处的地位、发现差距,还可了解到竞争对手的状况,从而有效制定企业管理战略与策略。

定类资料排序时,字母型资料可以选择升序或降序的排序方式,升序与字母的自然排列相同,更符合人们的习惯,升序使用得更普遍。汉字型资料排序方式很多,按汉字的首位拼音字母排列,这与字符型资料的排序完全一样;也可按笔画排序,根据笔画顺序或者笔画多少进行升序或者降序排序。交替运用不同方式排序,在汉字型资料的检查纠错过程中十分有用。数值型资料排序时,无论定距数据和定比数据的排序,都只有递增和递减两种排序方式,即按照数值大小从小到大或者从大到小排列。设一组资料为 X_1, X_2, $\cdots X_N$,递增排序后可表示为:$X_1<X_2<\cdots<X_N$;递减排序可表示为:$X_1>X_2>\cdots>X_N$。

排序后的资料也称顺序统计量,无论是品质资料还是数值型资料,排序均可借助计算机完成。

3.3 统计资料的整理

3.3.1 统计分组的概念与作用

1. 统计分组的概念

统计分组是统计整理的关键,统计分组就是根据事物与现象的特点和统计研究的任务,按照一个或几个标志把总体分成若干组成部分的统计方法。

总体中的各单位在某些方面具有同质性,在另外一些方面又具有变异性。统计分组的目的是把不同性质的单位分开,把性质相同的单位合在一起。因此,统计分组同时具有两方面的含义:对总体单位的"分"和对总体单位的"合"。"分"是将总体区分为性质不同的若干部分,就是把同一总体中性质不同的总体单位分配到不同的组里,突出组间差异性;"合"是将性质相同的总体单位合在一起,就是把同一总体中性质相同的总体单位归并到同一组里,突出组内同质性。

统计分组时要体现穷尽互斥原则,分组的结果表现出组内同质性和组间差异性。也就是要使总体中的每一个单位都有组可归,同时使总体中的任何一个单位只能归属于某一个组,而不能同时或可能归属于多组。

2. 统计分组的作用

统计分组的作用包括以下几个。

1) 划分事物和现象的不同类型

统计分组的根本目的是将事物和现象区分为性质不同的若干类型,研究其特点和规律性。划分为不同类型是深入认识的前提,也是统计工作中应用最广泛、最主要的分组。如我国企业按企业所有制性质不同,可划分为公有经济和非公有经济,国有企业、集体企业、私有企业、外资企业、股份制经济、港澳台经济等(表3-2),分组后可以反映各类企业在国民经济中的地位和作用。统计分组时,总体单位之间的性质相同与否是相对的,是由统计研究的目的决定的。例如,研究某班学生的学习成绩,就"及格"和"不及格"而言,性质是不同的,60分以上的学生就是同质的;而就择优录用而言,在及格这一组学生中,又可以区分为优、良、中、及格四个不同性质的类型。

表 3-2 2017 年我国固定资产投资来源

产业	固定资产投资/亿元	增长速度/%
内资企业投资	604 550	7.7
港澳台商投资	13 562	−4
外商投资	11 322	2.7

2) 揭示事物和现象的内部结构

内部结构是指总体内各部分占总体的比重。将事物和现象按照某个标志分成若干组成部分,揭示总体内部的构成,表明部分与总体、部分与部分之间的关系。例如,人口统计中的各种年龄构成、国民经济中三次产业的构成等(表3-3)。

表 3-3 我国 2010—2017 年国内生产总值及其结构

年份	国内生产总值/万亿元	第一产业/%	第二产业/%	第三产业/%
2010	41.303 0	9.5	46.4	44.1
2011	48.930 1	9.4	46.4	44.2
2012	54.036 7	9.4	45.3	45.3
2013	59.524 4	9.3	44.0	46.7
2014	64.397 4	9.1	43.1	47.8
2015	68.905 2	8.8	40.9	50.2
2016	74.358 6	8.6	39.9	51.6
2017	82.712 2	7.9	40.5	51.6

3）分析事物和现象之间的依存关系

一切事物和现象都不是孤立的，相互之间不同程度地存在着互相联系、互相依存、互相制约的关系，通过统计分组，可以从数量上研究现象之间依存关系的规律性。通过统计分组，可以揭示这种关系及其在数量上的表现，表 3-4 所示为我国 2010—2017 年财政收入与财政支出的状况。

表 3-4　我国 2010—2017 年财政收入与财政支出的状况　　　　　亿元

年份	2010	2011	2012	2013	2014	2015	2016	2017
财政收入	83 102	103 874	117 254	129 210	140 370	152 269	159 605	172 567
财政支出	89 874	109 248	125 953	140 212	151 786	175 878	187 755	203 330

3.3.2　分组标志的种类及选择

1. 分组标志的种类

1）简单分组、复合分组、并列分组

按分组标志的多少和形式，分组可分为简单分组、复合分组和并列分组。

（1）简单分组。简单分组就是对总体只按一个标志进行分组。例如，货物量按运输方式分为铁路运输、公路运输、水路运输、航空运输与管道运输五组。

（2）复合分组。复合分组就是对总体按两个或两个以上标志进行重叠式分组。即在按某一标志分组的基础上再按另一标志进一步分组。如学校招生数量分配，首先按生源所在各省市自治区分配，其次在生源地按招生专业分配，再次按学生高中阶段文理科选择，最后看专业是否有性别限制。

（3）并列分组。并列分组也称平行分组，就是对总体同时用两个或两个以上的标志分别从不同的角度进行不重叠的多种分组。其特点是两种或多种分组相互独立而不重叠，既可从不同的方面反映事物的多种结构又不致过于烦琐。如对企业按所有制性质、地域、规模和行业等分组。

2）品质标志分组和数量标志分组

按分组标志的性质，分组可分为品质标志分组和数量标志分组。

（1）品质标志分组。品质标志分组就是按事物和现象的品质特征分组。居民消费按商品类别分为食品烟酒类、衣着类、生活用品及服务类、教育文化和娱乐类、交通和通信类、医疗保健类、居住类、其他用品和服务类八大类。这种分组可以反映总体的构成和不同性质事物在总体中的地位与作用。

（2）数量标志分组。数量标志分组就是按事物的数量特征分组。选择反映事物数量差异的数量标志作为分组标志，并在数量标志的变异范围内划定各组界限，将总体划分为性质不同的若干成部分。将人按身高、体重、年龄分组，将学生按考试成绩分组都是数量标志分组，企业按生产能力、劳动生产率分组，商店按商品流转额、职工人数分组，等等。这种分组的目的在于通过事物和现象在数量上的差异来反映事物在性质上的区别。

3)类型分组、结构分组和分析分组

按分组标志的作用和任务不同,分组可分为类型分组、结构分组和分析分组。

(1)类型分组。类型分组就是把复杂的现象总体划分为若干个不同性质的部分。通常按品质标志分组,以划分社会经济类型。

(2)结构分组。结构分组就是在对总体分组的基础上计算出各组对总体的比重以研究总体各部分的结构。通常按数量标志分组,以研究同类总体的结构。类型分组和结构分组往往紧密联系在一起。

(3)分析分组。分析分组就是通过分析,研究事物或现象之间的相互关系而进行的分组。分析分组的分组标志称为原因标志,与原因标志相对应的标志称为结果标志,如影响某种商品消费需求的因素有该商品的价格、消费者收入、相关商品的价格、消费者偏好以及消费者对该商品的预期等。原因标志不同,结果标志不同;同一原因标志由于分组的不同,结果标志也会不同。例如,工人的劳动生产率与产值之间、商品流通费用率与商品销售额之间的依存关系,都可以按分析分组法来研究。

2. 分组标志的选择

分组标志是总体分组的标准或依据,分组标志一经选定,必将突出总体单位在此标志下的差异,而将总体单位在其他标志下的差异掩盖起来。因此,分组标志选择得恰当与否,直接关系到能否正确反映总体内部的性质特征,在实际工作中应遵循一些原则,以确保正确选择分组标志。

1)根据研究的目的和任务选择分组标志

统计分组是为统计研究服务的,统计研究的目的和任务不同,选择的分组标志也应有所不同。如研究人口的年龄构成时,就应该按"年龄"分组;研究各类型的工业企业在工业生产中的地位和作用时,就应该按"经济类型"分组。每一总体都可以按照许多标志进行分组,具体按什么标志分组,主要取决于统计研究的目的和任务。如同是以工业部门为研究对象,当研究的目的是分析工业部门中各种规模的企业的生产情况时,应该选择产品数量或生产能力作为分组标志;当研究目的在于确定工业内部比例及平衡关系时,应该以行业为分组标志,将工业部门划分为重工业与轻工业或冶金、电力、化工、机械、纺织、煤炭等工业行业。

2)适应被研究对象的特征来选择分组标志

社会经济现象纷繁复杂,研究某一问题可能涉及许多标志,科学的统计分组则应从中选择与统计研究的目的、有关事物的性质或类型关系最密切的标志,即将最主要或最本质特征的标志作为统计分组的依据。有时在同一研究目的下,可能有几个标志似乎都可以达到此目的,对比应该进行深入分析,选择主要的、能反映问题本质的标志进行分组;对于有些现象进行分组时,使用一个分组标志不足以区分事物的不同性质与特点,不能全面地认识事物的变化规律,分组时,除了使用一个主要分组标志以外,还要用一个或几个辅助标志作为分组补充标志。哪些标志作为主要标志,哪些标志作为辅助标志,这要根据研究任务来选择与确定。如研究学生学习情况时可能专业、年级、性别等是最常用的分组标志,而分析已就业人员可能职业、文化程度、收入水平等是最常用的分组标志。

3)结合事物和现象所处的历史条件来选择分组标志

客观事物的特点和内部联系随着条件的变化而不同,因此选择分组标志时,要具体情况具体分析,根据事物的不同条件来选择分组标志。有时有的标志在当时能反映问题的本质,但由于社会经济的发展变化,可能时过境迁,这时就要选择新的标志进行分组。例如,同样是划分企业规模,在劳动密集型行业,可采用职工人数作为分组标志;而在技术密集型行业,则应选择固定资产价值或生产能力作为分组标志。

3.3.3 统计分组参数的确定

1. 组数的确定

组数的确定包括以下几个方面。

1)品质分组的组数

品质分组的组数取决于统计研究的任务、事物和现象的特点两个因素。有些事物的属性就决定了总体的组数;有些事物构成较复杂,组数可多可少,其组数还需要根据统计研究的任务来定。例如,按学科大类可分为自然科学和社会科学;按学科门类可以分为哲学、经济学、法学、教育学、文学、历史学、理学、工学、农学、医学、管理学、军事学和艺术学 13 个,其中理、工、农、医 4 个门类属于自然科学;继续细分为 110 个一级学科和更多的二级学科。具体选用哪个分类、分成多少组要考虑研究的任务。由于品质只能采用定类或定序两种计量尺度,只能对事物和现象按平行分类与测度等级、顺序,不能测度只有数量标志才有的间距,所以品质分组没有组距。

2)数量分组组数和组距的确定原则

数量分组组数和组距的确定坚持以下几个基本原则。

(1)根据统计研究的目的和任务,使分组的结果能满足统计工作的目的和要求。例如,人口按年龄分组:劳动统计、现代教育统计、人口再生产统计等分组方法各不同。

(2)注意决定事物质量的数量界限,尽可能使各组的数量差异反映出事物在性质上的区别。分组时要尽可能保证组内的同质性和组间的差异性,使数据大小的差异与事物性质上的差异相吻合。如考试成绩按 100 分制时,一般将 60 以下、60~70、70~80、80~90、90~100 分别确定为不及格、及格、中、良、优五个等级,体现成绩的五个不同性质的区间。企业规模根据不同行业的特点,分别选用营业收入、从业人数、资产总额等标志,确定一定的数量界限,将企业划分为大型、中型、小型、微型四类(表 3-5)。

(3)要体现出事物分布的特点、反映事物分布的规律,便于人们对总体中的特殊部分进行单独的研究。如在正常情况下,一个班级同学的成绩应该接近正态分布,我们将成绩按优、良、中、及格、不及格分为五个数量区间后应该也呈现高分和低分的人数较少,多数人处于或接近中间水平。

表 3-5　我国部分行业大中小微型企业划分标准

行业名称	指标名称	计量单位	大型	中型	小型	微型
农林牧渔业	营业收入 Y	万元	$Y \geqslant 20\,000$	$500 \leqslant Y < 20\,000$	$50 \leqslant Y < 500$	$Y < 50$
工业	从业人员 X	人	$Y \geqslant 1\,000$	$300 \leqslant X < 1\,000$	$20 \leqslant X < 300$	$X < 20$
	营业收入 Y	万元	$Y \geqslant 40\,000$	$2\,000 \leqslant Y < 40\,000$	$300 \leqslant Y < 2\,000$	$Y < 300$
建筑业	营业收入 Y	万元	$Y \geqslant 80\,000$	$6\,000 \leqslant Y < 80\,000$	$300 \leqslant Y < 6\,000$	$Y < 300$
	资产总额 Z	万元	$Z \geqslant 80\,000$	$5\,000 \leqslant Z < 80\,000$	$300 \leqslant Z < 5\,000$	$Z < 300$
批发业	从业人员 X	人	$X \geqslant 200$	$20 \leqslant X < 200$	$5 \leqslant X < 20$	$X < 5$
	营业收入 Y	万元	$Y \geqslant 40\,000$	$5\,000 \leqslant Y < 40\,000$	$1\,000 \leqslant Y < 5\,000$	$Y < 1\,000$
零售业	从业人员 X	人	$X \geqslant 300$	$50 \leqslant X < 300$	$10 \leqslant X < 50$	$X < 10$
	营业收入 Y	万元	$Y \geqslant 20\,000$	$500 \leqslant Y < 20\,000$	$100 \leqslant Y < 500$	$Y < 100$
住宿和餐饮业	从业人员 X	人	$X \geqslant 300$	$100 \leqslant X < 300$	$10 \leqslant X < 100$	$X < 10$
	营业收入 Y	万元	$Y \geqslant 10\,000$	$2\,000 \leqslant Y < 10\,000$	$100 \leqslant Y < 2\,000$	$Y < 100$
软件和信息技术服务业	从业人员 X	人	$X \geqslant 300$	$100 \leqslant X < 300$	$10 \leqslant X < 100$	$X < 10$
	营业收入 Y	万元	$Y \geqslant 10\,000$	$1\,000 \leqslant Y < 10\,000$	$50 \leqslant Y < 1\,000$	$Y < 50$
房地产开发经营	营业收入 Y	万元	$Y \geqslant 200\,000$	$1\,000 \leqslant Y < 200\,000$	$100 \leqslant Y < 1\,000$	$Y < 100$
	资产总额 Z	万元	$Z \geqslant 10\,000$	$5\,000 \leqslant Z < 10\,000$	$2\,000 \leqslant Z < 5\,000$	$Z < 2\,000$

3）数量分组组数的确定

数量分组组数必须适中，若组数太少，数据的分布就会过于集中，而组数太多，数据的分布就会过于分散，这些都不便于观察数据分布的特征和规律。组数的多少应根据统计研究的任务、事物分布的特点来定，也与数据本身的特点及数据的多少有关。由于分组目的之一是观察数据分布的特征，因此组数的多少应适中，组数的确定应以能够显示数据的分布特征和规律为目的。在实际分组时，若有规定或惯例，可以根据或参照惯例或规定来确定组数；否则在 Sturges（斯特杰斯）提出的各总体单位标志值趋于正态分布的情况，根据总体单位数 N 来确定组数（n），其经验公式为

$$n = 1 + \frac{\lg N}{\lg 2} = 1 + 3.322 \lg N \tag{3-1}$$

对结果用四舍五入的办法取整数即为组数，如表 3-6 所示。

表 3-6　总体单位数与组数对应关系

N	15～24	25～44	45～89	90～179	180～359	360～719	720～1 439
n	5	6	7	8	9	10	11

当然，这只是一个经验公式，仅供参考，不能生搬硬套，在标志值变动范围小、分布比较均匀、适合等距分组情况下可采用效果最佳。实际应用时，可根据数据的多少和

特点及分析的要求，参考这一标准灵活确定组数。

2. 组距的确定

组距的确定包括以下两点。

1）组距的大小

组距是每组中最大变量值与最小变量值之间的距离或差数。组距的计算公式为

$$组距＝本组最大标志值－本组最小标志值$$

全距一定的情况下，组距与组数呈反比关系。若组距大，则组数就少；若组距小，则组数就多。若是各组组距相等，组数可根据全总体最大值和最小值及组距来确定，表示为

$$组数＝全距÷组距 \tag{3-2}$$

其中，全距＝最大标志值－最小标志值。

组数与组距的确定，原则上应该力求符合事物和现象的实际情况，能够将总体分布的特点反映出来。如果组距过小，组数过多，容易将同质的单位划分在不同的组内，显示不出资料类型的特征；如果组距过大，组数过少，会使不同性质的单位同处一组，掩盖质的差异，因此必须科学地确定组数和组距。

2）组距形式的选择

组距的形式有等距和不等距（也称异距）两种。等距就是标志值在各组保持相等的组距，而异距则是标志值在各组的组距不相等。选用哪种形式，要根据统计研究的目的和资料的性质、特点而定。

组距的形式应服从分组的组内同质性和组间差异性的要求，做到性质相同的单位应合并在一个组内，性质不同的单位应当分开。事物和现象的差别取决于其本质，而不取决于数学形式，必须根据事物和现象的本质特征与统计研究的目的任务来确定分组的等距与否。

等距分组的各组的标志值变动都限于相同的范围，凡是在标志值变动比较均匀或不同总体单位标志值相对比值较小的情况下，都可采用等距分组。例如，工人的年龄、工龄、工资的分组；零件尺寸的误差、加工时间的分组；农产品单位面积产量、单位产品成本的分组；等等。等距分组有很多好处，它便于绘制统计图，也便于进行各类运算。

不等距分组在下列情况下采用比较合适：第一，标志值相对比值较大的场合。如某地区不同百货商场营业额差别是很大的，营业额从50万元至5亿元，若用等距分组，即使组距为1 000万元，也得分为50组，显然是不合适的。可采取公比为10的不等距分组，组距分别为50万～500万元、500万～5 000万元、5 000万～50 000万元。第二，标志值分布很不均匀的场合。例如，一个企业职工月工资分布范围较宽，低的只有3 000多元，高的达到数万元，但是多数职工的月工资密集于6 000～9 000元，其他部分则分布较为稀少，在这种场合若以1 000元作为组距进行等距式分组，则无法显示出分布的规律性，会使得这一密集的分数段分布的信息损失过大。因此，合理的做法是，在分布比较密集的区间内使用较短的组距，在分布比较稀少的部分使用较长的组距，形成不等距分组。第三，标志值相等的量具有不同意义的场合。例如，生命的每一个月对于新生婴儿和对于成年人是大不一样的，若对人的不同阶段的饮食研究进行年龄分组，应采用不等距分组，即1岁以下按月分组，1～10岁按年分组，11～20岁按2～5年分组，21岁

以上按 10 年分组，等等。

不等距分组没有可以依循的固定模式，需要统计人员在实践中不断探索，关键在于对所研究的事物和现象的内在联系必须十分熟悉，才能很好地运用不等距分组来揭示事物的本质。

组距式分组的假定条件是：变量在各组内的分布都是均匀的，或者各组标志值呈线性变化。通过组距式分组，突出各组之间的主要差异，抽象各组内部各单位的次要差异，各组分配的规律性更容易显示出来。组距式分组的假设与实际分布存在差异，使分组后的资料真实性受到一定程度的损害。分组过多、组距太小则容易将属于同类的单位划分到不同组，显示不出一些类型的特点；组距太大，组数太少，会把不同性质的单位归并到同一组中，失去区分事物的界限，达不到正确反映客观事实的目的。因此，组距的大小、组数的确定应考虑研究对象的经济内容和标志值的分散程度等因素，不可强求一致。

3. 组限的确定

组限是每组区间中的极端值。每组的起点数值或最小值称为下限，每组的终点数值或最大值称为上限。如果各组的组限都齐全，称为闭口组；组限不齐全，即最小组缺下限或最大组缺上限，称为开口组。从根本上说，组限应是区分事物质的差别的数量界限。组限确定得好，就能充分体现分组的功能，分清组与组之间的差别；否则，就有可能混淆现象之间的本质区别。

1) 组限的形式

组限的形式分为重合式组限和不重合式组限，组限的形式由变量的特点决定。分组标志连续变量适合重合式组限，不重合式组限适合的分组标志是离散变量。

重合式组限就是相邻两组中前一组的上限与后一组的下限数值相重。重合式组限只是形式上相重，两组的实际数值并没有重复，数据采用组距分组时遵循"不重不漏"原则："不重"是指一项数据只能分在其中的某一组，不能在其他组中重复出现；"不漏"是指在所分的全部组别中每项数据都能分在其中的某一组，不能遗漏。在重合式组限中，为解决"不重"的问题，对于重合的那个组限，习惯上按"含下限不含上限"或者"上限不在本组之内"的原则处理，当相邻两组的上下限重叠时，恰好等于某一组上限的变量值不算在本组内，而归入作为下限值的那一组内。对于连续性变量，其变量值有小数，组限不能肯定的，数值表示只能用前一组的上限与后一组的下限重叠的方法表示。例如，在表 3-7 所示的分组中，10 这一数值不计算在"8~10"这一组内，而计算在"10~12"组中，其余类推。对于连续变量，也有可以对一个组的上限值采用小数点的形式，小数点的位数根据所要求的精度具体确定，如某产品零件尺寸可以分组为 2~3.99，4~5.99，6~7.99，等等。

不重合式组限就是相邻两组中前一组的上限与后一组的下限数值紧密相连而不重复。变量值只是在整数之间变动。例如，企业数、职工数、机器设备台数等离散变量，可采用不重合式组限。

实际中，有分组标志是连续变量，组限却根据习惯采用不重合式组限。变量值属于离散变量，可采用不重合式组限，也可采用重合式组限。如果变量值在一定范围内的

表 3-7　某产品构成零件尺寸分布

零件尺寸/厘米	零件个数/个	比率/%
2~4	2	4
4~6	5	10
6~8	8	16
8~10	15	30
10~12	9	18
12~14	7	14
14~16	4	8
合计	50	100

表现既可以是整数，也可以是小数，如产值、身高、体重等连续变量，只能采用重合式组限。

2）组限的确定

确定组限遵循组内同质性、组间差异性，能使性质相同的单位归入同一组内，使不同性质的单位划分在不同组别。为了达到上述要求，组限的确定应注意如下几点。

（1）连续变量和离散变量的组限确定方法不同。连续变量的相邻组组限必须重叠，在计算各组单位数或标志值时，按"上组限不在内（不含上限）"的原则；离散变量以自然单位作为计量单位，相邻组组限可以断开，若计量单位是自然单位的扩大倍数，相邻组组限可以重叠。

（2）总体各单位标志值中出现特大变量值或特小变量值时，最低组和最高组可采用开口式组限。在组距分组中，如果数据中的最大值和最小值与其他数据相差悬殊，也就是出现了极端值，为避免出现没有变量值的空白组或个别极端值被漏掉，第一组和最后一组可以采用"××以下"及"××以上"这样的开口组形式。

（3）组限的确定应有利于表现出总体分布的特点和规律性。组限应是决定事物性质的数量界限，应反映出事物质的变化。按学生考试成绩分组，60 分必须作为组限，因为它是及格与不及格的界限；按计划完成程度分组，100%必须作为组限，因为它是完成还是未完成计划的界限。

（4）最小组下限应低于总体各单位标志值中最小变量值，最大组上限应高于总体中最大变量值，但不应过于悬殊，一般小于最小值或大于最大值不超过半个组距。

（5）为了方便计算组限应尽可能取整数，尾数最好是 5 或 10。如果组限是小数，要根据情况将组限数值适当缩放，其数值最好为各单位标志值的最小计量单位或最大公因数的 5 倍或 10 倍，这样比较符合习惯。

4. 组中值

组中值是上下限之间的中点数值，用以代表各组标志值的一般水平，具有平均指标的性质。组中值不是各组标志值的平均数，各组标志数的平均数在统计分组后很难计算出来，就常以组中值近似代替，组中值的这种计算方法是假定各组标志值的变化是均匀的，恰好与组距式分组的假定条件相同。组中值仅存在于组距式分组数列中，单项式分组中不存在组中值。

不同的组限表现形式采用的计算公式略有不同。

1）重合式组限

对于重合式组限，组距与组中值按以下方法计算：

$$组距 = 本组上限 - 本组下限 \qquad (3-3)$$

$$组中值 = (上限 + 下限) \div 2 = 下限 + 组距 \div 2 = 上限 - 组距 \div 2 \qquad (3-4)$$

2）不重合式组限

对于不重合式组限，组距与组中值按以下方法计算：

$$组距 = 下组下限 - 本组下限 = 本组上限 - 上组上限 \qquad (3-5)$$

$$组中值 = (本组下限 + 下组下限) \div 2 = 本组下限 + 组距 \div 2 = 下组下限 - 组距 \div 2 \qquad (3-6)$$

根据需要不重合式组限的各组上限加 1，将不重合式组限转化为重合式组限，不重合式组限的组中值计算公式与重合式组限统一。

3）开口组

对于第一组是"多少以下"，最后一组是"多少以上"的开口组，其只有一个组限，组中值的计算可参照邻组的组距来决定。即

（1）第一组"多少以下"（有上限无下限），组中值 = 上限 - 邻组组距 ÷ 2。

（2）最后一组"多少以上"（有下限无上限），组中值 = 下限 + 邻组组距 ÷ 2。

3.3.4 统计资料汇总

1. 统计资料汇总的概念

统计资料汇总是在统计分组的基础上，将统计资料归并到各组中去，并计算各组和总体的合计数的工作过程。统计资料汇总使我们能看到事物和现象的全体，进而提示出总体在多方面的数量特征。

2. 统计资料汇总的组织形式

统计资料汇总的组织形式分为逐级汇总和集中汇总。

1）逐级汇总

逐级汇总就是按照一定的统计管理系统，由各级统计机构自下而上地逐级将调查资料汇总上报。如定期统计报表。其便于审核和订正统计调查资料，满足各级对资料的需要，但是逐级汇总层次较多，所需时间较长，产生汇总差错可能性较大。

2）集中汇总

集中汇总是指把统计调查资料集中在组织调查的最高机构或它指定的机构进行汇总。其特点就是不经过中间环节。这样可以大大缩短汇总时间，便于贯彻统计的汇总纲要，可使用现代化汇总手段来提高汇总效率和质量。但是不能及时满足地方或基层领导的需要，审核和订正资料较困难。比较适合时效性强的快速普查和对汇总质量要求很高的一些重要调查。

3. 统计资料汇总的方法

统计资料汇总的方法有手工汇总和计算机汇总两种。

1）手工汇总

手工汇总指以算盘和小型计算器为手段，通过手工操作对统计资料进行汇总。实际中常用的方法有以下四种。

（1）点线法。点线法也叫画记法，通过画点线来汇总各组和总体单位数。常用"正""※"等点线符号。这种汇总方式简便易行，尤其当总体单位数不大时。

（2）过录法。过录法就是先将统计资料过录到整理表上，计算各种合计数，然后再按整理表汇总。这种汇总方式工作量大，可能产生转录差错；可计算总体单位数，也可计算标志总量，适用调查单位不是很多的情况。

（3）折叠法。折叠法就是把所有调查表的相同项目和数值折在边上，一张一张错叠起来，露出需要汇总的项目和数值，然后汇总。这种汇总方式以表汇表，避免了过录，很简便；但是若有差错难以查找。

（4）卡片法。卡片法就是在汇总大量统计资料时，首先将每一调查单位的资料摘录到一张特制的卡片上，然后用卡片进行分组汇总。基本过程如下：一是编号。根据分组要求，按分组标志（部门、地址、主管系统、企业规模）将所有调查单位的调查表上编上各种组号。二是摘录。将调查表上注明的"组号"和"标志值"摘录到卡片上。三是分组计数。根据分组要求，将卡片按组号分组，计算每组的单位总数（卡片张数）和标志总量，并填写在表中。卡片法适用于总体单位数很多。有复合分组的情况。它兼有过录法、折叠法的优点，便于保存和查考资料。

2）计算机汇总

统计部门正日益广泛地采用计算机进行统计资料的汇总。计算机汇总具有速度快、精确度高、能自动纠正错误的特点。计算机数据处理包括对原始数据的加工、存储、合并、分类、逻辑检查、运算以及打印出汇总表或图形等。其全部过程大体上分为五个步骤。

（1）编程序。编程序就是使用计算机高级语言将统计汇总分成一个个步骤，编成一条条指令，把高级语言源程序编译成计算机可执行的目标程序。

（2）编码。编码就是把表示统计信息的某种符号体系转换成便于计算机或人识别和处理的另一种符号体系的过程。编码的质量不仅影响数据录入的速度和质量，而且影响统计资料处理的最终结果。

（3）统计资料录入。统计资料录入就是把经过编码后的统计信息由录入人员通过录入设备记载到存储介质上，如软磁盘、磁带、纸带等。

（4）统计资料编辑。统计资料编辑就是按照事先规定的一套编辑规则对输入计算机的原始数据进行分析、比较、筛选、整理等，使编辑后的全部统计资料符合编制规则的要求。

（5）制图表、打印。制图表、打印就是对经过编辑的统计资料，执行目标程序，形成各种形式的统计图表，并把所需的统计资料、统计图表打印出来。

3.4 统计整理结果的显示

3.4.1 分布数列

1. 分布数列的概念与构成

分布数列是在统计分组与汇总的基础上,将总体中的所有单位按一定标志分组整理,并将各组按一定顺序排列,形成总体中各个单位在各组中的分布状况的统计数列,也称次数分布、分配数列。分布数列是统计整理的一种重要形式,也是统计描述和统计分析的一种重要方法,它可以表明总体的分布特征、内部结构,并据此研究总体中某一标志的平均水平及其变动的规律性。

分布数列有各组名称和各组次数两个构成要素。各组名称就是按一定标志将总体划分出来的各组,其中数量标志分组表现为各组的变量值,用 x 表示。各组次数就是各组所对应的单位数,也称频数,用 f 表示;次数的相对数形式即各组次数占总体单位数的比重,称为频率,用 $\dfrac{f}{\sum f}$ 表示,说明具有某组标志值在总体中出现的频繁程度或对总体水平所起的作用程度,反映了总体的构成。频率具有如下两个性质:各组频率都是介于 0 和 1 之间的一个分数,即 $0 < \dfrac{f}{\sum f} < 1$;各组频率之和等于 1,即 $\sum \dfrac{f}{\sum f} = 1$。分布数列通常表现为次数分布表和次数分布图两种形式。

2. 分布数列的种类

1) 品质数列和变量数列

按分组标志的不同,分布数列可分为品质数列和变量数列。

(1) 品质数列。品质数列就是按品质标志分组所形成的分布数列。如人按照民族、工种、职业、专业、性别、职称等分组,表 3-8 所示就是品质数列。对品质数列,若分组标志选择得好,标准恰当,则事物性质差异表现得比较明确,总体中各组如何划分易解决。

表 3-8 2017 年我国人口性别构成

性别	人口数/万人	比重/%
男	71 137	51.2
女	67 871	48.8
合计	139 008	100.0

(2) 变量数列。变量数列就是按数量标志分组所形成的分布数列。变量数列由变量和次数两个要素组成,其组限表现为不同的数值或变量区间,如表 3-9 所示。变量数列因事物性质差异表现得不明确,决定事物性质的数量界限往往因人主观认识而异,因此按同一数量标志分组时,可能出现多个不同的变量数列。

表 3-9　我国 2017 年人口年龄构成

人口年龄分组/岁	人口数/万人	比重/%
0~15	24 719	17.8
16~59	90 199	64.9
60 及以上	24 090	17.3
合计	139 008	100.0

按分组形式不同，变量数列分为单项式数列和组距式数列。单项式数列是指各组都由一个具体的变量值来表示的数列。单项式数列中每个组的变量值均只有一个，即一个变量值代表一组，一般适用于离散变量且变量值变动范围不大的场合，或习惯用离散形式表示的连续变量。例如，家庭按人数分组可分为 1，2，3，…若干组，如表 3-10 所示。

表 3-10　我国第六次人口普查每个家庭人数分布

每个家庭人数	家庭数/户	频率/%
1	58 396 327	14.53
2	97 947 686	24.37
3	107 978 654	26.86
4	70 598 493	17.56
5	40 332 512	10.03
6	16 887 554	4.20
7 以上	9 792 970	2.45
合计	401 934 196	100.00

组距式数列是变量值按一定的变化范围或间距进行分组形成的变量数列。变量数列中每个组用一个变量值区间表示，见表 3-9。适用于按连续变量分组或变量值的变动范围较大、变量的不同取值个数较多的离散变量分组的情况。按组距形式，组距式数列分为等距数列和不等距数列。

2）钟形分布数列、J 形分布数列和 U 形分布数列

按次数分布的特征不同，分布数列可分为钟形分布数列、J 形分布数列和 U 形分布数列。

（1）钟形分布数列。钟形分布数列的特征是"两头小、中间大"，即靠近中间的变量值分布的次数多，靠近两端的变量值分布的次数少，如果将变量值与其对应的频数在直角坐标系中对应的点连接起来绘制成曲线图，宛如一口钟，所以又称钟形分布。如人体体重、身高，学生的成绩，居民货币收入，单位面积的农产品产量，市场价格等多数社会经济现象都属于钟形分布。钟形分布有正态分布和偏态分布两种形式，其中正态分布（图 3-1）是一种对称的钟形分布，它以变量值中点为对称轴，两侧变量值分布的次数随着与中点值距离增大而渐次减少，且减少的次数基本对等，如农作物的单位面积产量、零件的公差、纤维强度等很多现象都服从正态分布。偏态分布（图 3-1）是一种非对称钟形分布，按其图形偏斜方向不同分为左偏态分布和右偏态分布，长尾拖向右侧（变量值较大的一侧）、左侧偏短的偏态分布称为右偏态分布或正偏态分布；长尾拖向左侧（变

量值较小的一侧)、右侧偏短的偏态分布称为左偏态分布或负偏态分布。

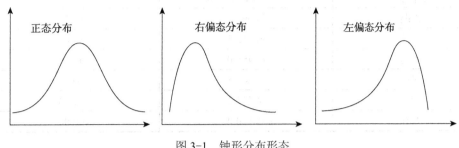

图 3-1　钟形分布形态

(2) J 形分布数列。J 形分布的特征是"一边小，一边大"，即大部分变量值集中在某一端分布 (图 3-2)，有正 J 形分布和反 J 形分布两种类型。正 J 形分布是次数随着变量值的增大而增多，如市场经济条件下，商品供应量随市场价格上升而增加，一般呈现正 J 形分布。反 J 形分布是次数随着变量值的增大而减小。如成年人数量按年龄大小分组，表现出年龄越高，人数越少；弹性大的商品，其需求量随市场价格上升而减少。

(3) U 形分布数列。U 形分布 (图 3-2) 是靠近中间的变量值分布的次数少，靠近两端的变量值分布的次数多，呈现"两头大、中间小"的 U 形分布特征。许多有寿命的客观事物或现象故障率或死亡率均呈现 U 形分布，如动植物的死亡率和机器设备故障率、失业人口按年龄的分布等。

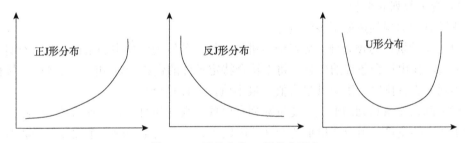

图 3-2　J 形分布和 U 形分布形态

3. 分布数列的编制

次数分布有简单次数分布和累计次数分布之分，通常用次数分布表和次数分布图作为表现形式。不同类型的资料，采取的处理方式和方法不同。品质数列主要是做分类或顺序整理，变量数列主要是做分组整理。将统计资料按计量尺度的精确程度从低到高层次顺序分为定类资料、定序资料、定距资料和定比资料，适合于低层次资料的整理和显示方法也适合于高层次的资料；但适合于高层次资料的整理和显示方法并不总能适合于低层次的资料。

1) 品质分布数列的编制

品质分布数列是按品质标志分组的数列，用来观察总体单位中不同属性的单位分布情况，如表 3-11 所示。

表 3-11　我国 2017 年货物运输周转量　　　　　　　　　　　　亿吨·千米

运输方式	货物运输周转量	频率
铁路	26 962.2	13.75
公路	66 712.5	34.01
水运	97 455.0	49.69
民航	243.5	0.12
管道	4 757.2	2.43
合计	196 130.4	100.00

品质数列整理的基本过程：一是选择分组标志。品质数列的编制比较简单，只需将品质标志的表现——排列出来，然后汇总出每一种标志表现出现的次数即可。最关键的是确定分组标志，要遵循分组标志选择的原则。二是列出各类别。要注意，分组时应包括分组标志的所有表现，不能有遗漏，各种表现相互独立，不得相融；特别要关注按品质标志分组时，确定各组的界限有两种情况：一种组限是自然形成的或比较明显的，如人口按性别、文化程度、党派分组等。另一种组限存在属性之间的过渡形式，使分组界限难以确定。这种比较复杂的品质标志分组，国家有关部门都制定有标准的分类目录，分组时可以依据分类目录来确定组限。例如，人口按职业分组，企业按行业分组，产品按经济用途分组，等等。三是计算各类别的频数或频率。四是编制频数分布表。五是用图形显示数据。

2）变量数列的编制

变量数列的编制按如下步骤进行。

（1）原始资料的预处理。先对资料进行审核，若发现资料中的错误，就进行订正；然后筛选，找出符合条件的资料，将不符合特定条件的资料予以剔除；再排序，按标志值从小到大进行排序，确定其最大值、最小值，并计算全距。

（2）确定变量数列的形式。变量数列有单项式数列和组距式数列两种。组距式数列适用于按连续变量分组或变量值的变动范围较大、变量的不同取值个数较多的离散变量分组的情况。在组距式数列的两种形式即等距数列和不等距数列之间选择。如果选择单项式数列的形式，则直接进入第（4）步。

（3）确定组距式数列的参数。编制组距式数列时，基本参数组数、组距、组限需要确定。一是确定组数。根据统计研究的目的和要求，优先按照规定或惯例确定组数；没有广泛认可的确定组数规定或惯例，其组数 K 的确定借用 Sturges 提出的经验公式。二是确定组距。若选用等距，组距根据全部数据的最大值和最小值及所分的组数来确定，即组距=（最大值-最小值）/组数。得到的组距数值要适当缩放，其数值最好为最小计量单位或最大公因数的 5 倍或 10 倍。三是确定组限。先选择组限的形式，再确定组限第一组下限即组限的起点确定很关键，一般可采用 $X_{1下}$=最小值-组距/2，然后对组限数值适当缩放，其数值最好为各单位标志值的最小计量单位或最大公因数的 5 倍或 10 倍。

（4）统计各组的频数。在确定各组组限的基础上，遵循"不重复，不遗漏"的原则，将数据归并到各组中，计算各组和总体的合计数。

3）累计次数分布表的编制

累计次数分布表是用统计表来表示频数分布，列入累计分布频数和累计频率。累计频数（或频率）可以是较小制累计频数（或频率），也可以是较大制累计频数（或频率）。

(1) 较小制累计。较小制累计也称向上累计。较小制累计频数（或频率）分布，先列出各组的上限，从最小组开始，然后由标志值低的组向标志值高的组依次累计各组频数或频率。某组较小制累计频数表明该组上限以下的各组单位数之和是多少，即表示小于该组上限的频数合计数；某组较小制累计频率表明该组上限以下的各组单位数之和占总体单位数的比重，即表示小于该组上限的频率合计数。

(2) 较大制累计。较大制累计也称向下累计。较大制累计频数（或频率）分布，即先列出各组的下限，从最大组开始，然后由标志值高的组向标志值低的组依次累计各组频数或频率。某组较大制累计频数表明该组下限以上的各组单位数之和是多少，表示大于该组下限的频数合计数；某组较大制累计频率表明该组下限以上的各组单位数之和占总体单位数的比重，表示大于该组下限的频率合计数。

现以 2017 年某专业 16 级 65 名同学统计学期末考试卷面成绩为例，分别进行较小制累计和较大制累计，其结果如表 3-12 所示。

表 3-12　某专业 16 级 65 名同学统计学期末考试卷面成绩累计次数分布

成绩	学生/人	频率/%	较小制累计		较大制累计	
			累计频数	累计频率/%	累计频数	累计频率/%
30～40	1	1.54	1	1.54	65	100.00
40～50	2	3.08	3	4.62	64	98.46
50～60	4	6.15	7	10.77	62	95.38
60～70	14	21.54	21	32.31	58	89.23
70～80	20	30.77	41	63.08	44	67.69
80～90	15	23.08	56	86.16	24	36.92
90～100	9	13.84	65	100.00	9	13.84
合　计	65	100.00				

较小制累计频数和频率中，统计学期末考试卷面成绩在 40 分以下的有 1 人，占总数 1.54%；在 50 分以下的有 3 人，占总数 4.62%；在 60 分以下的有 7 人，占总数 10.77%；以此类推。同样，较大制累计频数和频率中，在 90 分以上的有 9 人，占总数 13.84%；在 60 分以上的有 58 人，占总数 89.23%；等等。

累计频数和累计频率具有如下两个特点：一是第一组的累计频数和累计频率等于第一组本身的频数和频率；最后一组的累计频数等于总体单位数，最后一组的累计频率等于 1。二是某组的累计频数和累计频率等于前一组的累计频数与累计频率加上本组的频数和频率。

3.4.2　统计表

1. 统计表的概念

统计表是统计用数字说话的一种最常用的形式。从广义上看，任何反映统计资料的表格都是统计表。也就是把收集到的数字资料，经过汇总整理后，得出一些表明社会经济现象总体单位数和一系列标志总量的资料等系统化的统计资料，将其按一定顺序填列在一定的表格内，这个表格就是统计表。

统计表有以下几方面优点：能使大量的统计资料系统化、条理化，因而能更清晰地表述统计资料的内容；利用统计表易于检查数字的完整性和正确性；利用统计表便于比较各项目（指标）之间的关系，而且也便于计算；采用统计表表述统计资料显得紧凑、简明、醒目，使人一目了然，且可以节省大量文字叙述。

2. 统计表的形式和内容

统计表的形式多种多样，根据使用者的要求和统计数据本身的特点，可以绘制形式多样的统计表，常见的统计表的形式和内容如下。

1）统计表的形式

从外表形式看，统计表是由纵横交叉的一种表格所组成的，在这种表格上填写着反映社会经济现象的数字资料。统计表一般由五个主要部分组成，即表头、横行标题、纵栏标题、纵横格线和数字资料，必要时可以在统计表的下方增加说明或注解，以说明资料的来源，某些指标数值的计算方法、填表单位和其他需要说明的问题。

（1）表头。表头一般应包括表号、总标题和表中数据的单位等内容。总标题也称统计表名称，一般标题内容应满足 3W 要求，需要表明统计数据的时间（when）、地点（where）以及何种数据（what），即用概括性文字简单明了地说明统计资料的时间、基本内容和范围，一般写在表的上部中端。

（2）横行标题。横行标题说明横行数字的属性，反映统计表的主要项目，常对应各组名称，位于表格的左侧，要按时间先后或数量大小和事情的重要性等顺序排列。

（3）纵栏标题。纵栏标题就是统计指标的名称，说明纵栏各项资料的内容或每一列中数字的属性，位于表格右部上方即右部的第一横行，一般对应指标名称，有单位的要注明单位。

（4）纵横格线。统计表中只有纵横线，无斜线。

（5）数字资料。数字资料也称指标数值，它是统计表的具体内容，列在各横行标题和纵栏标题的交叉处，任何一个具体数值都由横行标题和纵栏标题所限定。数字资料一律用阿拉伯数字，同一列的小数位数应尽量一致，且位次对齐。

要合理安排统计表的结构，如横行标题、纵栏标题、数字资料的位置应安排合理。当然，由于强调的问题不同，横行标题和纵栏标题可以互换，但应使统计表的横竖长度比例适当，避免出现过高或过长的表格形式。

2）统计表的内容

从内容上看，统计表包括主词和宾词两个部分。

（1）主词。主词就是统计表中所要说明对象或统计表中各种指标所描述的总体及其各组成部分，常列在表的左方即列于横行。它可以是各个总体单位的名称、总体各个组成部分，通常形式上表现为横行标题。

（2）宾词。宾词是用来说明总体数量特征的各项统计指标，是说明主词的各种指标，包括指标名称、指标数值，通常列在表的右方，即纵栏标题和指标数值所在的列。

若这样排列会使统计表的表式过分狭长或过分宽短时，可将主词、宾词全并排列或变换位置排列。

3. 统计表的种类

1）简单表、分组表和复合表

按分组程度，统计表可分为简单表、分组表和复合表。

（1）简单表。简单表是未经任何分组的统计表。主词由研究总体单位清单组成的一览表，如地区、国家城市等目录组成的区域表，如表3-13所示；宾词由时间顺序组成的编年表、指标按说明问题的主次先后顺序排列等，如表3-14所示。

表 3-13 2017 年我国部分省市三次产业比重和人均 GDP

省份	三次产业比重/%			地区生产总值/亿元	人均地区生产总值/元
	第一产业	第二产业	第三产业		
甘肃	13.9	33.4	52.7	7 677	29 238
广西	14.2	45.6	40.2	20 396	41 752
河南	9.6	47.7	42.7	44 988	47 130
湖南	10.7	40.9	48.4	34 591	50 563
吉林	9.3	45.9	44.8	15 289	56 102
广东	4.2	43.0	52.8	89 879	81 089
浙江	3.9	43.4	52.7	51 768	92 057
上海	0.3	30.7	69.0	30 134	124 606
北京	0.4	19.0	80.6	28 000	128 992
全国	7.9	40.5	51.6	827 122	59 660

表 3-14 2017 年某集团公司下属企业基本情况

下属企业	营业收入/亿元	利润总额/万元	产品销售率/%
A	7.91	3 130	95.37
B	9.74	8 580	98.98
C	6.88	4 040	97.19
合计	24.53	15 750	—

（2）分组表。分组表是按某一标志进行分组的统计表。分组表可以从主词的角度选择某一标志分组，以揭示总体不同类型的特征、研究总体的内部构成、分析总体内事物和现象之间的依存关系等，如表3-15所示；分组表也可以从宾词的角度将统计指标从不同角度按某一标志分组或各种分组平行排列，如表3-16所示。

（3）复合表。复合表是按两个或两个以上标志进行复合分组的统计表。在一定分析任务要求下，复合表可以把总体的标志结合起来对主词进行复合分组，更深入地分析社会经济现象的特征和规律性，如表3-17所示；复合表也可以是宾词的统计指标，同时有层次地按两个或两个以上标志分组，且分组重叠在一起，如表3-18所示。

表 3-15 某班级统计学成绩分布

考试分数	人数/人	频率/%
50~60	2	5.0
60~70	7	17.5
70~80	12	30.0
80~90	11	27.5
90~100	8	20.0
合计	40	100.0

表 3-16 2017 年某企业职工性别及文化程度情况

企业名称	职工人数/人	性别		文化程度		
		男	女	小学	中学	大学
A 分公司	660	326	334	22	333	305
B 分公司	368	156	212	14	156	198
合 计	1 028	482	546	36	489	503

表 3-17 2017 年某企业职工性别、职称情况

组别	人数/人	比重/%
男性	892	67.7
正高	294	22.3
高级	368	27.9
中级	178	13.5
助理级	52	3.9
女性	426	32.3
正高	103	7.8
高级	202	15.3
中级	76	5.8
助理级	45	3.4
合计	1 318	100.0

表 3-18 2017 年某企业职工性别及文化程度情况

企业名称	职工人数		小学			中学			大学		
	男	女	男	女	小计	男	女	小计	男	女	小计
A 分公司	326	334	12	10	22	152	181	333	162	143	305
B 分公司	156	212	8	6	14	58	98	156	90	108	198
合计	482	546	20	16	36	210	279	489	252	251	503

2）调查表、整理表和分析表

按用途，统计表可分为调查表、整理表和分析表，分别应用于统计工作过程的各个环节。

（1）调查表。调查表是把调查项目以表格的形式表示出来所形成的统计表。调查表

用于登记、收集原始资料，表中的数字可以说是未经综合的各个单位的标志值。

（2）整理表。整理表是用于登记统计资料整理结果的统计表。表中数字是经过汇总后的总量指标，也称汇总表。

（3）分析表。分析表是表述统计分析资料的统计表。它是在在统计分析中用于对整理所得统计资料进行统计定量分析的表格，往往与整理表结合在一起，成为整理表的延续，表中的数字是在总量指标基础上计算的多种相对指标和平均指标。

4. 统计表的编制规则

统计表的编制，无论主词的内容或宾词指标的配置都要目的明确、内容鲜明，能从表中获得事物和现象的具体内容。在制表时，首先要根据目的要求，做到简明、紧凑，避免过分烦琐；要重点突出，使人看过后能明白表格所要表达的主要内容，不要包罗万象；要层次分明，避免层次过多或结构混乱。

必须注意的规则有以下几个方面。

（1）统计表的各种标题，特别是总标题的表达应该十分简明确切，概括地反映表的基本内容。总标题应标明资料所属时间、空间和表的基本内容。

（2）表中主词各行和宾词各栏，一般应按先局部后整体的原则排列，即先列各个项目，后列总计。当没有必要列出所有项目时，可先列总计，后列其中一部分重要项目。主词与宾词位置可互换，各栏排列次序应以时间先后、数量大小、空间位置等自然顺序编排。

（3）若统计表栏数多，常加以编号。在主词和计量单位等栏用（甲）、（乙）、（丙）等文字标明，宾词指标各栏用（1）、（2）、（3）等数字编号。

（4）表中数字应填写整齐，对准位数。统计表中不应有空格，当数字太小可略而不计或数字不详时，用符号"……"表示；当表中不应有内容或可免填或无意义时用符号"—"表示。

（5）统计表中必须注明数字资料的计量单位。当全表只有一种计量单位时，可把计量单位写在表头右上方；当表中需分别注明不同单位时，纵栏计量单位可专设一栏；纵栏的计量单位，要与纵标写在一起，用小字标写。

（6）统计表一般是"开口式"的，即统计表一般为横长方形，表的左右两端不画纵线，上、下基线要画粗线。

（7）必要时，统计表应加说明或注解。个别需要说明的指标或数据。例如，某些指标有特殊的计算口径，某些资料只包括一部分地区，某些数字是由估算来插补的，都要加以说明。此外还要注明统计资料的来源，以便查考。说明或注解不应写在表中，在数字上角用"*"号标出，文字叙述写在表的下方。

说明或注解一般写在表的下端，制表人、制表及发出日期和主管部门负责人盖章生效，以示对提交的数字负责，便于收表单位查询联系。

3.4.3 统计图

为了使统计资料的表达直观生动、通俗易懂、便于分析比较等，可以利用统计图进行研究，分析事物和现象之间的数量关系及变化发展情况。

1. 统计图的概念

统计图是利用点、线、面、体等绘制成几何图形或具体事物的形象和地图等形式，用以表现事物和现象的数量特征、数量关系和数量变动的图形。

统计图表示统计资料目的明确，准确反映统计资料，鲜明、形象、生动，便于比较，信息量大，较统计表能更集中反映事物运动趋势、美学效果好、容易吸引人、形象性佳。具有形象具体、简明生动、通俗易懂、一目了然的优点。统计图是表现统计数字大小和变动的各种图形的总称，主要用于表示现象间的对比关系；揭露总体结构；检查计划的执行情况；揭示现象间的依存关系，反映总体单位的分配情况；说明现象在空间上的分布情况。

统计图一般采用直角坐标系，横坐标常用来表示事物的组别或自变量 x，纵坐标常用来表示事物出现的次数或因变量 y；或采用角度坐标（如圆形图）、地理坐标（如地形图）等。

统计图一般由图题、图号、图目、图尺、图线、图形和图注等几个部分组成。

1）图题、图号

图题也称图名，是指统计图的标题或名称，它反映和标明统计图的内容，通常包括内容、时间和地点；图号是统计图的编号。

2）图目

图目是图中的标题，也称标目，是指在横轴的下面和纵轴的侧面所标注的表明事物的类型、地点、时间、单位、指标等的文字或数字，说明横、纵轴所代表的事项及其单位；也就是说，纵横两轴应有纵图目和横图目，并注明度量衡单位。

3）图尺

图尺是统计图中的坐标单位，也称尺度。就是测定指标数值大小的标尺，包括尺度线、尺度点、尺度数和尺度单位。纵横两轴都应有尺度。

4）图线

图线是构成统计图的各种线，一般有基线（基准线或零点线）、图示线（表现各种几何图形的线）、指导线（网格线，有纵、横之分）、轮廓线（边框线）、断裂线（折叠线或省略线）等。

5）图形

图形即图式，是根据统计资料用较粗的图示线绘成的图形，它是统计图的主体部分，可以绘成曲线、条形、平面、立体图形等。主要通过它来表明社会经济现象的数字资料。

6）图注

图注即统计图的注释和说明部分，包括图例、说明、资料来源等。图例是截取图形的一部分用以说明图形内容的样本。

2. 绘制统计图的一般要求

在绘制统计图时要遵循以下基本要求。

（1）根据统计资料的性质和分析研究的目的正确选择统计图的类型。

（2）统计图的内容应具有鲜明性。既要突出统计的要求，又要强调客观的真实性。

（3）统计图的设计要符合科学性原则。统计图的形式和排列要有艺术性，为使图形美观并便于比较，统计图的长宽比例一般为7∶5，有时为了说明问题也可加以变动。

（4）每个图都应有标题，标题要简明扼要、切合统计图的内容；标题位置在图域之外，一般放在图域的下面。

（5）纵、横轴都应有图目，并注明统计资料的计量单位，计量单位应放在尺度线的顶端或外侧。尺度数的位数不宜过多，如果过多，应扩大其计量单位，以减少位数。

（6）在同一统计图内比较几种不同的事物时，须用不同的线条或颜色表示，并附图例说明。图例的形状、颜色、线纹图案等都应与图形本身相一致。

（7）统计图横轴尺度自左至右，纵轴尺度自下而上，数值一律由小而大；尺度间隔要宽松；用算术尺度时，等长的距离应代表相等的数量，图中如果省略图尺，在图形上应标注指标数值。

3. 统计图的绘制

统计图的类型丰富多样，下面介绍几种常见的。

1）直方图

直方图是用直方形的宽度和高度来表示频数分布的图形（图 3-3）。横轴表示各组名称(或各组组限)，纵轴表示频数（一般标在左方）或频率（一般标在右方）。如没有频率只有频数，则只保留左侧频数；如没有频数只有频率，则只保留右侧频率。直方图能够显示各组频数分布的情况，易于比较各组之间频数的差别。

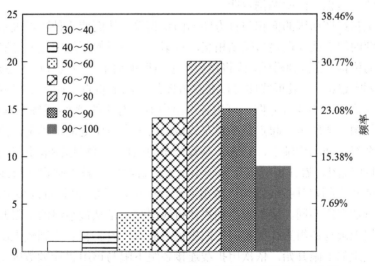

图 3-3　某专业 16 级 65 名同学统计学卷面成绩分布直方图

直方图绘制先根据各组的频数及频率确定其在纵轴上的坐标，并依据各组组距的宽度与频数的高度绘成直方形。绘制时注意以下几个方面。

（1）坐标轴的横轴代表变量值，要用相等的距离表示相等的数量，而纵轴坐标要从

0开始。

（2）在分组时，各组之间范围的数值是连续的，各矩形间不留空隙。

（3）对于组距相等的资料可以直接作图；组距不等的资料先进行换算，全部转化为组距相等的频数，用转化后的频数作图，或按实际组距为宽、以频数密度为高绘制直方图，其中频数密度等于频数除以组距，表示单位组距的个体频数或次数，也称分配密度。

2）折线图

折线图是用折线表示数量变化特征和规律的统计图，分为一般折线图和累计折线图。常用折线图来描绘统计事物和现象总体指标的动态、研究对象间的依存关系、总体中各部分的分配情况和事物与现象发展变化的规律和趋势等。折线图与直方图都用高度表示频数或频率，宽度表示组距的长度，均是较好地显示频率分布图示方法；不同点在于直方图面积的变化能同时反映组距和频数（或频率）两个因素的变化，而折线图较简单，且对资料所描绘的轮廓更加清晰，易于显示数据的变化趋势。

绘制折线图时注意以下几个方面。

（1）一般情况下，横轴表示各组名称或各组组限，纵轴表示各组频数或频率。

（2）折线图的长宽比例要适当，一般应绘制成横轴略大于纵轴的长方形，其长宽比例大致为10∶7。

（3）一般情况下，纵轴数据下端应从0开始，以便于比较。如果数据与0间距过大，可以在纵轴0值附近采用断裂线或折叠线表示省略或折叠了部分数据，对于横轴可作类似的处理。

（4）若实际需要，可以在一个坐标系中画两条或两条以上的折线，来表示不同组的数据变化趋势，但也应注明图例说明。

（5）保证折线图所围的面积与直方图的面积相等，从而使两种图形表示的频数分布一致。折线图的起点或终点要与横轴相交，将第一个矩形的顶部中点通过竖边中点（该组频数一半的位置）连接到横轴，或将最后一个矩形顶部中点与其竖边中点连接到横轴。

① 一般折线图。一般折线图可以在直方图的基础上将直方图每个直方形顶端中点用折线连点而成；若不绘直方图，可用各组组中值与对应的频数(或频率)确定的坐标点连接而成，如图3-4所示。起点是在距左边最低组半个组距处的横轴上，终点是在距右边最高组半个组距处的横轴上，它表示频数分布的图形，可根据图表资料绘制折线图。

② 累计折线图。累计折线图分为较小制累计折线图与较大制累计折线图，较小制累计折线图或较大制累计折线图均以各组名称为横轴，以累计频数(或频率)为纵轴。但两者的绘制方法有所不同。绘制较小制累计折线图时，是从最小组的下限开始，依次用折线连接各组上限与该组累计频数确定的坐标点而成（图3-5）；绘制较大制累计折线图时，是从最大组的上限开始，依次用折线连接各组下限与该组累计频数确定的坐标点而成（图3-6）。

3）曲线图

曲线图是以曲线的升降来表示事物和现象动态的图形。曲线图与折线图的绘制方法基本相同，当对数据所分的组数很多时，组距会越来越小，这时所绘制的折线图就会越来越光滑，逐渐近似地表现为一条平滑的曲线，这种图形称为曲线图。运用曲线图可以

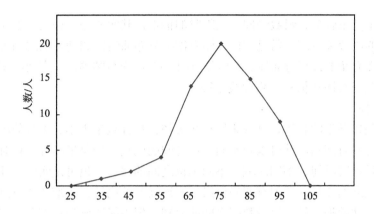

图 3-4　某专业 16 级 65 名同学统计学卷面成绩分布折线图

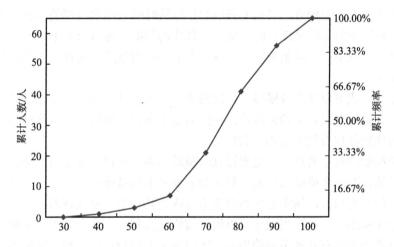

图 3-5　某专业 16 级 65 名同学统计学卷面成绩分布较小制累计折线图

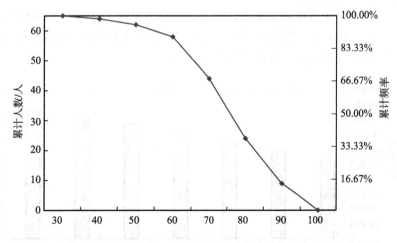

图 3-6　某专业 16 级 65 名同学统计学卷面成绩分布较大制累计折线图

表明事物的发展规律、总体单位的分配情况、揭示事物间的依存关系或表明计划执行的进度。适用于变量较多、组数趋向于无限时的情形，其实质是一种关于连续变量的次数或比率分布的函数关系图。常见的曲线图有次数分布曲线图和动态曲线图等，次数分布曲线图有前面介绍的钟形分布图、J 形分布图、U 形分布图等；动态曲线图有简单动态曲线图、带纹曲线图和依存关系曲线图等。

4）条形图

条形图是以条形的长短、高低来比较相关统计指标数量大小、多少的图形。条形图的各组条形之间有间隔，其可以是不同指标之间的比较，如总量指标、相对指标或平均指标；可以是不同时间、不同区域、不同单位之间的比较；也可是实际与计划的比较。适用于相互独立的资料（资料有明确分组，不连续）的比较。条形图的特点在于能够显示每组中的具体数据，易于比较数据之间的差别；但不能明确显示部分与整体的对比。条形图与直方图的区别：一是条形图是用条形的高度表示频数的大小，而直方图实际上是用长方形的面积表示频数，当长方形的宽相等的时候可以用矩形的高表示频数；二是条形图中，横轴上的数据是孤立的，是一个具体的数据，而直方图中，横轴上的数据是连续的，是一个范围；三是条形图中，各长方形之间有空隙，而直方图中，各长方形是连接在一起的。

条形图的形式可以纵排或横排。纵排的条形图称为柱形图，用横轴做基线表示统计指标，用纵轴做尺度线表示指标数值；横排的条形图称为带形图，用纵轴做基线表示统计指标，用横轴做尺度线表示指标数值。

条形图绘制的几个要点：一是坐标轴的横轴为观察项目，纵轴为数值，纵轴坐标一定要从 0 开始，取一个单位长度表示数量的多少要根据具体情况而定。二是各直条的宽度应相等，间距也相等，间距宽度和直条相等或为其一半。复式直条图在同一观察项目的各组之间无间距。三是排列顺序可以根据数值从大到小，从小到大，或按时间顺序排列。四是复合条形图有几种不同的形式，图中表示不同项目的条形，要用不同的线纹或颜色区别开，并注明图例说明。

（1）单条形图。单条形图用来比较同类指标的条形图（图 3-7）。纵排形式条形图：先绘制直角坐标，横轴表示基线，纵轴表示水平，基线上每隔相同距离截取适当线段排列各条形，纵轴以零为起点，标出适当尺度。

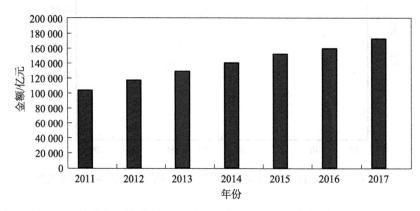

图 3-7　我国 2011—2017 年财政收入单条形图

（2）复式条形图。复式条形图是用来比较两种以上统计指标的条形图，它常常用来表现分组资料（图 3-8）。复式条形图不是一个一个地排列，而是以两个以上的条形为一组，一组一组地排列来进行比较的一种图形，它既可以进行组与组之间的比较，又可以进行组内的比较。

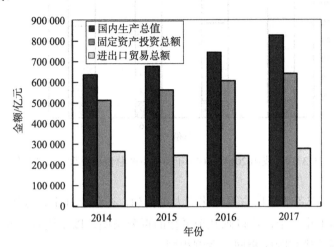

图 3-8　我国 2014—2017 年国内生产总值、固定资产投资和进出口贸易总额复式条形图

（3）分段条形图。分段条形图也称结构条形图，用来表明事物总体的结构及其比较。可以采用纯百分数（图 3-9）和绝对数与百分数相结合（图 3-10）两种形式。以一个独立的条形或几个条形的全部长度代表被说明现象的总体，并把条形分割为几个小段，用来表示构成这一总体的各个组成部分。它既可以比较现象的各部分在总体中所占比重的大小，又可以说明现象在不同时期的构成资料。这些资料可以是绝对数，也可以是百分数。

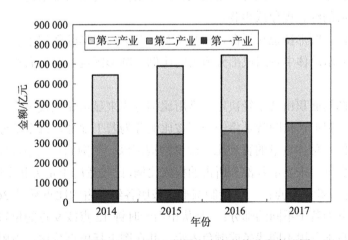

图 3-9　我国 2014—2017 年国内生产总值分段条形图

分段条形图绘制时要注意：一是标尺，一定要有标尺，位于图的上方或下方，起始的位置、总长度和百分条图一致，并和百分条图平行。全长为 100%，分成 10 格，每格

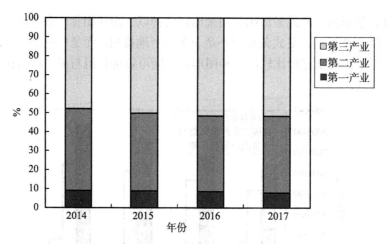

图 3-10 我国 2014—2017 年国内生产总值百分数分段条形图

10%。二是分段，按各部分所占百分比的大小排列，在图上标出百分比。三是多组比较。若要比较的事物不止一个，可以画几个平行的百分条图，以示比较。四是在图外要附图例说明。各条图的排列顺序相同，图例相同。

5）平面图

平面图就是以平面面积来表明统计指标数量的图形。平面图主要有以下几种。

（1）正方形图。正方形图是以正方形的面积代表指标数值大小的一种图形。正方形的面积由其边长决定，常用比例方式来显示和比较事物或现象。在绘图时，只需把指标数值开方求得边长，再按放大或缩小比例绘出相应的若干个正方形图进行比较。

（2）长方形图。长方形图是以长方形的面积代表指标数值大小的一种图形。长方形的面积由其长和宽决定，因此可以用来比较统计指标，说明内部结构及变化，显示和比较两个因素构成的综合现象或事物。

（3）圆形图。圆形图也称饼图，它是用圆形及圆内扇形的面积来表示数值大小的图形。主要用于表示总体中各组成部分所占的比例。圆形图包括圆形面积图、圆形结构图和圆环图。

圆形面积图的面积由其半径决定，常用比例方式来显示和比较事物与现象指标数值的大小、多少。圆形结构图就是将一个圆按比例分为若干部分，每个部分代表一种事物和现象指标数值占总体数量的百分比。圆形结构图以一个圆面积为 100%，用圆内各扇形面积所占的百分比来表示各部分所占的构成比例，比较适用于定类和定序数据的显示，如图 3-11 所示。绘制要点：一是绘制圆形，按照各组所占的比重乘以 360°所得到的角度数将圆形划分为若干不同的部分；二是从相当于时钟 12 点或 9 点的位置开始顺时针方向绘图；三是每部分用不同线条或颜色表示，并在图上标出百分比，下附图例说明；四是当比较不同资料的构成时，可以画两个相等大小的圆，在每个圆的下面写明标题，并用相同的图例表示同一个构成部分。

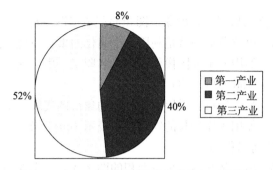

图 3-11 2017 年我国国内生产总值圆形结构图

圆环图是用圆环来代表统计总体，使用环中的每一小段来显示统计总体特征的图形。在圆环中显示数据，表示其占整体的百分比，其中每个圆环代表一个数据系列（图 3-12）。像圆形结构图一样，圆环图显示各个部分与整体之间的关系，但是它可以包含多个数据系列，而数据系列源自统计表的行或列；图表中的每个数据系列具有唯一的颜色或图案，并且在图表的图例中表示；可以在图表中绘制一个或多个数据系列，而圆形结构图只有一个数据系列。圆环图的绘制步骤如下：首先绘制圆环，有几个总体就绘制几个圆环；然后分别计算每个总体中各组所占的比重；最后按照各组所占的比重乘以 360°所得到的角度数将圆环划分为若干不同的小段。

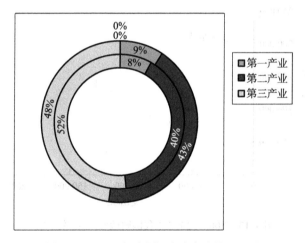

图 3-12 2017 年我国国内生产总值圆环图

圆环图有两种类型：一般圆环图和分离型圆环图。分离型圆环图除了将扇区从圆环图中心移开一段距离外，均与一般圆环图相同。这导致在圆环图扇区之间出现空隙。

6）象形图

象形图是运用事物和现象本身的形象的长度、大小、多少来显示其统计数据的图形。用象形图表示数据，每一象形图均代表一个固定的数量，如果少于一个图形所代表的数量，按比例绘画部分图形；要注明每个图形所代表的数量与计量单位。采用这种表示方式具有直观、生动、形象的优点，但是不甚准确。

象形图主要有单位象形图、长度象形图和面积象形图三种。

（1）单位象形图。单位象形图就是利用一个简化的事物或现象图形代表一定数量某种或某类事物或现象。如用一个人图像代表 100 名职工，用一棵小树代表 100 万亩绿化面积，用一穗稻子代表 100 万吨粮食产量，等等。

（2）长度象形图。长度象形图采用单位长度的象形图代表一定距离或空间长度的某种或某类事物和现象。如用 1 厘米长的铁路图案表示 100 千米的铁路、用 1 厘米长的河流图形表示 50 千米江河里程等。

（3）面积象形图。用事物和现象单位面积的图案代表一定面积的某种或某类事物或现象。如用一平方厘米面积的房屋或建筑物图案表示一万平方米的房屋或建筑物面积等。

7）散点图

散点图是以点的密集程度、分布形态与趋势来反映事物和现象之间的相关关系的图形，又称散点分布图（图 3-13）。散点图能直观表现出影响因素和预测对象之间的总体关系趋势，或因变量随自变量而变化的大致趋势；能通过直观醒目的图形方式反映变量间关系的变化形态，以便决定用何种数学表达方式来模拟变量之间的关系。散点图不仅可传递变量间关系类型的信息，也能反映变量间关系的明确程度；通过对数据相关性的直观观察，不但可以得到定性的结论，而且可以通过观察剔除异常数据，提高估算相关程度的准确性。

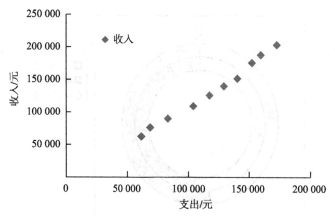

图 3-13　2008—2017 年我国财政收支关系散点图

散点图通常用于显示和比较数值，特别是比较跨类别的聚合数据，类别由图表中的不同标记表示，当要在不考虑时间的情况下比较大量数据点时，最好使用散点图；散点图尤其适用于双变量资料，反映两个事物、现象之间的相关关系和进行相关回归分析。散点图中包含的数据越多，比较的效果就越好；对于处理值的分布和数据点的分簇，散点图就很理想。绘制要点有以下几个。

（1）横轴代表一个变量，纵轴代表另一个变量。

（2）纵横轴的坐标起点不一定要从 0 开始，根据资料的情况而定。

（3）默认情况下，散点图以圆圈显示数据点。如果在散点图中有多个序列，就需要考虑将每个点的标记形状更改为方形、三角形、菱形或其他形状。

8）茎叶图

茎叶图是将一组数据按位数进行比较，分为"茎"和"叶"以统计数据的图形，又称"枝叶图"。茎叶图图形是由数字组成的，用于显示未分组的原始数据的分布，包括"茎"和"叶"两部分（图 3-14）。它的思路是将一组数据按位数进行比较，将数的大小基本不变或变化不大的位作为一个茎（主干），将变化大的位的数作为叶（分枝），叶上只保留一位数字，列在茎的后面；"茎"和"叶"之间用竖线隔开，竖线左边是"茎"、右边是"叶"，这样就可以清楚地看到每个茎后面的几个数，每个数具体是多少。对于 $n(20 \leqslant n \leqslant 300)$ 个数据，茎叶图最大行数不超过 $L = [10 \times \lg n]$。

数据个数	树茎	树叶
1	3	2
2	4	5 8
4	5	0 3 4 7
14	6	0 0 1 1 2 3 4 4 5 6 7 7 8 8
20	7	0 0 1 1 2 3 3 4 4 5 5 6 6 7 7 7 8 8 9
15	8	0 0 1 2 2 3 4 5 5 6 6 7 8 8 9
9	9	0 0 1 1 3 4 6 8 9

图 3-14　某专业 16 级 65 名同学统计学卷面成绩分布茎叶图

茎叶图有三列数：左边的一列为统计数，它是上（或下）向中心累计值，中心数表示最多数组的个数；中间的一列表示"茎"，也就是变化不大的位数；右边的是数组中的变化位，即"叶"，是按照一定间隔将数组中的每个变化的数一一列出来，像一条枝上抽出的叶子一样，人们形象地称为茎叶图。茎叶图作图过程是先作"茎"后填"叶"，将分组标志的组距视为茎，按数的大小从上到下(或从下到上)排列。将每一个观察值视为一个树叶，每一个树叶按照树茎的要求长在应长的树茎上。若数值较多，树叶较长，可将高位数重复两次，个位数分为长度相等的两枝。为了便于分析，可将 1/4、3/4 分位数及中位数用符号标出。

茎叶图是一个与直方图相类似的特殊工具，茎叶图类似于横置的直方图，将茎叶图的"茎"和"叶"逆时针方向旋转 90°，实际上就是一个直方图，可以从中统计出次数，计算出各数据段的频率或百分比，从而可以看出分布是否与正态分布或偏态分布逼近；茎叶图与直方图不同在于：茎叶图既能给出数据的分布状况，又能给出每一个原始数值，保留了原始数据的信息；直方图只可观察一组数据的分布状况，但没有给出具体的数值，失去原始资料的信息。茎叶图在质量管理上运用较广，特别是作为更细致分析阶段使用。

用茎叶图表示数据有两个优点：一是从统计图上没有原始数据信息的损失，所有数据信息都可以从茎叶图中得到；二是茎叶图中的数据可以随时记录，随时添加，方便记录与表示。茎叶图只便于表示两位有效数字的数据，而且茎叶图只方便记录两组数据，两组以上的数据虽然能够记录，但是没有表示两组记录那么直观、清晰。

9）箱线图

箱线图是一种运用五个特征值来显示一组数据分散情况、形状如箱子的统计图形，又称箱形图、箱须图或盒状图。箱线图用于显示未分组的原始数据的分布，由一组数据的最小值、上四分位数、中位数、下四分位数与最大值五个统计量绘制而成，由一个箱子和两条线段组成（图3-15）。其运用常用的统计量，能粗略地判断数据是否对称、提供有关数据位置和分散程度的关键信息、直观明了地识别一组数据中的异常值，尤其在比较不同的总体数据或几个样本时更能体现其差异。箱线图不能提供关于数据分布偏态和尾重程度的精确度量；对于批量较大的一组数据，箱线图反映的形状信息更加模糊；用中位数代表总体平均水平有一定的局限性；等等。箱线图最好结合其他描述统计工具如均值、标准差、偏度、分布函数等来描述数据批的分布形状。

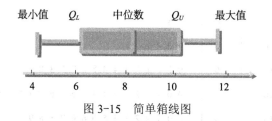

图3-15 简单箱线图

箱线图的绘制方法是：首先找出一组数据的五个特征值，即最大值、最小值、中位数 Me 和两个四分位数(下四分位数 Q_L 和上四分位数 Q_U)，连接两个四分（位）数画出箱子，再将两个极值点与箱子相连接。

箱线图的绘制步骤如下。

（1）画数轴，度量单位大小和该组数据的单位一致，起点比最小值稍小，长度比该组数据的全距稍长。

（2）画一个矩形箱，两端边的位置分别对应该组数据的上下四分位数（Q_U 和 Q_L）。在矩形箱内部中位数位置画一条线段为中位线。

（3）在 $Q_U+1.5IQ_R$（四分位差）和 $Q_L-1.5IQ_R$ 处画两条与中位线一样的线段，这两条线段为异常值截断点，称其为内限；在 F+3IQ_R 和 F−3IQ_R 处画两条线段，称其为外限。处于内限以外位置的点表示的数据都是异常值，其中在内限与外限之间的异常值为温和的异常值，在外限以外的为极端的异常值。

（4）从矩形箱两端边向外各画一条线段，直到不是异常值的最远点，表示该组数据正常值的分布区间。

（5）用"○"标出温和的异常值，用"＊"标出极端的异常值。相同值的数据并列标在同一数据线位置上，不同值的数据标在不同数据线位置上。至此一组数据的箱线图便绘出了。

经过排序以后的某专业16级65名同学统计学卷面成绩分布如下：32 45 48 50 53 54 57 60 60 61 60 61 62 63 64 64 65 66 67 67 68 68 70 70 71 71 72 73 73 74 74 75 75 76 76 77 77 77 78 78 79 79 80

80　81　82　82　83　84　85　85　86　86　87　88　88　89　90　90　91　91　93
94　96　98　99

求得 5 个统计量分别为 32，66，75，85，99，如图 3-16 所示。

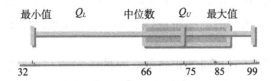

图 3-16　某专业 16 级 65 名同学统计学卷面成绩分布箱线图

说明：这 65 名学生成绩存在异常值，说明他们的生产状况处于正常范围内。

10）线图

线图是以线段的上升或下降来表示一种事物或现象随另一种事物或现象变化或事物和现象在时间上的发展变化情况的图形（图 3-17）。可以用来显示某一总体的多个指标或者多个总体的某一指标的发展变化的特征与趋势。通常用于时间序列的连续性资料，反映事物和现象连续的动态变化规律。

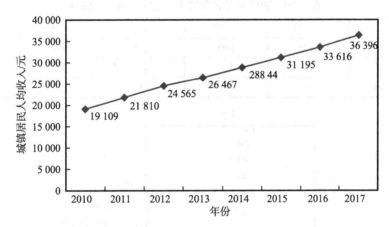

图 3-17　我国 2010—2017 年城镇居民家庭人均收入线图

线图绘制要点有以下几个。

（1）横轴表示时间或组段，纵轴表示频数或频率。

（2）数据点画在组段中间位置，相邻的点用直线连接。无数据的组段用虚线连接。直线不能任意外延。

（3）同一张线图上不要画太多条曲线。当有两条或两条以上曲线在同一张线图上时，须用不同颜色或不同的图形形式加以区分，并附图例加以说明。

（4）图形的长宽比例要适当，大致为 10∶7。

（5）一般情况下，纵轴数据下端应从"0"开始，以便于比较。数据与"0"之间的间距过大时，可以采取折断的符号将纵轴折断。

11) 雷达图

雷达图是一种用由若干条从圆心出发的夹角相等的半径组成的坐标轴来显示多个变量的图示方法，其反映的指标的分布组合在一起形状像雷达而得名，又可称为戴布拉图、蜘蛛网图。用于研究多个样本之间的相似程度，通常为若干个总体的某一指标或某一总体的若干个指标的分布特征，特别在显示或对比各变量的数值总和时十分有用。

假定各变量的取值具有相同的正负号，总的绝对值与图形所围成的区域成正比，设有 n 组样本 $S_1, S_2, \cdots, S_n$，每个样本测得 P 个变量 $X_1, X_2, \cdots, X_p$，要绘制这 P 个变量的雷达图，其具体做法是：先作一个圆，然后将圆 P 等分，得到 P 个点，令这 P 个点分别对应 P 个变量，再将这 P 个点与圆心连线，得到 P 个辐射状的半径，这 P 个半径分别作为 P 个变量的坐标轴，每个变量值的大小由半径上的点到圆心的距离表示；再将所有标志值描绘在相应的坐标轴上，将同一样本的值在 P 个坐标上的点连线。这样，n 个样本形成的 n 个多边形就是一个雷达图。

2017 年某企业收益性、生产性、流动性、安全性、成长性财务"五性"指标分值如表 3-19 所示，编制指标雷达图如图 3-18 所示。

表 3-19 2017 年某企业财务"五性"指标分值表

分值项目	收益性	生产性	流动性	安全性	成长性
行业最佳分值	100	100	100	100	100
本企业分值	70	78	65	98	80
行业最差分值	10	40	18	20	12

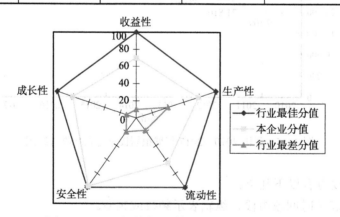

图 3-18 2017 年某企业财务"五性"指标雷达图

3.5 案例：变量数列的编制

3.5.1 案例背景

某企业有 135 名生产工人，上月生产 A 产品产量为

114	120	144	132	124	100	147	134	128	108	138	126	146	104	154
158	145	94	138	114	140	109	124	130	124	96	142	130	116	128
107	148	114	124	130	110	97	120	146	132	126	116	124	142	136
158	118	104	132	116	96	100	128	118	104	154	116	148	94	108
126	134	101	124	152	120	132	140	150	124	114	106	126	136	146
106	91	130	149	146	118	138	104	158	128	148	106	110	126	122
134	114	155	96	128	114	134	120	158	126	126	136	141	116	148
124	134	114	128	128	104	150	128	116	122	99	104	134	108	114
126	118	146	126	138	106	142	136	157	96	126	128	146	103	152

对其进行变量数列编制和绘制统计图。

3.5.2 案例分析

变量数列的编制按如下步骤进行。

1. 原始资料的预处理

先对资料进行审核，若发现资料中的错误，就进行订正；然后筛选，找出符合条件的资料或剔除不符合特定条件的资料；再排序，按标志值从小到大进行排序，确定其最大值、最小值，并计算全距。

该企业 135 名生产工人上月生产 A 产品产量，按照从小到大顺序排列为

91	94	96	96	97	99	100	101	103	104	104	104	106	106	107
107	108	108	108	108	109	110	110	112	112	112	113	113	114	114
114	114	114	114	115	116	116	116	117	117	117	117	118	118	118
118	118	119	119	120	120	120	120	121	122	122	122	122	122	123
123	123	123	123	124	124	124	124	124	124	124	124	125	125	126
126	126	126	126	126	126	127	127	127	128	128	128	128	128	128
129	129	130	130	130	131	132	132	133	133	133	134	134	134	134
134	135	136	136	136	137	138	138	139	139	140	141	142	142	144
145	146	146	146	147	148	148	149	150	152	154	155	157	158	158

从上可得，生产 A 产品产量最大值为 158，最小值为 91，全距＝最大值－最小值＝158－91＝67。

2. 确定变量数列的形式

由于变量数列有单项式数列和组距式数列两种。组距式数列适用于按连续变量分组或变量值的变动范围较大、变量的不同取值个数较多的离散变量分组的情况。本案例中 A 产品产量是离散变量，有 56 个不同数值，适合采用组距式数列。

组距式数列有等距数列和不等距数列两种形式可供选择。等距数列适合标志值变动比较均匀或不同总体单位标志值相对比值较小的情况，本案例中分布比较均匀、不同数值的相对比值较小，仅为 158/91≈1.74，符合等距数列的条件和要求。

3. 确定组距式数列的参数

编制组距式数列时，基本参数组数、组距和组限需要确定。

（1）确定组数。由于本例题中生产工人日产量没有广泛认可的确定组数的规定或惯例，其组数 K 的确定借用 Sturges 提出的经验公式：$K=1+\dfrac{\lg n}{\lg 2}=1+\dfrac{\lg 135}{\lg 2}\approx 8$，可以将该企业 135 名生产工人按生产 A 产品产量分为 8 个组左右。

（2）确定组距。由于案例选用等距，组距根据全部数据的最大值和最小值及所分的组数来确定，即组距＝（最大值－最小值）÷组数。得到的组距数值要适当缩放，其数值最好为最小计量单位或最大公因数的 5 倍或 10 倍。本案例中，最大值为 158，最小值为 91，则组距＝（158－91）÷8＝8.375。为便于计算和符合人们的习惯，组距数值可以适当放大，其尾数最好为计量单位的 5 倍或 10 倍，因此本案例组距可选择 10。

（3）确定组限。先选择组限的形式，本案例中变量值虽属于离散变量，但由于实际操作中，离散变量分布范围较宽，数值个数较多时可采用重合式组限，本案例生产工人按生产 A 产品产量分布范围较宽，不同数值的个数很多，考虑选择为重合式组限。

确定组限第一组下限即组限的起点确定很关键，第一组下限小于最小值，且距最小值不超过半个组距。一般大于可采用 $X_{1下}$＝最小值－组距÷2，然后对组限数值适当缩放，其数值最好为各单位标志值的最小计量单位或最大公因数的 5 倍或 10 倍，本案例 $X_{1下}$＝最小值－组距÷2＝91－10÷2＝85.5，组限数值略微放大，但小于最小变量值。第一组下限数值选择 90 较为合适，为各单位标志值的最小计量单位的 5 倍。$X_{1上}=X_{1下}+$组距，$X_{2下}=X_{1上}$，$X_{2上}=X_{2下}+$组距……以此类推，从而各组组限分别确定为 90～100，100～110，110～120，120～130，130～140，140～150，150～160。

4. 统计各组的频数

在已经分成 7 组并确定各组组限的基础上，将各个工人生产的 A 产品产量归并到各组中去，并遵循"不重复不遗漏""上限不在本组之内"的原则。然后计算各组和总体的合计数，如表 3-20 所示。

表 3-20　某企业 135 名工人生产 A 产品产量情况

A 产品产量	频数/人	频率/%
90～100	6	5.00
100～110	15	13.33
110～120	28	16.67
120～130	43	26.67
130～140	23	18.33
140～150	13	11.67
150～160	7	8.33
合计	135	100.00

习 题 3

3.1 统计整理应遵循哪些原则？
3.2 统计整理的一般程序是什么？
3.3 数据的预处理包括哪些内容？
3.4 如何正确选择分组标志？关键是什么？
3.5 单项式分组和组距式分组分别在什么情况下运用？
3.6 简述组距式分组的步骤，等距分组和不等距分组的频数分布各有什么特点？
3.7 统计汇总的组织方式有哪些？
3.8 分别比较圆形图和圆环图、直方图和条形图、茎叶图与直方图各有什么区别与联系？
3.9 统计表由哪几个主要部分组成？制作统计表应注意哪几个问题？
3.10 定类数据和定序数据的整理与图示方法各有哪些？
3.11 某企业按工人日产量分组，工人人数分布资料如表 3-21 所示。

表 3-21 工人人数分布资料

日产量分组/件	工人人数/人
50～60	6
60～70	12
70～80	18
80～90	10
90～100	7
合计	53

根据表 3-21 指出：①表中变量数列属于哪一种变量数列；②表中的变量、变量值、上限、下限、次数（频数）；③计算组距、组中值、频率。

3.12 某专业二年级 80 名学生统计学考试成绩分别为

68 89 88 84 86 87 75 73 72 68 75 82 97 58 81 54
79 76 95 76 71 60 90 65 76 72 76 85 89 92 64 57
83 81 78 77 72 61 70 81 57 89 49 84 86 87 75 73
72 68 75 82 97 81 67 81 54 79 87 95 76 75 60 90
65 76 72 70 86 85 89 89 64 57 83 81 78 87 72 61

学校规定：60 分以下为不及格，60～70 分为及格，70～80 分为中，80～90 分为良，90～100 分为优。

要求：①将该班学生分为不及格、及格、中、良、优五组，编制一张次数分布表，绘制次数分布，并计算累积频数和累积频率；②指出分组标志及类型；分组方法的类型；分析本班学生考试情况；③绘制直方图、折线图。

3.13 下面为 40 个人的血型资料，试绘制其次数分配表，并绘制圆形图、条形图。

O O A B A O A A A O B O B O O A O A O A
A A A B A B A B A A O O A O A O O A A O O AB

3.14 某地区 35 个工业企业工人人数如下：

322　674　339　357　346　295　465　355　332　316　453　442　417　587
369　545　323　430　560　528　333　311　410　604　281　461　432　421
484　473　392　354　499　338　375

试根据上述资料：①分别编制等距及不等距的分布数列；②根据等距数列编制较小制累计和较大制累计的频数和频率数列，并绘制直方图、折线图。

3.15 2007 年我国几个主要城市各月份的平均相关湿度（%）数据如表 3-22 所示，试绘制箱线图，并分析各城市平均相对湿度的分布特征。

表 3-22　2007 年我国几个主要城市各月份的平均相关湿度　　　　　　　　　%

月份	北京	长春	南京	郑州	武汉	广州	成都	昆明	兰州	西安
1	49	70	76	57	77	72	79	65	51	67
2	41	68	71	57	75	80	83	65	41	67
3	47	50	77	68	81	80	81	58	49	74
4	50	39	72	67	75	84	79	61	46	70
5	55	56	68	63	71	83	75	58	41	58
6	57	54	73	57	74	87	82	72	43	42
7	69	70	82	74	81	86	84	84	58	62
8	74	79	82	71	73	84	78	74	57	55
9	68	66	71	67	71	81	75	77	55	65
10	47	59	75	53	72	80	78	76	45	65
11	66	59	82	77	78	72	78	71	53	73
12	56	57	82	65	82	75	82	71	52	72

3.16 已知某地区 2001－2008 年的地区生产总值数据，如表 3-23 所示。

表 3-23　某地区 2001－2008 年的地区生产总值

年份	地区生产总值/亿元
2001	216.18
2002	266.38
2003	346.34
2004	467.59
2005	584.78
2006	678.85
2007	747.72
2008	795.53

其中，在 2008 年的地区生产总值中，第一产业为 142.99 亿元，第二产业为 391.50

亿元，第三产业为 261.04 亿元。要求：①根据 2001—2008 年的地区生产总值数据绘制线图和条形图；②根据 2008 年的地区生产总值及其构成数据，绘制圆形图和圆环图。

3.17　2017 年 A、B 两市农村居民家庭平均每人全年消费性支出数据如表 3-24 所示，试绘制雷达图。

表 3-24　2017 年 A、B 两市农村居民家庭平均每人全年消费性支出　　　　元

项目	A 市	B 市
食品	2 959	3 712
烟酒及用品	258	262
衣着	731	551
家庭设备用品及服务	749	893
医疗保健及个人用品	513	346
交通和通信	468	527
娱乐教育文化用品及服务	1 242	1 135
居住	578	820
合计	7 498	8 246

第 4 章

统计数据特征的测度

2017年国民经济发展状况

2017年，我国国内生产总值827 122亿元，比上年增长6.9%，其中第一、二、三产业增加值分别为65 468亿元、334 623亿元、427 032亿元，分别占国内生产总值的比重为7.9%、40.5%、51.6%。最终消费支出、资本形成总额、货物和服务净出口对国内生产总值增长的贡献率分别为58.8%、32.1%、9.1%。全年人均国内生产总值59 660元，比上年增长6.3%。国民总收入825 016亿元，比上年增长7.0%。总人口139 008万人，常住人口城镇化率为58.52%，比上年末提高1.17个百分点；户籍人口城镇化率为42.35%。全年人均国内生产总值59 660元，比上年增长6.3%。我国居民人均可支配收入25 974元，比上年增长9.0%，扣除价格因素，实际增长7.3%；全国居民人均可支配收入中位数22 408元，增长7.3%；按全国居民五等份收入分组，低收入组、中等偏下收入组、中等收入组、中等偏上收入组、高收入组人均可支配收入分别为5 958元、13 843元、22 495元、34 547元、64 934元。按常住地分，城镇居民、农村居民人均可支配收入分别为36 396元、13 432元，比上年分别增长8.3%、8.6%，扣除价格因素实际增长6.5%、实际增长7.3%。城镇居民、农村居民人均可支配收入中位数33 834元、11 969元，分别比上年增长7.2%、7.4%。全国农民工人均月收入3 485元，比上年增长6.4%。

从以上综合运用了多种总量指标、相对指标和平均指标对我国国内生产总值和人均收入进行描述性分析，且根据这些数据进一步计算能够得到离散趋势和分布形态，从而较全面描述我国国内生产总值和人均收入。我们将在这一章中学习应该选择哪些指标描述事物和现象、这些指标是如何计算出来的、反映什么特征与规律。为测度事物和现象的数量特征，需要对其总体规模和水平、数量对比关系、集中趋势、离散趋势、分布的形态进行分析。

4.1 总体数量特征的测度

4.1.1 总体绝对数量的测度

1. 绝对数量的概念

总体绝对数量通常有两类：一是总体的规模、水平。例如，一个国家或地区的人口数、土地面积、国内生产总值、进出口贸易总额等。二是总体的规模、水平的变化量，即增长量。例如，人口增加数、国内生产总值增加额、耕地面积减少量等，这两类合称总量指标。总量指标是反映事物和现象在一定时间、地点、条件下总体规模、绝对水平或工作量的综合指标；它用绝对数来说明总体某一数量的大小或多少，也称绝对指标或绝对数。总量指标数值随着总体范围的大小变动而增减变化。只有对有限总体才能计算总量指标。社会经济研究对象多是有限总体。总量指标是综合指标的最基本指标，也是反映社会经济中数量方面最基本的指标，它是计算相对指标和平均指标等派生指标的基础，在统计工作中应用最广泛，具有重要意义。

2. 总体绝对数量的计量单位

总体绝对数量的计量单位常用实物单位、货币单位和劳动单位三种。

1）实物单位

实物单位是根据事物和现象的自然或物理属性规定的计量单位，包括自然单位、度量衡单位、复合单位、多重单位、标准实物量单位等。自然单位是根据研究对象的自然状态来度量其数量的一种计量单位。如人口用"人"、汽车用"辆"、企业数用"个"来计量等。度量衡单位是按照统一的度量衡制度的规定来度量客观事物数量的一种计量单位，是以已经确定出的标准来计量实物的重量、长度、面积、容积等的单位。采用度量衡单位主要由于有些事物和现象无法采用自然单位表明其数量，如电量、粮食等；有些事物和现象可以用自然单位计量，但个体差异太大、不如用度量衡单位准确和方便，如鸡蛋、水果等。标准实物单位是指按统一折算标准或折算系数来度量事物和现象总体数量的一种计量单位，主要为了准确地计量存在差异的产品，需要把各产品按照一定的标准折合成标准品再相加，如不同发热量的能源折合为 7 000 千卡/千克的标准煤、把含氮量不同的化肥都折合成含氮 100%的标准化肥等。总量指标的实物计量单位既可以单独使用，也可以结合使用；结合使用时可采用复合单位和多重单位，复合单位用两种实物单位的积来表示事物的数量，如旅客运输周转量用"人·千米"、发电量用"千瓦时"。多重单位采用两种或两种以上计量单位来度量事物的数量，如船舶用"艘/吨/马力"等。

2）货币单位

货币单位是以货币作为价值尺度来计量事物或现象数量多少的一种计量单位，又称价值单位，常用人民币、美元、英镑、欧元、日元等来计量，如国内生产总值、营业收入、工资总额、工业增加值等都是以货币单位计量的。利用货币单位来计量具有广泛的综合性和概括能力，不同产品由于其自然属性和使用价值不同，当要计算其总体规模或水平时，彼此之间不能简单相加，应根据它们的社会属性，用货币单位计算其价值量。

3）劳动单位

劳动单位是以劳动时间来表示事物或现象数量多少的计量单位。常用劳动时间来表示产品产量，如工时、工日。实际工作中，劳动单位主要用于企业内部计量工业产品数量，它用生产产品所必需的劳动时间来计量劳动成果，如一些企业根据产品生产消耗的劳动时间来计算产品数量，并据此来编制生产作业计划，实行劳动定额管理。

3. 总量指标的种类

1）总体单位总量和总体标志总量

按反映内容不同，总量指标可分为总体单位总量和总体标志总量。总体单位总量表明总体单位数目的多少，是总体单位数的总和，又称总体单位数。如研究所有工业企业生产情况，每一个工业企业是一个总体单位，全部工业企业的个数就是总体单位总量。总体标志总量是反映总体单位某个标志值之和的总量指标，简称标志总量。如研究工业企业生产情况，每个企业的职工人数、工业总产值、资产、利润都是标志，将各企业各标志的标志值加总而得到的职工总人数、工业总产值、资产总额、利润总额就是总体标志总量。是总体单位总量还是总体标志总量，不是一成不变的。总体单位总量和总体标志总量的转化总是以总体和总体单位的转化为前提的。

2）时期指标和时点指标

按反映的时间状况不同，总量指标可分为时期指标和时点指标。时期指标是反映总体在一段时期内达到的规模或水平的总量指标。例如，国民生产总值、产品产量、人口出生数等都属于时期指标。

时期指标具有三个基本特点。

（1）时期指标的各期数值可以直接相加和累计。例如，年商品销售额是各季度商品销售额之和。

（2）时期指标值的大小与计算期的长短有直接关系。例如，正常情况下，年销售额比季度销售额大。

（3）时期指标值往往是通过连续登记取得的。如年出生人数是每天出生人数合计的结果。

时点指标是反映总体在某一时点（瞬间）上存在状况的总量指标。例如，年初人口数、月末商品库存额、银行存款余额、耕地面积等都是时点指标。

时点指标也具有三个基本特点。

（1）时点指标在各时点上的数值一般不能直接相加和累计，直接相加后没有实际意义。

（2）时点指标数值的大小与计算时点的间隔长短没有直接关系。例如，年末的职工人数不一定比年初的职工人数多，月末的商品库存额也不一定比月初的大。

（3）时点指标往往是通过一次性登记获取的。例如，通过每10年一次的人口普查获得国家或省市的人口总数、通过每5年一次的经济普查获得国家经济数据。

4. 计算和运用总量指标应注意的问题

1）从实际出发，正确确定总量指标的含义、计算范围以及与有关指标的界限

不同的指标包括的含义不同，同一指标采用不同的计算方法其计算结果也可能会有所不同，总量指标数值会随计算范围扩大或缩小产生而增减。要想得到准确的统计结果，必须正确确定总量指标的含义、计算口径。

2）实物总量指标只有同类才能加总

计算实物总量指标时，必须注意现象的同类性，只有同类才能加总；不同种类的实

物指标不能加总，把不同性质的事物或现象实物总量指标简单加总，不仅计算不科学，而且计算结果没有任何社会经济含义。例如，把海尔集团生产的空调、电冰箱、电视机、手机等多种产品产量简单相加就是没有任何意义的。

3）同一指标要使用统一计量单位

在运用和计算总量指标时，计算同一个指标时，必须使用统一计量单位，才能客观准确地计算总体的数量标志值，否则会导致计量混乱、造成计算结果差错。计量单位不一致不能加总，必须换算成统一的单位时才能加总。

4）总量指标与相对指标、平均指标结合使用

总量指标与相对指标、平均指标是从不同侧面反映事物和现象的数量特性的，要想全面地反映事物和现象必须把它们结合起来，才能不仅反映出事物和现象的总体规模与水平，而且体现相对水平和不同总体单位的一般水平。

4.1.2 总体相对数量的测度

要深入了解和分析事物或现象，不仅要利用总体总量，更需要对不同总体之间数量、同一总体的组成和其各部分之间的数量关系进行比较、分析，也就是必须测度事物或现象的相对数量，这种指标通常称为相对指标。

1. 相对指标的意义

1）相对指标的概念

相对指标又称相对数，是表明事物和现象中两个相互联系的指标进行对比后形成的统计指标。用以表现事物或现象之间和内部数量对比关系，以它们之间的联系和制约关系，常用来说明计划完成的好坏、内部的结构和比例、不同空间指标值的大小、不同时间的发展速度、事物或现象的普遍程度、密度或强度等。

2）相对指标的作用

相对指标具有以下几个方面的作用。

（1）相对指标用来说明事物和现象之间的数量对比关系，有利于判断计划完成的好坏，认识事物的构成或比例关系、发展变化、普及程度或密度以及进行空间比较分析，为认识事物发展的质量与状况提供依据。

（2）相对指标可以将绝对数的具体差异抽象化，使某些不能直接对比的找到对比的基础，准确地判断事物和现象间的差异程度。例如，比较不同性质、不同生产条件、不同规模的企业生产完成情况不宜用产量或产值等来直接比较判断，用计划完成程度、发展速度、销售利润率等相对指标对比的结果才能令人信服。

（3）说明总体内在结构特征，为深入分析事物的性质提供依据。例如，一个地区经济结构可以说明该地区经济的特点，找到经济发展的方向，等等。

2. 相对指标的表现形式

相对指标数值包括有名数和无名数两种表现形式。

1）有名数

有名数由两个性质不同而有联系的指标对比所得。有名数是带有计量单位的，常用复合计量单位，将相对指标中的子项与母项指标的计量单位同时使用，以表示事物和现象的密度、强度和普遍程度等，如人均粮食产量用"千克/人"表示、人口密度用"人/平方千米"表示等。相对指标中只有强度相对数是有名数，但并非所有的强度相对数都是有名数。

2）无名数

无名数由两个性质相同的指标对比所得的相对数。它是一种抽象化的数值，是不带计量单位的，多以系数或倍数、成数、百分数和千分数表示，它们的对比基数分别为1，10，100，1 000而计算出来的相对数，当对比的子项指标数值比母项指标数值小得多时，宜用百分数或千分数表示，如在反映经济发展或增长幅度时多用百分数表示，反映人口的出生、死亡和自然增长等方面的情况多采用千分数表示。

3. 相对指标的种类及计算

按其作用不同，相对指标可分为计划完成相对数、结构相对数、比例相对数、比较相对数、动态相对数和强度相对数六种。

1）计划完成相对数

计划完成相对数，又称计划完成相对指标，是计划期内实际完成数与计划数对比而得的相对指标，常以百分数（%）表示。其基本公式如下：

$$计划完成相对数 = \frac{实际完成数}{计划完成数} \times 100\% \tag{4-1}$$

公式的分母是计划要完成的目标数值，分子是计划执行结果的实际数值。要注意保持分子、分母在指标含义、计算方法、计量单位、计算价格、时间范围和空间范围等方面的完全一致。计划完成相对数对应的绝对值，超额（未）完成绝对数等于实际完成数减去计划完成数。

例 4-1 某企业 2017 年计划生产某产品 80 万件，实际生产了 86 万件，计算该企业产品产量计划完成相对数。

解：依据基本公式，该企业产品产量的计划完成相对数为

$$产量计划完成相对数 = \frac{2017年实际完成产量}{2017年计划完成产量} \times 100\% = \frac{86 \times 10^4}{80 \times 10^4} \times 100\% = 107.5\%$$

结果表明该企业 2017 年完成了产品计划产量的 107.5%，超额完成了 7.5% 的计划产量。

需要指出的是，对于以最低限额制订的计划，如产量、产值、利润等有用产出类指标，计算结果大于或等于 100%才算完成计划；对于以最高限额制订的计划，如消耗和投入类指标、无用和有害产出类指标，计算结果小于或等于 100%才算完成计划。

在实际计算中，计划数可以表现为总量指标、平均指标、相对指标等多种形式，各自计算计划完成相对数的方法也不尽相同。

（1）按总量指标计算计划完成相对数。使用总量指标计算计划完成相对数时，分

计划执行过程中和计划期终结后两种情形：一是计划执行过程中计算计划完成相对数，在计划执行过程中，检查计划执行进度时，计划完成相对数计算公式为

$$\text{计划执行进度} = \frac{\text{计划期内到某一时间止的实际完成累计数}}{\text{计划期规定完成数}} \times 100\% \qquad (4-2)$$

一般来说，计划执行进度需与时间进程相适应。如在年度计划中，第一季度要完成全年的 25%，上半年度要过半，等等。

二是计划期终结后计算计划完成相对数，计划期终结后按基本公式计算：

$$\text{计划完成相对数} = \frac{\text{实际完成数}}{\text{计划完成数}} \times 100\% \qquad (4-3)$$

例 4-2　某企业 2017 年某产品计划产量 10 000 件，实际完成 11 200 件，求产量计划完成相对数。

解：$\text{计划完成相对数} = \frac{\text{实际完成数}}{\text{计划完成数}} \times 100\% = \frac{11\,200}{10\,000} \times 100\% = 112\%$

计算结果表明，该企业超额 12% 完成产量计划，实际产量比计划产量增加了 1 200 件。

（2）按平均指标计算计划完成相对数。按平均指标计算的计划完成相对数的公式为

$$\text{计划完成相对数} = \frac{\text{实际平均完成数}}{\text{计划平均完成数}} \times 100\% \qquad (4-4)$$

例 4-3　某企业 2017 年劳动生产率计划达到 160 万元/人，某种产品计划单位成本为 800 元，该企业实际劳动生产率达到 176 万元/人，该产品实际单位成本为 760 元，求劳动生产率计划完成相对数和单位成本计划完成相对数。

$$\text{劳动生产率计划完成相对数} = \frac{1\,760\,000}{1\,600\,000} \times 100\% = 110\%$$

$$\text{单位成本计划完成相对数} = \frac{760}{800} \times 100\% = 95\%$$

计算结果表明，该企业劳动生产率实际比计划提高了 10%，而某产品单位成本实际比计划降低了 5%。

（3）按相对指标计算计划完成相对数。当计划数是相对指标时，情况稍有不同。此时计划完成相对数的计算用以下公式：

$$\text{计划完成相对数} = \frac{\text{实际完成百分数}}{\text{计划完成百分数}} \times 100\% \qquad (4-5)$$

式中：分子为本期实际数与上期实际数之比；分母为本期计划数与上期实际数之比。它通常适用于考核各种现象的计划增长率和计划降低率的完成情况。如果计划是以"增长百分之几"的形式制订的，则计划完成相对数用下列公式计算：

$$\text{计划完成相对数} = \frac{1 + \text{实际增长百分数}}{1 + \text{计划增长百分数}} \times 100\% \qquad (4-6)$$

如果计划是以"降低百分之几"的形式制订的，则计划完成相对数用下列公式计算：

$$\text{计划完成相对数} = \frac{1 - \text{实际降低百分数}}{1 - \text{计划降低百分数}} \times 100\% \qquad (4-7)$$

例 4-4 某企业某产品产量计划增长 10%，同时该种产品单位成本计划下降 5%，而实际产量增长了 12%，实际单位成本下降了 8%，求产品产量和单位成本计划完成相对数。

解：产品产量和单位成本计划完成相对数为

$$产品产量计划完成相对数 = \frac{100\% + 12\%}{100\% + 10\%} \times 100\% \approx 101.82\%$$

$$单位成本计划完成相对数 = \frac{100\% - 8\%}{100\% - 5\%} \times 100\% \approx 96.84\%$$

计算结果表明，产品产量计划完成相对数大于 100%，说明超额完成计划。而单位成本计划完成相对数小于 100%，说明实际成本比计划成本有所降低，也超额完成了成本降低计划。

（4）中长期计划完成相对数的计算方法。中长期计划完成相对数用于考核五年计划或更长时间的规划的计划完成程度，主要是五年计划完成情况。根据五年计划指标规定的情况，有水平法和累计法两种不同方法。

一是水平法。只规定事物在计划期末应达到的水平，如各产量和产值等用水平法检查其计划完成相对数，根据计划末期（最后一年）实际达到的水平与计划规定的同期应达到水平比较来确定全期是否完成计划，其计算公式如下：

$$计划完成相对数 = \frac{中长期计划末期实际达到的水平}{中长期计划末期计划达到的水平} \times 100\% \quad (4-8)$$

"水平法"检查计划执行情况时，只要有连续一年（12 个月）实际完成水平达到最后一年计划水平，不管时间是否跨年度，就算完成了五年计划，余下的时间就是提前完成计划的时间。

例 4-5 某企业五年计划规定最后一年产量达到 720 万件，实际执行情况如表 4-1 所示。求该企业产量五年计划完成相对数。

表 4-1　某企业五年计划完成情况　　　　　　　万件

年份	第一年	第二年	第三年	第四年				第五年			
				一季	二季	三季	四季	一季	二季	三季	四季
产量	300	410	530	150	160	170	170	190	190	210	210

解：该企业产量五年计划完成相对数为

$$计划完成相对数 = \frac{190 + 190 + 210 + 210}{720} \times 100\% = 111.11\%$$

计算结果表明，该企业超额 11.11% 完成产量五年计划。该企业实际从五年计划的第四年第三季度到第五年第二季度连续一年时间的产量达到了计划期最后一年计划产量 720 万件水平，完成了五年计划，第五年下半年这半年时间就是提前完成计划的时间。

二是累计法。累计法就是整个计划期间实际完成的累计数与同期计划规定累计完成数相比较，来确定计划完成相对数。计算公式如下：

$$\text{计划完成相对数} = \frac{\text{计划期内累计实际完成数}}{\text{计划规定期内累计完成数}} \times 100\% \tag{4-9}$$

若中长期计划规定的按中长期累计完成工作量或累计应达到的水平,就需用"累计法"。例如,检查五年计划规定的新增固定资产总量、植树造林总面积、新建高速公路里程等指标。

采用"累计法"检查计划执行情况仍然需要计算完成计划的提前时间。只要从中长期计划开始至某一时期止,累计实际完成数达到了计划规定的累计数,就是完成或者提前完成了计划,剩余时间就是计划提前完成时间。

例 4-6 某市"十三五"计划期间五年固定资产投资总额 1 500 亿元,实际各年投资情况如表 4-2 所示。求该地区"十三五"期间固定资产投资的计划完成相对数。

表 4-2　某市"十三五"期间各年固定资产投资完成情况　　　　　　　亿元

年　份	2016	2017	2018	2019	2020
固定资产实际投资额	294	326	391	—	—

解：该地区"十三五"期间固定资产投资的计划完成相对数为

$$\text{计划完成相对数} = \frac{294 + 326 + 391}{1\,500} \times 100\% = 67.4\%$$

计算结果表明,该地区前 3 年完成"十三五"固定资产投资计划的 67.4%。

2)结构相对数

结构相对数是以总体构成部分(或组)数值与总体数值对比求得,以反映总体内部结构的一种相对指标,又称结构相对指标或比重指标。结构相对数用于认识事物的内部结构及发展变化,促进构成合理和比例的协调;事物的性质是由事物内部矛盾的主要方面决定的,矛盾的主要方面从数量关系来说,是事物结构中哪一部分所占比重大。

结构相对数的计算公式为

$$\text{结构相对数} = \frac{\text{总体某一部分数值}}{\text{总体全部数值}} \times 100\% \tag{4-10}$$

概括地说,结构相对数就是部分与全体对比得出的比重或比率,通常用百分数表示。由于对比基础是同一总体数量,所以各部分(或组)所占比重之和应当等于 100%或 1。

例 4-7　我国某地区 2017 年生产总值 2 466 亿元,第一产业、第二产业、第三产业增加值分别为 289 亿元、1 213 亿元、964 亿元,求第一产业、第二产业、第三产业所占比重。

解：第一产业、第二产业、第三产业所占比重分别为

$$\frac{289}{2\,466} \times 100\% \approx 11.72\%, \quad \frac{1\,213}{2\,466} \times 100\% \approx 49.19\%, \quad \frac{964}{2\,466} \times 100\% \approx 39.09\%$$

从计算结果可以看出,该地区 2017 年第二产业所占比重最大,达到 49.19%,因此,该产业在总体中占有绝对重要的地位;也可以看出第三产业是一个需要大力发展的产业。

在实际中，结构相对数应用广泛，主要作用可以概括为以下几个方面：一是可以说明在一定的时间、地点和条件下，总体结构的特征。二是不同时期结构相对数的变化，可以反映事物性质的发展趋势，分析社会经济结构的演变规律。三是根据各构成部分所占比重大小，可以反映所研究现象总体的质量以及人、财、物的利用情况。四是利用结构相对数，有助于分清主次，确定工作重点。

3）比例相对数

比例相对数，又称比例相对指标或比例指标，是总体中不同部分数量对比的相对数，用同一总体中某一部分数值与另一部分数值对比求得，用以分析总体范围内各个部分、各个分组之间的比例关系和协调平衡状况。

比例相对数的计算公式为

$$\text{比例相对数} = \frac{\text{总体中某一部分数值}}{\text{同一总体中的另一部分数值}} \times 100\% \quad (4\text{-}11)$$

计算结果常用系数和倍数、百分数或几比几的形式表示。还可以用对比基数为10、1 000时被比较单位数是多少的形式表示。

比例相对数常以总量指标对比，也可用总体各部分的平均指标、相对指标对比。对比的分子、分母应属同一总体的资料，两者可以互换。

例 4-8 2017 年我国内地总人口 139 008 万人，男性 71 137 万人，女性 67 871 万人，求男、女人口性别比例。

解：男、女人口性别比例为

$$\frac{\text{男性人口数}}{\text{女性人口数}} = \frac{71\,137}{67\,871} \approx 104.81:100$$

男、女人口性别比例为 104.81∶100，简称性别比为 104.81。

比例相对数和结构相对数之间是有联系的，它们的计算都要在总体分组的基础上进行，比例相对数也有反映总体结构的作用，实际上是反映一种结构性的比例。例如，某年的国民收入用于消费和积累的比例为 3∶1，这实际上表明当年消费占国民收入的 75%，积累占国民收入的 25%。比例相对数所反映的现象之间的比例关系一般有个客观标准，如果实际情况与之相差甚远，就会出现比例失调，影响事物的正常发展。

4）比较相对数

比较相对数，又称比较相对指标，是同一时间某一同类事物和现象的指标在不同空间对比的比率，其结果可以用百分数、倍数和系数表示。就是将不同地区、单位或企业之间的同类指标数值作静态对比而得出的综合指标，表明同类事物在不同空间条件下的差异程度或相对状态，可以发现先进与落后，促进事物的转化。

比较相对数计算公式可以概括如下

$$\text{比较相对数} = \frac{\text{某一总体某一指标数值}}{\text{另一总体同类指标数值}} (\times 100\%) \quad (4\text{-}12)$$

比较相对数计算时注意：一是子项与母项不同总体两个性质相同的指标数值对比，选择总量指标、相对指标还是平均指标要视事物和现象的性质与研究的目的而定。二是子项与母项对比的事物和现象必须是可比的。比较相对数的性质相同、类型相同，且指标含义、计算范围、计算方法、计量单位、计算价格均一致。三是比较相对数的比较基数的选择要根据资料的特点及研究目的而定。

例 4-9 两个类型相同的工业企业，甲企业全员劳动生产率为 1 854 200 元/(人·年)，乙企业全员劳动生产率为 2 156 000 元/(人·年)，求两个企业全员劳动生产率的比较相对数。

解：两个企业全员劳动生产率的比较相对数为

$$甲企业与乙企业全员劳动生产率之比 = \frac{1\,854\,100}{2\,156\,000} \times 100\% \approx 86\%$$

$$乙企业与甲企业全员劳动生产率之比 = \frac{2\,156\,000}{1\,854\,200} \times 100\% \approx 116.28\%$$

两种计算方法的角度不同，但都能说明问题，具体以哪个指标作为比较的基础，应根据研究目的以及哪种方法能更确切地说明问题的实质而定。

比例相对数与比较相对数的区别在于前者对同一总体内不同部分之间进行比较，后者是不同总体之间的比较。

5）动态相对数

动态相对数是某一事物和现象同一指标在不同时期的两个数值的对比的相对数，又称为发展速度、动态相对指标或指数。反映的是事物和现象在一定时间内的变动方向与程度。

动态相对数的计算公式为

$$动态相对数 = \frac{报告期指标数值}{基期指标数值} \times 100\% \qquad (4-13)$$

分子为报告期（计算期），即要研究和计算的时期；分母为基期，作为对比基础的时期，基期通常用上期、去年同期、某一特殊意义的时期。

例 4-10 某地区 2017 年国内生产总值为 2 466 亿元，2016 年为 2 108 亿元，如果 2016 年选作基期，即将 2016 年地区生产总值作为 100，求 2017 的国内生产总值与 2016 年的国内生产总值的动态相对数。

解：2017 年的国内生产总值与 2016 年的国内生产总值的动态相对数为

$$动态相对数 = \frac{报告期指标数值}{基期指标数值} \times 100\% = \frac{2\,466}{2\,108} \times 100\% \approx 116.98\%$$

可以得出动态相对数为 116.98%，它说明该地区在 2016 年基础上 2017 年国内生产总值的发展速度为 116.98%。

6）强度相对数

强度相对数，又称强度相对指标，是两个性质不同而有联系的指标对比的比率。强度相对数是用来分析不同事物之间的数量对比关系，表明事物和现象的强度、密度和普遍程度的综合指标，更能反映事物和现象的发展水平，便于进行对比说明其差别。全国人口数与土地面积之比等于人口密度，以铁路（公路）长度与土地面积对比得出铁路（公路）密度，全国粮食产量与全国人口数之比等于人均粮食产量等都属于强度相对数。

强度相对数的计算公式为

$$强度相对数 = \frac{某总体的指标数值}{另一种性质不同但有联系的总体指标数值} \quad (4\text{-}14)$$

强度相对数的数值表现有两种：一种是有名数，其计量单位由分子和分母原有的单位共同组成。多数强度相对数属于这种情况，如人口密度用人／平方千米，人均钢产量用吨／人，等等；另一种是无名数，少数的强度相对数分子与分母的计量单位相同，用千分数或百分数表示其指标数值，如人口出生率、自然增长率、商品流通费用率等。

某些情况下，强度相对数的分子、分母可以互换位置，从不同的方面反映强度、密度和普遍程度，主要是少数反映社会服务行业的负担情况或保证程度的强度相对数。因此，强度相对数有"正指标"与"逆指标"两种形式。

$$商业网点密度（正指标）= \frac{零售商业机构数（个）}{地区人口数（千人）} \quad (4\text{-}15)$$

$$商业网点密度（逆指标）= \frac{地区人口数（千人）}{零售商业机构数（个）} \quad (4\text{-}16)$$

一般来说，强度相对数数值大小与现象的强度、密度和普遍程度同向的，叫正指标，反向的叫逆指标。例如，按全国人口数计算的人均粮食产量属于正指标。

4. 计算和运用相对指标的注意事项

相对指标是统计中常用的基本数量分析方法之一，六种相对指标从不同的角度出发，运用了不同的对比方法。要使相对指标在统计分析中得到合理的运用，在计算和运用相对指标时应该注意以下事项。

1）正确选择对比基数

相对指标是通过指标之间的对比来表明事物或现象之间的联系的，而事物或现象之间的联系是由事物或现象的性质特点决定的。因此，选择什么样的基数作为对比的标准，必须从事物或现象的性质和特点出发，并结合分析研究的目的加以解决，一般情况下选择正常发展和稳定时期作为对比基数。

2）对比指标要有可比性

对比指标的可比性是指对比指标在计算内容、计算时间、计算空间、计算方法、计算价格和计量单位等口径方面是否协调一致，相互适应。相对指标对比结果的正确性直接取决于两个指标数值的可比性，违反可比性计算相对指标，就会失去其实际意义，导致不正确的结论。如果各个时期的统计数字因行政区划、组织机构、隶属关系的变更或因统计制度方法的改变不能直接对比的应以报告期的口径为准，调整基期的数字。用价值指标表示的，一般要按不变价格换算，以消除价格变动的影响。

3）相对指标与总量指标结合运用

与总量指标相比，相对指标能较深入地揭示事物和现象内部及事物和现象之间的数量联系，但将事物和现象的具体规模、水平等内容抽象掉了，不能反映事物和现象在绝对数量方面的差别。离开了总量指标，单独使用相对指标就不能深入地说明问题，有时候无多大意义。一个小的相对指标可能隐藏着一个大的总量指标，而一个大的相对指标可能是一个小的总量指标。相对指标结合总量指标运用的方法通常有两种：一是计算分子指标与分母指标的差额，二是计算增长 1/100 的绝对值。我国 2017 年的人口自然增长率为 5.32‰，这是一个很小的相对数，但我国人口基数很大，2017 年有 139 008 万多人，仅增加的人口为 737 万人，相当于一个中等国家人口数的一半。

4）各种相对指标综合运用的原则

各种相对指标的具体作用不同，但都是从不同的侧面来说明所研究的问题。每一种相对指标都只能说明某一方面的数量联系程度，只用一种相对指标来研究问题是不全面的。将不同国家、不同地区、不同企业或不同时间的统计资料进行对比时，应注意使用哪个或哪些相对指标才是合适的。

4.2 集中趋势的测度

4.2.1 集中趋势的含义

集中趋势是指一组数据向其中心值靠拢的倾向与程度。测度集中趋势就是寻找一组数据的一般水平的代表值或中心值，采用平均指标表示。平均指标是指同质总体的某一标志值在一定时间、地点、条件下所达到的一般水平，又称平均数。总体各单位标志值中的多数聚集于平均指标的周围。测度集中趋势通常有两大类：一类是数值平均数，它是根据总体全部单位标志值计算得到的代表值，主要有算术平均数、调和平均数、几何平均数等平均指标。数值平均数是从总体各单位标志值中抽象出来的、不是各个单位的具体标志值，但要反映总体各单位标志值的一般水平。另一类是位置平均数，它是根据标志值所处位置确定的代表值，有众数、中位数、四分位数等形式。它是先将总体各单位标志值按一定顺序排列，然后选择某一特殊位置上的标志值作为总体各单位标志值的代表值。

平均指标具有以下三个特点。

（1）同质性。平均指标要求总体各单位具有某一方面共同的性质或属性，只有在同质总体内计算才有意义。例如，计算我国居民人均可支配收入时，要求总体各单位必须是我国居民，而不包含在我国的外国居民。

（2）代表性。平均指标是个代表值，代表了总体各单位的某一标志值在一定时间、地点、条件下的一般水平，多数总体单位的标志值聚集在平均数的周围。2016 年我国居民人均可支配收入为 23 821 元，这个数值代表了我国居民人均可支配收入的一般水平，多数居民可支配收入接近这一数值。

（3）抽象性。平均指标将总体各单位标志值的差异抽象化了，掩盖了各单位之间的差异，是总体中各单位标志值的综合体现。例如，2016 年我国居民人均可支配收入是全国居民收入的综合体现，反映不出 2016 年我国人均可支配收入低收入组的 5 529 元、中等偏下收入组的 12 899 元、中等偏上收入组的 31 990 元和高收入组的 59 259 元。

平均指标作为测定集中趋势指标，其作用主要表现在以下几个方面。

（1）平均指标反映总体各单位标志值一定时间、地点、条件下的分布集中趋势。总体各单位标志值中的大多数是以平均数为中心分布的，靠近平均数的标志值出现的次数较多，远离平均数的标志值出现的次数较少，表明了多数总体单位的一般水平。

（2）平均指标可以用同一指标的代表值对比分析。平均指标可以用于比较同类事物或现象在不同时间或空间上的一般水平。

（3）平均指标可以分析现象之间的依存关系。在对总体各单位分组的基础上，结合平均指标可以观察事物或现象之间相互依存、相互制约的关系。有时候，还可以利用平均指标进行趋势分析与预测等。

4.2.2 算术平均数

算术平均数是平均指标中最基本、最常用的方法，是总体各单位的标志总量除以总体单位数得到的，也称均值。算术平均数用 $\bar{x}$（读作 $x-\text{bar}$）表示。

算术平均数的基本计算公式为

$$\text{算术平均数} = \frac{\text{总体标志总量}}{\text{总体单位总量}} \tag{4-17}$$

公式中要求总体各单位标志值必须是同质的，分子与分母必须属于同一总体，也就是分子是分母具有的标志值，分母是分子的承担者。总体标志总量常常是总体单位标志值的总和，算术平均数在统计学中具有重要的地位，是集中趋势的最主要度量值，是平均指标中最重要的一种。未作特殊说明，除本节之外的平均数通常指算术平均数。

算术平均数与强度相对数都是两个总量指标的比值、都是有名数，计算方法相似。强度相对数与算术平均数是两个性质不同的统计指标，区别主要表现在以下两点：其一，指标的含义不同。强度相对指标说明的是某一现象在另一现象中发展的强度、密度或普遍程度；而平均指标说明的是现象发展的一般水平。其二，两者的子项指标与母项指标的关系不同。算术平均数的子项指标与母项指标属于同一总体的总体标志总量与总体单位总量之比，分子与分母的联系是一种内在的联系，子项是母项所具有的特征或者属性，对比结果是对总体各单位某一标志值的平均，反映总体各单位标志值的一般水平；强度相对数则是两个不同总体但有联系的总量指标之比，分子与分母的联系表现为一种经济关系。

在实际工作中，根据掌握的数据资料形式不同，算术平均数有简单算术平均数和加权算术平均数两种计算形式。

1. 简单算术平均数

简单算术平均数适用于未经分组整理的资料，将总体各单位标志值相加后的和除以总体单位数得到，其计算公式为

$$\bar{x} = \frac{x_1 + x_2 + \cdots + x_i \cdots + x_n}{n} = \frac{\sum_{i=1}^{n} x_i}{n} \tag{4-18}$$

式中：$\bar{x}$ 为算术平均数；x_i 为第 i 个单位标志值；n 为总体单位数。式（4-18）可简写为

$$\bar{x} = \frac{\sum x_i}{n} \qquad (4\text{-}19)$$

例 4-11 2017 年，某单位有 15 名职工，其年工资分别为（单位：元）：89 110，99 300，78 630，91 230，94 350，139 300，89 950，95 200，97 610，98 910，84 200，79 910，93 500，155 400，83 400，求该单位职工年平均工资。

解：该单位职工年平均工资为

$$\bar{x} = \frac{\sum x_i}{n} = \frac{89\,110 + 99\,300 + 78\,630 + \cdots + 155\,400 + 83\,400}{15} = 92\,440(\text{元})$$

2. 加权算术平均数

加权算术平均数适用于已分组整理资料，已知各组标志值及各组标志值出现的次数就可以求出加权平均数。加权算术平均数的计算公式为

$$\bar{x} = \frac{x_1 f_1 + x_2 f_2 + \cdots + x_i f_i + \cdots + x_n f_n}{f_1 + f_2 + \cdots + f_i + \cdots + f_n} = \frac{\sum_{i=1}^{n} x_i f_i}{\sum_{i=1}^{n} f_i} \qquad (4\text{-}20)$$

式中：x_i 为第 i 组的标志值；f_i 为 x_i 出现的次数；n 为标志值的组数；$\dfrac{f}{\sum f}$ 为各组次数占总次数的比重。式（4-20）简写为

$$\bar{x} = \frac{\sum x_i f_i}{\sum f_i} \quad \text{或} \quad \bar{x} = \sum x_i \frac{f_i}{\sum f_i} \qquad (4\text{-}21)$$

加权算术平均数受各组标志值和各组次数占总次数的比重（以下简称"频率"）两个因素的影响。加权算术平均数中的权数是指各组标志值出现的次数或频率，在计算算术平均数时，各组次数和各组频率具有权衡各组标志值轻重的作用，出现次数多或者频率大的标志值对平均数的值影响大，出现次数少或者频率小的标志值对平均数的值影响小。

1）单项式数列

例 4-12 某生产班组有 20 名工人，每个工人的日生产量如表 4-3 所示，求该生产班组 20 名工人平均日生产量。

表 4-3 某生产班组 20 名工人日生产量情况

日产量	14	15	16	17	18	合计
人 数	1	6	7	4	2	20

解：工人平均日生产量为

$$\bar{x} = \frac{\sum x_i f_i}{\sum f_i} = \frac{14 \times 1 + 15 \times 16 + 16 \times 7 + 17 \times 4 + 18 \times 2}{1 + 6 + 7 + 4 + 2} \approx 16 \text{（件）}$$

该生产班组 20 名工人平均日生产量为 16 件。

2）组距式数列

组距式数列计算算术平均数时，用各组组中值代表该组标志值。

例 4-13　某企业 2017 年 150 个销售点的销售额情况如表 4-4 所示，求每个销售点的平均销售额。

表 4-4　某企业 2017 年 150 个销售点的销售额情况

年销售额/万元	销售点数量
500 以下	12
500～1 000	25
1 000～1 500	45
1 500～2 000	42
2 000 以上	26
合　　计	150

解：算术平均数常用表格法和公式法两种方法计算。一种是表格法，先在图表中计算出总体标志总量和总体单位总量，如表 4-5 所示，再代入基本计算公式求出。

表 4-5　某企业 2017 年 150 个销售点平均销售额计算过程

年销售额/万元	人数 f	组中值 x	xf	$\dfrac{f}{\sum f}/\%$	$x\dfrac{f}{\sum f}$
500 以下	12	250	3 000	8.00	20.00
500～1 000	25	750	18 750	16.67	125.00
1 000～1 500	45	1 250	56 250	30.00	375.00
1 500～2 000	42	1 750	73 500	28.00	490.00
2 000 以上	26	2 250	58 500	17.33	390.00
合计	150		210 000		1 400.00

$$\bar{x}=\frac{\sum x_i f_i}{\sum f_i}=\frac{210\,000}{150}=1\,400(\text{万元})$$

另一种是公式法，就是根据公式直接代入数据资料计算。

$$\bar{x}=\frac{\sum x_i f_i}{\sum f_i}=$$

$$\frac{\left(500-\dfrac{1000-500}{2}\right)\times 12+\dfrac{500+1000}{2}\times 25+\dfrac{1000+1500}{2}\times 45+\dfrac{1500+2000}{2}\times 42+\left(2000+\dfrac{2000-1500}{2}\right)\times 26}{12+25+45+42+26}$$

$=1\,400(\text{万元})$

当已知的权数是各组标志值和各组频率时，采用算术平均数的变形公式 $\bar{x}=\sum x\cdot\dfrac{f_i}{\sum f_i}$ 计算。则例 4-13 计算表示为

$$\bar{x} = \sum x \cdot \frac{f}{\sum f} = 250 \times 8.00\% + 750 \times 16.67\% + 1\,250 \times 30.00\% + 1\,750 \times 28.00\% + 2\,250 \times 17.33\% = 1\,400.00(\text{万元})$$

组距式数列运用组中值代表本组值计算算术平均数,是假定各组内的标志值分布均匀,其计算结果与未分组资料的相应结果可能会有误差。在计算算术平均数时,若是已整理的次级数据或要求不很精确的原始数据资料可整理成组距式数列;若要求结果十分精确,需要运用全部原始数据的实际信息,计算量很大时,可借助计算机的统计功能。

在实际中,当由相对数计算算术平均数时,通常采用加权算术平均法,应根据相对数的含义选择适当的权数。

例 4-14 2017 年某集团公司下属 20 个企业销售额计划完成程度资料如表 4-6 所示,计算平均销售计划完成程度。

表 4-6 2017 年某集团公司下属 20 个企业销售额计划完成程度

销售额计划完成程度/%	企业数/个	计划完成销售额/万元
80~90	1	600
90~100	4	8 500
100~110	12	67 700
110~120	3	24 800
合计	20	101 600

解:先计算基本实际利润,如表 4-6 所示。

表 4-7 2017 年某集团公司销售额平均计划完成程度计算过程

销售额计划完成程度/%	组中值 x/%	计划销售额 f/万元	实际销售额 xf/万元
80~90	85	600	510
90~100	95	8 500	8 075
100~110	105	67 700	71 085
110~120	115	24 800	28 520
合计		101 600	108 190

$$\text{销售额平均计划完成程度} = \frac{\text{实际完成销售额}}{\text{计划规定销售额}} \times 100\%$$

$$\bar{x} = \frac{\sum x_i f_i}{\sum f_i}$$

$$= \frac{\frac{80\%+90\%}{2} \times 600 + \frac{90\%+100\%}{2} \times 8\,500 + \frac{100\%+110\%}{2} \times 67\,700 + \frac{110\%+120\%}{2} \times 24\,800}{600 + 8\,500 + 67\,700 + 24\,800} \times 100\%$$

$$\approx 106.49\%$$

计划完成相对数是实际完成数与计划任务数之比,因此,平均计划完成程度只能是所有企业的实际完成数与其计划任务数之比,不能把各个企业的计划完成百分数简单平均。

3）是非标志的算术平均数

在社会经济活动中，常常存在事物和现象的特征只表现为两种性质上的差异，总体各单位由具有某一标志表现的单位和不具有某一标志表现的单位两部分组成。如人的性别只能分为男和女，产品质量表现为合格品和不合格品，考试成绩分为及格和不及格，等等。这种将总体划分为"有"与"无"或者"是"与"非"的标志被称为是非标志，也称交替标志。是非标志的标志表现只有"是"与"非"两种结果，将其数量化，通常以1代表具有某种特征的标志值，以0代表不具有某种特征的标志值。

从次数的总量指标角度来说：当总体单位数为 N 时，总体中具有某种标志值的单位数为 N_1，不具有某种标志值的单位数为 N_0，则 $N = N_1 + N_0$。对于样本来说，与总体 N_1 对应的就是 n_1，与总体 N_0 对应的就是 n_0，样本单位数为 n。

从次数的相对指标角度来说：总体中具有及不具有所研究特征标志值的单位数占全部单位数的比重称为成数，分别以字母 P 和 Q 表示。两个成数之和等于1，即 $P+Q=1$。

对总体来说，成数可表示为 $P = \dfrac{N_1}{N}$ 或 $Q = \dfrac{N_0}{N}$。

对样本来说，成数可表示为 $p = \dfrac{n_1}{n}$ 或 $q = \dfrac{n_0}{n}$。

例如，某一批产品，合格品占95%，不合格品占5%。在这里，95%和5%均为成数。

是非标志是一种品质标志，其表现为文字。因此，在计算平均数时，首先需要将文字表现进行数量化处理。用"1"表示具有某种表现，用"0"表示不具有某种表现，然后以"1"和"0"作为标志值，计算加权算术平均数。现以总体为例予以说明。

$$\bar{x}_p = \frac{\sum x_i f_i}{\sum f_i} = \frac{1 \times N_1 + 0 \times N_0}{N_1 + N_0} = \frac{N_1}{N} = p \tag{4-22}$$

由此可知，总体是非标志的平均数，即为被研究标志具有某种表现的成数 p，同样可得样本是非标志的平均数即为被研究标志具有某种表现的成数 p。

3. 算术平均数的性质

算术平均数具有一些重要的数学性质，具体如下。

1）算术平均数与总体单位数的乘积等于标志值总和

对于简单算术平均数

$$\bar{x} \cdot n = \sum x_i \tag{4-23}$$

对于加权算术平均数

$$\bar{x} \cdot \sum f_i = \sum x_i f_i \tag{4-24}$$

2）每个标志值加减任意数 A，则算术平均数加减 A

对于简单算术平均数

$$\sum (x_i \pm A) = \bar{x} \pm A \tag{4-25}$$

对于加权算术平均数

$$\sum(x_i \pm A)f_i = x \pm A \tag{4-26}$$

3）每个标志值乘以或除以任意数 A，则算术平均数乘以或除以 A

对于简单算术平均数

$$\sum(Ax_i) = A\overline{x} \quad \text{或} \quad \sum\left(\frac{x_i}{A}\right) = \frac{\overline{x}}{A} \tag{4-27}$$

对于加权算术平均数

$$\sum(Ax_i)f_i = A\overline{x} \quad \text{或} \quad \sum\left(\frac{x_i}{A}\right)f_i = \frac{\overline{x}}{A} \tag{4-28}$$

4）各标志值与其算术平均数的离差之和等于零

对于简单算术平均数

$$\sum(x_i - \overline{x}) = 0 \tag{4-29}$$

对于加权算术平均数

$$\sum(x_i - \overline{x})f_i = 0 \tag{4-30}$$

5）各标志值与其算术平均数的离差平方和为最小值

对于简单算术平均数

$$\sum(x_i - \overline{x})^2 = \min \tag{4-31}$$

对于加权算术平均数

$$\sum(x_i - \overline{x})^2 f_i = \min \tag{4-32}$$

算术平均数上述数学性质在实际工作中有着广泛的应用。

在实际工作中，有时在计算算术平均数之前或之后，对总体各单位标志值进行筛选，如裁剪平均数和平均先进水平。裁剪平均数就是先由数据的两端各删去一定数量或一定百分比的数据项，然后计算剩余项的平均数。如5%裁剪平均数是指先删去最大的5%和最小的5%的数据资料，然后以中间90%的数据项计算。裁剪平均数可更有效地描述资料集的中心位置，多用于主观数据资料时，特别是文体比赛项目主观评分成绩。平均先进水平是计算出算术平均数之后，选出大于和等于算术平均数的数值进行算术平均，可以考虑采用平均先进水平作为制定定额的参考值，有利于激励企业员工的积极性。

4.2.3 调和平均数

调和平均数又称倒数平均数，就是各组标志值的倒数的算术平均数的倒数。当缺少总体单位数资料而有各组标志值和各组标志值总量运用调和平均数计算平均值，其表达式为

$$调和平均数 = \frac{各组标志值总量之和}{\dfrac{各组标志值总量之和}{各组标志值}} \tag{4-33}$$

调和平均数常常被作为算术平均数的变形来使用，有简单调和平均数与加权调和平均数两种形式。

1. 简单调和平均数

当资料未分组整理时或各组标志值总量相等时采用简单调和平均数，其计算公式为

$$\bar{x}_H = \frac{n}{\frac{1}{x_1}+\frac{1}{x_2}+\cdots+\frac{1}{x_n}} = \frac{n}{\sum_{i=1}^{n}\frac{1}{x_i}} \tag{4-34}$$

式中：$\bar{x}_H$ 为几何平均数。式（4-34）可简写为

$$\bar{x}_H = \frac{n}{\sum\frac{1}{x}} \tag{4-35}$$

例 4-15 某人围绕校园步行两圈，第一圈的速度为每小时 15 里，第二圈的速度为每小时 10 里，则平均速度为多少？

解：平均速度为

$$\bar{x}_H = \frac{n}{\sum\frac{1}{x}} = \frac{2}{\frac{1}{15}+\frac{1}{10}} = 12(里/小时)$$

2. 加权调和平均数

当资料经过分组整理或各组标志值总量不完全相等时采用加权调和平均数，其计算公式为

$$\bar{x}_H = \frac{M_1+M_2+\cdots+M_n}{\frac{M_1}{x_1}+\frac{M_2}{x_2}+\cdots+\frac{M_n}{x_n}} = \frac{\sum_{i=1}^{n}M_i}{\sum_{i=1}^{n}\frac{M_i}{X_i}} \tag{4-36}$$

式中：$\bar{x}_H$ 为几何平均数；M_i 为第 i 组标志值总量。式（4-36）可简写为

$$\bar{x}_H = \frac{\sum M_i}{\sum \frac{M_i}{x_i}} \tag{4-37}$$

例 4-16 某车间某月按工人劳动生产率高低分组的生产班组数和产量资料如表 4-8 所示。试计算该车间工人平均劳动生产率。

表 4-8 某车间某月生产班组数和产量资料

按劳动生产率	生产班组	产量/件
50～60	10	8 250
60～70	7	6 500
70～80	5	5 250
80～90	2	2 550
90 以上	1	1 520

解： 列计算表如表 4-9 所示。

表 4-9　车间工人平均劳动生产率计算

劳动生产率	组中值	产量/件	人数/人
50～60	55	8 250	150
60～70	65	6 500	100
70～80	75	5 250	70
80～90	85	2 550	30
90 以上	95	1 520	16
合　计		24 070	366

车间工人平均劳动生产率为

$$\bar{x}_H = \frac{\sum M_i}{\sum \frac{M_i}{x_i}} = \frac{24\,070}{366} \approx 66(件/人)$$

注意本例题计算中权数的选择。资料中"生产班组"可以是次数，但并不是合适的权数。因为本例题中的工人劳动生产率是按"件/人"计算的，和生产班组没有直接关系，所以它不能作为权数进行平均数的计算。本题应以"产量"权数，进行加权调和平均数的计算。

例 4-17　2017 年某集团公司下属 48 个分支机构的有关销售利润资料如表 4-10 所示。试计算该集团公司平均销售利润率。

表 4-10　2017 年某集团公司下属 48 个分支机构的有关销售利润资料

销售利润率/%	分支机构数量/个	销售利润/万元
5～10	15	7 800
10～20	24	35 100
20～30	6	22 500
30 以上	3	13 300
合　计	48	78 700

解： 表 4-10 中给出的是按集团公司内销售利润率分组的分支机构数量、销售利润资料。应该注意，销售利润率是一个相对指标，而不是平均指标。为了计算集团平均销售利润率，必须以销售利润率的基本公式为依据：

$$销售利润率 = \frac{销售利润}{销售收入} \times 100\%$$

并选择适当的权数资料，适当的平均数形式。资料中"分支机构数量"可以是次数，但并不是合适的权数。因为本例题中的销售利润是按万元计算的，和分支机构数量没有直接关系，所以它不能作为权数进行平均数的计算。本例题应以"销售利润"权数，对集团公司分支机构的销售利润率进行加权调和平均数的计算。即有

$$\text{平均销售利润率} = \frac{\sum M_i}{\sum \dfrac{M_i}{x_i}} = \frac{7800+35100+22500+13300}{\dfrac{7800}{7.5\%}+\dfrac{35100}{15\%}+\dfrac{22500}{25\%}+\dfrac{13300}{35\%}} = \frac{78700}{466000} \approx 16.89\%$$

该集团公司平均销售利润率为16.89%。

3. 调和平均数的特点

调和平均数具有以下几个主要特点。

（1）调和平均数易受极端值的影响，且受极小值的影响比受极大值的影响更大。

（2）只要有一个标志值为零，调和平均数分母将等于无穷大，就不能计算调和平均数。

（3）当组距式数列有开口组时，开口组组中值计算时一般假定开口组组距等于邻组组距，但这一假定有可能误差很大，这时计算的调和平均数的代表性很不可靠。

（4）调和平均数应用的范围较小。在实际中，往往由于缺乏总体单位数的资料而不能直接计算算术平均数时，需用调和平均法来求得平均数。

4. 算术平均数和调和平均数的关系

1）算术平均数和调和平均数的实际意义相同

算术平均数与调和平均数是计算平均指标时常用到的两个指标。对于同一问题的研究，算术平均数和调和平均数的实际意义是相同的，计算公式也可以相互推算，采用哪一种方法完全取决于所掌握的实际资料。当 $M_i = xf$ 时

$$\bar{x}_H = \frac{\sum M_i}{\sum \dfrac{M_i}{x_i}} = \frac{\sum x_i f_i}{\sum \dfrac{x_i f_i}{x_i}} = \frac{\sum x_i f_i}{\sum f_i} = \bar{x} \tag{4-38}$$

在实际统计中，经常因为无法直接得到被平均标志值的相应次数的资料而采用调和平均数形式来计算，使调和平均数的计算结果与算术平均数的计算结果相同。

2）算术平均数和调和平均数的适用条件不同

算术平均数和调和平均数的本质含义一致，由于掌握总体资料不同而采用不同的计算方法，要注意区分调和平均数和算术平均数的使用条件。加权算术平均数的权数一般是已经分组资料标志值的次数，而加权调和平均数的权数是直接给定的标志总量，实际运用场合为以下两种。

（1）当标志值是总量指标时，标志值之间是和的关系，掌握被平均标志值及频数、频率用加权算术平均数计算；掌握被平均标志值及各组标志总量用加权调和平均数计算。

（2）当标志值是相对指标或平均指标时，标志值之间既不存在和的关系，也不存在相乘的关系，掌握被平均的相对指标或平均指标的母项资料，用加权算术平均法计算；掌握被平均的相对指标或平均指标的子项资料，用加权调和平均法计算。

5. 算术平均数和调和平均数权数的选择

计算算术平均数和调和平均数时要考虑权数对平均数的影响。

（1）频数和频率并不在任何情况下都可作为权数，在运用相对指标或平均指标计算

平均数时，充当权数的是分子或分母。正确选择权数必须考虑：一是它应是标志值的直接承担者；二是它与标志值相乘具有实际意义，能构成标志总量。

（2）权数对总体平均数的影响规律是：当较大的标志值对应的权数比重较大时，总体平均数偏高；当较小的标志值对应的权数比重较大时，总体平均数偏低。在对比分析平均水平的高低变化时，必须考虑权数比重变化的影响。

4.2.4 几何平均数

几何平均数是 n 个标志值乘积的 n 次方根，也称几何均值。它常用于平均比率、平均合格率、平均发展速度、复利、指数的计算。根据数据资料形式不同，几何平均数分为简单几何平均数和加权几何平均数。

1. 简单几何平均数

当资料未分组整理时，各标志值次数都是 1 时采用简单几何平均数。直接将 n 项变量连乘，然后对其连乘积开 n 次方根所得的平均数即为简单几何平均数。它是几何平均数的常用形式，计算公式为

$$\bar{x}_G = \sqrt[n]{x_1 x_2 \cdots x_n} = \sqrt[n]{\prod_{i=1}^{n} x_i} \tag{4-39}$$

式中：$\bar{x}_G$ 为几何平均数；$\prod$ 为连乘符号。式（4-39）简写为

$$\bar{x}_G = \sqrt[n]{\prod x_i} \tag{4-40}$$

例 4-18 某企业一种产品需经过前后衔接六道作业才能完成产品加工，本月这种产品各个作业合格率分别为 95%、99%、92%、97%、95%、98%，求该产品每道作业平均合格率。

解：由于该产品是由六道作业连续加工完成的，产品的总合格率是六道作业合格率的连乘积，求每道作业平均合格率应采用几何平均法。则该产品六道作业平均合格率为

$$\bar{x}_G = \sqrt[n]{\prod x} = \sqrt[6]{95\% \times 99\% \times 92\% \times 97\% \times 95\% \times 98\%} = \sqrt[6]{0.7814} \approx 95.97\%$$

该产品每道作业平均合格率为 95.97%。

2. 加权几何平均数

当资料经过分组整理时，各组标志值次数不同时，采用加权几何平均数，计算公式为

$$\bar{x}_G = \sqrt[\sum_{i=1}^{n} f_i]{x_1^{f_1} \cdot x_2^{f_2} \cdots x_2^{f_n}} = \sqrt[\sum_{i=1}^{n} f_i]{\prod_{i=1}^{n} x_i^{f_i}} \tag{4-41}$$

式中：f_i 表示各个标志值出现的次数。式（4-41）简写为

$$\bar{x}_G = \sqrt[\sum f_i]{\prod x_i^{f_i}} \tag{4-42}$$

例 4-19 某投资项目预计未来 15 年投资收益率如表 4-11 所示，求未来 15 年平均年收益率。

表 4-11 某投资项目预计未来 15 年投资收益率

年限	收益率/%	年数 f_i/个
第 1 年	14	1
第 2 年	15	1
第 3 年至第 5 年	12	3
第 6 年至第 15 年	10	10
合　计	—	15

解：按公式计算未来 15 年的平均年收益率：

$$\bar{x}_G = \sqrt[\sum f_i]{\prod x_i^{f_i}} = \sqrt[15]{1.14^1 \times 1.15^1 \times 1.12^3 \times 1.10^{10}} \approx 110.99\%$$

即预计未来 15 年平均年收益率为 110.99%−1=10.99%。

3. 几何平均数的特点

几何平均数具有以下几个主要特点。

（1）几何平均数受极端值的影响较算术平均数小。

（2）标志值有负值时，计算出的几何平均数就会成为负数或虚数。

（3）几何平均数适用于具有等比或近似等比关系的数据。在实际生活中，当标志值是相对数，且标志值之间存在连乘关系即总体标志值等于各单位标志值连乘积，反映这类事物和现象的一般水平用几何平均数。

（4）几何平均数的对数是各标志值对数的算术平均数。

同时几何平均数存在标志值有"0"时不能计算、偶数项数列只能用正根等缺点。

偏态分布特别是有极端值出现时，数值平均数难以很好地反映事物和现象的一般水平。这时采用位置平均数可能更好，位置平均数就是根据总体中处于特殊位置上的个别单位或部分单位的标志值来确定的代表值，常用的有众数、中位数。

4.2.5 众数

1. 众数的含义

众数是总体中出现次数最多的标志值，用 M_o 表示。从变量分布的角度看，众数是具有明显集中趋势点的数值，一组数据分布的最高峰点所对应的数值即为众数。在一定条件下用众数反映变量数列的一般水平是非常有效的，可用于各种类型资料集中趋势的测度，主要用于定类资料，也可用于定序资料和数值型资料，尤其适用于事物和现象分布相对集中时，常用于产品标准的确定和人们意愿的抉择，如用众数确定纺织品尺寸、选举代表等。在单位数不多或一个无明显集中趋势的资料中，众数的测定没有意义。

2. 众数的特点

众数具有以下几个特点。

（1）众数是以它在所有标志值中所处的位置确定的总体单位标志值的代表值，不受分布数列的极大值或极小值的影响，从而增强了众数对分布数列的代表性。

（2）众数不唯一性。实际中，通常有一个众数，但也可能没有众数或有几个众数。当分布数列中没有明显的集中趋势或最高峰点时，则众数不存在。若将无众数的分布数列重新分组或各组频数依序合并，会使数列再现明显的集中趋势。如果有多个高峰点，就有多个众数。

（3）与众数组相邻的上下两组的次数相等，则众数组的组中值就是众数值；与众数组相邻的上一组次数较多，而下一组次数较少，则众数在众数组内会偏向该组下限；与众数组相邻的上一组次数较少，而下一组次数较多，则众数在众数组内会偏向该组上限。

（4）缺乏敏感性。众数计算过程中只利用了众数组的数据信息，而不是全部数据信息。

3. 众数的计算

众数的计算分为两步：先确定众数组，再计算众数的值。不同形式的资料确定方法不同，通常在确定众数之前需要对资料进行分组整理，编制分布数列，特别简单的可以直接判断。如某班组 7 名工人，今天的产量分别为 4，5，6，6，6，7，8，则众数是 6。

品质数列和单项式变量数列确定众数比较简单，频数最多的组的标志值就是众数。例如，A 市 280 名群众对社会治安状况评价情况如表 4-12 所示，人数最多的是 98 人，其对应的评价等级为"满意"，众数为"满意"；又如，某车间 155 名生产工人日产量情况如表 4-13 所示，从表中可以看出工人数最多的是 65 人，其对应的日产量为 7 件，所以众数为 7。

表 4-12　A 市 280 名群众对社会治安状况评价情况

评价等级	人数	频率/%
非常不满意	11	3.93
不满意	39	13.93
一般	87	31.07
满意	98	35.00
非常满意	45	16.07
合计	280	100.00

表 4-13　某车间 155 名生产工人日产量情况

按日产量分组/件	工人数/人
5	12
6	23
7	65
8	39
9	16

组距式数列只能按一定的方法来推算众数的近似值。计算时先确定众数所在组，再计算众数的近似值。对于组距分组数据，众数的数值与其相邻两组的频数分布有一定的关系，这种关系可作如下理解：设众数组的频数为 f_m，众数前一组的频数为 f_{m-1}，众数后一组的频数为 f_{m+1}。当 $f_{m-1}=f_{m+1}$ 时，众数组的组中值即为众数；当 $f_{m-1}>f_{m+1}$ 时，则众数会向其前一组靠，众数小于其组中值；当 $f_{m-1}<f_{m+1}$ 时，则众数会向其后一组靠，众数大于其组中值。基于这种思路，借助于几何图形而导出分组数据众数的计算公式，分为上限公式和下限公式，分别为

$$M_o = L + \frac{f_m - f_{m-1}}{(f_m - f_{m-1}) + (f_m - f_{m+1})} \times d \text{ 或 } M_o = L + \frac{\Delta_1}{\Delta_1 + \Delta_2} \times d \quad (4\text{-}43)$$

$$M_o = U - \frac{f_m - f_{m+1}}{(f_m - f_{m-1}) + (f_m - f_{m+1})} \times d \text{ 或 } M_o = U - \frac{\Delta_2}{\Delta_1 + \Delta_2} \times d \qquad (4\text{-}44)$$

式中：L 为众数所在组下限；U 为众数所在组上限；Δ_1 为众数所在组次数与其下限的邻组次数之差；Δ_2 为众数所在组次数与其上限的邻组次数之差；d 为众数所在组组距。

例 4-20　根据表 4-3 数据，求某企业 150 个销售点销售额的众数。

解：众数位于 1 000～15 00 这一组，所以

$$M_o = L + \frac{\Delta_1}{\Delta_1 + \Delta_2} \times d = 1\,000 + \frac{45 - 25}{(45 - 25) + (45 - 42)} \times (1\,500 - 1\,000) \approx 1\,434.78(万元)$$

该企业 150 个销售点销售额的众数为 1 434.78 万元。

4.2.6　中位数与四分位数

1. 中位数的含义

分位数是将总体所有数据按大小顺序排列后，处于各等分位置的变量值。中位数是将总体各单位标志值按大小顺序排列起来形成一个数列，居于中间位置的那个数值，用 M_e 表示。

从中位数的定义可知，总体各单位标志值中有一半小于中位数，一半大于中位数。中位数的作用与算术平均数相近，也是作为总体各单位标志值的代表值。在一个等差数列或一个正态分布数列中，中位数就等于算术平均数。

2. 中位数的特点

中位数具有以下几个特点。

（1）不受分布数列的极值影响。中位数是以它在所有标志值中所处的位置确定的总体单位标志值的代表值，不受分布数列的极大值或极小值影响，从而在一定程度上提高了中位数对分布数列的代表性。在数列中出现极端值的情况下，用中位数作为代表值要比用算术平均数更好，因为中位数不受极端标志值的影响；如果研究目的就是反映中间水平，当然也应该用中位数。在统计数据的处理和分析时，可结合使用中位数。

（2）有些离散型变量的单项式数列，当次数分布偏态时，中位数的代表性会受到影响。

（3）缺乏敏感性。中位数的数值不会因为部分数据的变动而发生大的变化，而不管发生变动的数据的大小。

（4）主要用于定序数据，也可用于数值型数据，但不能用于定类数据。

（5）各标志值与中位数的离差绝对值之和最小，即

$$\sum_{i=1}^{n} |X_i - M_e| = \min \qquad (4\text{-}45)$$

3. 中位数的计算

确定中位数，必须将总体各单位的标志值按大小顺序排列，最好是编制成变量数列。中位数的计算有两种情况。

1）由未分组整理的资料确定中位数

对于未分组整理的资料，首先必须将标志值按大小排序。设排序的结果为 $x_1 \leqslant x_2 \leqslant x_3 \leqslant \cdots \leqslant x_n$，则中位数就可以按下面的公式确定：

$$M_e = \begin{cases} x_{\frac{n+1}{2}} & (n\text{为奇数}) \\ \dfrac{x_{\frac{n}{2}} + x_{\frac{n}{2}+1}}{2} & (n\text{为偶数}) \end{cases} \quad (4\text{-}46)$$

标志值的个数是奇数，中位数就是中位数位置上的那个数；标志值的个数是偶数，中位数就是中位数位置左右两项的平均数。

例 4-21 某生产车间 60 名工人日加工零件数：107　108　108　110　112　112　112　113　113　114　114　115　117　117　117　117　118　118　118　119　119　120　120　121　122　122　122　122　123　123　123　123　123　124　124　124　124　125　125　126　126　127　127　127　128　128　129　129　130　131　133　133　133　134　134　135　136　137　139　139。计算这 60 名工人日加工零件数的中位数。

解： 60 名工人日加工零件数的中位数的位置在 (60+1)÷2 = 30.5，中位数在第 30 个数值（123）和第 31 个数值（123）之间，即

$$M_e = (123+123) \div 2 = 123(\text{件})$$

2）由已分组整理资料确定中位数

（1）对于单项式数列资料，由于标志值已经排序，故中位数可以直接按下面的方式确定：

$$M_e = \begin{cases} x_{\frac{\sum f + 1}{2}} & (\sum f \text{为奇数}) \\ \dfrac{x_{\frac{\sum f}{2}} + x_{\frac{\sum f}{2}+1}}{2} & (\sum f \text{为偶数}) \end{cases} \quad (4\text{-}47)$$

（2）由组距式数列确定中位数。根据组距式数列确定中位数的基本步骤：首先计算 $\sum f$ 和 $\sum f / 2$，求出中位数的位置；其次对各组频数进行较小制累计或较大制累计；再次确定中位数所在组；最后按下限公式（4-48）或上限公式（4-49）确定中位数的值。

$$M_e = L + \dfrac{\left(\sum f / 2\right) - S_{m-1}}{f_m} \times d \quad (4\text{-}48)$$

$$M_e = U - \dfrac{\left(\sum f / 2\right) - S_{m+1}}{f_m} \times d \quad (4\text{-}49)$$

式中：M_e 为中位数；L 为中位数所在组下限；U 为中位数所在组上限；f_m 为中位数所在组的次数；$\sum f$ 为总次数；d 为中位数所在组的组距；S_{m-1} 为中位数所在组以下的累计次数；S_{m+1} 为中位数所在组以上的累计次数。

例 4-22 根据表 4-4 数据，计算中位数。

先求中位数位置 $\dfrac{\sum f}{2} = \dfrac{150}{2} = 75$，再进行较小制累计或较大制累计，如表 4-14 所示。

表 4-14 某单位销售额累计次数分布

年销售额/万元	人数	较小制累计	较大制累计
500 以下	12	12	150
500～1 000	25	37	138
1 000～1 500	45	82	113
1 500～2 000	42	124	68
2 000 以上	26	150	26
合计	150	—	—

解：中位数位于 1 000～1 500 这一组，按下限公式或上限公式计算中位数的值为

$$M_e = L + \frac{(\sum f/2) - S_{m-1}}{f_m} \times d = 1\,000 + \frac{\frac{150}{2} - 37}{45} \times (1\,500 - 1\,000) \approx 1\,422.22(万元)$$

$$M_e = U - \frac{(\sum f/2) - S_{m+1}}{f_m} \times d = 1\,500 - \frac{\frac{150}{2} - 68}{45} \times (1\,500 - 1\,000) \approx 1\,422.22(万元)$$

该企业销售人员销售额的中位数为 1 422.22 万元。

4．四分位数

1）四分位数的含义

四分位数就是将总体各单位标志值按大小顺序排列并分成相等的四部分，处于三个分割点位置的标志值（图 4-1）。四分位数将全部数据四等分，每部分包括 25% 的数据。最小的四分位数称为下四分位数，又叫第 25 百分位数，用 Q_L 表示，总体中有 1/4 单位的数值小于下四分位数；中点位置的四分位数就是中位数；最大的四分位数称为上四分位数，又叫第 75 百分位数，用 Q_U 表示，总体中有 3/4 单位的数值小于上四分位数。四分位数跟中位数一样，主要用于定序数据，也可用于数值型数据，但不能用于定类数据。

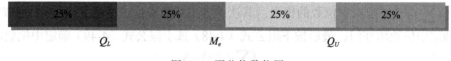

图 4-1 四分位数位置

2）四分位数位置的确定

四分位数位置处于三个分割点，其中下四分位数、上四分位数位置为

（1）未分组资料。下四分位数位置为 $\frac{n+1}{4}$，上四分位数位置为 $\frac{3(n+1)}{4}$。

（2）已分组资料。下四分位数位置为 $\frac{n}{4}$，上四分位数位置为 $\frac{3n}{4}$。

3）四分位数的计算

（1）未分组整理资料的四分位数。当标志值个数是奇数与偶数时，计算方法有所不同。

例 4-23 已知有 23，21，30，32，28，25，26 共 7 个数据，求四分位数：

排序： 21　　23　　25　　26　　28　　30　　32
位置： 1　　2　　3　　4　　5　　6　　7

解：下四分位数位置为 $\frac{n+1}{4} = \frac{7+1}{4} = 2$，因此 $Q_L = 23$；上四分位数位置为 $\frac{3(n+1)}{4} = \frac{3 \times (7+1)}{4} = 6$，因此 $Q_U = 30$。

例 4-24 已知如下 6 个原始数据，求四分位数：

原始数据： 23　　21　　30　　28　　25　　26
排序： 21　　23　　25　　26　　28　　30
位置： 1　　2　　3　　4　　5　　6

解：下四分位数位置为 $\frac{n+1}{4} = \frac{6+1}{4} = 1.75$，因此 $Q_L = 21+0.75\times(23-21)=22.5$；上四分位数位置为 $\frac{3(n+1)}{4} = \frac{3\times(6+1)}{4} = 5.25$，因此 $Q_U = 28+0.25\times(30-28)=28.5$。

（2）已分组整理资料的四分位数。已分组整理资料的下四分位数计算公式（4-50）和上四分位数计算公式（4-51）：

$$Q_L = L + \frac{\frac{\sum f}{4} - S_{L-1}}{f_L} \times d \tag{4-50}$$

$$Q_U = L + \frac{\frac{3\sum f}{4} - S_{U-1}}{f_U} \times d \tag{4-51}$$

式中：L 为四分位数所在组下限；U 为四分位数所在组上限；f_L、f_U 分别为下四分位数、上四分位数所在组的次数；S_{L-1}、S_{U-1} 分别为下四分位数、上四分位数所在组的前一组频数累计；$\sum f$ 为总次数；d 为中位数所在组的组距。

例 4-25 根据表 4-4 中数据，计算下四分位数和上四分位数。

解：下四分位数位置 $\frac{\sum f}{4} = \frac{150}{4} = 37.5$，下四分位数位于 1 000～1 500 这一组，其数值为

$$Q_L = L + \frac{\frac{\sum f}{4} - S_{L-1}}{f_L} \times d = 1\,000 + \frac{\frac{150}{4} - 37}{45} \times (1\,500 - 1\,000) \approx 1\,005.56 \,(万元)$$

上四分位数位置 $\frac{3\sum f}{4} = \frac{3 \times 150}{4} = 112.5$，位于 120～160 这一组，其数值为

$$Q_U = L + \frac{\frac{3\sum f}{4} - S_{U-1}}{f_U} \times d = 1\,500 + \frac{\frac{3 \times 150}{4} - 82}{42} \times (2\,000 - 1\,500) = 1\,863.10 \,(万元)$$

因此，下四分位数、上四分位数分别为 1 005.56 万元、1 863.10 万元。

4.2.7 平均指标的比较

1. 各种平均指标的主要特性比较

1）算术平均数是最常用、最简单的平均指标

算术平均数的含义通俗易懂，直观清晰，在实际中应用最广泛；算术平均数是依据全部数据计算的，是一个可靠的具有代表性的量；算术平均数具有优良的数学性质，适合于代数方法的演算，用统计推断几个样本是否取自同一总体时，必须使用算术平均数。算术平均数容易受极端值，特别是极小值的影响；对偏态分布资料其结果代表性较差；资料有开口组时，按相邻组组距计算假定性很大，代表性降低。

2）调和平均数是算术平均数的一种变形

调和平均数与算术平均数适用条件不同，主要是已知资料不一样，已知各组变量值和各组标志值总量时采用调和平均数，已知各组标志值和各组次数时采用算术平均数。同时调和平均数易受极端值的影响，特别是极小值的影响。

3）几何平均数主要用于计算比率数据的平均数

几何平均数是通过乘积运算来表达总体与总体单位之间的数量关系的，受极端值的影响较小。

算术平均数、调和平均数、几何平均数三个平均指标的最大优点就是都利用了全部信息。

4）中位数和众数在偏态分布中代表性好

中位数和众数不受极端值的影响，仅受各单位标志值次数分布的影响，在偏态分布中代表性较算术平均数好。在偏态分布中，任何类型的数据资料都能运用众数测度集中趋势值，尤其是定类数据；除了定类数据外，均适合运用中位数测度集中趋势值。但中位数和众数不是根据所有标志值计算的，不适于进一步代数运算。

2. 平均指标的大小比较

1）算术平均数、调和平均数和几何平均数的比较

当各标志值均大于零时，从数值计算结果而言，算术平均数、调和平均数和几何平均数三者之间的数量关系如下：

$$\bar{x} \geqslant \bar{x}_G \geqslant \bar{x}_H \tag{4-52}$$

并且只有当所有标志值都相等时，这三种平均数才相等。

2）众数、中位数和算术平均数的关系

算术平均数、众数和中位数之间的关系与各标志值的次数分布有关。当次数分布为对称分布时，算术平均数、众数和中位数三个数值相等，如图 4-2 所示；当次数分布为非对称分布时，算术平均数、众数和中位数具有相对固定的关系。在右偏态分布中，算术平均数最大，中位数适中，众数最小，如图 4-3 所示；在左偏态分布中，算术平均数最小，中位数适中，众数最大，如图 4-4 所示。

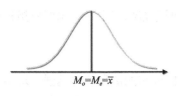
图 4-2 对称分布中算术平均数、众数和中位数大小关系

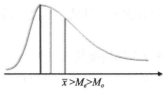
图 4-3 右偏态分布中算术平均数、众数和中位数大小关系

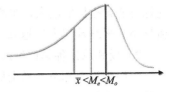
图 4-4 左偏态分布中算术平均数、众数和中位数大小关系

根据英国统计学家皮尔逊（K. Pearson）研究提出的经验规则，在分布偏斜程度不大的情况下，不论右偏或左偏，三者都存在一定的比例关系，即算术平均数与众数的距离约为算术平均数与中位数的距离 3 倍，亦即 $\bar{x} - M_o \approx 3 \times (\bar{x} - M_e)$，或者说中位数与众数的距离约为算术平均数与中位数的距离 2 倍，即 $M_e - M_o \approx 2 \times (\bar{x} - M_e)$。

4.3 离散趋势的测度

集中趋势只是数据分布的一个特征，通过平均指标来反映，反映总体各单位标志值向其中心值聚集的程度。而这种聚集的程度有强弱之分，也就是集中趋势测度值的代表程度存在不同程度的差异，需要通过离散趋势来进行测度。离散趋势也称离中趋势，反映总体各单位标志值远离其中心值的程度，也就是总体各单位标志值的差异程度。实际工作中，采用变异指标来说明总体各单位标志值的分散程度或离中趋势。

4.3.1 变异指标

1. 变异指标的概念

变异指标又称标志变动度，是反映总体各单位标志值的差异程度或离散程度的指标。变异指标数值与总体各单位标志值的差异程度或离散程度成正比。总体各单位标志值的差异程度越大，数值的集中趋势越弱；总体各单位标志值的差异程度越小，数据的集中趋势越强。

变异指标包括极差、平均差、四分位差、方差和标准差、变异系数。

2. 变异指标的作用

平均指标反映总体一般数量水平的同时，还掩盖了总体各单位标志值的数量差异。变异指标弥补了这方面的不足，它综合反映了总体各单位标志值的差异性，从另一方面说明了总体的数量特征。以平均指标为基础，结合运用变异指标是统计分析的一个重要方法，它在统计分析、统计推断中具有很重要的作用。具体可以概括为以下几点。

1）变异指标是衡量平均指标代表性的尺度

判断平均指标对总体各单位标志值代表性的高低。平均指标作为总体各单位某一数量标志的代表值，其代表性的高低与总体差异程度有直接关系：数据分布越分散，总体的标志变异指标值越大，平均数的代表性越低；反之，数据分布越集中，标志变异指标值越小，平均数代表性越高。

2）反映总体各单位标志值分布的均衡性

一般来说，标志变异指标数值越大，总体各单位标志值分布的离散趋势越强、均衡性越低；反之，标志值分布的离散趋势越弱、均衡性就越高。如果企业生产过程中负荷的分配越均衡，负荷峰值与低谷的波动程度越低，就越能节约生产过程中人力、设备等方面的开支。

3）变异指标测定事物或现象的稳定性程度

在实际工作中，变异指标值的大小反映了事物或现象稳定性的高低，标志变异指标值越大，事物或现象的稳定性越低；反之，标志变异指标值越小，事物或现象的稳定性越高。如主要农产品的产量越稳定，越能稳定地满足人们生活需求，相应农产品的价格稳定性就越高，越有利于保障社会中多数人的生活质量。

4）标志变异指标是衡量风险大小的重要指标

变异指标反映社会经济现象偏离正常状态，如股票价格偏离价值程度越大，持有或购买股票面临的风险越大。

4.3.2 极差

极差又称全距，是总体各单位标志值中最大值和最小值之差，用"R"表示。它反映总体标志值的变动范围，是测定标志变异程度的最简单的指标，用计算公式表示为

$$极差＝最大标志值－最小标志值 \tag{4-53}$$

1. 未分组整理资料

对于未分组整理资料，先排序找出最大标志值和最小标志值，再代入极差公式计算极差。

例 4-26 某班男、女各 12 名同学统计学考试成绩平均数均为 81，具体成绩分别为

女：72　76　77　78　80　81　81　84　84　85　87　87
男：50　63　63　70　74　82　87　95　95　97　97　99

$$R_女＝87－72＝15（分），R_男＝99－50＝49（分）$$

这说明虽然平均成绩都为 81 分，但男同学之间的成绩差异程度远大于女同学，女同学平均成绩的代表性远远高于男同学。

2. 已分组整理资料

对于已分组整理资料，若是单项式数列，根据极差含义，直接运用最大组标志值减去最小组标志值得到；若是组距式数列，极差计算公式可近似表示为

$$极差＝最大组上限－最小组下限 \tag{4-54}$$

将某班男、女各 12 名同学统计学考试成绩分组整理成表 4-15。

表 4-15 某班男、女各 12 名同学统计学考试成绩分布

成绩/分	女同学人数/人	男同学人数/人
50~60	0	1
60~70	0	2
70~80	4	2
80~90	8	2
90~100	0	5
合计	12	12

$R_{女}=90-70=20$（分），$R_{男}=100-50=50$（分）

同样说明男同学之间的成绩差异程度远大于女同学。

极差计算方法简便，意义明确，容易理解，在实际工作中常用于粗略说明总体各单位的变异程度。但极差未能充分完整地利用已有信息，只考虑了总体各单位标志值的最大和最小两端的数值，而没有考虑中间各项数值的分布和影响，易受极端值影响，不能全面反映总体各单位标志值变异的程度，也不能准确地评价平均指标的代表性。在实际工作中，极差常用来检验产品质量的稳定性和质量控制，在正常生产条件下，极差在一定范围内波动，若极差超过给定的范围，就说明有异常情况出现。

另外一种类似于极差的是四分位差（IQR），四分位差也称内距、四分位距，表示上四分位数与下四分位数之差，反映了中间 50%数据的离散程度。四分位差用其计算公式表示为

$$\text{IQR} = Q_U - Q_L \tag{4-55}$$

四分位差用于衡量中位数的代表性；四分位差是居中部分 50%数据的分散程度，不受抽样少数不寻常数值的影响；四分位差由上四分位数和下四分位数决定，忽视了两旁 50%的数据，且对居中部分 50%的数值资料分布状况不加考虑，感应不灵敏。

4.3.3 平均差

平均差是平均绝对离差的简称，是各单位标志值对其算术平均数的离差的绝对值的算术平均数，反映的是各标志值对其算术平均数的平均差异程度，用"A.D"表示。平均差越大，则表示平均差异程度越大，反之则表示平均差异程度越小。由于考虑了总体中各单位标志值的影响，能够全面反映总体各单位的平均偏离平均值的程度。由于各标志值与其算术平均数的离差之和等于零，在计算平均离差时，为了避免正负离差相互抵消，先取离差的绝对值，再求离差绝对值的平均数。

根据所掌握的资料不同，平均差有简单平均差和加权平均差两种计算形式。

1. 简单平均差

简单平均差适用于未分组整理资料，其计算公式为

$$\text{A.D} = \frac{\sum |x-\bar{x}|}{n} \tag{4-56}$$

式中：A.D 为平均差；x 为各标志值；$\bar{x}$ 为算术平均数；n 为标志值项数。

例 4-27 根据例 4-26，已知某班男、女各 12 名同学统计学考试成绩，求其平均差。先求出其基本数据，如表 4-16 所示。

表 4-16 某班男、女各 12 名同学统计学考试成绩平均差计算基本数据

	分数/$x-\bar{x}$/$\|x-\bar{x}\|$												
女同学	分数	72	76	77	78	80	81	81	84	84	85	87	87	合计
	$x-\bar{x}$	−9	−5	−4	−3	−1	0	0	3	3	4	6	6	0
	$\|x-\bar{x}\|$	9	5	4	3	1	0	0	3	3	4	6	6	44
男同学	分数	50	63	63	70	74	82	87	95	95	97	97	99	—
	$x-\bar{x}$	−31	−18	−18	−11	−7	1	6	14	14	16	16	18	0
	$\|x-\bar{x}\|$	31	18	18	11	7	1	6	14	14	16	16	18	170

$$A.D_{女} = \frac{\sum|x-\bar{x}|}{n} = \frac{44}{12} \approx 3.67$$

$$A.D_{男} = \frac{\sum|x-\bar{x}|}{n} = \frac{170}{12} \approx 14.17$$

上述计算结果表明，虽然女同学的统计学考试平均成绩与男同学相同，都是 81 分，但男同学统计学考试成绩的平均差为 14.17 分，高于女同学的平均差 3.67 分，所以女同学的统计学考试平均成绩的代表性高于男同学，成绩更均衡。

2. 加权平均差

加权平均差适用于已分组整理资料，其计算公式为

$$A.D = \frac{\sum|x-\bar{x}|f}{\sum f} \tag{4-57}$$

例 4-28 根据表 4-4，已知某单位 150 个销售点销售额数据，求其平均差。

解： 先求出其基本数据如表 4-17 所示。

表 4-17 某单位 150 个销售点销售额平均差计算基本数据

年销售额/万元	人数/f	组中值/x	xf	$\|x-\bar{x}\|$	$\|x-\bar{x}\|f$
500 以下	12	250	3 000	1 150	13 800
500～1 000	25	750	18 750	650	16 250
1 000～1 500	45	1 250	56 250	150	6 750
1 500～2 000	42	1 750	73 500	350	14 700
2 000 以上	26	2 250	58 500	850	22 100
合计	150	—	210 000	—	73 600

$$\bar{x} = \frac{\sum xf}{\sum f} = \frac{210\,000}{150} = 1\,400（万元）$$

$$\text{A.D} = \frac{\sum |x - \bar{x}| f}{\sum f} = \frac{73\,600}{150} \approx 490.67(\text{万元})$$

所以，该单位 150 个销售点销售额平均差为 490.67 万元。

平均差考虑了总体中各个标志值的变异程度对总体变异程度的影响。但是它在计算过程中通过取绝对值进行运算，不便于进一步的数理推导，在实际应用中受到较大限制。为此，需用更合适的指标计算和反映总体各单位标志值的离散程度。

4.3.4 方差与标准差

方差是总体中各单位标志值与其算术平均数的离差的平方的算术平均数。方差的计量单位和量纲不便于从经济意义上进行解释，所以实际统计工作中多用标准差。标准差是方差的算术平方根，又称均方差，一般用 σ 表示，是测定标志变动程度的最重要、最常用的指标。

标准差的实质与平均差基本相同，也是根据全部数据计算的，反映每个数据与其算术平均数相比平均相差的数值，因此它能准确地反映出数据的差异程度。但标准差与平均差在计算时的处理方法不同，平均差是用取绝对值的方法消除离差的正负号，然后用算术平均的方法求出平均离差；而标准差是用平方的方法消除离差的正负号，然后对离差的平方计算算术平均数，并开方求出标准差，这更便于数学上的处理。因此，方差、标准差是实际中应用最广泛的离中程度度量值。

对于总体数据和样本数据，方差和标准差公式略有不同。相关的总体方差（σ^2）、标准差和样本方差（S^2）、标准差计算公式如下。

1. 总体方差和总体标准差

1）未分组整理资料

对未分组整理资料，方差和标准差的计算公式分别如下：

方差的计算公式

$$\sigma^2 = \frac{\sum_{i=1}^{n}(x_i - \bar{x})^2}{n} \tag{4-58}$$

式（4-58）简写为

$$\sigma^2 = \frac{\sum (x_i - \bar{x})^2}{n} \tag{4-59}$$

标准差的计算公式

$$\sigma = \sqrt{\frac{\sum_{i=1}^{n}(x_i - \bar{x})^2}{n}} \tag{4-60}$$

式（4-60）简写为

$$\sigma = \sqrt{\frac{\sum(x-\bar{x})^2}{n}} \qquad (4\text{-}61)$$

例 4-29 根据例 4-26，已知某班男、女各 12 名同学统计学考试成绩，求其标准差。

解：先求出其基本数据，如表 4-18 所示。

表 4-18 某班男、女各 12 名同学统计学考试成绩标准差计算基本数据

	分数	72	76	77	78	80	81	81	84	84	85	87	87	合计
女同学	$x-\bar{x}$	−9	−5	−4	−3	−1	0	0	3	3	4	6	6	0
	$\lvert x-\bar{x}\rvert$	9	5	4	3	1	0	0	3	3	4	6	6	44
	$(x-\bar{x})^2$	81	25	16	9	1	0	0	9	9	16	36	36	238
男同学	分数	50	63	63	70	74	82	87	95	95	97	97	99	
	$x-\bar{x}$	−31	−18	−18	−11	−7	1	6	14	14	16	16	18	0
	$\lvert x-\bar{x}\rvert$	31	18	18	11	7	1	6	14	14	16	16	18	170
	$(x-\bar{x})^2$	961	324	324	121	49	1	36	196	196	256	256	324	3 044

$$\text{A.D}_{女} = \sqrt{\frac{\sum(x-\bar{x})^2}{n}} = \sqrt{\frac{238}{12}} \approx 4.45$$

$$\text{A.D}_{男} = \sqrt{\frac{\sum(x-\bar{x})^2}{n}} = \sqrt{\frac{3\,044}{12}} \approx 15.93$$

男同学统计学考试成绩的平均差为 15.93 分，高于女同学的平均差 4.45 分，女同学的统计学考试成绩比男同学更均衡。

2）已分组整理资料

对已分组整理资料，方差和标准差的计算公式分别如下：

方差的计算公式

$$\sigma^2 = \frac{\sum_{i=1}^{n}(x_i-\bar{x})^2 f_i}{\sum_{i=1}^{n} f_i} \qquad (4\text{-}62)$$

式（4-62）简写为

$$\sigma^2 = \frac{\sum(x-\bar{x})^2 f}{\sum f} \qquad (4\text{-}63)$$

标准差的计算公式

$$\sigma = \sqrt{\frac{\sum_{i=1}^{n}(x_i-\bar{x})^2 f_i}{\sum_{i=1}^{n} f_i}} \qquad (4\text{-}64)$$

式（4-64）简写为

$$\sigma = \sqrt{\frac{\sum(x-\bar{x})^2 f}{\sum f}} \quad (4-65)$$

例 4-30 根据表 4-4，已知某单位 150 个销售点销售额数据，求其标准差。

解：先求出其基本数据，如表 4-19 所示。

表 4-19 某单位 150 个销售点销售额标准差计算基本数据

年销售额/万元	人数/f	组中值/x	xf	$x-\bar{x}$	$(x-\bar{x})^2$	$(x-\bar{x})^2 f$
500 以下	12	250	3 000	−1 150	1 322 500	15 870 000
500～1 000	25	750	18 750	−650	422 500	10 562 500
1 000～1 500	45	1 250	56 250	−150	22 500	1 012 500
1 500～2 000	42	1 750	73 500	350	122 500	5 145 000
2 000 以上	26	2 250	58 500	850	722 500	18 785 000
合计	150		210 000			51 375 000

$$\sigma = \sqrt{\frac{\sum(x-\bar{x})^2 f}{\sum f}} = \sqrt{\frac{51\,375\,000}{150}} \approx 585.23(万元)$$

该单位 150 个销售点销售额标准差为 585.23 万元。

2. 样本方差和样本标准差

样本方差与总体方差在计算上的区别是：总体方差是用数据个数或总频数去除离差平方和，而样本方差则是用样本数据个数或总频数减 1 去除离差平方和，其中样本数据个数减 1，即 $n-1$ 称为自由度。设样本方差为 S_{n-1}^2，根据未分组整理资料和分组整理资料计算样本方差的公式分别如下。

1）未分组整理资料

样本方差的公式：

$$S_{n-1}^2 = \frac{\sum_{i=1}^{n}(x_i-\bar{x})^2}{n-1} \quad (4-66)$$

式（4-66）简写为

$$S_{n-1}^2 = \frac{\sum(x-\bar{x})^2}{n-1} \quad (4-67)$$

样本标准差的公式：

$$S_{n-1} = \sqrt{\frac{\sum_{i=1}^{n}(x_i-\bar{x})^2}{n-1}} \quad (4-68)$$

式（4-68）简写为

$$S_{n-1}=\sqrt{\frac{\sum(x-\bar{x})^2}{n-1}} \qquad (4\text{-}69)$$

2）已分组整理资料

样本方差的公式：

$$S_{n-1}^2=\frac{\sum_{i=1}^{n}(x_i-\bar{x})^2 f_i}{\sum_{i=1}^{n}f_i-1} \qquad (4\text{-}70)$$

式（4-70）简写为

$$S_{n-1}^2=\frac{\sum(x-\bar{x})^2 f}{\sum f-1} \qquad (4\text{-}71)$$

样本标准差的公式：

$$S_{n-1}=\sqrt{\frac{\sum_{i=1}^{n}(x_i-\bar{x})^2 f_i}{\sum_{i=1}^{n}f_i-1}} \qquad (4\text{-}72)$$

式（4-72）简写为

$$S_{n-1}=\sqrt{\frac{\sum(x-\bar{x})^2 f}{\sum f-1}} \qquad (4\text{-}73)$$

3. 是非标志的平均数、方差与标准差

1）是非标志的总体方差与总体标准差

将经过量化处理的是非标志的表现"1"和"0"作为标志值代入总体的方差计算公式：

$$\sigma_P^2=\frac{\sum(x-\bar{x})^2 f}{\sum f}=\frac{(1-P)^2 N_1+(0-P)^2 N_0}{N_1+N_0}=P(1-P)=PQ \qquad (4\text{-}74)$$

为区别于一般标志值的方差，我们将是非标志的方差记为 σ_P^2。

是非标志的标准差为

$$\sigma_P=\sqrt{P(1-P)}=\sqrt{PQ} \qquad (4\text{-}75)$$

2）是非标志的样本方差与样本标准差

类似总体方差与总体标准差，可得样本是非标志的方差 S^2 和标准差 S 为

$$S_p^2=p(1-p)=pq \qquad (4\text{-}76)$$

$$S_p=\sqrt{p(1-p)}=\sqrt{pq} \qquad (4\text{-}77)$$

例 4-31 某市税务部门 2017 年对注册登记的 3 万户个体企业进行调查，发现有 6 000 户企业存在偷漏税情况，偷漏税率达到 20%。其是非标志的平均数、方差和标准差计算如下：

平均数：$\bar{X} = P = 20\%$

方差：$\sigma^2 = P(1-P) = 0.2 \times 0.8 = 0.16 = 16\%$

标准差：$\sigma = \sqrt{P(1-P)} = \sqrt{0.2 \times (1-0.2)} = 40\%$

是非标志的方差、标准差，当 $p = 0.5$ 时取得最大值，方差最大值为 0.25，标准差最大值为 0.5，此时是非标志的变异程度最大。如某学生群体中男、女生数相等，其成数均为 0.5，说明该学生群体性别差异程度最大。是非标志的方差、标准差的最小值均为 0。

4.3.5 变异系数

极差、平均差、标准差等变异指标的数值的大小一方面取决于总体各单位标志值水平与平均值大小。同时，总体各单位标志值绝对水平越高，变异指标数值通常越大，反之变异指标数值通常越小；另一方面取决于总体各单位标志值差异程度，当总体各单位标志值的平均值相同时，总体各单位标志值的差异程度越大，变异指标数值就越大；变异指标数值与总体各单位标志值的计量单位有关，变异指标数值与总体单位标志值的计量单位相同，标志值采用不同的计量单位计量，变异指标数值就不同。平均水平不同或计量单位不同的不同组别标志值是不能直接用绝对数形式的变异指标比较的，必须通过相对数形式变异指标比较。

变异系数又称离散系数，是用相对数形式表示的变异指标，反映的是单位平均水平下标志值的离散程度。变异系数通过极差、平均差或标准差与平均数对比得到，分别称为极差变异系数、平均差变异系数、标准差变异系数，其中最常用的是标准差变异系数，又可以分为总体标准差变异系数和样本标准差变异系数。各种变异系数的计算方法如下：

极差变异系数

$$V_R = \frac{R}{\bar{x}} \times 100\% \tag{4-78}$$

平均差变异系数

$$V_{A \cdot D} = \frac{A \cdot D}{\bar{X}} \times 100\% \tag{4-79}$$

总体标准差变异系数

$$V_\sigma = \frac{\sigma}{\bar{x}} \times 100\% \tag{4-80}$$

样本标准差变异系数

$$V_S = \frac{S}{\bar{x}} \times 100\% \tag{4-81}$$

通过计算变异系数为水平高低不同的两个数列提供了对比的基础。

例 4-32　甲乙两地年人均收入分别 13 814 元、17 600 元，收入的标准差分别为 2 132 元、2 367 元，试比较两地收入贫富的悬殊程度。

解：甲乙两地年人均收入标准差变异系数分别为

$$V_{\sigma甲} = \frac{\sigma_甲}{\bar{x}} \times 100\% = \frac{2\,132}{13\,814} \times 100\% \approx 15.43\%$$

$$V_{\sigma乙} = \frac{\sigma_乙}{\bar{x}} \times 100\% = \frac{2\,367}{17\,600} \times 100\% = 13.45\%$$

从标准差来看，乙地年人均收入的标准差比甲地大，但不能断言，乙地年人均收入的代表性小。这是因为两地年人均收入处在不同的水平上，所以不能直接根据标准差的大小作结论。而正确的方法要用消除了数列水平的变异系数比较。从两组的变异系数可以看出，甲地相对的变异程度大于乙地，因而乙地年人均收入的代表性要大。

4.3.6　应用平均指标、变异指标的注意问题

1. 平均指标、变异指标在同质总体内计算

同质性是计算和应用平均指标时首先应注意的问题，平均指标只能在同质总体内计算。由于平均指标是总体各单位某一标志的一般水平，它把总体各单位在该标志下的差异抽象化，以一个数值来代表总体。因此必须注意在同质总体内计算平均数，即总体各单位被平均的标志的性质要相同。

2. 总体平均数与组平均数结合

平均指标是在同质性的基础上计算出来的，由于它以一个数值代表总体的一般水平，而将总体各部分、各单位之间的数量差异掩盖起来了，当总体各部分或各单位之间的差异极大时仅用一个总体平均数来说明问题是不够的，还要在分组的基础上计算组平均数，把总体平均数与组平均数相结合，用组平均数补充说明总平均数，共同说明总体的特征。

3. 平均指标与分布数列结合

平均指标掩盖了总体各单位在某标志下的数量差异及其分布状况，因此在利用平均指标时，必须结合计算平均指标所依据的分布数列，具体分析总体单位的分布状况和分布特征，以分布数列补充说明平均数。

4. 平均指标必须同总量指标、相对指标及具体事例相结合

平均指标体现的是事物和现象在一定时间、地点、条件下的一般水平，必须与反映事物和现象的总体规模与水平的总量指标，以及反映事物和现象内部或之间的相对水平的相对指标结合起来运用，才能较全面地反映事物和现象的总体数量特征。同时还必须注意将它们结合总体中具有代表性的典型事例，使所进行的分析研究更加充实、完善、可靠。

5. 平均指标与变异指标相结合

平均指标特别是算术平均数反映了总体单位的集中趋势，而变异指标反映的是总体单位的离中趋势、离散程度。因此只有将两者结合应用，才能更加全面、深入地了解所研究总体的特征及规律性。

4.4 分布形态的测度

平均指标和变异指标中的算术平均数与标准差是反映次数分布的最重要的两个指标，通过它们可以测度分布的集中趋势和离散程度。但是平均数与标准差相同的总体，其分布的形态可能并不完全相同，这涉及偏度和峰度。

4.4.1 偏度

1. 偏度的概念

偏度就是次数分布的非对称程度，是测定一个次数分布的非对称程度的统计指标。相对于对称分布，偏态分布有两种：一种是左向偏态分布，简称左偏；另一种是右向偏态分布，简称右偏。右偏和左偏的程度都可以用一定的方法测定出来。当实际分布为右偏时，测定出的偏度值为正值，又称正偏；当实际分布为左偏时，测定出的偏度值为负值，又称负偏。

2. 偏度的测定方法

1）皮尔逊偏态测定法

皮尔逊偏态测定法采用算术平均数与众数比较的方法。皮尔逊偏态测定法可以采用绝对数和相对数两种形式。

一种是绝对偏态，采用偏态的绝对数，即算术平均数与众数之间的距离，可以说明数据分布的绝对偏斜程度，表示为

$$偏态值 = 算术平均数 - 众数 \tag{4-82}$$

算术平均数与众数之间的距离越远，数据分布的绝对偏态越大，表明次数分布的非对称程度越大。由于绝对偏态受数列中原有标志值水平高低的影响，在不同数列之间不具有可比性，通常是计算相对偏态来表示偏度。

另一种是相对偏态，相对偏态就是偏态的相对数，是偏态的绝对数与标准差之比，就是以标准差为单位的算术平均数与众数的离差，称为偏态系数，用 SK 来表示，计算公式为

$$\text{SK} = \frac{\overline{x} - M_o}{\sigma} \tag{4-83}$$

SK>0，表示右偏态（或正偏态），算术平均数大于众数。

SK<0，表示左偏态（或负偏态），算术平均数小于众数。

SK=0，表示对称分布。

|SK|越大，表示偏度越大；|SK|越小，表示偏度越小。

由于在分布适度偏斜的情况下，算术平均数与众数的距离约等于算术平均数和中位数之间距离的 3 倍，所以偏度也可用算术平均数与中位数之间的关系来测定，即

$$SK = \frac{3(\overline{x} - M_e)}{\sigma} \tag{4-84}$$

由此，可以确定偏态系数的变动范围为$-3 \leqslant SK \leqslant +3$。当 SK=0 时，表示对称分布；当 SK=3 时，表示极右偏态；当 SK=-3 时，表示极左偏态。

例 4-33 某县农村居民人均年纯收入的算术平均数为 4 895 元，众数为 4 669 元，标准差为 248 元，计算该县农民人均年纯收入分布的偏度。

解：该县农民人均年纯收入分布的偏度为

$$SK = \frac{\overline{X} - M_0}{\sigma} = \frac{4\,895 - 4\,669}{248} \approx 0.91$$

计算结果表明，该县农民家庭人均年纯收入的分布属于右偏态分布，其偏斜度为 0.91。

2）动差法

"动差"是引自物理学上的概念，表示力与力臂对重心的关系，类似于权数与标志值对算术平均数的关系，其中各组的相对权数即频率相当于作用力，各组标志值相当于力臂。

取变量中的 a 值为中点，则变量 x 关于 a 的 k 阶动差为

$$M_k = \frac{\sum (x-a)^k f}{\sum f} \tag{4-85}$$

$a = 0$ 时，k 阶原点动差，即

$$M_k = \frac{\sum x^k f}{\sum f} \tag{4-86}$$

若变量以算术平均数为中心，则称为中心动差。

k 阶中心动差表示为

$$M_k = \frac{\sum (x-\overline{x})^k f}{\sum f} \tag{4-87}$$

若以 M_3 表示三阶中心动差，以 α 表示偏态系数，则偏态系数计算公式如下：

$$\alpha = \frac{M_3}{\sigma^3} = \frac{\sum (x-\overline{x})^3 f}{\sigma^3 \sum f} \tag{4-88}$$

$\alpha > 0$，表示分布数列为右偏态，总体各单位中大于众数的标志值占多数，大于算术平均数的标志值分布的离散程度大；$\alpha = 0$，表示分布数列为右对称分布；$\alpha < 0$，表示左偏态，总体各单位中小于众数的标志值占多数，小于算术平均数的标志值分布的离散程度大。偏态系数的绝对值的大小表示分布的偏斜程度，α 的绝对值大，表示偏度大；α 的绝对值小，表示偏度小。

4.4.2 峰度

1. 峰度的概念

峰度就是次数分布曲线顶端的尖峭程度,用 β 表示。峰度是反映某个分布与正态分布相比尖峭程度的统计指标。峰度有三种形态:正态峰度、尖顶峰度和平顶峰度。当分布数列的次数比较集中于众数位置,次数分布曲线的峰顶较正态分布曲线的峰顶更为隆起时,属于尖顶分布;当分布数列的次数对众数来说比较分散(没有明显的集中趋势),次数分布曲线的峰顶较正态分布曲线的峰顶更为平坦时,属于平顶分布。

2. 峰度的测定方法

以总体各单位标志与其算术平均数的四次方的平均数为基础计算。其计算公式为

$$M_4 = \frac{\sum (x-\bar{x})^4 f}{\sum f} \tag{4-89}$$

$$\beta = \frac{M_4}{\sigma^4} = \frac{\sum (x-\bar{x})^4 f}{\sigma^4 \sum f} \tag{4-90}$$

$\beta = 3$ 时,次数分布曲线为正态曲线;$\beta < 3$ 时,次数分布曲线为平顶曲线,说明总体各单位标志值集中趋势不明显,总体各单位标志值的变异程度大。β 值越小于 3,次数分布曲线顶端越平坦,分布越分散,当 β 接近于 1.8,曲线接近于一条直线,当 β 小于 1.8 时,曲线为 U 形分布;当 β 大于 3 时,次数分布曲线为尖顶曲线,说明总体各单位标志值集中趋势明显,总体各单位标志值的变异程度小。β 值越大于 3,次数分布曲线顶端越尖峭,分布越集中。

例 4-34 根据表 4-4,已知某单位 150 个销售点销售额数据,求其偏度和峰度。

解:先求出其基本数据,如表 4-20 所示。

表 4-20 某单位 150 个销售点销售额偏度和峰度计算基本数据

年销售额/万元	人数/f	组中值/x	$x-\bar{x}$	$(x-\bar{x})^2 f$	$(x-\bar{x})^3 f$	$(x-\bar{x})^4 f$
500 以下	12	250	−1 150	15 870 000	−18 250 500 000	20 988 075 000 000
500~1 000	25	750	−650	10 562 500	−6 865 625 000	4 462 656 250 000
1 000~1 500	45	1 250	−150	1 012 500	−151 875 000	22 781 250 000
1 500~2 000	42	1 750	350	5 145 000	1 800 750 000	630 262 500 000
2 000 以上	26	2 250	850	18 785 000	15 967 250 000	13 572 162 500 000
合计	150			51 375 000	−7 500 000 000	39 675 937 500 000

从以前例题得到 $\bar{x} = 1400$,$M_o = 1434.78$,$\sigma = 585.23$。

(1)算术平均数与众数比较法

$$SK = \frac{\bar{x} - M_o}{\sigma} = \frac{1400 - 1434.78}{585.23} \approx -0.0594$$

（2）动差法

$$\alpha = \frac{M_3}{\sigma^3} = \frac{\sum(x-\bar{x})^3 f}{\sigma^3 \sum f} = \frac{-7\,500\,000\,000}{150 \times 585.23^3} \approx -0.249$$

$$\beta = \frac{M_4}{\sigma^4} = \frac{\sum(x-\bar{x})^4 f}{\sum f \sigma^4} = \frac{39\,675\,937\,500\,000}{150 \times \left(\frac{51\,375\,000}{150}\right)^2} \approx 2.255$$

次数分布曲线为左偏态、平顶曲线。

4.5 案例：某地区水稻产量

4.5.1 案例背景

表4-21 2017年某地区水稻产量资料

亩产/斤	耕地面积/亩
750以下	340
750～800	830
800～850	1 050
850～900	3150
900～950	1 180
950～1 000	1 000
1 000以上	450
合计	8 000

水稻是我国的主要粮食作物之一，优良水稻品种的选育是提升产量的主要途径。2017年某地区水稻产量资料如表4-21所示，为了提高水稻产量，促进农民增收，当地政府选择两种不同的水稻品种，让农民分别在种植条件相同的五块田块上试种，其播种面积和产量资料如表4-22所示。试分析当前水稻产量数据特征，确定哪一个试种品种更具有推广价值及其可能产生的推广价值。

表4-22 2017年某地区试种水稻品种播种面积和产量资料

甲品种			乙品种		
编号	播种面积/亩	产量/斤	编号	播种面积/亩	产量/斤
A1	0.8	880	B1	0.9	630
A2	0.9	837	B2	1.0	1 220
A3	1.0	1 050	B3	1.3	1 170
A4	1.1	1 133	B4	1.3	1 300
A5	1.2	1 200	B5	1.5	1 680
合计	5.0	5 100	合计	6.0	6 000

4.5.2 案例分析

1. 某地区目前水稻产量的数据特征

依据表4-21资料计算得到数据资料如表4-23所示。

表 4-23 2017 年某地区水稻产量算术平均数和方差计算过程

亩产/斤	面积/f	较小值累计	组中值/x	xf	$x-\bar{x}$	$(x-\bar{x})^2$	$(x-\bar{x})^2 f$
750 以下	340	340	725	246 500	−155	24 025	8 168 500
750～800	830	1 170	775	643 250	−105	11 025	9 150 750
800～850	1 050	2 220	825	866 250	−55	3 025	3 176 250
850～900	3 150	5 370	875	2 756 250	−5	25	78 750
900～950	1 180	6 550	925	1 091 500	45	2 025	2 389 500
950～1 000	1 000	7 550	975	975 000	95	9 025	9 025 000
1 000 以上	450	8 000	1 025	461 250	145	21 025	9 461 250
合计	8 000	—	—	7 040 000	—	70 175	41 450 000

$$\bar{x}_{现} = \frac{\sum xf}{\sum f} = \frac{7\,040\,000}{8\,000} = 880(斤)$$

中位数和众数均位于亩产量为 850～900 斤这一组，则

$$M_e = L + \frac{(\sum f/2) - S_{m-1}}{f_m} \times d = 850 + \frac{\frac{8\,000}{2} - 2\,220}{3\,150} \times (900-850) \approx 878.25(斤)$$

$$M_o = L + \frac{f_m - f_{m-1}}{(f_m - f_{m-1}) + (f_m - f_{m+1})} \times d = 850 + \frac{3\,150 - 1\,050}{(3\,150 - 1\,050) + (3\,150 - 1\,180)} \times (900-850) \approx 875.8(斤)$$

$$\sigma_{现} = \sqrt{\frac{\sum(x-\bar{x})^2 f}{\sum f}} = \sqrt{\frac{41\,450\,000}{8\,000}} \approx 71.98(斤)$$

$$V_{\sigma 现} = \frac{\sigma_{现}}{\bar{x}_{现}} \times 100\% = \frac{71.98}{880} \times 100\% \approx 8.18\%$$

$$\alpha = \frac{M_3}{\sigma^3} = \frac{\sum(x-\bar{x})^3 f}{\sigma^3 \sum f} = \frac{-65\,250\,000}{71.98^3 \times 8\,000} \approx -0.022$$

$$\beta = \frac{M_4}{\sigma^4} = \frac{\sum(x-\bar{x})^4 f}{\sum f \sigma^4} = \frac{5.92 \times 10^{11}}{71.98^4 \times 8\,000} \approx 2.76$$

现有种植水稻平均亩产量为 880 斤，算术平均数与中位数和众数数值相当接近，偏度系数仅为−0.022，可以判断水稻亩产量分布接近对称分布；峰度系数为 2.76，小于 3，属于平顶分布，亩产量差异相对较小。

2. 两种试种水稻品种的对比

依据表 4-21 资料计算，结果如表 4-24 所示。

表 4-24 2017 年某地区试种水稻品种亩产量和播种面积

甲品种			乙品种		
编号	亩产量/x	播种面积	编号	亩产量/x	播种面积
A2	930	0.9	B1	700	0.9
A5	1 000	1.2	B3	900	1.3
A4	1 030	1.1	B4	1 000	1.3
A3	1 050	1.0	B5	1 120	1.5
A1	1 100	0.8	B2	1 220	1.0
合计		5.0	合计		6.0

$$\bar{x}_{甲} = \frac{\sum xf}{\sum f} = \frac{\sum M}{\sum f} = \frac{5\,100}{5} = 1\,020 \text{（斤）}$$

$$\bar{x}_{乙} = \frac{\sum xf}{\sum f} = \frac{\sum M}{\sum f} = \frac{6\,000}{6} = 1\,000 \text{（斤）}$$

$$\sigma_{甲} = \sqrt{\frac{\sum(x-\bar{x})^2 f}{\sum f}} =$$

$$\sqrt{\frac{(930-1020)^2 \times 0.9 + (1000-1020)^2 \times 1.2 + (1030-1020)^2 \times 1.1 + (1050-1020)^2 \times 1.0 + (1100-1020)^2 \times 0.8}{0.9+1.2+1.1+1.0+0.8}}$$

$$\approx 23.58 \text{（斤）}$$

$$V_{\sigma甲} = \frac{\sigma_{甲}}{\bar{x}_{甲}} \times 100\% = \frac{23.58}{1\,020} \times 100\% = 2.31\%$$

$$\sigma_{乙} = \sqrt{\frac{\sum(x-\bar{x})^2 f}{\sum f}} =$$

$$\sqrt{\frac{(700-1000)^2 \times 0.9 + (900-1000)^2 \times 1.3 + (1000-1000)^2 \times 1.3 + (1120-1000)^2 \times 1.5 + (1220-1000)^2 \times 1.0}{0.9+1.3+1.3+1.5+1.0}}$$

$$\approx 165.33 \text{（斤）}$$

$$V_{\sigma乙} = \frac{\sigma_{乙}}{\bar{x}_{乙}} \times 100\% = \frac{165.33}{1\,000} \times 100\% \approx 16.53\%$$

$\bar{x}_{甲} > \bar{x}_{乙}, V_{\sigma甲} < V_{\sigma乙}$

甲品种比乙品种更具有推广价值。

同时 $\bar{x}_{甲} > \bar{x}_{现}, V_{\sigma甲} < V_{\sigma现}$，甲品种比目前种植品种更具有推广价值。该地区目前 8 000 亩稻田全部种植甲品种水稻，假定全部稻田亩产量达到试种平均亩产量，可以增产产量＝（1 020－880）×8 000＝1 120 000（斤）＝112（万斤）。

习 题 4

4.1 如何理解权数的意义？在什么情况下，应用简单算术平均数和加权算术平均数计算的结果是一致的？

4.2 简述众数、中位数和算术平均数的特点及应用场合。

4.3 为什么在计算平均指标的基础上还有必要进一步计算变异指标？

4.4 一组数据的分布特征可以从哪几方面进行测度？

4.5 简述异众比率、四分位差、方差或标准差的适用场合。

4.6 什么是变异系数？变异系数的应用条件是什么？

4.7 甲、乙两个企业生产三种产品的单位成本和总成本资料如表 4-25 所示，试比较哪个企业的总平均成本高并分析其原因。

表 4-25 甲、乙两个企业生产三种产品的单位成本和总成本资料　　　　元

产品名称	单位成本	总成本	
		甲企业	乙企业
A	15	2 100	3 255
B	20	3 000	1 500
C	30	1 500	1 500

4.8 企业生产一种产品需顺次经过四个车间，这四个车间的废品率分别 1.5%、2.0%、2.0% 和 1.0%。该企业生产这种产品的平均废品率是多少？

4.9 在某个城市所做的一项抽样调查中发现，在所抽取的 1 000 个家庭中，人均收入 200~300 元的家庭占 24%，300~400 元的家庭占 26%，400~500 元的家庭占 29%，500~600 元的家庭占 10%，600~700 元的家庭占 7%，700 元以上的家庭占 4%。你认为要分析该城市家庭的人均收入状况，用算术平均数、众数和中位数哪一个测度值更好？试说明理由。

4.10 某百货公司 6 月日销售额数据（单位：万元）如下：

257　276　297　252　238　310　240　236　265　278
271　292　261　281　301　274　267　280　291　258
272　284　268　303　273　263　322　249　269　295

要求①计算该百货公司日销售额的算术平均数、众数、中位数和四分位数；②计算日销售额的标准差。

4.11 某企业有两个生产车间，甲车间有 20 名工人，人均日加工产品数为 78 件，标准差为 8 件；乙车间有 30 名工人，人均日加工产品数为 72 件，标准差为 10 件。将两个车间放在一起，计算日加工产品数的算术平均数及标准差。

4.12 一家公司在招收职员时，首先要通过两项能力测试。在 A 项测试中，其平均分数是 100 分，标准差是 15 分；在 B 项测试中，其平均分数是 400 分，标准差是 50 分。一位应试者在 A 项测试中得了 115 分，在 B 项测试中得了 425 分。与平均分数相比，

该位应试者哪一项测试更为理想？

4.13 已知某地区农民家庭按年人均收入分组的资料如表 4-26 所示，要求：计算该地区平均每户人均收入的中位数、算术平均数、标准差和标准差系数。

表 4-26 某地区农民家庭人均收入

按人均收入分组/元	家庭户数占总户数比重/%
100 以下	2.3
100～200	13.7
200～300	19.7
300～400	15.2
400～500	15.1
500～600	20.0
600 以上	14.0
合计	100

4.14 一种产品需要人工组装，现有三种可供选择的组装方法 A、B、C。为检验哪种方法更好，随机抽取 15 个工人，让他们分别用三种方法组装。15 个工人分别用三种方法在相同的时间内组装的产品数量数据如表 4-27 所示。

表 4-27 15 个工人分别用三种方法在相同的时间内组装的产品数量数据　　个

A	164	167	168	165	170	165	164	168	164	162	163	166	167	166	165
B	129	130	129	130	131	130	129	127	128	128	127	128	128	125	132
C	125	126	126	127	126	128	127	126	127	127	125	126	116	126	125

要求：①你准备采用什么方法来评价组装方法的优劣？②如果让你选择一种方法，你会作出怎样的选择？试说明理由。

4.15 对某企业 130 个营销人员按销售额进行分组，结果如表 4-28 所示。

表 4-28 对某企业 130 个营销人员按销售额分组

按销售额分组/万元	营销人员数/人
200 以下	10
200～400	19
400～600	30
600～800	42
800～1 000	18
1 000 以上	11
合计	130

要求：①计算 130 个营销人员销售额的众数、中位数、四分位数和算术平均数；②计算销售额的异众比率、四分位差和标准差；③计算销售额分布的偏态系数和峰度系数。

第5章

抽样分布与参数估计

灯管的寿命

某公司生产一种新型节能环保的灯管,公司对该灯管质量有信心。但由于公司知名度不高、消费者对其产品不了解,产品的销售情况一直不理想。公司总经理想做一个大胆的尝试,对消费者承诺该灯管寿命不低于 n 小时,否则无条件更换。请问:如果保证 95%的概率该灯管寿命不低于 n 小时,n 等于多少呢?

5.1 抽样与抽样分布

5.1.1 几个基本概念

1. 目标总体与抽样总体

总体(population)是指所要调查研究对象的全体,它是由许多具有某种相同性质的个体单位组成的。总体中所包含的单位数用 N 表示。如果要调查某一车间的产品合格率,则该车间生产的产品的数量为 N。总体各个单位的标志值用 $X_1,X_2,\cdots,X_n$ 表示。

在统计推断中,总体又分为目标总体和抽样总体。目标总体是统计推断所要估计的总体;而被抽样总体是直接从中抽取样本单位的总体。两者有时是一致的,有时是不一致的。例如,对某个电视机厂的待出厂电视机进行质量检验,目标总体和被抽样总体都是待出厂电视机的全部;而对某种商品在全国市场上的销售情况进行研究,目标总体是在全国市场销售该种商品的全部,被抽样总体只能在指定地点和时间条件下销售该种商品,目标总体和被抽样总体是不一致的。

2. 样本容量与样本个数

样本容量是样本中所包含的单位数,一般用 n 表示,当 $n>30$ 时称为大样本,当 $n \leqslant 30$ 时称为小样本。在某些情况下,样本容量不同,其抽样分布也不同。样本个数是指从总体中可能抽取的样本数目,又称样本可能数目。样本个数的多少与样本容量、抽样方法和抽样组织方式等因素有关。

3. 重复抽样与不重复抽样

1）重复抽样

重复抽样也称有放回抽样。设从总体单位数为 N 的总体中随机抽取一个样本容量为 n 的样本，每次抽取一个总体单位，经调查记录以后将该单位重新放回总体。重复抽样中每次抽取的样本单位都是在完全相同的条件下进行的，每个单位被抽中的概率均为 $1/N$。

2）不重复抽样

不重复抽样也称不放回抽样，即每次从总体中抽取一个单位，经调查记录后不再将其放回总体。由于每抽一个单位，总体单位就减少一个，因此，每个单位被抽中的概率不同。例如，总体单位数为 N，则第一个单位被抽中的概率为 $1/N$，第二个单位被抽中的概率为 $1/(N-1)$。

很明显，在样本容量相同的情况下，重复抽样的样本个数多于不重复抽样的样本个数，而不重复抽样的样本代表性高于重复抽样的样本。

4. 总体参数与样本统计量

总体参数就是表示总体数量特征的指标。设总体单位数为 N，总体各单位标志值为 X，有以下总体参数：

（1）总体均值

$$\overline{X} = \frac{1}{N}\sum_{i=1}^{N} X_i \tag{5-1}$$

（2）总体方差

$$\sigma^2 = \frac{1}{N}\sum_{i=1}^{N}(X_i - \overline{X})^2 \tag{5-2}$$

如果总体单位数 N 中具有某种性质的单位数为 N_1，不具有这一性质的单位数为 N_0，则有

（1）总体比例

$$p = \frac{N_1}{N} \tag{5-3}$$

（2）总体比例方差

$$\sigma_P^2 = p(1-p) \tag{5-4}$$

对于某一具体问题来说，总体是唯一确定的，因此总体参数也是确定的。但总体参数通常是未知的，抽样调查的目的就是通过对样本的研究来推断总体参数，以达到对总体的认识。

样本统计量就是描述样本数量特征的指标。设样本容量为 n，样本各单位的标准值为 $X_i(i=1,2,\cdots,n)$。另外，在 n 中具有某种性质的单位数为 n_1，不具有这一性质的单位数为 n_0，则有以下样本统计量。

（1）样本均值

$$\overline{X} = \frac{1}{n}\sum_{i=1}^{n} X_i \tag{5-5}$$

（2）样本方差

$$S^2 = \frac{1}{n-1}\sum_{i=1}^{n}(X_i - \overline{X})^2 \tag{5-6}$$

（3）样本比例

$$\overline{p} = \frac{n_1}{n} \tag{5-7}$$

（4）样本比例方差

$$S^2 = \frac{p(1-p)}{n} \tag{5-8}$$

5.1.2 常用抽样方法

1. 抽样法的含义及其特点

1）抽样法的含义

抽样法，就是在一定条件下从统计总体中抽取一部分单位加以研究，用以推断总体，达到对总体认识的一种统计方法。抽样统计方法是现代统计学的重要组成部分，它既是统计调查的方法又是统计分析的方法，二者有机结合形成了一种崭新的认识方法，在社会的各个领域都得到了广泛的应用。在社会经济领域，产品合格率、产品市场调查等，都需要抽样方法。

2）随机抽样与非随机抽样

从总体中抽取样本的方法有两种：一种是随机抽样，也叫概率抽样，即按随机原则从研究对象中抽取部分单位进行实际调查，并依据样本原则对总体数量特征作出具有一定可靠程度的估计判断，从而达到对总体的认识。随机抽样的特点是总体中的任何单位都有被抽作样本的均等机会。另一种是非随机抽样，也叫鉴别抽样，即抽样人根据自己对事物的了解，从总体中有目的地抽取一些单位作为样本。显然，鉴别抽样所抽取的样本，与抽样人对于总体的了解是密切相关的。一般地说，鉴别抽样能够取得较满意的结果，但是却不能像随机抽样那样进行必要的统计分析，无法对它的有效性作出估计。本章所讨论的抽样方法指的是随机抽样。

3）随机抽样方法的特点

随机抽样方法具有以下基本特点。

（1）随机抽样遵循随机原则抽取样本。所谓随机原则，表现在抽取样本时必须保证总体中每个单位的选中与否不受任何主观因素的影响，而完全由随机因素来决定；同时还要保证每个单位被选中的机会均等。遵循随机原则的目的是使所抽取的样本保持与总体相似的结构，保证样本的代表性。随机原则是抽样推理的基础。

（2）随机抽样是由部分推断整体的一种研究方法。抽样调查是一种非全面调查，但它不同于其他非全面调查。其他非全面调查不能从数量上推断总体，而抽样法以概率论为理论依据，抽取足够的样本单位，使样本统计量成为总体参数的较好估计，从而达到对总体数量特征的认识。

（3）随机抽样可以对抽样误差进行控制。利用样本数据推算总体数量特征会产生抽样误差，但是利用概率理论可以事先计算抽样误差，并可以根据问题的需要将误差控制在一定的范围之内，以保证抽样推断有适当的准确度。

2. 抽样误差

抽样误差是指样本统计量和总体相应参数之间的差距。抽样误差大致可分为非统计抽样误差和统计抽样误差。

非统计抽样误差是指在调查登记过程中发生的误差，是由于主观因素破坏了随机原则而产生的系统性偏差。在全面调查和抽样调查中，都存在登记性误差，系统性偏差也由人为因素所致。因此，非统计抽样误差往往与调查员的训练水平和工作态度有关，通过努力是可以避免的。

统计抽样误差仅仅是指由于抽样的随机性带来的偶然的代表性误差，不包括登记性误差和不遵守随机原则造成的误差。总的来说，统计抽样误差是进行抽样调查所固有的误差，由于从总体中按随机原则抽取样本，其结构不可能与总体完全一致，因而样本平均数或比例与总体平均数或比例之间必然会产生误差。统计抽样误差是随机性质的误差，根据抽样结果而作出的判断就有脱离实际而遭受一定损失的风险。但是，一般来说，统计抽样误差同样受到大数定理的支配，因此，我们可以运用概率统计的理论和方法把误差控制到最小的限度，从而对总体参数作出科学的推断或估计。

3. 常用的抽样方法

社会经济现象的复杂性和广泛性决定了直接从总体中抽取样本单位是有困难的，往往是在对总体进行一定数据处理的基础上再抽取样本单位。这样就产生了不同的抽样组织方式，常用的抽样方法有简单随机抽样、类型抽样、等距抽样、整群抽样以及阶段抽样等。

1）简单随机抽样

简单随机抽样也称纯随机抽样，是按随机抽样原则直接从总体中抽取 n 个单位作为样本，并利用样本指标对总体相应指标进行统计推断的一种抽样方法。它的抽样组织原则是，在抽取样本时必须保证每个可能样本被抽到的概率是相等的，并且总体中每一个单位被包括在样本中的可能性是相等的。简单随机抽样是最简单而又最基本的抽样组织方式，适用于总体单位数比较少的均匀总体，而由大量的复杂的现象构造成的总体，一般不宜直接采用这种抽样方法。

简单随机抽样，首先要将总体各个单位进行编码，然后按随机原则抽取若干数码，所有选中数码对应的单位即构成样本，样本单位的抽取具体有以下两种方法。

（1）抽签法。当给总体各单位编号后，把号码写在结构均匀的签上，将签混合均匀后即可从中抽签。采用这种方法简便易行，然而对较大的总体来说，编号做签工作量大，且混合均匀有困难，因此，这种方法有一定的局限性。

(2) 随机数字法。随机数字法可以借助于计算机获得，也可以应用随机数表，其中随机数表方法应用较为普遍。随机数表中的数字是按完全随机的方法产生的，从 0 到 9 中的任一个数字出现的概率，与其他数字出现的概率是完全相同的。表中任何一组数字出现的概率与其他组数字出现的概率也是完全相同的。

简单随机抽样方法适用于均匀总体，即具有某种特征的单位均匀地分布于总体的各个部分。由于这种方法要求对总体各个单位编号，因此，不适用于总体单位数过多的情况。

2) 类型抽样

类型抽样又称分类抽样或分层抽样，它不是直接从总体中抽取样本，而是先把总体按一定标志划分成若干个性质相近的类或组，然后再按随机原则从各类别中抽选一定的单位组成样本。

设总体由 N 个单位构成，将其分为 K 组，各类单位数分别为 $N_1, N_2, \cdots, N_k$，且 $\sum_{i=1}^{k} N_i = N$，然后从每类的 N_i 个单位中随机抽取 n_i 个单位构成容量为 n 的样本，即 $\sum_{i=1}^{k} n_i = n$，这种抽样组织方式为类型抽样。总体中的每一类都可以看作一个子总体，每一个子总体都有各自的均值 $X_1, X_2, \cdots, X_k$ 和方差。

类型抽样的特点是：首先，通过可以利用的资料事先对总体有一定的认识，选择影响抽样结果的主要因素作为分类标志；其次，由于总体是按主要影响因素分类的，因此，各类型内单位标志值的差异相对较小，这样各类的样本就能较好地代表本类总体的情况；最后，由于总体各类都有抽取样本单位的机会，且各类的样本又能较客观地反映本类情况，因此，整个样本对总体的代表性也好。所以，当总体各单位标志值差异较大时，选用类型抽样比使用简单随机抽样可以减少抽样误差，从而得到有效的结果。

从各类型中抽取单位的方法有两种。一种是按各类型在总体中所占的比重，把样本所要求的抽样单位数目在各类型之间进行分配，在各类型中按所分配的数目随机地抽取单位，所抽到的全部单位构成一个样本，计算其特征，作为总体的一个代表性样本的特征。另一种是在各类型中随机抽取相同数量的单位，每一类型抽得一个子样本，计算其特征，然后把各子样本的特征，按各类型在总体中的比重予以加权，就得到总体的一个代表性样本的特征。

如果总体中各单位的性质差别很大，或所获得的有关资料是分组资料，采用类型抽样是合适的。与其他抽样方法相比，由于它考虑到总体中各类型之间的差别，所以这种抽样能够更准确地反映总体的特征。

例 5-1 设某街道共有居民 708 人，分为国有企业职工、私营企业职工和个体户及其他三种类型（表 5-1）。用不放回抽样的方法，按 25%等比例抽样样本户，调查其平均收入。

表 5-1　某街道居民情况

居民类型	总户数 n_i	抽样户 n	每户平均收入 $\bar{x}_i$	收入标准差
国有企业职工	520	130	800	30.8
私营企业职工	140	35	620	20.6
个体户及其他	48	12	450	26.4
合计	708	177	740.68	—

根据此表资料估计全区每人平均收入和总收入，并计算某抽样方差和平均误差。

解：全样本平均数

$$\bar{x} = \frac{\sum_{i=1}^{k}\bar{x}_i n_i}{\sum_{i=1}^{k}n_i} = \frac{130\times 800 + 35\times 620 + 12\times 450}{177} \approx 740.68 \text{（元）}$$

层内方差平均数

$$\bar{\sigma}^2 = \frac{\sigma_i^2 n_i}{n} = \frac{30.8^2 \times 130 + 20.6^2 \times 35 + 26.4^2 \times 12}{177} \approx 827.91 \text{（元）}$$

全样本平均数的抽样方差（在不放回抽样时）

$$\sigma_{\bar{x}}^2 = \frac{\bar{\sigma}^2}{n}\left(1 - \frac{n}{N}\right) = \frac{827.91}{177}\times\left(1 - \frac{177}{708}\right) \approx 3.508\ 1 \text{（元）}$$

现假定从概率 95%（$t=1.96$）估计全区每户平均收入和总收入的可信区间。

平均收入为 $\bar{x} \pm t\sigma_{\bar{x}} = 740.68 \pm 1.96\times 1.87 \approx 740.68 \pm 3.67$，即我们有 95%的把握推断全街道每户平均收入在 737.01 元至 744.35 元之间。

总收入 $N\bar{x} \pm tN\sigma_{\bar{x}} = 708\times 740.68 \pm 1.96\times 708\times 1.87 \approx 524.40 \pm 2.59$（千元），即我们有 95%的把握推断全区每户总收入在 521.81 千元至 526.99 千元之间。

3）等距抽样

等距抽样也称机械抽样或系统抽样，它是将总体全部单位按某一标志排队，然后按固定顺序和间隔抽取样本的一种方法。设总体有 N 个单位，现需抽取容量为 n 的样本，其具体的做法是：将总体 N 个单位按一定的标志排队，然后将其分成 n 个相等的部分，即每个部分均包含 k 个单位。自第一部分的 k 个单位中随机抽取第 r 个单位，作为这一部分的样本单位，自第二部分中与 r 间隔 k 个单位处抽取样本作为第二部分的样本，然后依次往下抽，每个单位与上一个单位的间隔均为 k。各部分抽完后即得到 n 个样本单位。例如，某街道一居委会有 3 000 户人家，现在准备抽取 50 户调查其每月家庭收入情况，则可先将这 3 000 户人家按某一与研究目的无直接关系的标志（如门牌号或姓名笔画等）进行编号排队，从第 1 号排至第 3 000 号，计算出抽取的间隔数 $k = \frac{N}{n} = \frac{3\ 000}{50} = 60$。

若在第一间隔段 1 号至 60 号间随机抽得样本单位的编号为 18，即作为第一个样本单位，以后每隔 60 号抽取一个单位，直至抽满 50 户。等距抽样可用图 5-1 来描述。

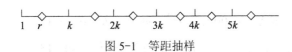

图 5-1 等距抽样

按照排序时所选择的标志与所研究的问题是否有关,等距抽样分为无关标志排序抽样和有关标志排序抽样。

(1) 无关标志排序,即采用与调查项目没有直接关系的标志排序。例如,研究员工的工资情况按姓氏排序,调查家庭收支情况按户口册编号排序。无关标志排序等距抽样实际上近似于简单随机抽样,所以其参数估计可以参考简单随机抽样。

(2) 有关标志排序,即采用与调查问题有关的标志排序。例如,研究居民的消费情况按家庭收入情况排序,调查产品的销售量按前几年的销售情况排序。这实际上是一种特殊的分类抽样,是分类更细(把总体分成 n 类)、各类包含的单位数相同(k 个),且每类只抽一个单位的分类抽样。所以,有关标志排序等距抽样的抽样分布的标准差可以参考分类抽样来计算。

等距抽样法的最大特点是组织简便、易于实施,只要确定了抽样间距离和起点,整个样本的所抽单位就都确定了。其次,当按有关标志排队时,能保证样本在单位中均匀地分布,所抽样本对总体代表性好,利于降低抽样误差。然而,等距抽样法也有其不足之处,即样本各单位只有第一个单位是随机抽选的,而其余单位均是按固定间隔依次抽取的。这样,若第一个样本抽取不当,将易产生系统误差。如抽样间隔恰好与样本本身的周期吻合时,容易产生系统误差。

4) 整群抽样

整群抽样,就是先将总体各单位划分成若干群,然后以群为单位从中随机抽取部分群,并对所抽中的群内所有单位进行全面调查。整群抽样时群的划分必须满足两个条件:一是群与群之间没有单位重叠;二是总体中的每一个单位都必须属于整个群,即使总体单位无遗漏。一般来说,群的划分是自然形成的,如学校、企业等自然群;也有人为划分的,如产品以箱为群、生产线上以每 10 分钟为一群等。

整群抽样法的主要特点有以下两个。

(1) 抽样效率高。整群抽样是以群为单位来抽取样本单位组成样本的,而不是逐个单位地抽取,这与前两种抽样方式明显不同,这是一种高效率抽样方式。它不仅效率高,而且由于样本单位较集中,调查费用也比较低、时间也比较短。

(2) 样本的代表性不是很好。由于样本单位相对集中,使得样本单位在总体中分布不是很均匀。所以在样本容量相同的情况下整群抽样比其他几种抽样方式的误差要大。为了减小误差,实际工作中整群抽样的样本容量一般比其他抽样方式确定的大一些。在实践中往往利用整群抽样组织方便的特点,适当抽取相对多一点儿的单位进行调查,以减少抽样误差。在实际工作中,整群抽样方法应用范围很广,如人口调查、产品质量检验、产品销售情况调查等都常使用这种方法。

例 5-2 某企业生产某种零件,在连续生产 30 天中,每隔 2 天抽取全部产品加以检查。根据抽样资料计算结果,该零件平均使用寿命为 1 000 天,群间方差为 90 天。计算样本平均数的抽样方差,并以 95%的可靠程度推断该批零件的平均使用寿命。

解：由题意，可得 $\overline{X}=1\,000$ 天，$\sigma^2=90$ 天，$R=30$，$r=15$。

全样本平均数的抽样方差 $\sigma_{\overline{x}}^2=\dfrac{\sigma^2}{r}\left(\dfrac{R-r}{R-1}\right)=\dfrac{90^2}{15}\times\left(\dfrac{30-15}{30-1}\right)\approx 3.103\,4$（天）

以95%的概率估计该批零件的平均使用寿命为 $1\,000\pm 1.96\sqrt{3.103\,4}=1\,000\pm 3.453$，即该批零件的平均使用寿命在996.547天至1 003.453天之间。

5）阶段抽样

前面所讨论的调查抽样方法是从总体中一次直接抽取所需要的全部调查单位，即只有一个抽样步骤，故叫作单阶段抽样。单阶段抽样的程序简单，抽样误差也容易计算。然而在组织大规模社会经济调查时，由于总体很大且单位分散，往往不是一个阶段所能完成的，所以必须采取两阶段或多阶段的抽样方法。

所谓两阶段或多阶段抽样，就是把抽取单位样本的过程分为两步或两步以上来进行。例如，对某个城市的居民进行家庭收入调查，一般至少分两阶段来进行。第一步，从全市的所有街区中抽取若干街区；第二步，自每个抽中的街区再抽取若干居民户，用所有抽中的居民组成样本。这里抽取样本单位有两个步骤，就叫作两阶段抽样。

例5-3 某地区共有300户居民，分成10群，每群包括30户，现欲调查居民的收入水平。采用两阶段抽样，先以群为第一阶段抽取单位，从10群中抽取6群；然后以住户为第二阶段抽取单位，从抽中的群体中每群抽取2户，调查其平均收入。先计算两阶段样本平均数的抽样方差，并以95%的可靠程度推断该地区居民的每户平均收入。表5-2描述计算结果。

表5-2 两阶段抽样结果表

群别	每户平均收入 x_i	样本平均数 y_i	离差 $x_i-\overline{x}_i$	离差平方 $(x_i-\overline{x}_i)^2$
1	300 330	315	−15 +15	225 225
2	330 340	335	−5 +5	25 25
3	370 390	380	−10 +10	100 100
4	418 434	426	−8 +8	64 64
5	462 484	473	−11 +11	121 121
6	507 525	516	−9 +9	81 81
合计		407.5		

全样本平均数

$$\overline{x}=\dfrac{\sum\limits_{i=1}^{r}\overline{x}_i}{r}=\dfrac{315+335+380+426+473+516}{6}=407.5\text{（元）}$$

各群内方差

$$\sigma_1^2 = \frac{225+225}{2} = 225, \quad \sigma_2^2 = \frac{25+25}{2} = 25$$

$$\sigma_3^2 = \frac{100+100}{2} = 100, \quad \sigma_4^2 = \frac{64+64}{2} = 64$$

$$\sigma_5^2 = \frac{121+121}{2} = 121, \quad \sigma_6^2 = \frac{81+81}{2} = 81$$

各群群内方差平均数

$$\overline{\sigma} = \frac{1}{r}\sum_{i=1}^{r}\sigma_i^2 = \frac{1}{6} \times (225+25+100+64+121+81) \approx 102.67（元）$$

各群群间方差

$$\delta_{\bar{x}}^2 = \frac{\sum_{i=1}^{r}(\bar{x}_i - \bar{x})^2}{r}$$

$$= \frac{(315-407.5)^2+(335-407.5)^2+(380-407.5)^2+(426-407.5)^2+(473-407.5)^2+(516-407.5)^2}{6}$$

$$\approx 5\,162.35$$

两阶段抽样的样本平均数的抽样方差为

$$\sigma_{\bar{x}}^2 = \frac{\delta_{\bar{x}}^2}{r} \cdot \left(\frac{R-r}{R-1}\right) + \frac{\overline{\sigma}^2}{n}\left(\frac{M-m}{M-1}\right) = \frac{5\,162.5}{6} \times \left(\frac{10-6}{10-1}\right) + \frac{102.67}{12} \times \left(\frac{30-2}{30-1}\right) \approx 390.65（元）$$

现以 95%的把握程度推断该区居民每户平均收入为

$$\overline{X} \pm 1.96\sigma_{\bar{x}} = 407.5 \pm 1.96\sqrt{390.65} = 407.5 \pm 1.96 \times 19.765 \approx 407.5 \pm 38.74$$

即在 368.76 元至 446.24 元之间。

5.1.3 抽样分布

1. 重复抽样分布

从总体中抽出样本 $X_1, X_2, \cdots, X_n$，作为总体 X 的样本的函数 $g(X_1, X_2, \cdots, X_n)$ 称为样本统计量。前面介绍的样本均值 $\overline{X}$，样本方差 S^2 都是统计量。由于是随机变量 $X_1, X_2, \cdots, X_n$ 可以看作 n 个独立的与总体同分布的随机变量。因此统计量 $g(X_1, X_2, \cdots, X_n)$ 也是随机变量。统计量的分布称为抽样分布。

1）样本平均数的抽样分布

设总体 X 的均值为 $E(X) = \mu$，方差 $D(X) = \sigma^2$，$X_1, X_2, \cdots, X_n$ 是总体 X 的样本（采取重复抽样）。样本平均数 $\overline{X} = \frac{1}{n}\sum_{i=1}^{n}X_i$，则可以推出样本平均数的均值和方差是

$$E(\overline{X}) = \mu \tag{5-9}$$

$$D(\bar{X}) = \frac{1}{n}\sigma^2 \tag{5-10}$$

因 $D(\bar{X}) = \frac{1}{n}\sigma^2$，故 $\bar{X}$ 抽样分布的标准差为 $\frac{\sigma}{\sqrt{n}}$。即样本均值 $\bar{X}$ 的抽样分布的均值和方差分别是 $E(\bar{X}) = \mu$ 和 $D(\bar{X}) = \frac{\sigma^2}{n}$。

2）样本比例的抽样分布

由前面内容知总体比例 $p = \frac{N_1}{N}$，样本比例 $\bar{p} = \frac{n_1}{n}$，样本比例随着样本的不同而变动，因此样本比例 $\bar{p}$ 是个随机变量。采用重复抽样方式可以证明：

$$E(\bar{p}) = p \tag{5-11}$$

$$D(\bar{p}) = \frac{1}{n}p(1-p) \tag{5-12}$$

2. 不重复抽样分布

1）样本平均数的抽样分布

采用重复抽样时 $E(\bar{X}) = \mu$，$D(\bar{X}) = \frac{\sigma^2}{n}$。当采用不重复抽样时，需要对 $\bar{X}$ 的方差进行修正，乘以一个修正系数 $\frac{N-n}{N-1}$。

即采用不重复抽样时，样本均值和方差分别为

$$E(\bar{X}) = \mu \tag{5-13}$$

$$D(\bar{X}) = \frac{\sigma^2}{n} \cdot \frac{N-n}{N-1} \tag{5-14}$$

2）样本比例的抽样分布

采用不重复抽样时，样本比例的均值和方差分别为

$$E(\bar{p}) = p \tag{5-15}$$

$$D(\bar{p}) = \frac{1}{n}p(1-p)\frac{N-n}{N-1} \tag{5-16}$$

由上面的介绍我们发现，不重复抽样的方差比重复抽样的方差多了一个修正系数 $\frac{N-n}{N-1}$，由于 $\frac{N-n}{N-1}$ 介于 0 和 1 之间，因此不重复抽样比重复抽样平均误差小，当 N 远大于 n 时，修正系数近似等于 1。因此修正与否对平均误差几乎没有影响，这时可以不考虑抽样方式的差异，将不重复抽样按重复抽样处理。在后面的介绍中，如果没有作特别说明，我们都按重复抽样处理。

5.1.4 几种与正态分布有关的分布

1. χ^2 分布

1) χ^2 分布的含义

χ^2 分布是海尔墨特（Hermet）和卡尔·皮尔生（K.Pearson）分别于 1875 年和 1890 年导出的。它主要用于对最优拟合优度检验和独立性检验，以及对总体方差的估计和检验等。

n 个服从正态分布（均值为 0，方差为 1）的独立随机变量的平方和服从自由度为 n 的 χ^2 分布。设 $X_1, X_2, \cdots, X_n$ 是来自总体 $N(0,1)$ 的样本，则称统计量

$$X^2 = X_1^2 + X_2^2 + \cdots + X_n^2 \tag{5-17}$$

服从自由度为 n 的 χ^2 分布，记为 $X^2 \sim \chi^2(n)$，令 $y=X^2$，χ^2 分布的图形如图 5-2 所示。

对于给定的 $\alpha(0<\alpha<1)$ 称满足条件 $p\{\chi^2 > \chi_\alpha^2(n)\} = \alpha$ 的点 $\chi_\alpha^2(n)$ 为 $\chi^2(n)$ 分布的上 α 分位点。

2) χ^2 分布的性质和特点

（1）χ^2 分布是一个以自由度为 n 参数的分布族。自由度 n 决定了 χ^2 分布的形状，对于不同的 n，有不同的 χ^2 分布，如图 5-3 所示。

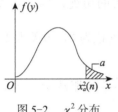

图 5-2 χ^2 分布

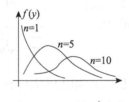

图 5-3 不同的 χ^2 分布

（2）χ^2 分布是一种非对称分布。χ^2 分布是一种非对称分布，这一点与正态分布不同，但是 χ^2 分布的这种非对称分布一般为正偏分布。当自由度 n 达到相当大的时候，χ^2 分布就接近于正态分布。

（3）χ^2 分布变量值始终为正。

（4）$\chi_1^2 \sim \chi_1^2(n_1)$，$\chi_2^2 \sim \chi_2^2(n_2)$，如果 χ_1^2, χ_2^2 相互独立，则有 $\chi_1^2 + \chi_2^2 \sim \chi^2(n_1+n_2)$。

可以证明 χ^2 分布的均值为 n，方差为 $2n$。

2. t 分布

1) t 分布的含义

t 分布的早期理论工作，是英国统计学家威廉·西利·戈赛特（Willam Sealy Gosset）

在1900年进行的。在统计学中，有时假设随机变量的方差是已知的。当方差未知时，我们如何进行假设检验呢？答案是依赖 t 分布。

设 $X \sim N(0,1), Z \sim \chi^2(n)$ 并且 X、Z 独立，则随机变量 $t = \dfrac{X}{\sqrt{Z/n}}$ 服从自由度为 n 的 t 分布。记为 $t \sim t(n)$。

2）t 分布的性质

t 分布的性质有以下几点。

（1）t 分布是对称分布，且均值为 0。这一点与标准正态分布完全相同。

（2）当样本容量 n 较小时，t 分布的方差大于 1；当 n 增大到大于或等于 30 时，t 分布的方差就趋近于 1，t 分布也就渐进于标准正态分布，这时可用标准正态分布来代替 t 分布。可见样本容量的大小是 t 分布和标准正态分布相区别的重要条件之一。当样本容量足够大时，用 S^2 来代替 σ^2 就具有较好的可靠性。

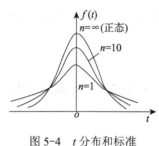

图 5-4　t 分布和标准正态分布的比较

（3）t 分布是一个分布族，对于不同的样本容量都对应着不同的分布，且均为 0。

（4）与标准正态分布相比，t 分布的中心部分较低，两个尾部较高。

（5）变量 t 的取值范围在 $-\infty$ 和 $+\infty$ 之间。

t 分布和标准正态分布的比较如图 5-4 所示。

为了说明 t 分布的用处，回忆对 $\overline{X}$ 标准化后得到 $\dfrac{(\overline{X} - \mu_x)}{\sigma_x / \sqrt{n}}$，它是一个均值为 0，方差为 1 的正态分布。但如果 σ_x 未知，我们必须用 S_x^2 来代替 σ_x^2，由于 $\dfrac{(n-1)S_x^2}{\sigma_x^2}$ 服从 χ^2 分布，且 $\dfrac{(\overline{X} - \mu_x)}{\sigma_x / \sqrt{n}}$ 是标准正态分布，由 t 分布的定义可知 $\dfrac{\dfrac{(\overline{X} - \mu_x)}{\sigma_x / \sqrt{n}}}{\sqrt{S_x^2 / \sigma_x^2}}$ 服从 t 分布。因此，t 分布可以用来在方差未知的情况下检验随机变量的均值是否等于某一特定值。

3）自由度

不同的样本容量有不同的 t 分布。用统计术语可表述为：对每一个可能的自由度，都有一个不同的 t 分布。自由度是指可以自由选择的数值的个数。例如，假设有 4 个数，它们的和是 30。此时，有 3 个数可以自由取值，如取 5、8、10，但第 4 个数不能自由地取值，而必须是 7，这样才能满足 4 个数之和为 30 的要求。因此，总和为 30 就是一个限制条件，在这一条件下，可以自由选取的变量数是 4 − 1 = 3。可以统一推理，在样本容量为 10 的一个样本中，可以有 9 个自由度，即如果样本容量为 n，自由度就是 $n − 1$。

3. F 分布

1) F 分布的含义

F 分布是以统计学家 R.A.Fisher 姓氏的第一个字母命名的。F 分布的定义为：设 $U \sim \chi^2(n_1), V \sim \chi^2(n_2)$，且 U、V 相互独立，则随机变量 $F = \dfrac{U/n_1}{V/n_2}$ 服从自由度为 (n_1, n_2) 的 F 分布，记为 $F(n_1, n_2)$。对于给定的 α，称满足 $P\{F > F_\alpha(n_1, n_2)\} = \alpha$ 的数 $F_\alpha(n_1, n_2)$ 为 F 分布的上 α 位分位点（图 5-5）。

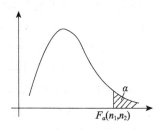

图 5-5 F 分布的上 α 位分位点

2) F 分布的性质

（1）F 分布是非对称分布。

（2）若 $F \sim F(n_1, n_2)$，则 $\dfrac{1}{F} \sim F(n_1, n_2)$。

（3）若 $T = \dfrac{Z}{\sqrt{\dfrac{X^2}{n}}} \sim t(n)$，则 $T^2 \sim F(1, n)$。

5.1.5 正态总体的常用统计量分布

设 $X_1, X_2, X_3, \cdots, X_n$ 是取自总体 $N(\mu, \sigma^2)$ 的样本，则

$$\overline{X} \sim N\left(\mu, \dfrac{\sigma^2}{n}\right) \tag{5-18}$$

$$\dfrac{(\overline{X} - \mu)\sqrt{n}}{\sigma} \sim N(0,1) \tag{5-19}$$

$$\dfrac{(n-1)S^2}{\sigma^2} \sim \chi^2(n-1) \tag{5-20}$$

$$\dfrac{\overline{X} - \mu}{S/\sqrt{n}} \sim t(n-1) \tag{5-21}$$

其中 $\overline{X} = \dfrac{1}{n}\sum_{i=1}^{n} X_i$，$S^2 = \dfrac{1}{n-1}\sum_{i=1}^{n}(X_i - \overline{X})^2$。

5.2 参数估计的含义与类型

5.2.1 参数估计的含义

在生产实践和科学研究中，我们经常需要研究一些总体中的某一数量指标。根据长期的实践经验，我们在实际中碰到的问题有总体分布函数已知，而其中的若干参数未知；

或者总体的分布函数类型未知，而所关心的又是总体中某些数字特征。例如，我国职工收入 X 服从正态分布 $[N(\mu, \sigma^2)]$，但参数 μ，σ^2 未知，需要估计 μ，σ^2 的值。又如，某工厂生产的日光灯寿命 X 的分布函数类型未知，但我们只关心灯泡的平均使用寿命和寿命的波动情况，即需要估计 X 的均值和方差。诸如此类问题都需要从总体中抽出样本，然后利用样本观测值给出总体参数的估计值，这些就是总体参数的估计问题。

所谓参数估计，就是用样本统计量的值估计总体参数的估计值，也就是给定一个统计量，将样本观测值代入，算出统计量的值，然后用这个统计量的值去估计总体参数的值。通常把用于估计总体参数的样本统计量称为估计量。如样本平均数 $\overline{X}$ 可作为总体平均数 μ 的一个估计量。

5.2.2 参数估计的类型

参数估计按可能给出结果的方式来分类，可分为点估计和区间估计两种类型。简单地说，用一个数值来估计某个待估参数，这类问题称为参数的点估计；用一个范围区间来估计总体的待估参数，使待估参数以较大的概率含于其内，称为参数的区间估计。

1. 点估计

借助于总体 X 的一个样本来估计总体未知参数的值的问题称为参数的点估计。例如，要估计某城市中家庭拥有空调的比例，于是从某城市所有家庭中抽出 500 个家庭，以这 500 个家庭为样本估计出该市拥有空调的家庭所占比例为 90%，90% 就是某城市中家庭拥有空调的比例的点估计值。

点估计问题的一般提法如下：设 θ 为总体 X 的待估计的参数，用样本 $(X_1, X_2, \cdots, X_n)$ 的一个统计量 $\hat{\theta} = \hat{\theta}(X_1, X_2, \cdots X_n)$ 来估计 θ，则积 $\hat{\theta}$ 为 θ 的估计量，对应于样本的一次观测值 $(x_1, x_2, \cdots, x_n)$，估计量 $\hat{\theta}$ 的值 $\hat{\theta}(x_1, x_2, \cdots, x_n)$ 称为 θ 的估计值。

需要说明的是，对于未知参数 θ 的估计量 $\hat{\theta} = \hat{\theta}(X_1, X_2, \cdots, X_n)$，因为 $X_1, X_2, \cdots, X_n$ 是随机变量，所以 $\hat{\theta}$ 也是随机变量。而一个估计值对应于样本的一次观测值 $(x_1, x_2, \cdots, x_n)$ 是一个具体的数值，对应于样本的不同观测值，估计值一般是不同的。在不至于引起混淆的情况下，我们把估计量和估计值都称为估计，简记为 $\hat{\theta}$。在本书中如果没作特别说明，估计量我们用大写字母表示，而估计值我们用小写字母表示。

2. 区间估计

参数的点估计给出了未知参数 θ 的近似值，但人们在测量和计算时，对于一个未知量，常不以得到近似值为满足，还需要估计误差，希望估计出未知参数 θ 的取值范围以及这个范围包含未知参数 θ 真值的可信程度，这就是下面介绍的参数 θ 的区间估计问题。

所谓区间估计，就是估计总体参数的区间范围。要求在一定的概率保证下，由样本指标推断总体指标可能在的区间，这个区间称为置信区间。

设总体 X 的分布函数为 $F(X, \theta)$，其中 θ 为未知参数，$(X_1, X_2, \cdots, X_n)$ 为 X 的样本，

给定 α,若统计量 $\hat{\theta}_1$ 和 $\hat{\theta}_2$ 满足 $p(\hat{\theta}_1 < \theta < \hat{\theta}_2) = 1-\alpha$,则称区间 $(\hat{\theta}_1, \hat{\theta}_2)$ 是 θ 的置信度为 $1-\alpha$ 的置信区间,$\hat{\theta}_1$ 和 $\hat{\theta}_2$ 分别称为置信下限和置信上限,$1-\alpha$ 称为置信度。通常取 α 为 1%,5%,10%。

需要注意的是区间 $(\hat{\theta}_1, \hat{\theta}_2)$ 的上下限都是统计量,随着样本观测值的不同,产生不同的具体区间,故称区间 $(\hat{\theta}_1, \hat{\theta}_2)$ 为随机区间。而参数 θ 是个常数,不是随机数,它是不变的。因此对置信区间的正确理解应该是:若反复抽样多次(每次抽取样本容量都是 n),每个样本观测值都确定一个区间 $(\hat{\theta}_1, \hat{\theta}_2)$,这个区间也许包含参数 θ,也许没包括,但是在这样多的区间中,包含 θ 的约占 $100(1-\alpha)\%$,不包含 θ 的约占 $100\alpha\%$。所以不能把 $p(\hat{\theta}_1 < \theta < \hat{\theta}_2) = 1-\alpha$ 理解成参数 θ 落在区间 $(\hat{\theta}_1, \hat{\theta}_2)$ 内的概率为 $1-\alpha$。

3. 两类估计比较

这两类估计各有利弊,点估计结果是一个数,显然很精确,但没有概率保证。区间估计的结果是一个区间,其精确程度依赖区间长度,不够精确,但有概率保证被估计参数。因此,在实际工作中应根据需要选择估计方法。

5.3 参数的点估计

参数点估计方法很多,本节主要介绍矩估计法、特征数法和极大似然估计法。

5.3.1 矩估计法

矩估计法是一种既简单又直观的传统估计方法,其特点是并不要求已知总体分布的类型,只要未知参数可以表示成总体矩的函数,就能求出其矩估计。其理论依据是根据大数定理,样本矩可以在一定的程度上逼近总体矩,而当总体含有未知参数时,总体矩是未知参数的函数,此时我们就可以用样本矩来估计总体矩,从而求出未知参数的值。若总体含有 k 个未知参数,我们可以按矩的阶数,从 1 到 k 列出 k 个样本矩等于总体矩的方程,从而求出未知参数。这种方法就是矩估计法。矩估计没有充分利用总体分布提供的信息,因此矩估计不一定是理想的估计;但因为矩估计简单易行,同时本身也有一定的优良性,所以应用还是很普遍的。

设总体 X 的分布函数为 $F(x; \theta_1, \theta_2, \cdots, \theta_k)$,其中 $\theta_1, \theta_2, \cdots, \theta_k$ 是 k 个未知的待估参数,$(X_1, X_2, \cdots, X_n)$ 是来自总体 X 的样本。假设总体 X 的 k 阶原点矩 $E(X^k)$ 存在,则总体 X 的 j 阶原点矩

$$a_j(\theta_1, \theta_2, \cdots, \theta_k) = E(X^j) \quad (1 < j < k) \tag{5-22}$$

样本 $(X_1, X_2, \cdots, X_n)$ 的 j 阶原点矩

$$A_j = \frac{1}{n}\sum_{i=1}^{n} X_i^j \quad (1<j<k) \tag{5-23}$$

用样本矩估计总体矩有

$$a_j(\theta_1, \theta_2, \cdots, \theta_k) = A_j \quad (1<j<k) \tag{5-24}$$

求解上述方程，可以得到一组 $\hat{\theta}_1, \hat{\theta}_2, \cdots, \hat{\theta}_k$ 作为 $\theta_1, \theta_2, \cdots, \theta_k$ 的矩估计量。

例 5-4 设总体 X 均值 μ、方差 σ^2 都存在，但参数 μ，σ^2 均未知。$(X_1, X_2, \cdots, X_n)$ 是来自总体 X 的样本，求 μ，σ^2 的矩估计量。

解：总体含两个未知参数，用样本的 1 阶和 2 阶原点矩估计总体的 1 阶和 2 阶原点矩，则有

$$E(X) = \frac{1}{n}\sum_{i=1}^{n} X_i = \overline{X}, \quad E(X^2) = \frac{1}{n}\sum_{i=1}^{n} X_i^2$$

又因为

$$\mu = E(X), \sigma^2 = E(X^2) - E(X)^2 = E(X)^2 - \mu^2$$

解得 μ，σ^2 的矩估计量为

$$\hat{\mu} = \frac{1}{n}\sum_{i=1}^{n} X_i = \overline{X}$$

$$\hat{\sigma}^2 = \frac{1}{n}\sum_{i=1}^{n} X_i^2 - \overline{X}^2 = \frac{1}{n}\sum_{i=1}^{n}(X_i - \overline{X})^2$$

这个结果表明，总体均值和方差的矩估计量的表达式不因不同的总体分布而异。

例 5-5 从自动机床加工的一批同型号零件中抽取 8 件，测得直径值（单位：mm）为 12.10，12.15，12.14，12.01，12.08，12.09，12.05，12.06。试估计该批零件的平均直径与直径的标准差。

解：根据例 5-4，以 $\overline{X} = \frac{1}{n}\sum_{i=1}^{n} X_i$ 和 $\hat{S}^2 = \frac{1}{n}\sum_{i=1}^{n} X_i^2 - \overline{X}^2 = \frac{1}{n}\sum_{i=1}^{n}(X_i - \overline{X})^2$ 分别作为该批零件的直径的均值与直径方差的估计量，将观测值代入上式计算可得 $\overline{X} = 12.085$，$\hat{S} = 0.049$。因此该批零件的平均直径与直径的标准差的估计值分别为 12.085 mm 和 0.049 mm。

5.3.2 特征数法

总体特征数是描述总体特征的有效量，其中总体均值反映了总体的平均水平，总体分差反映了总体的分散程度。它们是总体分布的参数，在随机抽样中，我们可以用样本的特征数作为总体特征数的估计量，这种用样本特征数估计总体特征数的方法就是特征数法。如用样本平均数 $\overline{X} = \frac{1}{n}\sum_{i=1}^{n} X_i$ 估计总体均值，用样本方差 $S^2 = \frac{1}{N-1}\sum_{i=1}^{n}(X_i - \overline{X})^2$ 来估计总体分差 σ^2。

例 5-6 已知某种灯泡的寿命 $N(\mu, \sigma^2)$，其中 μ, σ^2 都是未知的，今随机取 5 只灯泡，测得寿命（单位：小时）为 1 512、1 495、1 530、1 501、1 462，估计这批灯泡寿命的分布。

解： 因为灯泡寿命的分布函数已知，故只需要估计出参数 μ, σ^2 的估计值，自然想到用样本均值 $\overline{X}$ 去估计总体均值 μ，样本方差 S^2 去估计总体方差 σ^2。

$$\overline{X} = \frac{1}{n}\sum_{i=1}^{n}X_i, \quad S^2 = \frac{1}{n-1}\sum_{i=1}^{n}(X_i - \overline{X})^2$$

代入数据得

$$\overline{X} = 1500, \quad S^2 \approx 628.5$$

所以这批灯泡的寿命近似服从分布 $N(1500, 25.07^2)$。

5.3.3 极大似然估计法

参数估计的极大似然估计方法由费希尔（R.A.Fisher）提出，其基本原理为：设随机试验 E 有 n 个可能结果 $A_1, A_2, \cdots, A_n$，今做一次试验，结果是事件 A_i 发生，则自然认为事件 A_i 在这 n 个可能结果中出现的概率最大。例如，有一事件 A，已知其发生的概率 P 中可能是 0.8 或 0.08，若在一次试验中事件 A 发生了，自然认为事件 A 发生的概率 P 是 0.8 而不是 0.08。

例 5-6 袋中放有黑球和白球共 4 个，今抽取三次（每次抽取一个，抽后放回），得到 2 次白球数，1 次黑球数，试问如何估计袋中的白球数。

解： 设袋中的白球个数为 m，则每次抽到白球的概率 $p=m/4$，记 X 为抽到的白球数，则 X 服从二项分布 $B(3,p)$，即

$$p\{X=k\} = C_3^k p^k (1-p)^{3-k} \quad (k=0,1,2,3)$$

对于袋中的白球数 m 为 0，1，2，3，4 时，p 的对应值分别是 $0, \frac{1}{4}, \frac{2}{4}, \frac{3}{4}, 1$。$X$ 对应的分布如表 5-3 所示。

表 5-3 抽样分布情况

袋中白球数 m	概率 p	抽到的白球数 X			
		0	1	2	3
0	0	1	0	0	0
1	1/4	27/64	27/64	9/64	1/64
2	2/4	8/64	24/64	24/64	8/64
3	3/4	1/64	9/64	27/64	27/64
4	1	0	0	0	1

此表每一行对给定的 p 是 $B(3,p)$ 的分布，每一列则是在事件 $\{X=x\}$ 发生时对应于不同 P 值的概率，对应于事件 $\{X=2\}$，从表中立即得到，当 $p=\frac{3}{4}$ 时，$p\{X=2\}=\frac{27}{64}$

取得最大值，因此取 $\dfrac{3}{4}$ 作为 p 的估计值要比取 $0, \dfrac{1}{4}, \dfrac{2}{4}, 1$ 作为 p 的估计值合理。

总之，极大似然估计法是在一次抽样中，若得到样本观测值为 $x_1, x_2, \cdots, x_n$，则应选择的 $\hat{\theta}(X_1, X_2, \cdots, X_n)$ 为 θ 的估计，它使得这组观测值 $x_1, x_2, \cdots, x_n$ 出现的概率为最大。

一般情形，设总体 X 的密度函数为 $f(x, \theta)$ [当 X 为离散型时，$f(x, \theta)$ 为分布列]，θ 为待估参数 $\theta \in \Omega$，$(x_1, x_2, \cdots, x_n)$ 为样本 $(X_1, X_2, \cdots, X_n)$ 的一组观测值，称

$$L(\theta) = L(x_1, x_2, \cdots, x_n; \theta) = \prod_{i=1}^{n} f(x_i; \theta) \tag{5-25}$$

为样本的似然函数，若存在某个 $\hat{\theta}$，使得 $L(x_1, x_2, \cdots, x_n; \hat{\theta}) = \max_{\theta \in \Omega} L(x_1, x_2, \cdots, x_n; \theta)$ 成立，（Ω 为 θ 的所有可能取值范围），则称 $\hat{\theta}(x_1, x_2, \cdots, x_n; \theta)$ 为 θ 的极大似然估计值，称 $\hat{\theta}(X_1, X_2, \cdots, X_n)$ 为 θ 的极大似然估计量。

由以上定义知，求总体参数 θ 的极大似然估计 $\hat{\theta}$ 的问题，就是求似然函数 $L(\theta)$ 的最大值问题，由微积分知识知，当 $f(x, \theta)$ 关于 θ 可微时，这时 θ 常可以从方程 $\dfrac{\mathrm{d}}{\mathrm{d}\theta} L(\theta) = 0$ 解得，又由于 $\ln L(\theta)$ 与 $L(\theta)$ 同时取得最大值，可从方程 $\dfrac{\mathrm{d}}{\mathrm{d}\theta} \ln L(\theta) = 0$ 求得，而从式 $\dfrac{\mathrm{d}}{\mathrm{d}\theta} \ln L(\theta) = 0$ 求解往往比较方便。

于是求解极大似然估计的一般步骤如下。

（1）由总体的分布写出样本的似然函数 $L(\theta)$。

（2）建立似然方程式 $\dfrac{\mathrm{d}}{\mathrm{d}\theta} L(\theta) = 0$ 或 $\dfrac{\mathrm{d}}{\mathrm{d}\theta} \ln L(\theta) = 0$。

（3）解上述似然方程得参数 θ 的极大似然估计 $\hat{\theta}$。

例 5-7 某电视机显像管的寿命 X 服从指数分布。其概率密度为

$$f(x; \theta) = \begin{cases} \dfrac{1}{\theta} e^{-x/\theta} & (x > 0, \theta > 0) \\ 0 & \text{（其他）} \end{cases}$$

有一组样本观测值，数据如下（单位：小时）：

15，25，52，70，108，137，142，270，285，335，415，445，515，610，180，200，900，1 200。试求参数 θ 的极大似然估计。

解：由题意，似然函数为

$$L(x_1, x_2, \cdots, x_n; \theta) = \prod_{i=1}^{n} \left(\dfrac{1}{\theta}\right) e^{-x_i/\theta} = \dfrac{1}{\theta^n} \exp\left[-\dfrac{1}{\theta}\left(\sum_{i=1}^{n} x_i\right)\right]$$

将上式取对数得

$$\ln L(x_1, x_2, \cdots, x_n; \theta) = -n \ln \theta - \dfrac{1}{\theta} \sum_{i=1}^{n} x_i$$

关于 θ 取导,得似然方程

$$\frac{\mathrm{d}\ln(x_1, x_2, \cdots, x_n; \theta)}{\mathrm{d}\theta} = 0$$

即

$$-\frac{n}{\theta} + \frac{1}{\theta^2}\sum_{i=1}^{n} x_i = 0$$

解得 θ 的极大似然估计值为

$$\hat{\theta} = \frac{1}{n}\sum_{i=1}^{n} x_i = \overline{x}$$

将观测资料代入 $\hat{\theta}$ 中,得 θ 的极大似然估计值为

$$\hat{\theta} = \overline{x} = \frac{1}{n}\sum_{i=1}^{n} x_i = \frac{1}{18} \times (15 + 25 + 52 + \cdots + 900 + 1\,200) = 328\,(小时)$$

例 5-8 设 $X \sim N(\mu, \sigma^2)$,μ, σ^2 为未知参数,$x_1, x_2, \cdots, x_n$ 是来自 X 的一个样本值,求 μ, σ^2 的最大似然估计量。

解:X 的概率密度为

$$f(x; \mu, \sigma^2) = \frac{1}{\sqrt{2\pi}\sigma} \exp\left[-\frac{1}{2\sigma^2}(x-\mu)^2\right]$$

似然函数为

$$L(\mu, \sigma^2) = \prod_{i=1}^{n} \frac{1}{\sqrt{2\pi}\sigma} \exp\left[-\frac{1}{2\sigma^2}(x_i - \mu)^2\right] = (2\pi)^{-\frac{n}{2}} (\sigma^2)^{-\frac{n}{2}} \exp\left[-\frac{1}{2\sigma^2}\sum_{i=1}^{n}(x_i - \mu)^2\right]$$

而 $\ln L = -\frac{n}{2}\ln(2\pi) - \frac{n}{2}\ln\sigma^2 - \frac{1}{2\sigma^2}\sum_{i=1}^{n}(x_i - \mu)^2$。

令

$$\begin{cases} \dfrac{\partial}{\partial \mu}\ln L = \dfrac{1}{\sigma^2}\left(\sum_{i=1}^{n} x_i - n\mu\right) = 0 \\ \dfrac{\partial}{\partial \sigma^2}\ln L = -\dfrac{n}{2\sigma^2} + \dfrac{1}{2(\sigma^2)^2}\sum_{i=1}^{n}(x_i - \mu)^2 = 0 \end{cases}$$

解得

$$\begin{cases} \mu = \dfrac{1}{n}\sum_{i=1}^{n} x_i = \overline{x} \\ \sigma^2 = \dfrac{1}{n}\sum_{i=1}^{n}(x_i - \overline{x})^2 \end{cases}$$

因此得 μ, σ^2 的极大似然估计量为 $\hat{\mu} = \overline{x}, \hat{\sigma}^2 = \dfrac{1}{n}\sum_{i=1}^{n}(x_i - \overline{x})^2$。

5.3.4 估计量优劣的衡量标准

由前面的介绍，我们可以看到，对于同一参数，用不同的估计方法求出的估计量可能不相同。于是我们自然想到，采用哪一个估计量为好呢？这就涉及用什么样的标准来评价估计量的问题。下面介绍几个常用的标准。

1. 无偏性

假设 θ 表示待估计的总体参数，$\hat{\theta}$ 表示用于估计 θ 的样本统计量。如果样本统计量的均值等于被估计的参数本身，则该样本统计量就是被估参数的无偏估计。即当 $E(\hat{\theta})=\theta$ 时，$\hat{\theta}$ 为 θ 的无偏估计。

可以证明：不论总体服从什么分布，样本均值 $\overline{X}$ 是总体均值 μ 的无偏估计；样本方差 S^2 是总体方差 σ^2 的无偏估计。

2. 有效性

参数 θ 的无偏估计不是唯一的，如果 $\hat{\theta}_1$，$\hat{\theta}_2$ 都是参数 θ 的无偏估计，若 $\hat{\theta}_1$ 比 $\hat{\theta}_2$ 的方差小，即 $D(\hat{\theta}_1) < D(\hat{\theta}_2)$，则称无偏估计 $\hat{\theta}_1$ 比 $\hat{\theta}_2$ 有效。

在无偏估计类中，方差越小越好，我们称其中有最小方差的估计量为最优无偏估计量。即若 $\hat{\theta}_0$ 是参数 θ 的无偏估计量，若对 θ 的任一无偏估计 $\hat{\theta}$，都有 $D(\hat{\theta}_0) < D(\hat{\theta})$，则称 $\hat{\theta}_0$ 是 θ 的最优无偏估计量。可以证明总体 $X \sim N(\mu, \sigma^2)$，参数 μ 的极大估计量 $\hat{\mu} = \overline{X}$ 是 μ 的最优无偏估计量。

3. 一致性

假设 $\hat{\theta}$ 是 θ 的一个估计量，如果样本容量趋向于无穷大时，估计量 $\hat{\theta}$ 依概率收敛于 θ，即对任意小的一个正数 ε，有 $\lim\limits_{n \to \infty} p\{|\hat{\theta} - \theta| < \varepsilon\} = 1$，则称 $\hat{\theta}$ 是 θ 的一致估计。

可以证明，在一定的条件下，待估参数的极大似然估计量具有一致性。

5.4 参数的区间估计

5.4.1 单正态总体均值的区间估计

设置信度已给定为 $1-\alpha$，$(X_1, X_2, \cdots, X_n)$ 为总体 $N(\mu, \sigma^2)$ 的样本，$\overline{X}$ 和 S^2 为样本均值和样本方差。对均值的区间估计我们分两种情况：总体方差 σ^2 已知和总体方差 σ^2 未知。

1. 总体方差 σ^2 已知

由抽样分布定理，若总体服从正态分布 $N(\mu, \sigma^2)$，则 $\overline{X} \sim N\left(\mu, \dfrac{\sigma^2}{n}\right)$，所以随机变量

$$Z = \dfrac{(\overline{X} - \mu)\sqrt{n}}{\sigma} \sim N(0,1) \tag{5-26}$$

对于给定的 $\alpha(0 < \alpha < 1)$，可以得到满足条件

$$p(|Z| \geq Z_{\alpha/2}) = p\left(\left|\dfrac{(\overline{X} - \mu)\sqrt{n}}{\sigma}\right| \geq Z_{\alpha/2}\right) = \alpha \tag{5-27}$$

的双侧分位数 $Z_{\alpha/2}$（图 5-6）。

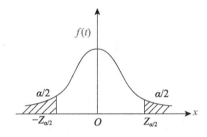

图 5-6 双侧分位数 $Z_{\alpha/2}$

式（5-27）等价于

$$p\left(\overline{X} - \dfrac{\sigma}{\sqrt{n}} Z_{\alpha/2} < \mu < \overline{X} + \dfrac{\sigma}{\sqrt{n}} Z_{\alpha/2}\right) = 1 - \alpha \tag{5-28}$$

因此得到 μ 的置信度为 $1-\alpha$ 的置信区间为

$$\left(\overline{X} - \dfrac{\sigma}{\sqrt{n}} Z_{\alpha/2},\ \overline{X} + \dfrac{\sigma}{\sqrt{n}} Z_{\alpha/2}\right) \tag{5-29}$$

例 5-9 某地区的电视台委托调查公司估计地区内居民平均每月的看电视时间，调查公司随机抽取 10 000 名居民进行调查，样本数据显示平均每人每天看电视时间是 4 个小时，如果已知总体服从正态分布，且标准差 σ 为 1.8 小时，试求该地区居民每天看电视的平均时间置信度为 95%的置信区间。

解： 已知 $\overline{X} = 4$ 小时，$n = 10\ 000$，$\sigma = 1.8$ 小时，$1 - \alpha = 95\%$，$\alpha = 5\%$。查标准正态分布表得 $Z_{\alpha/2} = Z_{0.025} = 1.96$，故由式（5-29）得置信度为 95%的置信区间为

$$\left(4 - \dfrac{1.8}{\sqrt{10\ 000}} \times 1.96,\ 4 + \dfrac{1.8}{\sqrt{10\ 000}} \times 1.96\right)$$

即（3.964 7, 4.035 3）

这就是说，该地区居民每天看电视的平均时间在 3.964 7 小时与 4.035 3 小时之间，

这个估计的可信度为 95%。若以此区间的任一值作为 μ 的近似值，其误差不大于 $2 \times \dfrac{1.8}{\sqrt{10\,000}} \times 1.96 \approx 0.0706$（小时），这个误差估计的可信度为95%。

2. 总体方差 σ^2 未知

因为 σ 未知，故不能用式（5-29）给出区间，因为其中含有未知参数 σ。由于 S^2 是 σ^2 的无偏估计，故随机变量

$$t = \dfrac{\overline{X} - \mu}{S/\sqrt{n}} \sim t(n-1) \tag{5-30}$$

对于给定的 α，查 t 分布表，可得 $t(n-1)$ 分布的双侧分位数 $t_{\frac{\alpha}{2}}(n-1)$（图5-7），使得

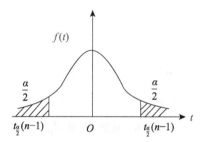

图5-7　t 分布的双侧分位数

$$p\left[|t| < t_{\alpha/2}(n-1)\right] = p\left[\left|\dfrac{\overline{X} - \mu}{S/\sqrt{n}}\right| < t_{\alpha/2}(n-1)\right] = 1 - \alpha \tag{5-31}$$

所以 σ^2 未知时，μ 的置信度为 $1-\alpha$ 的置信区间为

$$\left(\overline{X} - \dfrac{S}{\sqrt{n}} t_{\alpha/2}(n-1),\ \overline{X} + \dfrac{S}{\sqrt{n}} t_{\alpha/2}(n-1)\right) \tag{5-32}$$

例 5-10　某企业生产的滚珠直径 X 服从 $N(\mu, \sigma^2)$，μ，σ^2 均未知，先从产品中随机抽取 6 颗检验，测得它们的直径（单位：mm）如下：1.47，1.50，1.48，1.54，1.46，1.52。求参数 μ 的置信水平为95%的置信区间。

解：经过对样本的计算，$\overline{X} = 1.495$，$S = 0.001$，$n=6$，$1-\alpha = 0.95$，$\alpha = 0.05$，$t_{\alpha/2}(n-1) = t_{0.025}(5) = 2.57$。将上述值代入式（5-32），得参数 μ 的置信水平为95%的置信区间为（1.472，1.519）。

上面我们讨论的都是已知总体服从正态分布的情况下均值 μ 的置信区间。实际上根据中心极限定理，我们知道，无论总体服从何种分布，只要它的期望值和方差存在，我们就可以通过增大样本容量 n 的方式（如 $n>30$），保证样本 $\overline{X}$ 近似服从正态分布。也就是说，大样本（$n>30$）的平均数近似服从正态分布。当总体方差 σ^2 已知时，我们用

$\left(\overline{X}-\dfrac{\sigma}{\sqrt{n}}Z_{\alpha/2},\ \overline{X}+\dfrac{\sigma}{\sqrt{n}}Z_{\alpha/2}\right)$ 来构造置信区间。另外当总体方差 σ^2 未知时，只要 n 较大时，t 分布将会逼近标准正态分布，S^2 是 σ^2 的无偏估计，我们经常用 $\left(\overline{X}-\dfrac{S}{\sqrt{n}}Z_{\alpha/2},\ \overline{X}+\dfrac{S}{\sqrt{n}}Z_{\alpha/2}\right)$ 来构造 μ 的近似区间。

5.4.2 单正态总体方差的区间估计

对总体方差 σ^2 做区间估计，同样分成 μ 已知和未知两种情况，此处，根据实际情况的需要，只介绍 μ 未知的情形。

σ^2 是 S^2 的无偏估计，随机变量

$$\chi^2 \sim \dfrac{(n-1)S^2}{\sigma^2} \sim \chi^2(n-1) \tag{5-33}$$

给定 $\alpha\,(0<\alpha<1)$，依 χ^2 双侧分位数的定义有（图 5-8）：

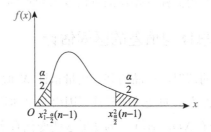

图 5-8 χ^2 双侧分位数

$$p\left[\chi^2_{1-\frac{\alpha}{2}}(n-1) < \dfrac{(n-1)S^2}{\sigma^2} < \chi^2_{\frac{\alpha}{2}}(n-1)\right] = 1-\alpha \tag{5-34}$$

即

$$p\left[\dfrac{(n-1)S^2}{\chi^2_{\frac{\alpha}{2}}(n-1)} < \sigma^2 < \dfrac{(n-1)S^2}{\chi^2_{1-\frac{\alpha}{2}}(n-1)}\right] = 1-\alpha \tag{5-35}$$

其中，$\chi^2_{\frac{\alpha}{2}}(n-1)$，$\chi^2_{1-\frac{\alpha}{2}}(n-1)$ 的数值，可通过查 χ^2 分布表得到。

这样得到方差 σ^2 的置信度为 $1-\alpha$ 的置信区间为

$$\left(\dfrac{(n-1)S^2}{\chi^2_{\frac{\alpha}{2}}(n-1)},\ \dfrac{(n-1)S^2}{\chi^2_{1-\frac{\alpha}{2}}(n-1)}\right) \tag{5-36}$$

标准差 σ 的置信度为 $1-\alpha$ 的置信区间为

$$\left(\frac{\sqrt{(n-1)}S}{\sqrt{\chi^2_{\frac{\alpha}{2}}(n-1)}}, \frac{\sqrt{(n-1)}S}{\sqrt{\chi^2_{1-\frac{\alpha}{2}}(n-1)}} \right) \tag{5-37}$$

注意：在密度函数不对称时，如 χ^2 分布和 F 分布，为了计算上的方便，习惯上仍是取对称的分位点中的 $\chi^2_{1-\frac{\alpha}{2}}(n-1)$ 与 $\chi^2_{\frac{\alpha}{2}}(n-1)$ 来确定置信区间。但这样确定的置信区间并不是最短的。

例 5-11 有一大批糖果，先从中随机地取 16 袋，称得重量如下（单位：克）：493，503，510，496，506，505，502，499，508，504，497，509，512，596，506，514。设袋装糖果的重量近似地服从正态分布，试求总体标准差 σ 的置信度为 95% 的置信区间。

解：现在 $1-\alpha=0.95$，$\alpha=0.05$，$\alpha/2=0.025$，$1-\alpha/2=0.975$，$n-1=15$，查表得 $\chi^2_{\frac{\alpha}{2}}(n-1)=\chi^2_{0.025}(15)=27.488$，$\chi^2_{0.975}(15)=6.262$，$S=6.202\,2$。

将数据代入式（5-37）得到标准差 σ 的置信度为 95% 的置信区间为（4.58，9.60）。

5.4.3 两个正态总体均值差的区间估计

在实际中常遇到这样的情况，产品的某一质量指针 X 服从正态分布 $N(\mu_1, \sigma_1^2)$，由于原料、设备、工艺及操作人员的变动或其他原因引起总体均值方差有所改变，变化后的变量指针 Y 服从正态分布 $N(\mu_2, \sigma_2^2)$。为知道这些变化有多大，需要考虑两个正态总体均值差或方差比的估计问题。

设两个正态总体 $X \sim N(\mu_1, \sigma_1^2)$，$Y \sim N(\mu_2, \sigma_2^2)$。$X_1, X_2, \cdots, X_{n_1}, Y_1, Y_2, \cdots, Y_{n_2}$，分别来自总体 X 和 Y 的样本，这两个样本相互独立，它们的平均数分别为 $\overline{X}$，$\overline{Y}$，样本方差分别为 S_1^2，S_2^2。对已给置信度 $1-\alpha$，两总体均值差 $\mu_1 - \mu_2$ 的区间估计，我们分如下两种情况讨论。

1. σ_1^2, σ_2^2 均已知

由于 $\overline{X}$，$\overline{Y}$ 分别是 μ_1 和 μ_2 的无偏估计，故 $\overline{X} - \overline{Y}$ 是 $\mu_1 - \mu_2$ 的无偏估计。$\overline{X} \sim N\left(\mu_1, \frac{\sigma_1^2}{n_1}\right)$，$\overline{Y} \sim N\left(\mu_2, \frac{\sigma_2^2}{n_2}\right)$，且 $\overline{X}$，$\overline{Y}$ 相互独立，则有

$$\overline{X} - \overline{Y} \sim N\left(\mu_1 - \mu_2, \frac{\sigma_1^2}{n_1} + \frac{\sigma_2^2}{n_2}\right) \tag{5-38}$$

所以

$$Z = \frac{\overline{X} - \overline{Y} - (\mu_1 - \mu_2)}{\sqrt{\dfrac{\sigma_1^2}{n_1} + \dfrac{\sigma_2^2}{n_2}}} \sim N(0,1) \tag{5-39}$$

与单个总体的情况类似，得 $\mu_1 - \mu_2$ 的置信度为 $1-\alpha$ 的置区间为

$$\left(\overline{X} - \overline{Y} - Z_{\frac{\alpha}{2}} \sqrt{\dfrac{\sigma_1^2}{n_1} + \dfrac{\sigma_2^2}{n_2}},\ \overline{X} - \overline{Y} + Z_{\frac{\alpha}{2}} \sqrt{\dfrac{\sigma_1^2}{n_1} + \dfrac{\sigma_2^2}{n_2}} \right) \tag{5-40}$$

2. σ_1^2, σ_2^2 均未知，但 $\sigma_1^2 = \sigma_2^2 = \sigma^2$

由式（5-39）知

$$Z = \frac{\overline{X} - \overline{Y} - (\mu_1 - \mu_2)}{\sqrt{\dfrac{\sigma_1^2}{n_1} + \dfrac{\sigma_2^2}{n_2}}} \sim N(0,1)$$

又

$$\frac{(n_1-1)S_1^2}{\sigma^2} \sim \chi^2(n_1-1),\quad \frac{(n_2-1)S_2^2}{\sigma^2} \sim \chi^2(n_2-1)。$$

由 χ^2 分布的可加性知

$$\chi^2 = \frac{(n_1-1)S_1^2}{\sigma^2} + \frac{(n_2-1)S_2^2}{\sigma^2} \sim \chi^2(n_1+n_2-2) \tag{5-41}$$

按 t 分布定义有

$$t = \frac{Z}{\sqrt{\chi^2/(n_1+n_2-2)}} \sim t(n_1+n_2-2) \tag{5-42}$$

将 Z，χ^2 表达式代入式（5-42），并经过整理有

$$\frac{(\overline{X}-\overline{Y})-(\mu_1-\mu_2)}{S_\omega \sqrt{\dfrac{1}{n_1}+\dfrac{1}{n_2}}} \sim t(n_1+n_2-2) \tag{5-43}$$

式中，$S_\omega^2 = \dfrac{(n_1-1)S_1^2 + (n_2-1)S_2^2}{n_1+n_2-2}$。

从而得到 $\mu_1 - \mu_2$ 的置信度为 $1-\alpha$ 的置信区间为

$$\left(\overline{X}-\overline{Y} - t_{\alpha/2}(n_1+n_2-2) \cdot S_\omega \sqrt{\dfrac{1}{n_1}+\dfrac{1}{n_2}},\ \overline{X}-\overline{Y} + t_{\alpha/2}(n_1+n_2-2) \cdot S_\omega \sqrt{\dfrac{1}{n_1}+\dfrac{1}{n_2}} \right) \tag{5-44}$$

若置信下限大于零，则可以认为 $\mu_1 > \mu_2$；置信下限小于零，则可以认为 $\mu_1 < \mu_2$；若置信区间包含零，则可以认为 μ_1, μ_2 没有显著差别。

例 5-12 为提高某一化学药品的有效性，在药品的制作过程中采用了一种新的试剂，为慎重起见，对药品在人体内的停留时间进行试验。设对采用原来的试剂制成的药

品进行了 $n_1=8$ 次试验，药品在人体内的停留平均时间 $\bar{x}=91.73$ 分钟；样本方差 $S_1^2=3.89$。对采用新的试剂制成的药品进行了 $n_2=8$ 次试验，药品在人体内的平均停留时间 $\bar{y}=93.75$ 分钟，样本方差 $S_2^2=4.02$。假设两总体都服从正态分布，且方差相等，试求两总体均值差 $\mu_1-\mu_2$ 的置信水平为 95% 的置信区间。

解：按实际情况认为两总体是相互独立的。$\alpha=0.05$，$n_1=n_2=8$，查 t 分布表得，$t_{0.025}(14)=2.1448$，$S_\omega^2=(7\times3.89+7\times4.02)/14=3.955$，$S_\omega=\sqrt{S_\omega^2}\approx1.989$，$\bar{x}=91.73$，$\bar{y}=93.75$。由式（5-44）得所求两总体均值差 $\mu_1-\mu_2$ 的置信度为 95% 的置信区间为

$$(-4.15,\ 0.11)$$

由于所得置信区间包含零，在实际中我们就认为用这两种试剂制得的药品在人体内停留时间没有显著差别。

5.4.4 两个正态总体方差比的区间估计

在实际中我们常会遇到比较两个总体的方差的问题。例如，比较两台机器生产过程的稳定性、两种计量工具的精度等。这实质上都是对两个总体的方差进行比较。

$(X_1,X_2,\cdots,X_{n_1})$ 是总体 $X\sim N(\mu_1,\sigma_1^2)$ 的样本，$(Y_1,Y_2,\cdots,Y_{n_2})$ 是总体 $Y\sim N(\mu_2,\sigma_2^2)$ 的样本，且两个样本相互独立。我们仅讨论 μ_1,μ_2 均未知的两总体方差比 $\dfrac{\sigma_1^2}{\sigma_2^2}$ 的置信度为 $1-\alpha$ 的置信区间。S_1^2,S_2^2 为其样本方差。由于

$$\frac{(n_1-1)S_1^2}{\sigma_1^2}\sim\chi^2(n_1-1) \tag{5-45}$$

$$\frac{(n_2-1)S_2^2}{\sigma_2^2}\sim\chi^2(n_2-1) \tag{5-46}$$

按 F 分布的定义知

$$F=\frac{\dfrac{(n_1-1)S_1^2}{\sigma_1^2}\Big/(n_1-1)}{\dfrac{(n_2-1)S_2^2}{\sigma_2^2}\Big/(n_2-1)}=\frac{S_1^2/\sigma_1^2}{S_2^2/\sigma_2^2}\sim F(n_1-1,\ n_2-1) \tag{5-47}$$

对给出的置信度 $1-\alpha$，可查 F 分布表求出 $F_{1-\frac{\alpha}{2}}(n_1-1,n_2-1)$，$F_{\frac{\alpha}{2}}(n_1-1,n_2-1)$，有以下结果（图 5-9）

$$P\left\{F_{1-\frac{\alpha}{2}}(n_1-1,n_2-1)<\frac{S_1^2/\sigma_1^2}{S_2^2/\sigma_2^2}<F_{\frac{\alpha}{2}}(n_1-1,n_2-1)\right\}=1-\alpha \tag{5-48}$$

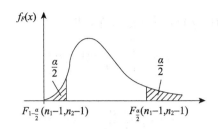

图 5-9 F 分布双侧分位数

即

$$p\left\{\frac{S_1^2/S_2^2}{F_{\frac{\alpha}{2}}(n_1-1,n_2-1)}<\frac{\sigma_1^2}{\sigma_2^2}<\frac{S_1^2/S_2^2}{F_{1-\frac{\alpha}{2}}(n_1-1,n_2-1)}\right\}=1-\alpha \qquad (5\text{-}49)$$

于是得到 $\dfrac{\sigma_1^2}{\sigma_2^2}$ 的一个置信度为 $1-\alpha$ 的置信区间为

$$\left(\frac{S_1^2/S_2^2}{F_{\frac{\alpha}{2}}(n_1-1,n_2-1)},\frac{S_1^2/S_2^2}{F_{1-\frac{\alpha}{2}}(n_1-1,n_2-1)}\right) \qquad (5\text{-}50)$$

例 5-13 设两位化验员 A 和 B 独立地对某种聚合物含氯量用相同的方法各做 18 次和 13 次试验，其测定值的样本方差分别为 $S_1^2=0.34$，$S_2^2=0.29$，设 σ_1^2，σ_2^2 分别为 A、B 所测定的测定值总体的方差，设总体均为正态的，且两样本独立。求方差比 $\dfrac{\sigma_1^2}{\sigma_2^2}$ 的置信度为 90% 的置信区间。

解：现在已知 $n_1=18$，$S_1^2=0.34$，$n_2=13$，$S_2^2=0.29$，$\alpha=0.1$，则

$$F_{\frac{\alpha}{2}}(n_1-1,\ n_2-1)=F_{0.05}(17,\ 12)=2.59$$

$$F_{1-\frac{\alpha}{2}}(n_1-1,\ n_2-1)=F_{0.95}(17,12)=1/F_{0.05}(17,12)=1/2.38$$

于是由式（5-50）得 $\dfrac{\sigma_1^2}{\sigma_2^2}$ 的置信度为 90% 的置信区间为

$$\left(\frac{0.34}{0.29}\times\frac{1}{2.59},\frac{0.34}{0.29}\times\frac{1}{2.38}\right)$$

即为（0.45，0.49）

由于 $\dfrac{\sigma_1^2}{\sigma_2^2}$ 的置信区间包含 1，在实际中我们就认为 σ_1^2，σ_2^2 没有显著差别。

5.4.5 单个正态总体比例的区间估计

根据中心极限定理，在大样本条件下，一般 $np>5$，$n(1-p)>5$，样本比例 $\bar{p}$ 渐进

服从均值为 p，方差为 $p(1-p)/n$ 的正态分布，即

$$\bar{p} \sim N\left[p, \frac{1}{n}p(1-p)\right] \quad (5\text{-}51)$$

故

$$Z = \frac{\bar{p} - p}{\sqrt{\frac{p(1-p)}{n}}} \sim N(0,1) \quad (5\text{-}52)$$

因此可以选择 Z 统计量为总体比例检验的检验统计量。

对于给定的置信度 $1-\alpha$，可知

$$P\left\{\frac{|\bar{p} - p|}{\sqrt{\frac{p(1-p)}{n}}} \leqslant Z_{\alpha/2}\right\} = 1-\alpha \quad (5\text{-}53)$$

解式（5-53）中的不等式得

$$(n + Z_{\alpha/2}^2)p^2 - (2n\bar{p} + Z_{\alpha/2}^2)p + n\bar{p}^2 \leqslant 0$$

记 $a = (n + Z_{\alpha/2}^2)$，$b = -(2n\bar{p} + Z_{\alpha/2}^2)$，$c = n\bar{p}^2$，有

$$ap^2 + bp + c \leqslant 0$$

解方程得

$$p_1 = \frac{-b - \sqrt{b^2 - 4ac}}{2a} \quad (5\text{-}54)$$

$$p_2 = \frac{-b + \sqrt{b^2 - 4ac}}{2a} \quad (5\text{-}55)$$

知总体比例的置信度为 $1-\alpha$ 的置信区间为

$$(p_1, p_2) \quad (5\text{-}56)$$

例 5-14 在一大批产品中抽样 80 件，结果其中有 35 件是一级品，求该产品的一级品率的置信度为 90% 的置信区间。

解：已知 $n = 80$，$\bar{p} = 0.4375$，$n\bar{p} = 35 > 5$，$n(1-\bar{p}) = 45 > 5$，$Z_{0.05} = 1.645$，所以

$$a = (n + Z_{\alpha/2}^2) = 80 + 1.645^2 \approx 82.706$$

$$b = -(2n\bar{p} + Z_{\alpha/2}^2) = -(2 \times 80 \times 0.4375 + 1.645^2) \approx -72.706$$

$$c = n\bar{p}^2 = 80 \times 0.4375^2 = 15.3125$$

$$b^2 - 4ac = (-72.706)^2 - 4 \times 82.706 \times 15.3125 = 220.4175$$

代入式（5-54）和式（5-55），得

$$p_1 = \frac{-72.706 - \sqrt{220.4175}}{2 \times 82.706} \approx -0.5293, \quad p_2 = \frac{-72.706 + \sqrt{220.4175}}{2 \times 82.706} \approx 0.3498$$

于是这批产品一级品率 p 的置信度为 90% 的置信区间为

$$(-0.529\,3,\ -0.349\,8)$$

在式（5-51）中用样本 $\bar{p}$ 代替 p 计算估计量的标准差，则有

$$\bar{p} \sim N\left[\bar{p}, \frac{1}{n}\bar{p}(1-\bar{p})\right] \tag{5-57}$$

因此 p 的置信度为 $1-\alpha$ 的置信区间为

$$\left(\bar{p} - Z_{\alpha/2}\sqrt{\frac{1}{n}\bar{p}(1-\bar{p})},\ \bar{p} + Z_{\alpha/2}\sqrt{\frac{1}{n}\bar{p}(1-\bar{p})}\right) \tag{5-58}$$

如果我们研究的总体为有限的，且采用不重复抽样，尤其是抽样的比重较大时，即 $\frac{n}{N} \geq 0.05$ 时，就要采用有限总体修正系数，从而 p 的区间估计公式为

$$\left(\bar{p} - Z_{\alpha/2}\sqrt{\frac{1}{n}\bar{p}(1-\bar{p})}\sqrt{\frac{N-n}{N-1}},\ \bar{p} + Z_{\alpha/2}\sqrt{\frac{1}{n}\bar{p}(1-\bar{p})}\sqrt{\frac{N-n}{N-1}}\right) \tag{5-59}$$

例 5-15 某企业生产某种产品 8 000 件，不重复随机抽样 300 件，结果有 24 件不合格，求不合格品率的置信区间（置信度 $1-\alpha=0.98$）。

解： $P = \frac{24}{300} = 0.08, n = 300, Z_{\alpha/2} \approx 2.33$，代入式（5-59）得到置信度为 98% 的置信区间为 (0.042, 0.115 8)。估计结果表明，有 98% 的把握说全部产品的不合格率在 4.2% 到 11.58% 之间。

5.4.6 两个总体比例之差的区间估计

设两个总体比例分别为 p_1, p_2，从两总体中各抽取一个样本，样本容量分别为 n_1, n_2。可以证明当 n_1, n_2 都很大时，两个样本比例之差 $\bar{p}_1 - \bar{p}_2$ 的抽样分布近似服从正态分布。

$$\mu_{(\bar{p}_1 - \bar{p}_2)} = p_1 - p_2,\quad \sigma^2_{(\bar{p}_1 - \bar{p}_2)} = \frac{p_1(1-p_1)}{n_1} + \frac{p_2(1-p_2)}{n_2}$$

则有

$$\bar{p}_1 - \bar{p}_2 \sim N\left(p_1 - p_2,\ \frac{p_1(1-p_1)}{n_1} + \frac{p_2(1-p_2)}{n_2}\right) \tag{5-60}$$

因为 p_1, p_2 均未知，$\bar{p}_1 - \bar{p}_2$ 的方差用 $\frac{\bar{p}_1(1-\bar{p}_1)}{n_1} + \frac{\bar{p}_2(1-\bar{p}_2)}{n_2}$ 来估计，因此

$$Z = \frac{(\bar{p}_1 - \bar{p}_2) - (p_1 - p_2)}{\sqrt{\frac{\bar{p}_1(1-\bar{p}_1)}{n_1} + \frac{\bar{p}_2(1-\bar{p}_2)}{n_2}}} \sim N(0,1) \tag{5-61}$$

于是 $p_1 - p_2$ 的置信度为 $1-\alpha$ 的置信区间为

$$\left[(\bar{p}_1 - \bar{p}_2) - Z_{\frac{\alpha}{2}}\sqrt{\frac{\bar{p}_1(1-\bar{p}_1)}{n_1} + \frac{\bar{p}_2(1-\bar{p}_2)}{n_2}},\ (\bar{p}_1 - \bar{p}_2) + Z_{\frac{\alpha}{2}}\sqrt{\frac{\bar{p}_1(1-\bar{p}_1)}{n_1} + \frac{\bar{p}_2(1-\bar{p}_2)}{n_2}}\right] \tag{5-62}$$

例 5-16 某车间有两条水平生产线 A 和 B，某月从 A 生产线抽样 200 件产品，结果有 196 件合格；从 B 生产线抽样 240 件产品，有 220 件合格，求置信度为 95% 的 A、B 两条生产线的合格率之差的置信区间。

解： $n_1 = 200$，$\bar{p}_1 = \dfrac{196}{200} = 0.98$；$n_2 = 240$，$\bar{p}_2 = \dfrac{220}{240} = 0.92$；$Z_{0.025} = 1.96$。

将上述数据代入式（5-62），则有

$$\left(0.98 - 0.92 - 1.96\sqrt{\dfrac{0.94 \times (1-0.94)}{200} + \dfrac{0.92 \times (1-0.92)}{240}}, \right.$$
$$\left. 0.98 - 0.92 + 1.96\sqrt{\dfrac{0.94 \times (1-0.94)}{200} + \dfrac{0.92 \times (1-0.92)}{240}} \right)$$

即 $(0.013, 0.107)$。估计结果表明，有 95% 的把握认为 A 和 B 两条生产线的合格品率之差在 1.3% 到 10.7% 之间。

5.4.7 单侧置信区间

我们前面讨论的区间估计都是双侧的，但在某些实际问题中，如设备、元件的寿命等，它们的平均寿命越长越好，我们关心的是平均寿命的下限；相反，对产品的不合格品率，越低越好，我们关心的是不合格品率的上限。因此我们需要考虑置信区间为 $(-\infty, \theta_2)$ 或 $(\theta_1, +\infty)$，这就引出单侧置信区间的概念。

设总体的分布函数为 $F(x; \theta)$，其中 θ 为未知参数，$(X_1, X_2, \cdots, X_n)$ 是 X 的样本，若由样本 $(X_1, X_2, \cdots, X_n)$ 确定的统计量 $\theta_1 = \theta_1(X_1, X_2, \cdots, X_n)$ 满足

$$P(\theta > \theta_1) = 1 - \alpha \tag{5-63}$$

则称随机区间 $(\theta_1, +\infty)$ 是 θ 的置信度为 $1-\alpha$ 的单侧置信区间，θ_1 称为单侧置信下限。若统计量 $\theta_2 = \theta_2(X_1, X_2, \cdots, X_n)$ 满足 $P(\theta < \theta_2) = 1 - \alpha$，则称随机区间 $(-\infty, \theta_2)$ 是 θ 的置信度为 $1 - \alpha$ 的单侧置信区间，θ_2 称为单侧置信上限。

求单侧置信区间的方法与求双侧置信区间的方法类似，下面以一个例子来介绍单侧置信区间的求法。

例如，对于正态总体 $X \sim N(\mu, \sigma^2)$，μ, σ^2 均未知，$(X_1, X_2, \cdots, X_n)$ 是 X 的一个样本，由 $t = \dfrac{\bar{X} - \mu}{S/\sqrt{n}} \sim t(n-1)$ 有（图 5-10）

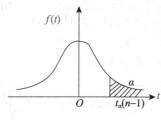

图 5-10 t 分布

$$P\left\{\frac{\overline{X}-\mu}{S/\sqrt{n}} < t_\alpha(n-1)\right\} = 1-\alpha \tag{5-64}$$

即

$$P\left\{\mu > \overline{X} - \frac{S}{\sqrt{n}}t_\alpha(n-1)\right\} = 1-\alpha \tag{5-65}$$

于是得到 μ 的一个置信度为 $1-\alpha$ 的单侧置信区间为

$$\left(\overline{X} - \frac{S}{\sqrt{n}}t_\alpha(n-1), +\infty\right) \tag{5-66}$$

即 μ 的一个置信度为 $1-\alpha$ 的单侧置信下限为 $\theta_1 = \overline{X} - \frac{S}{\sqrt{n}}t_\alpha(n-1)$。

例 5-17 从一批灯泡中随机地抽取 5 只做寿命实验，测得寿命（单位：小时）为 1 040，1 100，1 200，1 240，1 180。设灯泡寿命服从正态分布，求灯泡寿命平均值的置信水平为 95%的单侧置信下限。

解： $1-\alpha=0.95$，$n=5$，$t_\alpha(n-1)=t_{0.05}(4)=2.1318$

$\overline{X}=1\,152$，$S^2=6\,520$，$S=80.7$。由式（5-66）得到所求单侧置信下限为

$$\theta_1 = \overline{X} - \frac{S}{\sqrt{n}}t_\alpha(n-1) = 1\,152 - \frac{80.7}{\sqrt{5}} \times 2.1318 \approx 1\,075$$

注意： 在实际中对参数是作双侧区间估计还是作单侧区间估计，要由实际需要决定，求单侧置信区间的求法与求双侧置信区间的求法类似。

5.5 样本容量的确定

在参数的点估计中，我们用无偏性、有效性和一致性来衡量估计量的优劣，在区间估计中，衡量置信区间优劣的标准，用置信度和置信区间的长度（置信区间的长度也称精度）。我们用方差已知的正态总体均值的置信区间为例来说明这一问题。

总体 $X \sim N(\mu, \sigma^2)$ 的正态分布，总体方差 σ^2 已知，我们知道置信度为 $1-\alpha$ 的总体均值 μ 的置信区间为 $\left(\overline{X} - Z_{\alpha/2}\frac{\sigma}{\sqrt{n}}, \overline{X} + Z_{\alpha/2}\frac{\sigma}{\sqrt{n}}\right)$。它是由

$$P\left(|\overline{X}-\mu| \leqslant Z_{\alpha/2}\frac{\sigma}{\sqrt{n}}\right) = 1-\alpha \tag{5-67}$$

推导出来的。式（5-67）表明，如果用样本均值估计总体均值，则以 $1-\alpha$ 的概率保证误差不超过 $Z_{\alpha/2}\frac{\sigma}{\sqrt{n}}$。我们把 $Z_{\alpha/2}\frac{\sigma}{\sqrt{n}}$ 称为抽样的极限误差，记为 $\Delta\overline{X}$。即抽样的极限误差是指在一定的概率保证度下样本统计量偏离总体参数的最大幅度（误差范围）。

抽样的平均误差为 $\mu_{\bar{x}} = \dfrac{\sigma}{\sqrt{n}}$，即抽样的极限误差 $\Delta \bar{X} = Z_{\alpha/2} \mu_{\bar{x}}$。由抽样的极限误差 $\Delta \bar{X} = Z_{\alpha/2} \dfrac{\sigma}{\sqrt{n}}$ 知，在置信度已知的情况下，样本容量 n 越大，误差越小，区间的精确度也越高。但是样本容量大，调查费用高，调查所要花费的时间也越多。小样本容量固然节约费用和时间，但误差大。在实际工作中往往要求估计精度不超过某个允许限度就可以了，即找出在规定误差范围内最小样本容量，这样确定的样本容量就可以在保证满足误差的要求下，使得调查费用最小。

5.5.1 估计总体均值时样本容量的确定

由前面的介绍可知，样本方差已知时，抽样极限误差为

$$\Delta \bar{X} = Z_{\alpha/2} \frac{\sigma}{\sqrt{n}} \tag{5-68}$$

由式（5-68）可推知

$$n = \frac{Z_{\alpha/2}^2 \sigma^2}{(\Delta \bar{X})^2} \tag{5-69}$$

式（5-69）表示估计总体均值时样本容量的最小值。当我们采用不重复抽样时，就要采用有限总体修正系数，这时

$$\Delta \bar{X} = Z_{\alpha/2} \frac{\sigma}{\sqrt{n}} \sqrt{\frac{N-n}{N-1}} \tag{5-70}$$

由式（5-70）可以推知

$$n = \frac{N \cdot Z_{\alpha/2}^2 \sigma^2}{(N-1)(\Delta \bar{X})^2 + Z_{\alpha/2}^2 \sigma^2} \tag{5-71}$$

例 5-18 某地硕士研究生毕业第一年的年薪的标准差大约为 2 000 元。如以 95% 的置信度估计其平均年薪，并且希望抽样极限误差分别不超过 500 元和 100 元，样本容量应为多少？

解：当抽样极限误差 $\Delta \bar{X}$ 不超过 500 元时，至少应抽取的样本容量为

$$n = \frac{Z_{\alpha/2}^2 \sigma^2}{(\Delta \bar{X})^2} = \frac{1.96^2 \times 2\,000^2}{500^2} \approx 62$$

当抽样极限误差 $\Delta \bar{X}$ 不超过 100 元时，至少应抽取的样本容量为

$$n = \frac{Z_{\alpha/2}^2 \sigma^2}{(\Delta \bar{X})^2} = \frac{1.96^2 \times 2\,000^2}{100^2} \approx 1\,537$$

例 5-19 某工厂某月生产某种化学肥料 1 000 包，对该批肥料采用不重复抽样，从中抽出一个样本来推断这批肥料每包的平均重量，根据历史资料，总体方差 $\sigma^2 = 144$，如果要求置信度为 95%，误差范围不超过 3 千克，那么应抽取一个多大容量的样本？

解：由于采用不重复抽样，因此要考虑用有限总体修正系数。

$$N = 1\,000,\ \sigma^2 = 144,\ \Delta\bar{X} = 3,\ Z_{0.025} = 1.96$$

$$n = \frac{N \cdot Z_{\alpha/2}^2 \sigma^2}{(N-1)(\Delta\bar{X})^2 + Z_{\alpha/2}^2 \sigma^2} = \frac{1\,000 \times 1.96^2 \times 144}{(1\,000-1) \times 3^2 + 1.96^2 \times 144} \approx 58$$

即应抽取一个容量为 58 的样本。

5.5.2 估计总体比例时样本容量的确定

估计总体比例时抽样极限误差为

$$\Delta p = Z_{\alpha/2} \sqrt{\frac{p(1-p)}{n}} \tag{5-72}$$

所以

$$n = \frac{Z_{\alpha/2}^2 p(1-p)}{(\Delta p)^2} \tag{5-73}$$

在不重复抽样时，由于

$$\Delta p = Z_{\alpha/2} \sqrt{\frac{p(1-p)}{n}} \sqrt{\frac{N-n}{N-1}} \tag{5-74}$$

所以

$$n = \frac{N \cdot Z_{\alpha/2}^2 p(1-p)}{(N-1)(\Delta p)^2 + Z_{\alpha/2}^2 p(1-p)} \tag{5-75}$$

例 5-20 对某型号的彩电显像管的合格品率进行检验，根据以前正常生产的数据，合格品率 $p = 0.9$，采用随机重复抽样，在 99.73 的置信度下，抽样合格品率误差范围不超过 5%，试求必要的抽样单位数。

解：$1-\alpha = 99.73,\ Z_{\alpha/2} = 3,\ p = 0.9$，最少的抽样单位数

$$n = \frac{Z_{\alpha/2}^2 p(1-p)}{(\Delta p)^2} = \frac{3^2 \times 0.9 \times 0.1}{(0.05)^2} = 324\ （个）$$

即应抽取 324 个显像管做样本以保证抽样调查的准确性。

5.6 案例：大学生自习时间的差异

5.6.1 案例背景

某大学学生工作处为了了解本校在校本科生学习情况，对学生自习时间进行调查。学生工作处的工作人员选取了两个有代表性的年级（大一和大四）为调查对象，采取随机抽样的方法对全校在校大一学生和大四学生进行抽样，抽取两个独立样本，要求通过对这两个样本上自习时间的情况推断全校大一学生和大四学生上自习时间的情况，同时

比较大一学生和大四学生上自习时间的差异。

在全体在校大一本科生（总体 X）中随机抽取 52 个学生（样本 A），调查样本每周（按 7 天算）上自习时间（单位：小时），样本数据为 30，55，10，24，24，8，13，10，13，2，27，4，22，10，21，15，34，7，26，24，16，41，41，14，18，2，23，15，22，20，26，9，4，18，11，15，15，15，14，24，28，11，12，12，12，15，19，21，15，16，17，18。

在全体在校大四本科生（总体 Y）中随机抽取 52 个学生（样本 B），调查样本每周（按 7 天算）上自习时间（单位：小时），样本数据为 56，21，12，10，4，4，28，54，47，10，14，30，11，12，3，9，5，14，10，48，1，6，6，14，8，26，24，45，0，7，12，25，21，5，12，45，0，5，15，6，8，9，6，56，24，8，10，47，15，2，48，32。

5.6.2 案例分析

1. 总体均值和方差的点估计

我们知道样本均值 $\overline{X} = \frac{1}{n}\sum_{i=1}^{n} X_i$ 和样本方差 $S^2 = \frac{1}{n-1}\sum_{i=1}^{n}(X_i - \overline{X})^2$ 是总体均值 μ 和总体方差 σ^2 的无偏估计。于是我们用样本均值估计总体均值，样本方差估计总体方差。

由样本 A 的数据，可以计算出

$$\overline{X} = \frac{1}{n}\sum_{i=1}^{52} X_i = 18.04, \quad S_1^2 = \frac{1}{n-1}\sum_{i=1}^{52}(X_i - \overline{X})^2 = 100.35, \quad S_1 = 10.02$$

由样本 B 的数据，可以计算出

$$\overline{Y} = \frac{1}{n}\sum_{i=1}^{52} Y_i = 18.30, \quad S_2^2 = \frac{1}{n-1}\sum_{i=1}^{52}(Y_i - \overline{Y})^2 = 269.7, \quad S_2 = 16.42$$

由以上计算结果我们可以推断，大一学生每周上自习时间的均值为 18.04，方差为 100.35，标准差为 10.02；大四学生每周上自习时间的均值为 18.30，方差为 269.7，标准差为 16.42。

2. 总体均值和方差的区间估计

在这里我们统一规定置信度 $1 - \alpha = 95\%$。

1）总体均值的区间估计

方差 σ^2 未知，总体均值 μ 的区间估计我们用式（5-32）

$$\left(\overline{X} - \frac{S}{\sqrt{n}}t_{\alpha/2}(n-1), \overline{X} + \frac{S}{\sqrt{n}}t_{\alpha/2}(n-1)\right)$$

由前面计算结果知 $\overline{X} = 18.04$，$S_1 = 10.02$，$\overline{Y} = 18.30$，$S_2 = 16.42$，查表知 $t_{0.025}(52-1) = 2.01$，将上述数据分别代入式（5-32）得总体 X 的均值 μ_1 的置信度为 95%的置信区间为（15.25，20.83）；总体 Y 的均值 μ_2 的置信度为 95%的置信区间为（13.72，22.88）。

2）总体方差的区间估计

由式（5-36），总体均值 μ 未知时，方差 σ^2 的置信度为 $1-\alpha$ 的置信区间为

$$\left(\frac{(n-1)S^2}{\chi^2_{\frac{\alpha}{2}}(n-1)}, \frac{(n-1)S^2}{\chi^2_{1-\frac{\alpha}{2}}(n-1)} \right)$$

由前面计算结果知：$S_1^2 = 100.35$，$S_2^2 = 269.70$；查表 $\chi^2_{0.025}(52-1) = 72.62$，$\chi^2_{0.975}(52-1) = 33.16$。将上述数据代入式（5-37）得到置信度为 95% 的总体 X 方差的置信区间为（70.47，154.34），即 X 的标准差的置信度为 95% 的标准差的置信区间为（8.4，12.4）；总体 Y 的方差置信度为 95% 的置信区间为（189.4，414.8），即总体 Y 的标准差的置信度为 95% 的置信区间为（13.76，20.37）。

3. 两总体均值差的区间估计

σ_1^2, σ_2^2 均未知，但根据实际情况可以认为 $\sigma_1^2 = \sigma_2^2 = \sigma^2$，且样本 A 和样本 B 相互独立，由式（5-44），两总体均值差 $\mu_1 - \mu_2$ 的置信度为 $1-\alpha$ 的置区间为

$$\left(\overline{X} - \overline{Y} - t_{\frac{\alpha}{2}}(n_1 + n_2 - 2) \times S_\omega \sqrt{\frac{1}{n_1} + \frac{1}{n_2}}, \overline{X} - \overline{Y} + t_{\frac{\alpha}{2}}(n_1 + n_2 - 2) \times S_\omega \sqrt{\frac{1}{n_1} + \frac{1}{n_2}} \right)$$

其中

$$S_\omega^2 = \frac{(n_1-1)S_1^2 + (n_2-1)S_2^2}{n_1 + n_2 - 2}, S_\omega = \sqrt{S_\omega^2}, \overline{X} = \frac{1}{n}\sum_{i=1}^{52} X_i = 18.04,$$

$\overline{Y} = \frac{1}{n}\sum_{i=1}^{52} Y_i = 18.30$，$S_\omega = \sqrt{185.03} = 13.6$，$t_{\frac{\alpha}{2}}(n_1 + n_2 - 2) = t_{0.025}(102) = 1.98$

两总体均值差 $\mu_1 - \mu_2$ 的置信度为 95% 的置区间为（-5.54，5.02）。

4. 两总体方差比的区间估计

根据实际情况 μ_1, μ_2 均未知，且样本 A 和样本 B 相互独立，根据式（5-50）两总体方差比 $\frac{\sigma_1^2}{\sigma_2^2}$ 的一个置信度为 $1-\alpha$ 的置信区间为

$$\left(\frac{S_1^2 / S_2^2}{F_{\frac{\alpha}{2}}(n_1-1, n_2-1)}, \frac{S_1^2 / S_2^2}{F_{1-\frac{\alpha}{2}}(n_1-1, n_2-1)} \right)$$

其中

$$S_1^2 = \frac{1}{n-1}\sum_{i=1}^{52}(X_i - \overline{X})^2 = 100.35, \quad S_2^2 = \frac{1}{n-1}\sum_{i=1}^{52}(Y_i - \overline{Y})^2 = 269.7,$$

$F_{1-\frac{\alpha}{2}}(n_1-1, n_2-1) = F_{0.975}(51, 51) = 0.57$，$F_{\frac{\alpha}{2}}(n_1-1, n_2-1) = F_{0.025}(51, 51) = 1.74$

将上述数据代入式（5-50），得到 $\dfrac{\sigma_1^2}{\sigma_2^2}$ 的置信度为 95% 的置信区间为（0.21,0.65）。

5. 结果分析

1）点估计的结果分析

从参数的点估计的分析中我们推测 $X \sim N(18.04, 10.02^2)$，$Y \sim N(18.30, 16.42^2)$，即大一学生每周上自习时间的均值约为 18.04 小时，标准差为 10.02 小时；大四学生每周上自习时间的均值约为 18.30 小时，标准差为 16.2 小时。这些数据显示大一学生和大四学生每周上自习时间均值大致相当，无显著差异，但大四学生每周自习时间的标准差（分散程度）明显大于大一学生。

2）区间估计的结果分析

从参数的区间估计的分析中我们看到大一学生每周上自习时间的均值的置信度为 95% 的置信区间为（15.25，20.83），大四学生每周上自习时间均值的置信度为 95% 的置信区间为（13.72，22.88），两置信区间除了（13.72，22.88）的精度比（15.25，20.83）的精度小，其他无显著差别。大一学生的标准差的置信度为 95% 的置信区间为（8.4，12.4），而大四学生每周上自习时间的标准差的置信度为 95% 的置信区间为（13.76，20.37），区间（13.76，20.37）的上下限比（8.4，12.4）的上下限明显大，由此我们可以得出大一学生和大四学生每周自习时间的标准差（离散程度）存在显著差别，大四学生每周自习时间分散程度明显大于大一学生每周自习时间。

3）两总体均值差的区间估计结果分析

从两总体均值差的区间估计中我们得出的结论是，两总体均值差 $\mu_1 - \mu_2$ 的置信度为 95% 的置信区间为（−5.54，5.02），该置信区间包含 0，这个结果表明，大一学生每周上自习时间均值和大四学生每周上自习时间均值并无显著差别；但从两总体方差比的区间估计中我们得出的结论是，$\dfrac{\sigma_1^2}{\sigma_2^2}$ 的 95% 的置信区间为（0.21，0.65），该区间不包含 1，这个结果表明大一学生和大四学生每周上自习时间的方差存在显著差异。

以上分析结果在结论上是一致的，即大一学生和大四学生每周自习时间的均值无显著差异，但标准差存在显著差异。

习 题 5

5.1 概率抽样最本质的特点是什么？
5.2 常见的抽样方法有哪些？各举一个实例。
5.3 类型抽样中的分组和整群抽样中的分群有什么不同意义与不同要求？
5.4 在满足同样的要求条件下，重复抽样与不重复抽样需抽取的样本容量有何差别？
5.5 简述参数点估计和区间估计各有哪些利弊。
5.6 衡量估计量优劣的标准有哪些？

5.7 根据以往的生产统计，某种产品的合格率约为 90%，现要求允许误差为 5%，在求 95%的置信区间时，应抽取多少个产品作为样本？

5.8 余先生承包了一口鱼塘，已知鱼塘有 10 000 条鱼，现随机捞 9 条，称得重量（单位：千克）如下：3.5，4.8，1.5，1.5，6.2，7.1，2.7，3.3，5.4，请回答以下问题：①估计整个鱼塘鱼的平均重量；②为较准确估计鱼的平均重量，若允许误差为 0.1 千克，95%置信水平，则至少捞多少条鱼称其重量？

5.9 某校有 10 000 名学生，随机抽取 500 名，调查其每周上网时间，资料如表 5-4 所示。试按不重复抽样方法，以 95%的概率推断该校全部学生每周平均上网时间的可能范围。

表 5-4 学生上网时间

每周上网时间/小时	学生人数/人
2 以下	112
2~4	204
4~6	106
6~10	58
10 以上	20

5.10 某空调生产厂委托市场调查本市消费者中有多大的比例购买该厂生产的空调，随机抽取 500 个消费者，其中 80 人购买。试以 95%的置信度估计本市消费者购买该厂生产空调的置信区间。

5.11 某啤酒厂有两条装瓶的生产线。现欲测定两条生产线所装数量的差别，在每条生产线上各抽 100 瓶，一条生产线上啤酒的平均重量为 649.5 毫升，方差为 0.64；另一条生产线的平均重量为 648.2 毫升，方差为 0.87。试构造两条生产线容量之差的置信度为 90%的置信区间。

第 6 章

假 设 检 验

学生考试成绩

某班的数学老师说，该班学生每次数学考试平均成绩不低于72分。随机抽取该班一次考试成绩情况如下：80分以上者10人；70～80分者17人；60～70分者20人；60分以下者3人。问题：该老师说的是真的吗？

6.1 假设检验的基本思想

6.1.1 假设检验的概念

假设检验是推论统计的一个重要内容。它是先对总体的概率分布或分布参数作出某种"假设"，然后根据抽样得到的样本观测值，运用数理统计的分析方法，检验这种"假设"是否正确，从而决定接受或拒绝"假设"。

6.1.2 小概率原理

小概率原理是假设检验的基本依据，即认为小概率事件在一次试验中几乎是不可能发生的。根据这一原理，可以作出是否接受原假设的决定。当进行假设检验时，先假设 H_0 正确，在此假设下，若小概率事件 A 出现的概率很小，如 $P(A)=1\%$，经过取样试验后，事件 A 出现了，则违反了上述原理，我们认为这是一个不合理的结果。这时，我们只能怀疑作为小概率事件 A 的前提假设 H_0 的正确性，于是否定 H_0。反之，如果试验中事件 A 没有出现，我们就没有理由否定假设 H_0，从而作出接受 H_0 的结论。当然，推断也可能会犯错误，即1%的机会恰好在一次试验中被抽到了。所以这个例子中犯这种错误的概率是1%，也就是说我们在1%的风险下作出错误的推断。

6.1.3 假设检验的推理方法

假设检验的基本思想是应用小概率原理，下面我们通过一个例子来说明假设检验的基本思想及推理方法。

例 6-1 某车间为了提高零件的强度进行了技术改进，已知零件强度 X（单位：千克/平方毫米）服从正态分布 $N(52.8, 0.8^2)$，其中 $\mu_0 = 52.8$ 千克/平方毫米是零件强度，现进行技术改进后，抽取 $n=16$ 的样本，测得强度（单位：千克/平方毫米）为：51.9，53.4，52.9，54.3，53.8，52.4，53.7，54.0，52.4，52.5，53.5，51.3，54.9，52.8，54.5，52.9。假设 $\sigma^2=0.8^2$ 不变，试问技术改进后零件强度是否发生了实质性变化。

我们的问题就是：已知总体 $X \sim N(\mu, \sigma^2)$，且 $\sigma^2 = \sigma_0^2 = 0.8^2$，要求检验下面的假设：

$$H_0: \mu = \mu_0, \quad H_1: \mu \neq \mu_0$$

从取样结果看，样本均值 $\bar{x}=53.2$ 与总体均值 $\mu_0=52.8$ 之间存在差异，这种差异是因为抽样的随机性导致的不可避免的误差，还是因为技术改进而导致的实质性差异？

为了回答这个问题，首先给定一个小概率 α，称为显著性水平，α 通常取较小的值，如 0.05，0.01。在本例中，我们选取 $\alpha=0.05$。

选取统计量，它包含待检验参数，当 H_0 为真时，它的分布是已知的，本例中，选取

$$Z = \frac{\bar{X} - \mu_0}{\sigma / \sqrt{n}} \sim N(0,1) \tag{6-1}$$

于是有

$$P\big[|Z| > Z_{\alpha/2}\big] = P\left[\left|\frac{\bar{x} - \mu_0}{\sigma / \sqrt{n}}\right| > Z_{\alpha/2}\right] \tag{6-2}$$

式中：$Z_{\alpha/2}$ 为临界值，查表得 $Z_{0.025}=1.96$。

$|Z|$ 的拒绝域为 $(1.96, +\infty)$。

将抽样值代入式（6-1）得

$$|Z| = \left|\frac{\bar{x} - \mu_0}{\sigma / \sqrt{n}}\right| = \left|\frac{53.2 - 52.8}{0.8 / \sqrt{16}}\right| = 2 > Z_{0.025} = 1.96$$

$|Z|$ 落入拒绝域中，即小概率事件竟然出现，于是否定假设 H_0，认为技术改进后零件强度发生了变化，在本例中是增大了。

应当注意的是，例 6-1 的结论是在显著性水平 $\alpha=0.05$ 的情况下得出的，如果 $\alpha=0.01$，则 $Z_{\alpha/2}=Z_{0.005}=2.58$，代入观察值 $|Z|=2 < Z_{0.005}$，则会得出技术改进后零件强度无实质变化的相反结论。可见，原假设取舍与否和 α 的取值直接相关，当我们倾向不要轻易否定 H_0 时，α 可取小一些；反之，如果 H_0 是否成立关系重大，必须慎重，就倾向于不轻易接受 H_0，α 可以取大一些。

6.1.4 假设检验的基本步骤

假设检验的基本步骤如下。

1. 根据实际问题提出原假设

在每个假设检验问题中，我们把需要通过样本去推断其正确与否的命题称为原假设

或零假设（null hypothesis），用 H_0 表示。例如，在例 6-1 中，我们可以事先提出一个假设，"技术改进后的零件强度没有发生实质性变化"。于是可以这样表示：

$$H_0: \mu = \mu_0 = 52.8 \text{ kg/mm}^2$$

这里，μ 为技术改进后零件强度总体的均值，它与技术改进前零件强度总体的均值 52.8 千克/平方毫米相同。

与原假设相对立的假设是备择假设或对立假设（alternative hypothesis），用 H_1 表示。在例 6-1 中，备择假设意味着"技术改进后的零件强度发生了实质性变化"，于是可以表示为

$$H_1: \mu \neq \mu_0 = 52.8 \text{ kg/mm}^2$$

2. 选取适当的显著性水平

在假设检验中，显著性水平是指当原假设为正确时人们却把它拒绝了的概率或风险。犯这种错误的概率用 α 表示，统计学上把 α 称为假设检验中的显著性水平（significant level），也就是决策中所面临的风险。α 通常取较小的值，如 0.05，0.01，这意味着，当作出接受原假设的决策时，其正确的可能性为 95% 或 99%。

3. 选取适当的统计量

如同在参数估计中一样，假设检验也要借助于样本统计量进行统计推断。用于假设检验问题的统计量称为检验统计量。在具体问题里，选择什么统计量作为检验统计量，需要考虑的因素与参数估计中相同。例如，用于进行检验的样本是大样本还是小样本，总体方差已知还是未知，等等。在不同的条件下选择不同的检验统计量。

4. 求出检验的拒绝域

根据给定的显著性水平 α，由相关的概率分布表，查得临界值，从而确定 H_0 的接受域和拒绝域。临界值就是接受域和拒绝域的分界点。

5. 计算统计量的观察值

在提出 H_0 和 H_1 的假设，选取适当显著性水平 α 和统计量以后，接下来就要根据样本观察值，计算统计量的值。例如，在例 6-1 中，其计算的基本公式为

$$Z = \frac{\bar{x} - \mu_0}{\sigma/\sqrt{n}}$$

式中：$\bar{x}$ 为样本均值；μ_0 为被假设的参数值；σ 为总体标准差；n 为样本容量。

6. 作出统计决策

根据显著性水平 α 和统计量的分布，找出接受域和拒绝域的临界点，用计算出的统计量的值与临界点值相比较，若统计量的观察值落在拒绝域内，则拒绝 H_0，接受 H_1，否则接受 H_0。

6.1.5 双侧检验与单侧检验

假设检验有双侧检验（two-tailed test）和单侧检验（one-tailed test）两种基本类型。

1. 双侧检验

为了便于说明，我们先来看一个例子。

例 6-1 中我们关心的是技术改进后的零件强度总体均值与技术改进前的零件强度均值 $\mu_0 = 52.8 \text{ kg/mm}^2$ 是否有什么不同，于是可以假设：

H_0：$\mu_0 = 52.8$ kg/mm^2（没有显著差异）

H_1：$\mu \neq 52.8$ kg/mm^2（有显著差异）

由于在这里提出的原假设是 μ 等于某一数值 μ_0，所以只要 $\mu > \mu_0$ 或 $\mu < \mu_0$ 二者之中有一个成立，就可以否定原假设。这种假设检验称为双侧检验，它有两个拒绝域，两个临界值，每个拒绝域的面积为 $\alpha/2$，图 6-1 所示为双侧检验示意图。

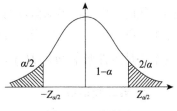

图 6-1 双侧检验

2. 单侧检验

在有些情况下，我们关心的假设问题带有方向性。有两种情况：一种是所考察的数值越大越好，另一种是所考察的数值越小越好。根据人们的实际需要不同，单侧检验中可以有不同的方向。

1）左侧检验

当我们希望所考查的数值越大越好时，如电子元件的使用寿命、轮胎行驶的路程数等，检验的形式可以写为

$$H_0: \mu \geq \mu_0, \quad H_1: \mu < \mu_0$$

左侧检验示意图如图 6-2 所示。

2）右侧检验

与左侧检验的问题恰好相反，当我们希望所考查的数值越小越好时，如产品的废品率、生产成本等，检验的形式可以写为

$$H_0: \mu \leq \mu_0, \quad H_1: \mu > \mu_0$$

右侧检验示意图如图 6-3 所示。

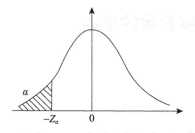

图 6-2 左侧检验示意图

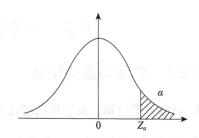

图 6-3 右侧检验示意图

6.1.6 假设检验的两类错误

小概率原理是假设检验的基本依据。然而，对于小概率事件，无论其概率多么小，还是可能发生的。所以，利用小概率原理为基础的假设检验方法进行检验，可能会作出错误的判断，主要有以下两类。

1. 第一类错误

原假设 H_0 实际是正确的，但却错误地拒绝了 H_0，这样就犯了"弃真"的错误，通常称为第一类错误。如例 6-1 中，有的认为"一次抽样中小概率事件发生了"是不合理的，从而作出了拒绝原假设的结论。但事实上，小概率事件只是发生概率很小而已，并非绝对不发生。由于仅当所考虑的小概率事件 A 发生时拒绝 H_0，所以犯第一类错误的概率就是条件概率 $P(A|H_0)=\alpha$。

2. 第二类错误

原假设 H_0 实际是不正确的，但是却错误地接受了 H_0，这样就犯了"取伪"的错误，通常称为第二类错误。犯第二类错误的概率记为 β。假如例 6-1 中真实情况是技术改进前后零件的强度发生了显著性变化，但是所抽查样本的平均强度却正好接近 52.8 kg/mm^2，这时按检验规则应接受原假设。这就犯了第二类错误。

假设检验中，原假设 H_0 可能为真也可能不为真，我们的决策有接受和拒绝两种。因此，检验中共有四种可能情况（表 6-1）。

表 6-1 假设检验中各种可能结果的概率

H_0 的真伪性	接受 H_0	拒绝 H_0，接受 H_1
H_0 为真	$1-\alpha$（正确决策）	α（弃真错误）
H_0 为伪	β（取伪错误）	$1-\beta$（正确决策）

我们自然希望犯这两类错误的概率越小越好。但当样本容量 n 确定后，犯这两类错误的概率不可能同时被控制，显著性水平 α 太大则易"弃真"，太小则易"取伪"，减小其中一个，另一个往往会增大。通常我们根据历史经验选取恰当的显著性水平 α 后，通过扩大样本容量 n 的方式来使第二类错误的概率减小。

6.2 一个正态总体参数的检验

6.2.1 总体均值的检验

1. 总体方差已知，关于均值的检验

在例 6-1 中，已讨论过正态总体 $N(\mu,\sigma^2)$，当 σ^2 已知时，关于 $\mu=\mu_0$ 的检验问题。

在这些问题中，我们都是利用 H_0 为真时服从 $N(0,1)$ 分布的统计量 $\dfrac{\overline{x}-u}{\sigma/\sqrt{n}}$ 来确定拒绝域的，这种检验法常称为 Z 检验法。

下面我们再来简单介绍其步骤：

已知 $\sigma=\sigma_0$，假设 H_0: $\mu=\mu_0$，H_1: $\mu\neq\mu_0$

统计量 $Z=\dfrac{\overline{x}-\mu_0}{\sigma/\sqrt{n}}\sim N(0,1)$

对于给定的显著性水平 α

$$p\left[\left|\dfrac{\overline{x}-\mu_0}{\sigma/\sqrt{n}}\right|>Z_{\alpha/2}\right]=\alpha$$

查正态分布表得拒绝域 $(-\infty,-Z_{\alpha/2})\cup(Z_{\alpha/2},+\infty)$

将样本观察值代入，如果 $\left|\dfrac{\overline{x}-\mu_0}{\sigma/\sqrt{n}}\right|>Z_{\alpha/2}$，则否定 H_0，接受 H_1；否则，接受 H_0。

其双侧检验参照 6.1.5 节，在此不再叙述。

例 6-2 某厂生产的产品的使用寿命服从正态分布 $N(1\,020,100^2)$。现从最近生产的一批产品中随机抽取 16 件，测得样本平均寿命为 1 080 小时。试在 0.05 的显著性水平下判断这批产品的使用寿命是否有显著提高。

解：根据题意，提出假设：

$$H_0: \mu\leqslant 1\,020,\quad H_1: \mu>1\,020$$

检验统计量

$$Z=\dfrac{\overline{x}-\mu_0}{\sigma/\sqrt{n}}=\dfrac{1\,080-1\,020}{100/\sqrt{16}}=2.4$$

由 $\alpha=0.05$，查表得临界值 $Z_{0.05}=1.64$。

由于 $Z=2.4>Z_{0.05}=1.64$，所以应拒绝 H_0 而接受 H_1，即这批产品的使用寿命确有显著提高。

2. 总体方差未知，关于均值的检验

设总体 $X\sim N(\mu,\sigma^2)$，其中 σ^2 未知，$x_1,\cdots,x_n$ 是来自总体 X 的样本。因为 σ^2 未知，不能用统计量 $\dfrac{\overline{x}-u_0}{\sigma/\sqrt{n}}$ 进行检验，我们用样本方差 S^2 来代替 σ^2，于是得到 t 统计量。

具体检验过程如下：

（1）σ 未知，假设 H_0: $\mu=\mu_0$，H_1: $\mu\neq\mu_0$

（2）选取统计量

$$t=\dfrac{\overline{x}-\mu_0}{s/\sqrt{n}}\sim t(n-1) \tag{6-3}$$

（3）对于给定的 α，查表得临界值 $t_{\alpha/2}(n-1)$。

(4) 确定拒绝域 $|t| > t_{\alpha/2}(n-1)$。

(5) 代入样本观察值，如果 $|t| > t_{\alpha/2}(n-1)$ 则否定 H_0，接受 H_1；否则，接受 H_0。

例 6-3 某种电子元件寿命 X（以小时计）服从正态分布，σ^2，μ 未知，现抽取 9 只元件测得寿命如下：105，99，97，100，96，98，103，104，107。请问：是否可以认为元件的寿命大于 100 小时？（$\alpha = 0.05$）

解：依题意提出假设

$$H_0:\ \mu \leqslant 100 \quad H_1:\ \mu > 100$$

选取统计量 $t = \dfrac{\bar{x} - \mu_0}{s/\sqrt{n}} \sim t(n-1)$

对于给定的 $\alpha = 0.05$，$n=9$，查表得临界值 $t_{0.05}(8) = 1.8595$，拒绝域为 $(1.8595, +\infty)$。

计算 $\bar{x} = 101$，$s = 4.0156$。

代入式（6-3）得 $t = \dfrac{\bar{x} - \mu_0}{s/\sqrt{n}} = \dfrac{(101-100)\times 3}{4.0156} = 0.7471 < t_{0.05}(8)$

t 没有落入拒绝域，故接受 H_0，认为元件的寿命等于 100 小时。

6.2.2 总体方差的检验

设总体 $X \sim N(\mu, \sigma^2)$，其中 μ 未知，$x_1, \cdots, x_n$ 是来自总体 X 的样本。

假设 H_0：$\sigma^2 = \sigma_0^2$，H_1：$\sigma_1^2 \neq \sigma_0^2$，$\sigma_0$ 为已知常数。

当 H_0 成立时，统计量

$$\chi^2 = \frac{(n-1)s^2}{\sigma^2} \sim \chi^2(n-1) \tag{6-4}$$

对于给定的显著性水平 α，查表得

$$p\left[\chi^2 > \chi^2_{\frac{\alpha}{2}}(n-1)\right] = \frac{\alpha}{2}$$

$$p\left[\chi^2 < \chi^2_{1-\frac{\alpha}{2}}(n-1)\right] = \frac{\alpha}{2}$$

拒绝域为 $\left(0, \chi^2_{1-\frac{\alpha}{2}}(n-1)\right) \cup \left(\chi^2_{\frac{\alpha}{2}}(n-1), +\infty\right)$。

其单侧检验情况如下。

1）右侧检验

假设 H_0：$\sigma^2 \leqslant \sigma_0^2$，$H_1$：$\sigma^2 > \sigma_0^2$。

拒绝域：$\chi^2 > \chi^2_{\alpha}(n-1)$。

2）左侧检验

假设 H_0: $\sigma^2 \geq \sigma_0^2$，H_1: $\sigma^2 < \sigma_0^2$。

拒绝域：$\chi^2 < \chi_{1-\alpha}^2(n-1)$。

如果 $\chi^2 = \dfrac{(n-1)s^2}{\sigma_0^2}$ 落入拒绝域，则否定 H_0，否则接受 H_0。

例 6-4 假设钢板重量总体近似服从正态分布，按照规定，这种钢板的方差不得超过 0.016 平方千克，现随机抽取 $n=25$ 的钢板样本，测得其样本 $s^2=0.025$ 平方千克。试问：是否可以认为这批钢板不合规格？($\alpha=0.05$)

解：依题意，假设

$$H_0: \sigma^2 \leq 0.016, \quad H_1: \sigma^2 > 0.016。$$

选取统计量 $\chi^2 = \dfrac{(n-1)s^2}{\sigma_0^2} \sim \chi^2(n-1)$

对于给定的显著性水平 $\alpha=0.05$，查表得 $\chi_{0.05}^2(24)=36.415$

将样本值代入式（6-4）得

$$\chi^2 = \frac{24 \times 0.025}{0.016} = 37.5 > 36.415$$

落入拒绝域中，拒绝 H_0，即钢板的方差不合格。

6.2.3 总体比例的检验

在大样本条件下，若 $np>5, n(1-p)>5$，根据中心极限定理所选择的检验统计量为

$$Z = \frac{p-\pi_0}{\sqrt{\dfrac{\pi_0(1-\pi_0)}{n}}} \sim N(0,1) \tag{6-5}$$

式中：p 为样本比例；π_0 为假设的总体比例；n 为样本容量。

例 6-5 某集团公司生产一批零件，号称有 80% 以上为优质产品，如果随机抽查 500 个零件，发现 425 个零件为优质产品，检验调查结果是否支持该集团公司的自我声明（$\alpha=0.05$）。

解：假设 H_0: $\pi_0 < 80\%$，H_1: $\pi_0 \geq 80\%$。

由样本数据计算可得

$$p = \frac{425}{500} = 85\%, \quad np = 500 \times 85\% = 425 > 5, \quad n(1-p) = 500 \times 15\% = 75 > 5$$

可选择 Z 作为检验统计量，已知 $p=0.8$。则

$$Z = \frac{p-\pi_0}{\sqrt{\dfrac{\pi_0(1-\pi_0)}{n}}} = \frac{0.85-0.8}{\sqrt{\dfrac{0.8 \times (1-0.8)}{500}}} \approx 2.795$$

当 $\alpha = 0.05$ 时，查表可得 $Z_{0.05} = 1.645$。

因为 $Z > Z_{0.05}$，所以拒绝原假设，即调查结果支持该集团公司的自我声明。

例 6-6 长沙某牛奶公司准备在某地区推广该公司生产的牛奶，但是，只有当市场份额超过 20% 的时候才有利可图。该公司对该地区顾客进行随机调查，发现调查的 100 名顾客中，有 40 名顾客愿意购买该公司产品，问该公司能否在该地区推广牛奶？($\alpha = 0.05$)

解：根据题意，假设

$$H_0: \pi_0 \leq 20\%, \quad H_1: \pi_0 > 20\%$$

由样本数据计算可得

$$p = \frac{40}{100} = 40\%, \quad np = 100 \times 40\% = 40 > 5, \quad n(1-p) = 100 \times 60\% = 60 > 5$$

可选择 Z 作为检验统计量，已知 $\pi_0 = 0.2$，则

$$Z = \frac{p - \pi_0}{\sqrt{\frac{\pi_0(1-\pi_0)}{n}}} = \frac{0.4 - 0.2}{\sqrt{\frac{0.2 \times (1-0.2)}{100}}} = 5$$

当 $\alpha = 0.05$ 时，查表可得 $Z_{0.05} = 1.645$。

因为 $Z > Z_{0.05}$，所以拒绝原假设，即该公司可以在该地区推广牛奶。

6.3 两个正态总体参数的检验

6.3.1 两个总体均值之差的检验

设总体 $X \sim N(\mu_1, \sigma^2)$，$Y \sim N(\mu_2, \sigma^2)$，$x_1, \cdots, x_{n_1}$ 与 $y_1, \cdots, y_{n_2}$ 分别是来自总体 X 与 Y 的样本，且两样本独立。μ_1、μ_2、σ^2 均未知，但要注意在这里，假设两个总体的方差是相等的。

检验假设 H_0: $\mu_1 = \mu_2$，H_1: $\mu_1 \neq \mu_2$

当 H_0 成立时，统计量

$$t = \frac{\bar{x} - \bar{y}}{s_w \cdot \sqrt{\frac{1}{n_1} + \frac{1}{n_2}}} \sim t(n_1 + n_2 - 2) \tag{6-6}$$

其中，$s_w^2 = \frac{(n_1-1)s_1^2 + (n_2-1)s_2^2}{n_1 + n_2 - 2}$。

对于给定的显著性水平 α，查表得

$$p\left[|t| > t_{\alpha/2}(n_1 + n_2 - 2)\right] = \alpha$$

其拒绝域为 $|t| > t_{\alpha/2}(n_1 + n_2 - 2)$。

代入样本值，如果 t 落入拒绝域，则否定 H_0，接受 H_1；否则，接受 H_0。

其单侧检验情况如下。

1）右侧检验

假设 H_0：$\mu_1 \leqslant \mu_2$，H_1：$\mu_1 > \mu_2$

拒绝域为 $t > t_\alpha(n_1 + n_2 - 2)$。

2）左侧检验

假设 H_0：$\mu_1 \geqslant \mu_2$，H_1：$\mu_1 < \mu_2$

拒绝域为 $t < -t_\alpha(n_1 + n_2 - 2)$。

例 6-7 某种物品在处理前与处理后的含脂率样本值如下：

处理前：0.19　　0.18　　0.21　　0.30　　0.41　　0.12　　0.27

处理后：0.15　　0.13　　0.07　　0.24　　0.19　　0.06　　0.08　　0.12

假定处理前后的含脂率都服从正态分布，且标准差不变，那么处理前后含脂率的总体均值有无变化？（$\alpha = 0.05$）

解：依题意假设

$$H_0: \mu = \mu_0, \quad H_1: \mu \neq \mu_0$$

选取统计量 $t = \dfrac{\bar{x} - \bar{y}}{s_w\sqrt{\dfrac{1}{n_1} + \dfrac{1}{n_2}}} \sim t(n_1 + n_2 - 2)$，$n_1 = 7, n_2 = 8$。

对于给定的显著性水平 $\alpha = 0.05$，查表得 $t_{0.025}(13) = 2.16$。

拒绝域为 $|t| > t_{0.025}(13) = 2.16$。

将样本观测值 $\bar{x} = 0.24, s_1^2 = 0.0091, \bar{y} = 0.13, s_2^2 = 0.0039$ 代入式（6-6）得 $|t| = 2.49 > 2.16$，t 落入拒绝域中，认为处理后含脂率降低了。

6.3.2　两个总体方差之比的检验

设总体 $X \sim N(\mu_1, \sigma_1^2)$，$Y \sim N(\mu_2, \sigma_2^2)$，$x_1, \cdots, x_{n_1}$ 与 $y_1, \cdots, y_{n_2}$ 分别是来自总体 X 与 Y 的样本，且两样本独立，其样本方差分别为 s_1^2, s_2^2，$\mu_1, \mu_2, \sigma_1^2, \sigma_2^2$ 均未知。

检验假设 H_0：$\sigma_1^2 = \sigma_2^2$，H_1：$\sigma_1^2 \neq \sigma_2^2$

当 H_0 成立时，统计量

$$F = s_1^2/s_2^2 \sim F(n_1 - 1, n_2 - 1) \tag{6-7}$$

对于给定的显著性水平 α，查表得

$$p\{F > F_{\frac{\alpha}{2}}(n_1 - 1, n_2 - 1)\} = \alpha$$

$$p\{F < F_{1-\frac{\alpha}{2}}(n_1 - 1, n_2 - 1)\} = \alpha$$

其拒绝域为 $\left(0, F_{1-\frac{\alpha}{2}}(n_1-1, n_2-1)\right) \cup \left[F_{\frac{\alpha}{2}}(n_1-1, n_2-1), +\infty\right]$。

将样本值代入，如果 $F = s_1^2/s_2^2$ 落入拒绝域中，则否定 H_0，否则接受 H_0。

其单侧检验情况如下。

1）右侧检验

假设 H_0：$\sigma_1^2 \leqslant \sigma_2^2$，$H_1$：$\sigma_1^2 > \sigma_2^2$

拒绝域为 $F > F_\alpha(n_1-1, n_2-1)$。

2）左侧检验

假设 H_0：$\sigma_1^2 \geqslant \sigma_2^2$，$H_1$：$\sigma_1^2 < \sigma_2^2$

拒绝域为 $F < F_{1-\alpha}(n_1-1, n_2-1)$。

例 6-8 例 6-7 中，处理前后含脂率的方差是否有显著差异？

解：依题意假设

H_0：$\sigma_1^2 = \sigma_2^2$，H_1：$\sigma_1^2 \neq \sigma_2^2$

选取统计量 $F = s_1^2 / s_2^2 \sim F(n_1-1, n_2-1)$。

对于给定的显著性水平 $\alpha = 0.05$，查表得

$$F_{0.025}(6,7) = 5.12, \quad F_{0.975}(6,7) = 0.18$$

拒绝域为 $(0, 0.18) \cup (5.12, +\infty)$

将 $s_1^2 = 0.0091$，$s_2^2 = 0.0039$ 代入式（6-7）得 $F = 2.33$，未落入拒绝域，认为处理前后含脂率的方差无明显差异。

例 6-9 有甲、乙两台灌装机灌装饮料，从它们灌装好的瓶中随机抽取 8 瓶和 6 瓶，分别测得 $\bar{x}_1 = 200$ 毫升和 $\bar{x}_2 = 199$ 毫升，$s_1^2 = 1.7$ 毫升，$s_2^2 = 1.4$ 毫升。假定两个总体分布服从正态分布，且方差相等。试问甲、乙两台灌装机灌装的平均容量有无显著差异？（$\alpha = 0.05$）

解：依题意假设

$$H_0: \mu_1 = \mu_2, \quad H_1: \mu_1 \neq \mu_2$$

选取统计量 $t = \dfrac{\bar{x}_1 - \bar{x}_2}{s_w \cdot \sqrt{\dfrac{1}{n_1} + \dfrac{1}{n_2}}} \sim t(n_1 + n_2 - 2)$，其中 $n_1 = 6$，$n_2 = 8$。

对于给定的显著性水平 $\alpha = 0.05$，查表得 $t_{0.025}(12) = 2.1788$。

拒绝域为 $|t| > t_{0.025}(12) = 2.1788$。

$$t = \dfrac{200 - 199}{\sqrt{\dfrac{7 \times 1.7 + 5 \times 1.4}{12} \times \left(\dfrac{1}{8} + \dfrac{1}{6}\right)}} = 2.1769$$

因为 $|t| < 2.1788$，所以接受原假设，即有理由认为甲、乙两台灌装机灌装的平均容

量无显著差异。

6.3.3 两个总体比例之差的检验

在两个总体中具有某种特征的单位数占总体单位数的比例分别为 π_1 和 π_2，在 π_1 和 π_2 未知时，用样本比例 p_1 和 p_2 代替总体样本比例 π_1 和 π_2。可以证明在大样本条件下，两个样本比例之差（$p_1 - p_2$）近似服从期望为（$P_1 - P_2$），方差为 $\dfrac{p_1(1-p_1)}{n_1} + \dfrac{p_2(1-p_2)}{n_2}$ 的正态分布，因而可选择 Z 作为检验统计量。计算公式为

$$Z = \frac{(p_1 - p_2) - (\pi_1 - \pi_2)}{\sqrt{\dfrac{p_1(1-p_1)}{n_1} + \dfrac{p_2(1-p_2)}{n_2}}} \sim N(0,1) \tag{6-8}$$

例 6-10 某公司推出新产品，通过一个月的销售，该公司对该月销售量进行随机抽查，发现在甲地 150 人当中，有 100 人购买了新产品，而在乙地 100 人当中，有 60 人购买了新产品，是否可以认为甲地区新产品的销售量更好？（$\alpha = 0.05$）

解：假设甲地区新产品销售量不比乙地区好，则建立假设

$$H_0: \pi_1 - \pi_2 \leqslant 0, \quad H_1: \pi_1 - \pi_2 > 0$$

由样本数据，得 $p_1 = 100/150 \approx 0.67$，$p_2 = 60/100 = 0.6$；$n_1 p_1 = 100 > 5$，$n_1(1-p_1) = 50 > 5$；$n_2 p_2 = 60 > 5$，$n_2(1-p_2) = 40 > 5$。

因此可以选择 Z 作为检验统计量

$$Z = \frac{(p_1 - p_2) - (\pi_1 - \pi_2)}{\sqrt{\dfrac{p_1(1-p_1)}{n_1} + \dfrac{p_2(1-p_2)}{n_2}}} = \frac{(0.67 - 0.60) - 0}{\sqrt{\dfrac{0.67 \times (1-0.67)}{150} + \dfrac{0.6 \times (1-0.6)}{100}}} \approx 1.125$$

当 $\alpha = 0.05$ 时，$Z_{0.05} = 1.645$。

因为 $Z < Z_{0.05}$，所以接受原假设，即不能说甲地区新产品销售量比乙地区好。

例 6-11 某工厂引进一项新技术，通过抽样调查发现，用旧技术生产的 100 个零件中，有 80 个为合格品，用新技术生产的 80 个零件中，有 60 个为合格品，是否可以认为用旧技术生产的零件合格率比用新技术生产的零件合格率高？（$\alpha = 0.05$）

解：建立假设

$$H_0: \pi_1 - \pi_2 \leqslant 0, \quad H_1: \pi_1 - \pi_2 > 0$$

由样本数据，得

$p_1 = 80/100 = 0.8$，$p_2 = 60/80 = 0.75$；$n_1 p_1 = 80 > 5$，$n_1(1-p_1) = 20 > 5$；

$n_2 p_2 = 60 > 5$，$n_2(1-p_2) = 20 > 5$

因此可以选择 Z 作为检验统计量

$$Z = \frac{(p_1 - p_2) - (\pi_1 - \pi_2)}{\sqrt{\dfrac{p_1(1-p_1)}{n_1} + \dfrac{p_2(1-p_2)}{n_2}}} = \frac{0.80 - 0.75}{\sqrt{\dfrac{0.8 \times (1-0.8)}{100} + \dfrac{0.75 \times (1-0.75)}{80}}} \approx 0.796$$

当 $\alpha = 0.05$ 时，$Z_{0.05} = 1.645$。

因为 $Z < Z_{0.05}$，所以接受原假设，即不能认为用旧技术生产的零件合格率比用新技术生产的零件合格率高。

6.4 案例：广告效果检测

6.4.1 案例背景

某市从事民营保健品生产的 K 公司在过去的几年中获得快速成长，其拳头产品在内地有着很高的知名度。K 公司打算将其开发的一种新型口服液推向全国。K 公司打算投入 50 万元广告费用于开拓沿海某地市场。沿海地区一家广告公司（简称 M 公司）得到信息后，主动联系 K 公司，宣称其在沿海地区有较强的实力并承诺：发布广告半年后，K 公司的这种新型口服液在当地的知晓率可以达到 25%。K 公司负责广告的经理经过实地考察，决定将该广告业务交给 M 公司。

双方经过协商达成如下协议：K 公司于当年 11 月 11 日先期支付 30 万元给 M 公司，M 公司自 12 月 1 日开始广告宣传，半年后即翌年 5 月 31 日，由 K 公司联系并经 M 公司同意，邀请某中立调查咨询公司（简称 N 公司）进行广告效果监测，N 公司要求监测费用为 5 万元。若监测结论支持 M 公司的承诺，即产品知晓率在当地达到 25%，由 K 公司将剩余的 20 万元一次性支付给 M 公司，并支付 N 公司 5 万元监测费用。若监测结论不支持 M 公司的承诺，则 M 公司一次性支付 K 公司 10 万元违约金，并支付 N 公司 5 万元监测费用。

半年后，N 公司从当地的目标客户群中随机不重复地抽取了一个样本容量为 400 人的样本进行调查。在接受调查的 400 人中，有 88 人对该种口服液知晓，详细资料如表 6-2～表 6-4 所示。

表 6-2 样本的性别结构

性别结构	抽查人数/人	知晓人数/人	知晓率/%
男	240	56	23.33
女	160	32	20.00
总计	400	88	22.00

表 6-3 样本的年龄结构

年龄结构	抽查人数/人	知晓人数/人	知晓率/%
老	220	46	20.91
中	120	32	26.67
青	60	10	16.67
总计	400	88	22.00

表 6-4　样本的收入结构

收入结构	抽查人数/人	知晓人数/人	知晓率/%
高	88	24	27.27
中	260	60	23.08
低	52	4	7.70
总计	400	88	22.00

K 公司产品销售金额对比如表 6-5 所示。

表 6-5　K 公司产品销售金额对比　　　　　　　　　　　　　　　百万元

项目	广告前								广告期			
	6月	7月	8月	9月	10月	11月	12月	1月	2月	3月	4月	5月
目标地区	5.1	5.5	5	5.5	5.6	5.7	5.5	6.1	6.6	5.8	6.3	5.9
其他地区	78	79.3	80.9	81	85	86.1	87	88	79.5	82.1	88.6	87
销售总计	83.1	84.8	85.9	86.5	90.6	91.8	92.5	94.1	86.1	87.9	94.9	92.9

三方争论的主要问题：①K 公司要求 M 公司赔付 10 万元；②M 公司要求 K 公司支付剩余 20 万元；③谁来支付 N 公司监测费用 5 万元。

6.4.2　案例分析

解决这一争论的核心是广告公司的效果有没有与其承诺矛盾，若两者是一致的，则 K 公司支付 M 公司剩下的 20 万元广告费用和 N 公司 5 万元监测费用，否则由 M 公司支付 K 公司 10 万元违约金和 N 公司 5 万元监测费用。

把总体中具有某种特征的单位数占总体全部单位数的比例称为总体比例，记为大写 P；把样本具有某种特征的单位数占样本全部单位数的比例称为样本比例，记为小写 p。根据中心极限定理，在大样本条件下，若 $np>5$，且 $n(1-p)>5$，则可以把二项分布问题变换为正态分布问题近似地求解。即样本比例 p 服从期望值为 P，方差为 $P(1-P)/n$ 的正态分布。可以用 Z 统计量来构造总体比较 P 的置信区间。

（1）建立原假设即总体知晓率达到或者超过 25%，即 $H_0: P \geqslant 0.25$。

（2）建立备择假设即总体知晓率未达到 25%，即 $H_1: P<0.25$。

（3）选择显著性水平 α。在 $\alpha=0.05$ 的条件下，由于是单侧检验，所以 $Z_{\alpha/2}=-1.645$。

（4）计算统计量

$$Z = \frac{p-P}{\sqrt{P(1-P)/n}} = \frac{0.22-0.25}{\sqrt{0.25 \times (1-0.25)/400}} \approx -1.386$$

可以看到统计量 Z 值落在接受区域，即应当接受原假设 $H_0: P \geqslant 0.25$。认为广告公司承诺的广告知晓率达到了 25%，因此 K 公司应该支付 M 公司剩下的 20 万元和 N 公司 5 万元监测费用。

（5）回答在调查的 400 人中，有多少人知道该口服液，即判断决策的临界值。

在 $\alpha=0.05$ 的条件下，$Z_{\alpha/2}=-1.645$，因此计算公式如下：

$$Z = \frac{p-P}{\sqrt{P(1-P)/n}}$$

即

$$-1.645 = \frac{p-0.25}{\sqrt{0.25(1-0.25)/400}}$$

解方程得到 $p \approx 0.214$，临界人数为 $np = 400 \times 0.214 \approx 86$（人）。若 400 人中少于 86 人知道该口服液，就说明广告知晓率为 25%是不能接受的。

习 题 6

6.1 假设检验与参数估计具有怎样的关系？

6.2 如何理解假设检验中的小概率原理？

6.3 假设检验中的显著性水平与 P 值具有怎样的含义？二者有何关系？

6.4 假设检验可能犯的两类错误是什么？有何办法同时减少这两类错误？

6.5 假设检验的基本步骤有哪些？

6.6 某电子元件批量生产的质量标准为平均寿命 1 500 小时，标准差 64 小时。某电子元件生产公司宣称，它们生产的电子元件，质量大大超过规定标准。为了进行验证，现随机抽取 100 件，测得平均使用寿命 1 245 小时。能否认为该公司的电子元件质量显著地高于规定标准？

6.7 某汽车轮胎厂广告声称它的产品可以平均行驶 25 000 千米，现随机抽选 36 个轮胎做试验，其平均里程为 23 500 千米，标准差为 1 600 千米，显著性水平为 0.05，检验其广告是否真实。

6.8 为测试两种减肥药的效果，随机抽选了 200 名要求减肥的人，随机地划分成两组，每组 100 人，第一组使用减肥药 A，第二组使用减肥药 B，经过相同的服药时间后测试，第一组平均减少 3.8 千克，标准差为 1.5；第二组平均减少 4.2 千克，标准差为 1.8。试说明两种减肥药的效果是否有差别。显著性水平为 0.05。

6.9 某汽车公司测试两种型号汽车每千克汽油的行驶里程，分别随机抽取 10 辆车进行记录，其数据如下：

A 型：12.9，12.3，10.7，11.2，12.2，11.5，12.8，11.1，12.6，12.9
B 型：12.6，12.9，11.4，11.8，12.8，11.8，11.6，12.7，11.6，13.9

假设每千克汽油的里程是正态分布，问这两种类型的汽车每千克汽油的行驶里程是否有显著差别。显著性水平为 0.05。

6.10 对两所高校学生跨校选课情况进行调查，在甲校中调查 60 人，18 人跨校选课；在乙校中调查 40 人，14 人跨校选课，能否根据以上数据，认为乙校跨校选课的人数比例高于甲校？

第 7 章

方 差 分 析

饮料的包装

某公司成功地开发一种新型的饮料配方。商标已经获得注册，下一步准备批量生产投入市场。在此之前，营销部研究包装问题：塑料瓶装还是金属易拉罐装。不知两种不同的包装是否对该饮料的销量产生影响？如果只能二选一，那么选择何种包装更合适呢？

7.1 方差分析基本思想

7.1.1 方差分析的基本概念

方差分析（analysis of variance，ANOVA）是分析试验（或观察）数据的一种实用、有效的分析方法，能够解决多个均值是否相等的检验问题。一个复杂的事物，往往要受到许多因素的影响和制约，如工业生产中的原材料、工艺条件、机器设备情况、工人的技术水平等，它们的改变都可能会影响产品的质量。如何通过统计数据，分析因素本身以及各因素间的交互作用，找出对产品质量等特性指标有显著影响的那些因素，就是方差分析要解决的主要问题之一。

方差分析在工业、农业、医学、生物学等各个领域都有着广泛的应用，其内容也十分丰富。我们这里仅通过简单的情形介绍它的基本思想与方法。

方差分析是对多个总体均值是否相等这一假设进行检验。为研究方差分析的基本思想，首先通过一个实际例子说明方差分析的内容及其基本概念。

例 7-1 某服装生产企业生产出一种新款运动衫。运动衫材质与式样等完全相同，仅颜色不同。已知该运动衫的颜色共有四种，分别为黄色、红色、绿色和白色。随机从五家超市上收集了前一个星期该运动衫的销售量，如表 7-1 所示。问运动衫的颜色是否对其销售量产生影响。

这是一个方差分析问题。即对四种颜色的运动衫销售量均值是否相等进行检验。由于运动衫是同一企业生产的，运动衫材质与式样等可能影响销售量的因素全部相同。如果检验结果为 $\mu_1, \mu_2, \mu_3, \mu_4$ 不全相等显著性成立，则意味着它们来自不同的总体，从而表明运动衫的颜色对销售量产生影响。反之，如果检验结果为 $\mu_1 = \mu_2 = \mu_3 = \mu_4$ 显著性成

表 7-1　该新款运动衫在五家超市的销售情况　　　　　　　　　　　　　　　　件

超市	黄色	红色	绿色	白色
1	18	32	19	29
2	22	28	18	34
3	25	30	16	21
4	30	26	24	26
5	27	28	23	25

立,则可以认为运动衫的颜色对销售量没有影响,它们来自相同的总体。

在方差分析中,常常用到一些术语。一个是因素,因素是一个独立的变量,也是方差分析研究的对象。在例 7-1 中,运动衫的颜色就是一个因素。因素中的内容称为水平。例 7-1 因素中的水平有四个,即运动衫的四种颜色。如果方差分析只针对一个因素进行,称为单因素方差分析;如果同时针对多个因素进行,称为多因素方差分析。在多因素方差分析中,双因素方差分析是最常见的。在方差分析中,通常假定各个水平的观察数据是来自服从正态分布总体中的随机样本,各个总体相互独立,且方差相同。实际应用中严格地满足这些假定,特别是对社会经济现象的分析,确实过于苛刻。但一般应近似地符合上述要求。

7.1.2　方差分析的基本原理

从方差分析的目的看,是要检验各个水平的均值 $\mu_1, \mu_2, \cdots, \mu_k$ 是否相等,而实现这个目的的手段就是方差的比较。观察值之间存在差异,差异的产生来自两个方面,一个方面是由因素中的不同水平造成的,如运动衫的不同颜色带来不同的销售量,对此我们可以称为系统性差异;另一个方面是由于抽选样本的随机性而产生的差异,如相同颜色的运动衫在不同的商场销售量也不同。两个方面产生的差异可以用两个方差来计量,一个称为水平之间的方差,一个称为水平内部的方差。前者既包括系统性因素,也包括随机性因素;后者仅包括随机性因素。如果不同的水平对结果没有影响,如例 7-1 中运动衫的颜色对销售量不产生影响,那么在水平之间的方差中,就仅仅有随机因素的差异,而没有系统性差异,它与水平内部方差就应该近似,两个方差的比值就会接近于 1;反之,如果不同的水平对结果产生影响,在水平之间的方差中就不仅包括随机性差异,也包括系统性差异。这时,该方差就会大于水平内方差,两个方差的比值就会显著地大于 1 许多,当这个比值大到某个程度,或者说达到某临界点时,就可以作出判断,说明不同的水平之间存在显著性差异。因此,方差分析就是通过不同方差的比较,作出接受原假设或拒绝原假设的判断。

7.1.3　方差分析的基本方法

方差分析中,水平间(也称组间)方差和水平内(也称组内)方差之比是一个统计量。数理统计已经证明,这个统计量服从 F 分布(F distribution)。

$$F = \frac{组间方差}{组内方差} \tag{7-1}$$

F 分布有以下几个特征。

(1) 统计量 F 是大于零的正数。

(2) F 分布曲线为正偏态,它的尾端以横轴为渐进线趋于无穷。

(3) F 分布是一种连续的概率分布,不同的自由度组合有不同的 F 分布曲线,如图 7-1 所示。

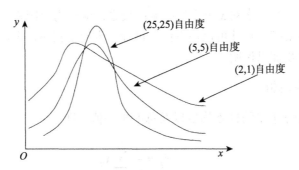

图 7-1　不同自由度下 F 分布曲线

由图 7-1 可以看出,随着分子和分母自由度的增加,F 分布以对称的正态分布为极限。许多类型的假设检验需要利用 F 分布,方差分析就是其中重要的一种。方差分析的基本方法就是利用 F 分布进行假设检验。

7.2　单因素方差分析

7.2.1　单因素方差分析的数据结构

单因素方差分析的数据结构如表 7-2 所示。

表 7-2　单因素方差分析的数据结构

观察值	因素（A）j			
i	水平 1	水平 2	…	水平 k
1	x_{11}	x_{12}	…	x_{1k}
2	x_{21}	x_{22}	…	x_{2k}
⋮	⋮	⋮	⋮	⋮
m	x_{m1}	x_{m2}	…	x_{mk}

表 7-2 中,因素 A 位于列的位置,这样与计算机中数据库的结构相一致,便于计算机处理。因素 A 共有 k 个水平,x_{ij} 代表第 j 种水平的第 i 个观察值。

7.2.2 单因素方差分析的基本步骤

在一项试验中，如果只考虑一个因素的效应，而让其余因素保持不变，则称为单因素试验。因素所处的状态或等级称为水平。如7.1.1节所言，如果方差分析只针对一个因素进行，称为单因素方差分析。由例7-1可知，不同水平下销售量x的概率分布服从正态分布，并且有相同方差。因此，水平的差异必然体现在水平均值的差异上。于是作为单因素的方差分析，其目标是检验水平均值$\mu_j (j=1,2,3,4)$是否相等。如果相等，我们说运动衫的颜色这个因素对x不产生影响；反之，就认为该因素对x产生影响。

方差分析借助统计软件可以很方便地进行。为便于叙述，也便于读者理解，我们将方差分析分为几步加以说明。

1. 计算水平均值

令$\bar{x}_j$表示第j水平的样本均值以及总的平均值，即

$$\bar{x}_j = \frac{1}{n_j}\sum_{i=1}^{n_j} x_{ij} \tag{7-2}$$

$$\bar{\bar{x}} = \frac{1}{n}\sum_{j=1}^{4}\sum_{i=1}^{n_j} x_{ij} = \frac{\sum_{j=1}^{4}\sum_{i=1}^{n_j} x_{ij}}{\sum_{j=1}^{4} n_j} \tag{7-3}$$

式中：x_{ij}为第j水平下的第i个观察值；n_j为第j水平下的观察值个数。结合表7-1中的数据，将计算结果列于表7-3。

表7-3 四种颜色运动衫销售量及均值

观察值（i）	水平（j）			
	1（黄色）	2（红色）	3（绿色）	4（白色）
1	18	32	19	29
2	22	28	18	34
3	25	30	16	21
4	30	26	24	26
5	27	28	23	25
合计	122	144	100	135
水平均值	$\bar{x}_1$=24.4	$\bar{x}_2$=28.8	$\bar{x}_3$=20.0	$\bar{x}_4$=27.0
观察值个数	n_1=5	n_2=5	n_3=5	n_4=5
总均值	$\bar{\bar{x}}$=25.05			

2. 计算离差平方和

方差分析中，离差平方和有三个，它们分别是总离差平方和（sum of squares for total）、

误差项离差平方和（sum of squares for error）以及水平项离差平方和（sum of squares for factor A）。

首先看总离差平方和，用 SST 表示，其计算公式为

$$\text{SST} = \sum\sum (x_{ij} - \overline{\overline{x}})^2 \tag{7-4}$$

SST 反映了离差平方和的总体情况。

再看误差项离差平方和，用 SSE 表示，其计算公式为

$$\text{SSE} = \sum\sum (x_{ij} - \overline{x}_j)^2 \tag{7-5}$$

SSE 反映的是水平内部，或组内观察值的离散状况。

最后一个是水平项离差平方和。为了后面叙述方便，可以把单因素方差分析中的因素称为 A。于是水平项离差平方可以用 SSA 表示，其计算公式为

$$\text{SSA} = \sum\sum (\overline{x}_j - \overline{\overline{x}})^2 \tag{7-6}$$

可以看出，它所表现的是组间差异。其中包括随机因素，也包括系统因素。

SST、SSE、SSA 之间存在一定的联系。可以证明这种联系表现为

$$\text{SST} = \text{SSE} + \text{SSA} \tag{7-7}$$

根据表 7-3 计算得到 SST = 464.95，SSE = 246，SSA = 218.95。SST = SSE + SSA 显然成立。

3. 计算平均平方

用离差平方和除以其自由度即可得到平均平方（mean square）。离差平方的计算前面已经介绍，下面介绍如何确定各离差平方和的自由度。

对 SST 来说，因为它只有一个约束条件，即 $\sum\sum(x_{ij} - \overline{x}) = 0$，因此其自由度为 $n-1$。对 SSA 来说，因为有 r 个水平，但它只有一个约束条件，即 $\sum\sum(\overline{x}_j - \overline{x}) = 0$，因此其自由度为 $r-1$。对 SSE 来说，其自由度为 $n-r$。因为对每一种水平而言，其观察值个数为 n_i，该种水平下的自由度为 $n_i - 1$，总共有 r 个水平，因此拥有的自由度个数为 $r(n_i - 1) = n - r$。

由此可见，与离差平方和一样，SST、SSE、SSA 之间的自由度也存在同样的关系：

$$df_{\text{SST}} = df_{\text{SSE}} + df_{\text{SSA}} \tag{7-8}$$

令 MSA，MSE 分别表示 SSA，SSE 的平均平方，则

$$\text{MSA} = \frac{\text{SSA}}{r-1} \tag{7-9}$$

$$\text{MSE} = \frac{\text{SSE}}{n-r} \tag{7-10}$$

在上例中：$\text{MSA} = \frac{218.95}{4-1} \approx 72.983$，$\text{MSE} = \frac{246}{20-4} = 15.375$。

4. 列方差分析表

根据式（7-1）以及平均平方的计算，知 F 值的计算为

$$F = \frac{\text{组间方差}}{\text{组内方差}} = \frac{\text{MSA}}{\text{MSE}} \quad (7\text{-}11)$$

在上例中：$F = \dfrac{72.983}{15.375} \approx 4.747$

为了将方差分析的主要过程表现得更清楚，通常把有关计算结果列成方差分析表，如表 7-4 所示。使用计算机进行方差分析，其输出结果的构造与表 7-3 类似。

表 7-4　方差分析表

方差来源	离差平方和 SS	自由度 df	平均平方 MS	F 值
组间	SSA	$r-1$	MSA	$\dfrac{\text{MSA}}{\text{MSE}}$
组内	SSE	$n-r$	MSE	
总差异	SST	$n-1$		

5. 均值的 F 检验

方差分析的关键是对若干均值是否相等进行 F 检验。为使读者进一步掌握方差分析方法，下面简要说明 F 检验。

H_0：$\mu_1 = \mu_2 = \cdots = \mu_k$（假设目标因素对研究对象没有影响）。

H_1：$\mu_1, \mu_2, \cdots, \mu_k$ 不全相等（假设目标因素对研究对象有影响）。

计算统计量 F 的值，在规定显著性水平下查 F 的临界值 $F_\alpha(r-1, n-r)$。

决策准则是：若 $F > F_\alpha(r-1, n-r)$，则拒绝 H_0，认为目标因素对研究对象有影响；否则，接受 H_0，认为目标因素对研究对象没有影响。

仍以前面运动衫颜色对销售量影响为例，对所关心的问题提出原假设和对立假设：

H_0：$\mu_1 = \mu_2 = \mu_3 = \mu_4$（颜色对运动衫的销量没有影响）。

H_1：$\mu_1, \mu_2, \mu_3, \mu_4$ 不全相等（颜色对运动衫的销量有影响）。

计算统计量 F 的值为 $F = 4.747$。

若 $\alpha = 0.05$，查 F 的临界值 $F_\alpha(r-1, n-r) = F_{0.05}(3, 16) = 3.24$。

因为 $F > F_\alpha(r-1, n-r)$，则拒绝 H_0，认为颜色对运动衫的销量有影响。

方差分析的过程中计算比较复杂，但利用统计软件进行方差分析非常方便。对上题，SPSS 软件输出的方差分析表如表 7-5 所示。

表 7-5　SPSS 软件输出的方差分析表

	Sum of Squares	df	Mean Square	F	Sig.
Between Groups	218.950	3	72.983	4.747	0.015
Within Groups	246.000	16	15.375		
Total	464.950	19			

7.2.3 单因素方差分析中的不等重复问题

在介绍了方差分析的基本过程之后,对单因素方差分析有了基本的了解。各个水平下的样本容量可以相同,也可以不同。前面的例子是样本容量相同的情况,下面看一个样本容量不同的例子。

例 7-2 H 公司设计师为了解消费者对该公司最近上市的产品设计的满意程度,进行了一次问卷调查。从 5 个地区随机抽取 35 名购买并使用过该产品的消费者进行调查,每个被调查者独立给该产品设计打分,结果如表 7-6 所示,试检验各个地区消费者的评价是否有显著差别($\alpha = 0.05$)。

表 7-6　5 个地区消费者对 H 公司最近上市的产品设计的满意程度的评价

分数	地区 1	地区 2	地区 3	地区 4	地区 5
1	95	98	89	78	96
2	90	86	77	87	94
3	75	92	85	82	92
4	79	93	86	80	81
5	88	78	81	77	85
6	94	94	80		89
7		82	97		93
8			72		88
9			86		

解: $H_0: \mu_1 = \mu_2 = \mu_3 = \mu_4 = \mu_5$(各个地区消费者的评价没有显著差异)。

$H_1: \mu_1, \mu_2, \mu_3, \mu_4, \mu_5$ 不全相等(各个地区消费者的评价有显著差异)。

利用 SPPS 软件,将计算结果列于表 7-7。

表 7-7　5 个地区消费者的满意程度 SPPS 软件输出的方差分析表

	Sum of Squares	df	Mean Square	F	Sig.
Between Groups	361.552	4	90.388	2.087	0.107
Within Groups	1 299.133	30	43.304		
Total	1 660.686	34			

由于 F 值的显著性水平 Sig. = 0.107 > 0.05,故接受原假设。可以认为各个地区消费者的评价没有显著差异。

7.3　双因素方差分析

7.3.1　双因素方差分析的类型

在实际问题的研究中,影响因素可能不止一个,有时需要考虑两个因素对实验结果的影响。例如，7.2 节中运动衫销售量的例子，除了关心运动衫颜色之外，我们还想了解销量地区是否影响销售量。如果在不同的地区，销售量存在显著的差异，就需要分析原因，采用不同的推销策略，使该运动衫品牌在市场占有率高的地区继续深入人心，保持领先地位；在市场占有率低的地区，进一步扩大宣传，让更多的消费者了解、接受该产品。若把运动衫的颜色看作影响销售量的因素 A，运动衫的销售地区则是影响因素 B。对因素 A 和因素 B 同时进行分析，就属于双因素方差分析。双因素方差分析的内容，是对影响因素进行检验，如究竟是一个因素在起作用，还是两个因素都在起作用，或是两个因素的影响都不显著。

双因素方差分析有两种类型：一种是无交互作用的双因素方差分析，它假定因素 A 和因素 B 的效应之间是相互独立的，不存在相互关系；另一种是有交互作用的双因素方差分析，它假定因素 A 和因素 B 的结合会产生出一种新的效应。例如，若假定不同地区的消费者对某种颜色有与其他地区消费者不同的特殊偏爱，这就是两个因素结合后产生的新效应，属于有交互作用的背景，否则，就是无交互作用的背景。有交互作用的双因素方差分析已超出本书的范围，这里仅仅介绍无交互作用的双因素方差分析。

7.3.2 双因素方差分析的数据结构

双因素方差分析的数据结构如表 7-8 所示。

表 7-8 双因素方差分析的数据结构

		因素 A				$\bar{x}_{i*}$
		A_1	A_2	$\cdots$	A_k	
因素 B	B_1	x_{11}	x_{12}	$\cdots$	x_{1k}	$\bar{x}_{1*}$
	B_2	x_{21}	x_{22}	$\cdots$	x_{2k}	$\bar{x}_{2*}$
	$\vdots$	$\vdots$	$\vdots$	$\vdots$	$\vdots$	$\vdots$
	B_m	x_{m1}	x_{m2}	$\cdots$	x_{mk}	$\bar{x}_{m*}$
$\bar{x}_{*j}$		$\bar{x}_{*1}$	$\bar{x}_{*2}$	$\cdots$	$\bar{x}_{*k}$	$\bar{x}$

表 7-8 中，因素 A 位于列的位置，共有 k 个水平，$\bar{x}_{*j}$ 代表第 j 种水平的样本平均数；因素 B 位于行的位置，共有 m 个水平，$\bar{x}_{i*}$ 代表第 i 种水平的样本平均数。$\bar{x}$ 为样本总平均数，样本容量 $n = mk$。

将 x_{ij} 看作由因素 A 的 k 个水平和因素 B 的 m 个水平所组合成的 mk 个总体中抽取样本容量为 1 的独立随机样本。这 mk 个总体的每一个总体均服从正态分布，且有相同的方差。这是进行双因素方差分析的假定条件。

7.3.3 离差平方和的计算

与单因素方差分析类似，进行双因素方差分析，需要将总离差平方和 SST 进行分解；区别在于，这里需要将总离差平方和分解为三个组成部分，即 SSA、SSB 和 SSE，

以分别反映因素 A 的组间差异、因素 B 的组间差异和随机误差 SSE 的离散状况。

它们的计算公式分别为

$$\mathrm{SST} = \sum\sum(x_{ij} - \overline{\overline{x}})^2 \tag{7-12}$$

$$\mathrm{SSA} = \sum\sum(\overline{x}_{*j} - \overline{\overline{x}})^2 = \sum m(\overline{x}_{*j} - \overline{\overline{x}})^2 \tag{7-13}$$

$$\mathrm{SSB} = \sum\sum(\overline{x}_{i*} - \overline{\overline{x}})^2 = \sum k(\overline{x}_{i*} - \overline{\overline{x}})^2 \tag{7-14}$$

$$\mathrm{SSE} = \mathrm{SST} - \mathrm{SSA} - \mathrm{SSB} \tag{7-15}$$

与各个离差平方和相对应的自由度分别是：总离差平方和 SST 的自由度为 $mk-1=n-1$；因素 A 的离差平方和 SSA 的自由度为 $k-1$；因素 B 的离差平方和 SSB 的自由度为 $m-1$；随机误差 SSE 的自由度为 $(k-1)(m-1)=n-m-k+1$。

于是可以计算出均方差。

对因素 A 而言：

$$\mathrm{MSA} = \frac{\mathrm{SSA}}{k-1} \tag{7-16}$$

对因素 B 而言：

$$\mathrm{MSB} = \frac{\mathrm{SSB}}{m-1} \tag{7-17}$$

对随机误差项而言：

$$\mathrm{MSE} = \frac{\mathrm{SSE}}{n-m-k+1} \tag{7-18}$$

由此可以编制出双因素方差分析表，如表 7-9 所示。

表 7-9 双因素方差分析表

误差来源	离差平方和 SS	自由度 df	平均平方 MS	F 值
因素 A	SSA	$k-1$	MSA	$F_A = \dfrac{\mathrm{MSA}}{\mathrm{MSE}}$
因素 B	SSB	$m-1$	MSB	$F_B = \dfrac{\mathrm{MSB}}{\mathrm{MSE}}$
随机误差	SSE	$(k-1)(m-1)$	MSE	
合计	SST	$n-1$		

表 7-9 中，F_A 是因素 A 的统计量，它是 MSA 和 MSE 的比值，可以看出，其计算过程与单因素方差分析中计算 F 值的方式相同；F_B 是因素 B 的统计量，它是 MSB 和 MSE 的比值，其计算方式与 F_A 的计算方式类似。

7.3.4 应用实例

为了让读者掌握双因素方差分析方法，下面通过一个例题，说明双因素方差分析的整个过程。

例 7-3 某商品有五种不同的包装方式（因素 A），有四种不同样式（因素 B），除此包装与样式存在差异之外，该商品其他属性完全相同。现从一个规模很大的超级市场得到该商品 2018 年 8 月的销售资料如表 7-10 所示。问包装方式和样式对该商品销售是否有显著性影响（$\alpha = 0.05$）。

表 7-10 某种商品 2018 年 8 月的销售资料

		包装（A）				
		A_1	A_2	A_3	A_4	A_5
样式（B）	B_1	25	33	45	27	28
	B_2	29	37	29	36	40
	B_3	34	42	38	43	26
	B_4	39	29	41	28	36

解：若五种包装方式的销售均值相等，则表明不同的包装方式在销售上没有差别；同理，若四种样式的销售均值相等，则表明样式在销售上没有影响。故方差分析的过程如下。

（1）建立假设。对因素 A：

H_{0A}：$\mu_1 = \mu_2 = \mu_3 = \mu_4 = \mu_5$（包装方式在销售上没有显著差别）。

H_{1A}：$\mu_1, \mu_2, \mu_3, \mu_4, \mu_5$ 不全相等（包装方式在销售上有显著差别）。

对因素 B：

H_{0B}：$\mu_1 = \mu_2 = \mu_3 = \mu_4$（样式在销售上没有显著差别）。

H_{1B}：$\mu_1, \mu_2, \mu_3, \mu_4$ 不全相等（样式在销售上有显著差别）。

（2）计算 F 值。由表 7-10 中数据计算得

因素 A 的列均值分别为

$$\bar{x}_{*1} = 31.75, \bar{x}_{*2} = 35.25, \bar{x}_{*3} = 38.25, \bar{x}_{*4} = 33.5, \bar{x}_{*5} = 32.5$$

因素 B 的行均值分别为

$$\bar{x}_{1*} = 31.6, \bar{x}_{2*} = 34.2, \bar{x}_{3*} = 36.6, \bar{x}_{4*} = 34.6$$

总均值 $\bar{\bar{x}} = 34.25$。于是，由式（7-12）～式（7-15）有

$$\text{SST} = (25 - 34.25)^2 + \cdots + (36 - 34.25)^2 = 749.75$$

$$\text{SSA} = 4 \times (31.75 - 34.25)^2 + \cdots + 4 \times (32.25 - 34.25)^2 = 107.5$$

$$\text{SSB} = 5 \times (31.6 - 34.25)^2 + \cdots + 5 \times (34.6 - 34.25)^2 = 63.35$$

$$\text{SSE} = 749.75 - 107.5 - 63.65 = 578.9$$

由式（7-16）～式（7-18）有 MSA = 26.875，MSB = 21.117，MSE = 48.242。因此

$$F_A = \text{MSA} / \text{MSE} \approx 0.557, F_B = \text{MSB} / \text{MSE} \approx 0.438$$

（3）统计决策。查表得 $F_{0.05}(4,12) = 3.26$，$F_{0.05}(3,12) = 3.49$。因为 $F_A = 0.557 < 3.26 = F_{0.05}(4,12)$，故接受 H_{0A}，认为包装方式在产品销售上没有显著差别。因为 $F_B = 0.438 < 3.49 = F_{0.05}(3,12)$，故接受 H_{0B}，认为样式在产品销售上没有显著差别。

方差分析借助计算机及其相关统计软件计算相当方便。表 7-11 所示为 SPSS 软件输出的方差分析表。

表 7-11 SPSS 软件输出的方差分析表

Source	Type III Sum of Squares	df	Mean Square	F	Sig.
Corrected Model	170.850	7	24.407	0.506	0.813
Intercept	23 461.250	1	23 461.250	486.328	0.000
样式	63.350	3	21.117	0.438	0.730
包装	107.500	4	26.875	0.557	0.698
Error	578.900	12	48.242		
Total	24 211.000	20			
Corrected Total	749.750	19			

根据表 7-11 中计算的 F 值与查表得 $F_{0.05}(4,12) = 3.26$，$F_{0.05}(3,12) = 3.49$ 很容易判断：接受 H_{0A}，认为包装方式在销售上没有显著差别；接受 H_{0B}，认为样式在销售上没有显著差别。此外，根据表中的 Sig. 的值，可以更方便地得到同样的结论。

7.4 案例：员工生产效率的差异

7.4.1 案例背景

某公司新招纳 30 名员工，特将他们平均分成甲、乙、丙三组，分别在四条生产线上工作一个星期。生产部经理记录了三组员工在四条生产线上工作一个星期的总产量，如表 7-12 所示。生产部经理希望通过此次调查，能够了解这批新员工的工作效率是否有显著差异，并找出使工作效率最高的分配方案。

表 7-12 工作效率相关数据　　　　　　　　　　件

生产线	新员工								
	甲			乙			丙		
A	755	758	862	1 213	1 223	912	856	946	1 062
B	891	901	898	769	778	799	994	1 121	1 124
C	756	898	811	923	934	825	932	935	934
D	911	1 011	1 103	763	845	867	879	882	891

7.4.2 案例分析

下面通过 SPSS 软件来分析。

1. 在 SPSS 软件中输入数据

首先在 Variable View 文本框内输入变量名称和属性，然后在 Date View 文本框内按项目输入数据（图 7-2）。

	员工	生产线	总产量	var
1	甲	A	755	
2	甲	A	758	
3	甲	A	862	
4	甲	B	891	
5	甲	B	901	
6	甲	B	898	
7	甲	C	756	
8	甲	C	898	
9	甲	C	811	
10	甲	D	901	
11	甲	D	1011	
12	甲	D	1103	
13	乙	A	1213	
14	乙	A	1223	
15	乙	A	912	
16	乙	B	769	

图 7-2　在 SPSS 软件中输入数据

2. 方差齐性检验

操作步骤如下。

（1）选择菜单 Analyze →General Linear Model→Univariate…。

（2）打开 Univariate 对话框，将变量"总产量"添加到文本框中，将"生产线""员工"添加到文本框中，得到图 7-3 所示结果。

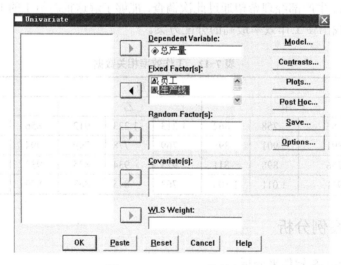

图 7-3　Univariate 对话框

（3）单击 Options 按钮，弹出 Univariate: Options 对话框，选择 Homogeneity tests 选项，如图 7-4 所示，然后单击 Continue 按钮。

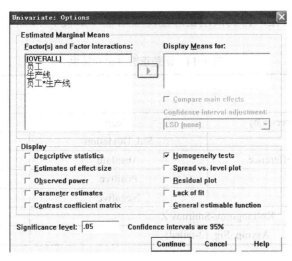

图 7-4　Univariate: Options 对话框

（4）单击 OK 按钮，得到方差齐次性检验结果，如表 7-13 所示。

表 7-13　方差齐次性检验结果

F	$df1$	$df2$	Sig.
4.169	11	24	0.002

Dependent Variable: 总产量；Tests the null hypothesis that the error variance of the dependent variable is equal across groups. a Design: Intercept+员工+生产线+员工×生产线

由显著性概率可知，误差项满足方差齐次性。

3. 误差项的正态性检验

操作步骤如下。

（1）选择菜单 Analyze → Nonparametric Tests → 1-Sample K-S…。

（2）打开 One-Sample Kolmogorov-Smirnov Test 对话框，将变量"总产量"添加到 Test Variable List 文本框中，如图 7-5 所示。

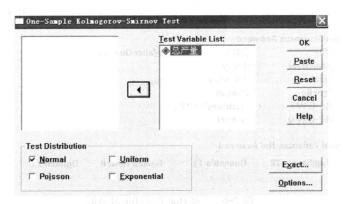

图 7-5　One-Sample Kolmogorov-Smirnov Test 对话框

（3）单击 OK 按钮，得到误差正态性检验结果，如表 7-14 所示。

表 7-14　误差正态性检验结果

N		总产量
		36
Normal Parameters(a,b)	Mean	915.33
	Std. Deviation	123.488
Most Extreme Difference	Absolute	0.187
	Positive	0.187
	Negative	−0.097
Kolmogorov-Smirnov Z		1.120
Asymp. Sig. (2-tailed)		0.162

由于表中 $P=0.162>0.05$，因此不能拒绝原假设，认为误差项服从正态分布。由以上两项检验可知，该实验数据符合方差分析的假定，因此可以进行方差分析。

4. 方差分析

操作步骤如下。

（1）选择菜单 Analyze →Nonparametric Tests→1-Sample K-S…。

（2）打开 One-Sample Kolmogorov-Smirnov Test 对话框，将变量"总产量"添加到 Test Variable List 文本框中，见图 7-5。

（3）单击 Post Hoc 按钮，打开图 7-6 所示的对话框，将"生产线"和"员工"都添加到"Post Hoc Tests for"对话框中，然后在 Equal Variances Assumed 选项栏中选择 LSD 和 S-N-K，最后单击 Continue 按钮。

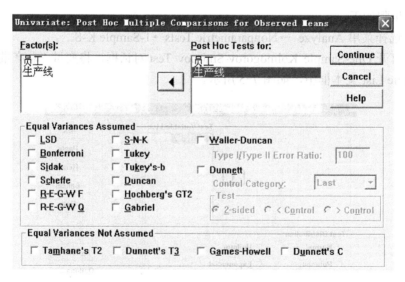

图 7-6　Post Hoc Tests for 对话框

（4）单击 Options 按钮，出现 Univariate：Options 对话框后，将"生产线""员工"和"员工*生产线"都添加到 Display Means for 对话框中，然后单击 Continue 按钮，如图 7-7 所示。

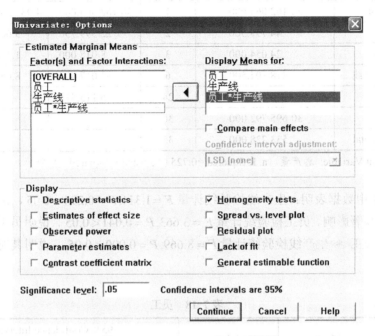

图 7-7　Univariate: Options 对话框

（5）单击 OK 按钮，得到检验结果，如表 7-15～表 7-22 所示。

表 7-15　员工与生产线因素

		N
员工	丙	12
	甲	12
	乙	12
生产线	A	9
	B	9
	C	9
	D	9

表 7-16　Levene 方差检验

F	df1	df2	Sig.
4.169	11	24	0.002

Dependent Variable: 总产量。Tests the null hypothesis that the error variance of the dependent variable is equal across groups.a　Design: Intercept+员工+生产线+员工 * 生产线

表 7-17 对象之间影响检验

Source	Type III Sum of Squares	df	Mean Square	F	Sig.
Corrected Model	386 958.000(a)	11	35 178.000	5.752	0.000
Intercept	30 162 064.000	1	30 162 064.000	4 932.136	0.000
员工	44 799.500	2	22 399.750	3.663	0.041
生产线	24 054.000	3	8 018.000	1.311	0.294
员工 * 生产线	318 104.500	6	53 017.417	8.669	0.000
Error	146 770.000	24	6 115.417		
Total	30 695 792.000	36			
Corrected Total	533 728.000	35			

Dependent Variable: 总产量。a. R Squared =0.725 (Adjusted R Squared =0.599)

表 7-17 中数据表明：生产线检验统计量 $F=1.311, P=0.294>0.05$，说明生产线对总产量没有显著影响。员工检验统计量 $F=3.663, P=0.041<0.05$，说明员工对总产量有显著影响。员工 * 生产线检验统计量 $F=8.669, P=0.000<0.05$，说明其对总产量有显著影响。

表 7-18 员工

员工	Mean	Std. Error	95% Confidence Interval	
			Lower Bound	Upper Bound
丙	963.000	22.575	916.408	1 009.592
甲	878.750	22.575	832.158	925.342
乙	904.250	22.575	857.658	950.842

Dependent Variable: 总产量

表 7-18 中数据表明：甲、乙、丙三组员工中平均总产量丙最多，乙次之，甲最少。

表 7-19 生产线

生产线	Mean	Std. Error	95% Confidence Interval	
			Lower Bound	Upper Bound
A	954.111	26.067	900.311	1 007.911
B	919.444	26.067	865.645	973.244
C	883.111	26.067	829.311	936.911
D	904.667	26.067	850.867	958.466

Dependent Variable: 总产量

表 7-19 中数据表明：A，B，C，D 四条生产线中平均总产量 A 最多，B 次之，D 第三，C 最少。

表 7-20　员工×生产线

员工	生产线	Mean	Std. Error	95% Confidence Interval	
				Lower Bound	Upper Bound
丙	A	954.667	45.149	861.483	1 047.851
	B	1 079.667	45.149	986.483	1 172.851
	C	933.667	45.149	840.483	1 026.851
	D	884.000	45.149	790.816	977.184
甲	A	791.667	45.149	698.483	884.851
	B	896.667	45.149	803.483	989.851
	C	821.667	45.149	728.483	914.851
	D	1 005.000	45.149	911.816	1 098.184
乙	A	1 116.000	45.149	1 022.816	1 209.184
	B	782.000	45.149	688.816	875.184
	C	894.000	45.149	800.816	987.184
	D	825.000	45.149	731.816	918.184

Dependent Variable: 总产量

表 7-20 中数据表明：丙组员工在 A、B、C、D 四条生产线中平均总产量 B 最多，A 次之，C 第三，D 最少。甲组员工在 A、B、C、D 四条生产线中平均总产量 D 最多，B 次之，C 第三，A 最少。乙组员工在 A、B、C、D 四条生产线中平均总产量 A 最多，C 次之，D 第三，B 最少。

表 7-21　多组员工比较

	(I) 员工	(J) 员工	Mean Difference (I-J)	Std. Error	Sig.	95% Confidence Interval	
						Lower Bound	Upper Bound
LSD	丙	甲	84.25(*)	31.925	0.014	18.36	150.14
		乙	58.75	31.925	0.078	−7.14	124.64
	甲	丙	−84.25(*)	31.925	0.014	−150.14	−18.36
		乙	−25.50	31.925	0.432	−91.39	40.39
	乙	丙	−58.75	31.925	0.078	−124.64	7.14
		甲	25.50	31.925	0.432	−40.39	91.39

Dependent Variable: 总产量。Based on observed means. * The mean difference is significant at the 0.05 level.

表 7-21 中数据表明：甲组员工与乙组员工的平均总产量没有显著差异，甲组员工与丙组员工的平均总产量有显著差异，乙组员工与丙组员工的平均总产量没有显著差异。

表 7-22　总产量效率分析

	员工	N	Subset	
			1	2
Student-Newman-Keuls(a,b)	甲	12	878.75	
	乙	12	904.25	904.25
	丙	12		963.00
	Sig.		0.432	0.078

Means for groups in homogeneous subsets are displayed. Based on Type III Sum of Squares The error term is Mean Square(Error) = 6115.417. a Uses Harmonic Mean Sample Size = 12.000. b Alpha = 0.05.

表 7-22 中数据表明：丙组员工在 B 生产线上效率最高。

表 7-23　总产量

	生产线	N	Subset 1
Student-Newman-Keuls(a,b)	C	9	883.11
	D	9	904.67
	B	9	919.44
	A	9	954.11
	Sig.		0.244

Means for groups in homogeneous subsets are displayed. Based on Type III Sum of Squares The error term is Mean Square (Error) = 6115.417. a Uses Harmonic Mean Sample Size = 9.000. b Alpha = 0.05.

表 7-23 中数据表明：A、B、C、D 四条生产线中 A 的效率最高、B 次之、C 最差。

习　题　7

7.1　试述方差分析的基本思想。

7.2　进行方差分析的假设条件有哪些？

7.3　"有人说方差分析是检验不同总体均值是否相等，那为什么称之为方差分析呢？"请谈谈你对方差分析的理解，并说明运用方差分析解决实际问题的基本思路。

7.4　某商家采用五个不同的销售员来推销某商品。为检验不同销售员推销商品的效果是否有显著差异，随机抽取样本，得到的数据如表 7-24 所示。

表 7-24　不同的销售员推销某商品数量　　　　　　　　　　　件

销售员一	销售员二	销售员三	销售员四	销售员五
89	95	78	76	67
78	91	87	79	98
80	77	86	82	81
92	68	91	85	85
85	89	82	91	80

试计算 F 统计量，并以 $\alpha=0.05$ 的显著性水平作出统计决策。

7.5 五个地区每天发生交通事故的次数如表 7-25 所示。

表 7-25　五个地区每天发生交通事故的次数

东部	西部	中部	南部	北部
15	12	8	12	9
10	9	8	17	11
8	8	10	8	12
20	12	15	14	15
	6	19	17	
		10	13	
		16		

试以 $\alpha=0.05$ 的显著性水平检验各地区平均每天交通事故的次数是否相等。

7.6 某商品有不同的包装，在五个地区销售。销售数量如表 7-26 所示。

表 7-26　销售数量　　　　　　　　　　　　　　　件

		包装			
		A_1	A_2	A_3	A_4
地区	B_1	125	133	145	137
	B_2	139	147	139	136
	B_3	134	142	138	148

试以 $\alpha=0.05$ 的显著性水平检验该商品不同的包装和在不同的地区销售，销售数量之间是否有显著差异。

第 8 章

相关与回归分析

广告费用支出与产品销售量的关系

某公司 2001—2017 年的广告费（单位：万元）依次为 25，32，46，42，58，62，55，66，85，85，80，93，95，100，110，125，120；产品销售量（单位：万件）依次为 89，90，112，115，146，165，187，168，196，205，200，221，254，255，268，296，290。问题：该公司广告费支出与对应产品销售量之间是否存在相关关系？如果其他条件不变，2018 年广告费支出 150 万元，预计产品销售量为多少？反之，若 2018 年销售任务为 350 万件，则广告费投入必须是多少？

8.1 变量的相关分析

8.1.1 相关关系的概念

在现实生活中，我们无时无刻不在接触各种各样的关系。这些关系相互联系，相互依赖，相互制约。例如，在一定条件下，粮食的产量随着施肥量的增加而增加；汽油的价格大幅波动影响着汽车的销售；圆的面积随着圆的半径的不同而发生变化；等等。

分析上述关系，我们不难发现，现象之间存在两种不同的类型的数量关系：一种是函数关系，另一种是相关关系。函数关系指的是变量之间存在严格的依存关系，它们之间的关系值是固定的，对于某一变量的每一个值，都有另一个变量的完全确定的值与之相对应。例如，圆的面积等于圆周率乘以半径的平方，黄金的重量等于其体积乘以密度。相关关系是指变量之间确实存在的但关系值不固定的相互依存关系。在这种关系中，当一个（或几个）变量的值确定以后，另一个变量的值虽然与它（或它们）有关，但却不能完全确定。这是一种非确定性的关系。例如，家用小汽车的拥有率与人均收入水平有关，但对于人均收入水平相同的地区，其家用小汽车的拥有率可能不尽相同，这是因为人们对家用小汽车的需求除了主要受收入水平影响外，还依赖于其他诸多因素。

在客观事物中，尤其是在经济现象中，相关关系普遍存在。对这种关系进行研究有着非常重要的现实意义。在相关关系中，通常存在一定的因果关系，这时就把其中起着影响作用的现象具体化，通过一定的变量反映出来，这样的变量称为自变量；由于受到自变量变动的影响而发生变动的变量称为因变量。例如，在粮食亩产量与施肥量之间，施肥量这一变量就是自变量，亩产量这一变量就是因变量。当研究的是两个变量之间的关系时，通常以符号 X 表示自变量，以符号 Y 表示因变量。在相关关系中，有时两个变量之间只存在相互联系而并不存在明显的因果关系。例如，在企业原材料消耗量与产品产量之间存在一定的联系，但二者之间难以指出哪一个是原因，哪一个是结果。这时，确定哪一个是自变量，哪一个是因变量，主要决定于研究的目的。例如，为了研究产量增加所需增加的原材料消耗量，就把产量看作自变量，而把原材料消耗量看作因变量。若研究原材料消耗量增加所能增加的产量，则把原材料消耗量作为自变量，把产量作为因变量。

8.1.2 相关关系的种类

客观现象之间的相关关系可以按不同的标志加以区分，以得到不同的种类。

1. 正相关和负相关

按相关的方向不同，相关关系可分为正相关和负相关。当一种现象的数量由小变大，另一种现象的数量也相应由小变大，这种相关称为正相关。例如，汽车的使用年限与汽车的修理费用之间的关系，产品的产量与耗电量之间的关系。当一种现象的数量由小变大，而另一种现象的数量相反地由大变小，这种相关称为负相关。例如，产品产量与单位产品成本之间的关系，商品的销售量与这种商品的价格之间的关系。

2. 完全相关、不完全相关和不相关

按相关的程度不同，相关关系可分为完全相关、不完全相关和不相关。当一种现象的数量变化完全由另一种现象的数量变化所确定时，称这两种现象间的关系为完全相关。例如，在价格不变的条件下，某种商品的销售总额与其销售量总是呈正比例关系。在这种场合，相关关系便成为函数关系，因此也可以说函数关系是相关关系的一个特例。当两种现象彼此互不影响，其数量变化各自独立时，称为不相关现象。例如，通常认为股票价格的高低与气温的高低是不相关的。两种现象之间的关系介于完全相关和不相关之间，称为不完全相关。一般的相关现象都是指这种不完全相关。

3. 线性相关和非线性相关

按相关的形式不同，相关关系可分为线性相关和非线性相关。当两种相关现象之间的关系大致呈现为线性关系时，称为线性相关。例如，企业总销售额与产品的价格呈线性关系。如果两种相关现象之间并不表现为直线的关系，而是某种曲线方程的关系，则这种相关关系称为非线性相关。例如，产品的销售量与产品价格之间表现为一种非线性相关。

4. 单相关、复相关和偏相关

按研究变量的多少不同，相关关系可分为单相关、复相关和偏相关。一个变量与另

一个变量的相关关系称为单相关。例如，产品销售量与广告费用支出的关系是单相关。一个变量与两个或两个以上变量的相关关系称为复相关。例如，产品的销售额与产品销售量及产品价格之间的关系是复相关。假定其他变量不变，其中两个变量之间的相关关系称为偏相关。例如，在假定人们的收入水平不变的条件下，某种商品的需求与其价格水平的关系就是一种偏相关。

5. "真实相关"和"虚假相关"

按相关的性质不同，相关关系可分为"真实相关"和"虚假相关"。当两种现象之间的相关确实具有内在联系时，称为"真实相关"。例如，前面所述的消费与收入的相关、需求与价格和收入的相关等都可以说是"真实相关"。当两种现象之间的相关只是表面存在，实质上并没有内在联系时，称为"虚假相关"。例如，有人曾经观察过某一个国家历年的国内生产总值与另一个国家人口数量的关系，发现两者之间存在相当高的正相关。这种相关就是一种比较典型的"虚假相关"。判断什么是"真实相关"，什么是"虚假相关"，必须依靠有关的实质性科学提供的知识。

8.1.3 相关关系的显示

相关表和相关图是研究相关关系的直观工具。一般在进行详细的定量分析之前，可以先利用它们对现象之间存在的相关关系的方向、形式和密切程度作大致的判断。

相关表是一种反映变量之间相关关系的统计表。将某一变量按其取值的大小排列，然后再将与其相关的另一变量的对应值平行排列，便可得到简单的相关表。

例如，假设对某小区 10 户居民收入和消费进行调查，得到的资料如表 8-1 所示。

表 8-1 某小区居民收入和消费的情况　　　　　　　　　　　百元

编号	1	2	3	4	5	6	7	8	9	10
消费	15	16	21	23	25	26	28	30	32	37
收入	18	25	28	30	30	35	40	50	52	60

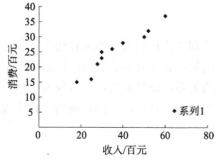

图 8-1 某小区居民收入和消费的散点图

从表 8-1 中可以看出，随着可支配收入的提高，居民的消费支出也有相应提高的趋势，两者之间存在明显的正相关关系。相关图又称散点图，它是以直角坐标系的横轴代表其中一个变量，纵轴代表另一个变量，将两个变量间相对应的变量值用坐标点的形式描绘出来，用来反映两变量之间相关关系的图形。根据表 8-1 的资料绘制的相关图如图 8-1 所示。

8.1.4 相关关系的度量

1. 单相关系数及其检验

1)单相关系数的定义

单相关分析是对两个变量之间的相关程度进行分析。单相关分析所用的指标称为单相关系数,简称相关系数。通常以 ρ 表示总体的相关系数,以 r 表示样本的相关系数。

总体相关系数的定义式为

$$\rho = \frac{\mathrm{Cov}(X,Y)}{\sqrt{D(X) \cdot D(Y)}} \tag{8-1}$$

式中:$\mathrm{Cov}(X,Y)$ 为变量 X 和 Y 的协方差;$D(X), D(Y)$ 分别为变量 X 和 Y 的方差。总体相关系数是反映两变量之间线性相关程度的一种特征值,表现为一个常数。

样本相关系数的定义式为

$$r = \frac{\sum (X_t - \bar{X})(Y_t - \bar{Y})}{\sqrt{\sum (X_t - \bar{X})^2 \sum (Y_t - \bar{Y})^2}} \tag{8-2}$$

样本相关系数是根据样本观测值计算的,抽取的样本不同,计算的结果也会有所差异。样本相关系数是总体相关系数的一致估计量。

2)相关系数与可决系数

由于简单线性回归模型只有一个自变量和一个因变量,其样本回归方程的拟合程度取决于变量 X 和 Y 的相关程度,在这种情况下,相关系数 r 的平方等于可决系数 R^2。

因为可决系数 R^2 是衡量样本回归直线拟合程度的指标,且 $0 \leqslant R^2 \leqslant 1$,所以由相关系数与可决系数的关系,不难看出样本相关系数,有以下几个特点。

(1) r 的取值介于 -1 与 1 之间,即 $r \in [-1,1]$。

(2) 当 $r=0$ 时,表明变量 X 和 Y 之间没有线性关系。

(3) 当 $0<|r|<1$ 时,变量 X 和 Y 之间存在一定的线性相关关系。当 $r>0$ 时,X 和 Y 之间正相关;当 $r<0$ 时,X 和 Y 之间负相关。

(4) 当 $|r|=1$ 时,表明变量 X 和 Y 之间完全线性相关。当 $r=1$ 时,X 和 Y 之间完全正相关。当 $r=-1$ 时,X 和 Y 之间完全负相关。

值得注意的是,$r=0$ 只表明两个变量之间不存在线性关系,但可能存在非线性相关关系,需要利用其他指标去进行分析。此外,相关系数与可决系数虽然有着密切的联系,但是它们之间在概念上又是有所区别的。首先,可决系数是就回归模型而言的,而相关系数是就两个变量而言的。其次,可决系数具有非负性;而相关系数可正可负,其符号由两个变量与其样本均值离差的积和的符号决定。

样本相关系数的计算可以根据其定义式计算,也可以利用其与可决系数的关系计算。在根据定义式计算时,一般不采用式(8-2),而是利用以下便于计算的公式:

$$r = \frac{n\sum X_t Y_t - \sum X_t \sum Y_t}{\sqrt{\left[n\sum X_t^2 - \left(\sum X_t\right)^2\right]\left[n\sum Y_t^2 - \left(\sum Y_t\right)^2\right]}} \quad (8\text{-}3)$$

例 8-1 利用表 8-1 的数据，计算小区居民收入和消费的样本相关系数。

解：将有关数据代入式（8-3），可得

$$r = \frac{10 \times 10\,112 - 253 \times 368}{\sqrt{(10 \times 6\,829 - 253^2)(10 \times 15\,162 - 368^2)}} \approx \frac{8\,016}{8\,509.84} \approx 0.942\,0$$

计算结果表明小区居民收入和消费的样本成正相关且相关程度较大。

3）单相关系数的检验

一般情况下，总体的相关系数 ρ 是未知的，我们通过样本数据计算样本相关系数 r 作为 ρ 的近似估计值。利用样本数据计算相关系数带有一定的随机性。当样本容量越小时，相关系数可信程度就越差。因此也需要对它进行检验。相关系数的显著性检验问题可分为两类：一是对总体相关系数是否等于 0 进行检验，二是对总体相关系数是否等于某一个给定的不为 0 的数值进行检验。这里只介绍对总体相关系数 ρ 是否等于 0 进行检验。

r 的显著性检验通常采用费希尔（R.A.Fisher）提出的 t 分布检验，该检验不仅适用小样本，而且也适用大样本。检验的基本步骤如下。

第一步：提出假设。

$$H_0: \rho = 0, H_1: \rho \neq 0$$

第二步：计算检验统计量。

$$t = \frac{r\sqrt{n-2}}{\sqrt{1-r^2}} \sim t(n-2) \quad (8\text{-}4)$$

第三步：进行决策。根据给定的显著性水平和自由度，查找临界值 $t_{\alpha/2}(n-2)$。若 $|t| > t_{\alpha/2}(n-2)$，则拒绝 H_0，表明总体的两个变量之间存在显著的线性相关关系。若 $|t| \leq t_{\alpha/2}(n-2)$，则接受 H_0，表明总体的两个变量之间不存在显著的线性相关关系。

例 8-2 利用表 8-1 的数据，计算小区居民收入和消费的样本相关系数 $r = 0.962\,7$。试问：是否可以认为该小区居民收入和消费之间存在显著的线性相关关系（$\alpha = 0.05$）。

解：假设 $H_0: \rho = 0, H_1: \rho \neq 0$

已知 $r = 0.962\,7$，$n = 10$，将以上数据代入式（8-4），计算得

$$t = \frac{0.962\,7\sqrt{10-2}}{\sqrt{1-0.962\,7^2}} \approx 10.061\,0$$

查表可知：显著性水平为 0.05，自由度为 8 的临界值为 2.306 0。上式中的统计量的值大于临界值。因此，拒绝 H_0，表明小区居民收入和消费之间存在显著的线性相关关系。

2. 复相关系数和偏相关系数

现实生活中,变量之间的相关关系是很复杂的。变量的数量远不止两个。因此,为了更好地分析影响一个变量的相关因素,多元相关分析是必要的。多元相关分析除了要利用单相关系数外,还要计算复相关系数和偏相关系数。

1)复相关系数

复相关系数是反映一个变量与其他多个变量之间线性相关程度的指标。样本复相关系数(以下简称"复相关系数")的定义式如下:

$$r = \frac{\sum (Y_t - \bar{Y})(\hat{Y}_t - \bar{Y})}{\sqrt{\sum (Y_t - \bar{Y})^2 \sum (\hat{Y}_t - \bar{Y})^2}} \tag{8-5}$$

式中:$\hat{Y}_t$ 是以 $X_1, X_2, \cdots, X_k$ 为解释变量、Y 为被解释变量得到 Y 的估计值。

式(8-5)与单相关系数的定义式十分类似,不同之处仅在于用根据 k 个变量计算另一个变量的回归估计值代替了单相关系数定义式中的 X_t。若所涉及的变量只有两个时,因为 $\hat{Y}_t$ 是 X_t 的严密函数,所以式(8-5)完全等价于单相关系数的定义式。而在多元分析的场合,以上定义的复相关系数的平方实际上就是多元线性回归方程的可决系数。

实际计算复相关系数时,一般不直接根据其定义式,而是先计算出可决系数,然后再计算可决系数的平方根。在多个变量的情况下,偏回归系数有两个或两个以上,其符号可能有正有负,不能按正负来区别,所以复相关系数只取正值。由此可见,$0 \leq r \leq 1$。复相关系数为 1 表明 Y 与 $X_1, X_2, \cdots, X_k$ 之间存在严密的线性关系。复相关系数为 0 则表明 Y 与 $X_1, X_2, \cdots, X_k$ 之间不存在任何线性相关关系。一般情况下,复相关系数的取值在 0 和 1 之间,表明变量之间存在一定程度的线性相关关系。

2)偏相关系数

在对其他变量的影响进行控制的条件下,衡量多个变量中某两个变量之间的线性相关程度的指标称为偏相关系数。偏相关系数不同于单相关系数。在计算单相关系数时,只需要掌握两个变量的观测数据,并不考虑其他变量对这两个变量可能产生的影响。而在计算偏相关系数时,需要掌握多个变量的数据,一方面考虑多个变量相互之间可能产生的影响;另一方面采用一定的方法控制其他变量,专门考查两个特定变量的净相关关系。在多变量相关的场合,由于变量之间存在错综复杂的关系,因此偏相关系数与单相关系数在数值上可能相差很大,有时甚至符号都可能相反。单相关系数受其他因素的影响,反映的往往是表面的非本质的联系,而偏相关系数则较能说明现象之间真实的联系。例如,一种商品的需求既受收入水平的影响又受其价格的影响。按照经济学理论,在一定的收入水平下,该商品的价格越高,商品的需求量就越小。也就是说,需求与价格之间应当是负相关。可是,在现实经济生活中,由于收入和价格常常都有不断提高的趋势,如果不考虑收入对需求的影响,而仅仅利用需求和价格的时间序列数据计算单相关系数,就很有可能得出需求与价格正相关的错误结论。

在阐述偏相关系数与单相关系数区别的基础上,我们进一步讨论偏相关系数的定义公式。在前面我们提到单相关系数可以表现为两个回归系数的几何平均数，样本偏相关系数也可以按照类似的形式来定义，即偏相关系数等于两个相应的偏回归系数的几何平均数。下面举 3 个变量的偏相关分析为例。设有 3 个变量 X_1, X_2, X_3，它们各自以另两个变量为自变量拟合的样本回归方程如下：

$$\begin{cases} \hat{X}_{1t} = \hat{\beta}_{10} + \hat{\beta}_{12} X_{2t} + \hat{\beta}_{13} X_{3t} \\ \hat{X}_{2t} = \hat{\beta}_{20} + \hat{\beta}_{21} X_{1t} + \hat{\beta}_{23} X_{3t} \\ \hat{X}_{3t} = \hat{\beta}_{30} + \hat{\beta}_{31} X_{1t} + \hat{\beta}_{32} X_{2t} \end{cases} \qquad (8\text{-}6)$$

以上各式中的第 1 项均为截距系数，表示当模型中的自变量取零值时因变量的平均值；式中其他回归系数称为偏回归系数。偏回归系数表示：当其他自变量保持不变时，某一自变量变化一个单位而使因变量平均变化的数值。例如，$\hat{\beta}_{12}$ 表示 X_3 保持不变时，X_2 变化一个单位而引起的 X_1 平均变化的数值。利用偏回归系数，3 个变量之间的偏相关系数可定义如下：

$$\begin{cases} r_{12} = \pm \sqrt{\hat{\beta}_{12} \hat{\beta}_{21}} \\ r_{13} = \pm \sqrt{\hat{\beta}_{13} \hat{\beta}_{31}} \\ r_{23} = \pm \sqrt{\hat{\beta}_{23} \hat{\beta}_{32}} \end{cases} \qquad (8\text{-}7)$$

偏相关系数的取值范围在 –1 至 +1 之间，其符号与相应的偏回归系数相同。

以上偏相关系数的定义可以推广到 k 个变量的场合。在进行实际的客观现象的定量分析时，人们所关心的通常是某一个因变量与多个自变量之间的偏相关程度。这时若令 Y 为 X_0，运用同样的方法可以得到因变量 Y 与各自变量的偏相关系数。与简单相关分析的场合类似，利用样本数据计算的复相关系数和偏相关系数也需要进行显著性检验。但限于篇幅，本章不作进一步介绍。

3. 相关指数

对于变量之间存在的非线性相关的强弱，难以用单相关系数去作出正确的判断。在这种场合，可以利用相关指数，作为判断变量之间是否显著存在某种类型的非线性相关关系的尺度。所谓相关指数，也就是对非线性回归模型进行拟合时所得到的可决系数。对相关指数进行显著性检验的方法与对复相关系数进行检验的方法类似。

例 8-3 假设变量 Y 与变量 X 的样本观测值如表 8-2 所示。试计算 Y 与 X 的单相关系数和以 Y 为因变量、X 为自变量的抛物线方程的相关指数，判断 Y 与 X 之间是否存在某种相关关系。

表 8-2　变量 Y 与变量 X 的样本观测值

X	1	2	3	4	5	6	7
Y	12.2	10.5	6.7	5.8	8.6	14.2	16.2

解：利用求单相关系数的公式可得：Y 与 X 的单相关系数 $r = 0.426\,348$，可以认为两者之间线性关系很不密切。但是，拟合抛物线方程可得

$$Y = 17.971\,43 - 6.182\,14X + 0.867\,857X^2$$

$$R^2 = 0.891\,519, F = 163.436\,4$$

因此，可以认为 Y 与 X 之间存在非常显著的抛物线形式的相关关系。

8.2 一元线性回归分析

相关分析旨在测度变量之间的相关程度，它运用相关系数这一工具达到目的。而回归分析则侧重于考查变量之间的数量伴随关系，并通过一定的数学表达式将这种关系描述出来，进而确定一个或几个变量（自变量）的变化对另一个特定变量（因变量）的影响程度。具体来说，回归分析主要解决以下几个方面的问题：从一组样本数据出发，确定出变量之间的数学关系式；对这些关系式的可信程度进行统计检验，并从影响某一特定变量的诸多变量中找出哪些变量的影响是显著的，哪些是不显著的；利用所求的关系式，根据一个或几个变量的取值来估计或预测另一个特定变量的取值，并给出这种估计或预测的置信度。

8.2.1 一元线性回归模型

1. 回归模型

进行回归分析通常要设定一个数学模型。在回归分析中，被解释的变量，称为因变量（dependent variable），习惯用 y 表示。用来预测或解释因变量的变量，称为自变量（independent variable），用 x 表示。例如，在分析贷款余额对不良贷款的影响时，我们的目的是要预测一定的贷款余额条件下的不良贷款是多少。因此不良贷款是被预测的变量，称为因变量，而用来预测不良贷款的贷款余额就是自变量。描述因变量 y 如何依赖于自变量 x 和误差项 ε 的方程，称为回归模型（regression model）。在回归分析中，最简单的模型是只有一个因变量和一个自变量的线性回归模型。这一类模型就是一元线性回归模型，形式如下：

$$y = \beta_0 + \beta_1 x + \varepsilon \tag{8-8}$$

在一元线性回归模型中，y 是 x 的线性函数（$\beta_0 + \beta_1 x$ 部分）加上误差项 ε。$\beta_0 + \beta_1 x$ 反映了由于 x 的变化而引起的 y 的线性变化；ε 是被称为误差项的随机变量，它反映了除 x 和 y 之间的线性关系之外的随机因素对 y 的影响，是不由 x 和 y 之间的线性关系所解释的变异性。式中的 β_0, β_1 称为模型的参数。

式（8-8）被称为理论回归模型。由于随机误差项 ε 是无法直接观测的，为了进行回归分析，通常需要对其概率分布提出一些假定。这些假定有以下几个。

假定 1：误差项的期望值为 0，即对所有的 t 总有

$$E(\varepsilon_t) = 0 \tag{8-9}$$

假定 2：误差项的方差为常数，即对所有的 t 总有

$$D(\varepsilon_t) = \sigma^2 \tag{8-10}$$

假定 3：误差项之间不存在序列相关关系，即当 $s \neq t$ 时有

$$\text{Cov}(\varepsilon_s, \varepsilon_t) = 0 \tag{8-11}$$

假定 4：自变量是确定性变量，与随机误差项线性无关。

假定 5：随机误差项服从正态分布。

以上这些基本假定是德国数学家高斯最早提出的，也称高斯假定或标准假定。满足以上标准假定的一元线性回归模型，称为标准的一元线性回归模型。

2. 回归方程

根据回归模型中的假定，ε 的期望值等于零，因此 y 的期望值 $E(y) = \beta_0 + \beta_1 x$，也就是说，$y$ 的期望值是 x 的线性函数。描述因变量 y 的期望值如何依赖于自变量 x 的方程，称为回归方程（regression equation）。一元线性回归方程的形式为

$$E(y) = \beta_0 + \beta_1 x \tag{8-12}$$

一元线性回归方程的图形是一条直线，因此也称直线回归方程。式中，β_0 为回归直线在 y 轴上的截距，是当 $x = 0$ 时 y 的期望值；β_1 为直线的斜率，它表示当 x 每变动一个单位时，y 的平均变动值。

3. 估计的回归方程

如果回归方程中的参数 β_0 和 β_1 已知，对于一个给定的 x 的值，利用式（8-12）就能计算出 y 的期望值。然而，总体回归参数 β_0 和 β_1 是未知的，所以我们只有利用样本数据去估计它们。若 β_0 和 β_1 的估计值分别为 $\hat{\beta}_0$ 和 $\hat{\beta}_1$，这时我们就得到了估计的回归方程。对于一元线性回归，估计的回归方程形式如下：

$$\hat{y} = \hat{\beta}_0 + \hat{\beta}_1 x \tag{8-13}$$

式中：$\hat{y}$ 为 y 的估计值；$\hat{\beta}_0$ 为估计的回归直线在 y 轴上的截距；$\hat{\beta}_1$ 为直线的斜率，表示 x 每变动一个单位时，$\hat{y}$ 的平均变动值。

8.2.2 一元线性回归模型参数的估计

1. 回归系数的估计

参数的估计方法有很多，其中最经典的是最小二乘法和最大似然法。下面我们仅介绍最小二乘法。最小二乘法（method of least squares）的基本思想是使因变量的实际观察值 y 与估计值 $\hat{y}$ 之间的离差平均和达到最小来求得模型参数的估计值。

对于一元线性回归模型，将第 i 个 x 值代入模型，得到估计的回归方程为

$$\hat{y}_i = \hat{\beta}_0 + \hat{\beta}_1 x_i \tag{8-14}$$

根据最小二乘法的思想计算因变量的观察值与估计值之间的离差平方和

$$Q = \sum_{i=1}^{n}(y_i - \hat{y}_i)^2 = \sum_{i=1}^{n}(y_i - \hat{\beta}_0 - \hat{\beta}_1 x_i)^2 \tag{8-15}$$

根据函数取最值的必要条件有

$$\begin{cases} \dfrac{\partial Q}{\partial \hat{\beta}_0} = -2\sum_{i=1}^{n}(y_i - \hat{\beta}_0 - \hat{\beta}_1 x_i) = 0 \\ \dfrac{\partial Q}{\partial \hat{\beta}_1} = -2\sum_{i=1}^{n}(y_i - \hat{\beta}_0 - \hat{\beta}_1 x_i)x_i = 0 \end{cases} \tag{8-16}$$

将上述方程组整理得到

$$\begin{cases} \sum_{i=1}^{n} y_i = n\hat{\beta}_0 + \hat{\beta}_1 \sum_{i=1}^{n} x_i \\ \sum_{i=1}^{n} x_i y_i = \hat{\beta}_0 \sum_{i=1}^{n} x_i + \hat{\beta}_1 \sum_{i=1}^{n} x_i^2 \end{cases} \tag{8-17}$$

解方程组（8-17）得

$$\begin{cases} \hat{\beta}_1 = \dfrac{n\sum_{i=1}^{n} x_i y_i - \sum_{i=1}^{n} x_i \sum_{i=1}^{n} y_i}{n\sum_{i=1}^{n} x_i^2 - \left(\sum_{i=1}^{n} x_i\right)^2} \\ \hat{\beta}_0 = \bar{y} - \hat{\beta}_1 \bar{x} \end{cases} \tag{8-18}$$

例 8-4 根据表 8-1 中的数据，计算该小区居民消费关于收入的估计方程。

解：根据式（8-18）得

$$\begin{cases} \hat{\beta}_1 = \dfrac{10 \times 10\,112 - 368 \times 253}{10 \times 15\,162 - 368^2} \approx 0.494\,937 \\ \hat{\beta}_0 = 25.3 - 0.494\,937 \times 36.8 \approx 7.086\,318 \end{cases}$$

故该小区居民消费关于收入的估计方程为 $\hat{y} = 7.086\,318 + 0.494\,937x$。收入每增加 1 元，消费平均增加 0.494 937 元。

回归分析的计算量比较大，手工计算比较困难，一般运用统计软件来计算。例 8-4 利用 SPSS 软件计算得到回归分析结果如表 8-3 所示。

表 8-3　回归分析结果

Model		Unstandardized Coefficients		Standardized Coefficients	t	Sig.
		B	Std. Error	Beta		
1	（Constant）	7.086	1.916		3.699	0.006
	x	0.495	0.049	0.963	10.061	0.000

a. Dependent Variable: y

2. 总体方差的估计

一元线性回归模型共有 3 个参数需要估计。除了两个系数 β_0,β_1 外，还包括总体随机误差项的方差 σ^2。σ^2 可以反映理论模型误差的大小，它是检验模型时必须利用的一个重要参数。由于随机误差项本身是不能直接观测的，所以残差代替随机误差项来估计。数学证明，σ^2 的无偏估计 S^2 由下式给出：

$$S^2 = \frac{\sum_{i=1}^{n} e_i^2}{n-2} \tag{8-19}$$

式中：分子为残差平方和；分母为自由度，其中 n 为样本观测值的个数；2 为一元线性回归方程中回归系数的个数。

3. 最小二乘估计量的性质

根据最小二乘法求得的估计总体回归系数的数学公式（8-18）是样本观测值的函数，通常称为最小二乘估计量。最小二乘估计量是总体回归系数的线性无偏估计量。数学上还可以进一步证明，在所有的线性无偏估计量中，回归系数的最小二乘估计量的方差最小；同时随着样本容量的增大，其方差会不断缩小。也就是说，回归系数的最小二乘估计量是最优线性无偏估计量和一致估计量。

标准线性回归模型中，回归系数的最小二乘估计量所具有的上述性质首先是由数学家高斯和马尔可夫提出并证明的，因此被称为高斯—马尔可夫定理。通俗地讲，这一定理表明，在标准的假定条件下，最小二乘估计量是一种最佳的估计方式。但是应当明确，这并不意味着根据这一方式计算的每一个具体的估计值都比根据其他方式计算的具体估计值更接近真值，而只是表明如果反复多次进行估计值计算或是扩大样本的容量进行估计值计算，按最佳估计方式计算的估计值接近真值的概率最大。

8.2.3 一元线性回归模型的检验

1. 回归模型检验的种类

回归模型中的参数估计后，还必须对其进行检验。回归模型的检验包括经济意义检验、统计检验、计量经济检验和预测检验。

经济意义检验主要涉及参数估计值的符号和取值区间，如果它们与理论以及实践经验不相符，就说明模型不能很好地解释现实的现象。例如，C-D 函数中，参数的经济意义是产出弹性，取值区间应在 0~1 范围且参数之和等于 1。如果根据样本数据估计的参数大于 1 或小于 0 或参数之和不等于 1，则不能通过经济意义检验。在对实际的社会经济现象进行回归分析时，常常会遇到经济意义检验不能通过的情况。造成这一结果的主要原因是：社会经济的统计数据无法像自然科学中的统计数据那样通过有控制的实验去取得，因而所观测的样本容量有可能偏小，不具有足够的代表性，或者不能满足标准线性回归分析所要求的假定条件。统计检验是利用统计学中的抽样理论来检验样本回归方程的可靠性,具体包括拟合程度评价和显著性检验。统计检验是对所有现象进行回归分析时都必须通过的检验。计量经济检验是对标准线性回归模型的假定条件能否得到满足进行检验,具体包括序列相关检验、异方差性检验、多重共线性检验等。计量经济检验对于社会经济现象的定量分析具有特别重要的意义。关于计量经济检验的问题在一般的计量经济学教科书中都有详细介绍。模型最终用途是预测,因此预测检验必不可少,它主要检验模型预测误差程度并据此评定模型优劣。本书仅讨论统计检验。

2. 拟合程度检验

所谓拟合程度,是指样本观测值聚集在样本回归线周围的紧密程度。判断回归模型拟合程度优劣最常用的数量指标是可决系数(又称判定系数)。该指标是建立在对总离差平方和进行分解的基础之上的。为说明它的含义,我们需要对因变量 y 取值的变差进行研究。

因变量 y 的取值是不同的,y 取值的这种波动称为变差。变差的产生来自两个方面:一是自变量 x 的取值不同,二是除 x 以外的其他因素。对一个具体的观测值来说,变差的大小可以用实际观测值 y 与其均值 $\bar{y}$ 之差($y_t - \bar{y}$)来表示。而 n 次观察值的总变差可由这些离差的平方和来表示,称为总平方和,记为 SST。即

$$\text{SST} = \sum (y_i - \bar{y})^2 \tag{8-20}$$

显然每个观察点的离差可以分解为

$$y_i - \bar{y} = \hat{y}_i - \bar{y} + (y_i - \hat{y}_i) \tag{8-21}$$

将式(8-21)两边平方并对所有的样本点求和得

$$\sum (y_i - \bar{y})^2 = \sum (\hat{y}_i - \bar{y})^2 + \sum (y_i - \hat{y}_i)^2 + 2\sum (y_i - \hat{y}_i)(\hat{y}_i - \bar{y}) \tag{8-22}$$

可以证明 $\sum (y_i - \hat{y}_i)(\hat{y}_i - \bar{y}) = 0$,故

$$\sum (y_i - \bar{y})^2 = \sum (\hat{y}_i - \bar{y})^2 + \sum (y_i - \hat{y}_i)^2 \tag{8-23}$$

即

$$\text{SST} = \text{SSR} + \text{SSE} \tag{8-24}$$

式中:SST 为总的离差平方和;SSR 为由回归直线可以解释的那一部分离差平方和,称为回归平方和;SSE 为用回归直线无法解释的离差平方和,称为残差平方和。式(8-24)的两边同除以 SST,得

$$1 = \frac{\text{SSR}}{\text{SST}} + \frac{\text{SSE}}{\text{SST}} \tag{8-25}$$

回归平方和与总的离差平方和的比例称为可决系数,记为 R^2。计算公式为

$$R^2 = \frac{\text{SSR}}{\text{SST}} = \frac{\sum (\hat{y}_i - \bar{y})^2}{\sum (y_i - \bar{y})^2} = 1 - \frac{\sum (y_i - \hat{y}_i)^2}{\sum (y_i - \bar{y})^2} \tag{8-26}$$

显而易见,各个样本观测点与样本回归直线靠得越紧,回归平方和与总的离差平方

和的比例就越大。因此，可决系数是对回归模型拟合程度的综合度量，可决系数越大，模型对样本的拟合程度越高；可决系数越小，模型对样本的拟合程度越差。

可决系数 R^2 具有如下特性。

（1）可决系数 R^2 具有非负性。

（2）可决系数的取值范围为 $0 \leq R^2 \leq 1$。当所有的观测值都位于回归直线上时，$SSE = 0$，这时 $R^2 = 1$，说明总离差可以完全由所估计的样本回归直线来解释；当观测值并不是全部位于回归直线上时，$SSE > 0$，则 $R^2 < 1$；当回归直线没有解释任何离差，即模型中解释变量 x 与因变量 y 完全无关时，y 的总离差全部归于残差平方和，即 $SST = SSE$，这时，$R^2 = 0$。

（3）可决系数是样本观测值的函数，也是一个统计量。

例 8-5 利用表 8-1 中数据计算例 8-4 拟合的样本回归方程的可决系数。

解： $R^2 = \dfrac{SSR}{SST} = \dfrac{\sum(\hat{y}_i - \bar{y})^2}{\sum(y_i - \bar{y})^2} = \dfrac{396.7415}{428.1} \approx 0.92675$

3. 显著性检验

回归分析中的显著性检验包括两方面的内容：一是对各回归系数的显著性检验，二是对整个回归方程的显著性检验。对于前者通常采用 t 检验，而对于后者则是在方差分析的基础上采用 F 检验。在一元线性回归模型中，由于只有一个解释变量 x，对 $\beta_1 = 0$ 的 t 检验与对整个方程的 F 检验是等价的。

所谓回归系数的显著性检验，就是根据样本估计的结果对总体回归系数的有关假设进行检验。为了进行显著性检验，首先有必要了解 $\hat{\beta}_0$ 和 $\hat{\beta}_1$ 的概率分布。因为 $\hat{\beta}_0$ 和 $\hat{\beta}_1$ 均为线性估计量，是因变量 y 的线性组合。根据上一节所述的标准假定，可知 y 是服从正态分布的变量，所以 $\hat{\beta}_0$ 和 $\hat{\beta}_1$ 也服从正态分布。可以证明，在标准假定下回归系数的最小二乘估计量 $\hat{\beta}_0$ 和 $\hat{\beta}_1$ 的期望值与方差分别满足

$$E(\hat{\beta}_0) = \beta_0, E(\hat{\beta}_1) = \beta_1 \tag{8-27}$$

$$D(\hat{\beta}_0) = \sigma^2 \left[\frac{1}{n} + \frac{\bar{x}}{\sum(x_i - \bar{x})^2} \right] \tag{8-28}$$

$$D(\hat{\beta}_1) = \frac{\sigma^2}{\sum(x_i - \bar{x})^2} \tag{8-29}$$

若令 $\sigma_{\hat{\beta}_0}^2 = D(\hat{\beta}_0), \sigma_{\hat{\beta}_1}^2 = D(\hat{\beta}_1)$，则有

$$\hat{\beta}_0 \sim N(\beta_0, \sigma_{\hat{\beta}_0}^2), \hat{\beta}_1 \sim N(\beta_1, \sigma_{\hat{\beta}_1}^2) \tag{8-30}$$

在总体方差已知的情况下，利用上述正态分布可以按照第 6 章中所介绍的 Z 检验方法去对总体回归系数进行假设检验。可是，总体方差是未知的，故只能用其无偏估计量

去代替。我们用 $S_{\hat{\beta}_i}$ 代表 $\hat{\beta}_i$ ($i = 0.1$) 的标准差的估计值，当样本为小样本时，回归系数估计值的标准化变换值服从 t 分布：

$$t_{\hat{\beta}_i} = \frac{\hat{\beta}_i - \beta_i}{S_{\hat{\beta}_i}} \sim t(n-2) \tag{8-31}$$

式中：n 为样本容量；$n-2$ 为自由度。

利用以上结论可以对回归系数进行显著性检验。β_0 和 β_1 的检验方法是相同的，下面我们仅以 β_1 的检验为例，介绍回归系数显著性检验的基本步骤。

第一步：提出假设。$H_0 : \beta_1 = 0, H_1 : \beta_1 \neq 0$。

第二步：确定显著水平。显著性水平的大小根据实际要求确定。一般取 0.05 或 0.01。

第三步：计算回归系数 t 统计量的值。

t 统计量的值计算公式为

$$t_{\hat{\beta}_i} = \frac{\hat{\beta}_i - \beta_i}{S_{\hat{\beta}_i}} \tag{8-32}$$

第四步：确定临界值。

t 检验的临界值是由显著性水平和自由度决定的。这里进行的是双侧 t 检验，依据显著性水平 α 和自由度 df 查 t 分布表所确定的临界值是 $-t_{\alpha/2}(n-2)$ 和 $t_{\alpha/2}(n-2)$。

第五步：作出判断。

如果 $|t_{\hat{\beta}_i}| > t_{\alpha/2}(n-2)$，就拒绝原假设，接受备择假设；否则，接受原假设。

例 8-6 对例 8-4 估计的回归系数 β_1 进行显著性检验。以 5% 的显著性水平检验收入水平是否对支出有显著影响。

解：首先，提出假设 $H_0 : \beta_1 = 0$，$H_1 : \beta_1 \neq 0$。

其次，计算 t 统计量的值

$$S^2 = \frac{\sum_{i=1}^{n} e_i^2}{n-2} = \frac{31.358\,48}{8} = 3.919\,81$$

$$S_{\hat{\beta}}^2 = \frac{S^2}{\sum(x_i - \bar{x})^2} = \frac{3.919\,81}{1\,619.6} \approx 0.002\,42$$

$$S_{\hat{\beta}} = 0.049\,196$$

$$t_{\hat{\beta}_i} = \frac{\hat{\beta}_i - \beta_i}{S_{\hat{\beta}_i}} = \frac{0.494\,937}{0.049\,196} \approx 10.060\,51$$

查 t 分布表可知：显著性水平为 5%、自由度为 8 的双侧 t 检验的临界值是 2.306 0。以上计算的 t 统计量的值 10.060 51 大于 2.306 0，所以拒绝原假设，接受备择假设，即认为收入水平对支出的影响是显著的。

8.2.4 一元线性回归模型预测

回归分析的主要目的是对建立的估计回归模型进行预测。如果所拟合的样本回归方程通过各种检验，我们就可以利用其来进行预测。所谓预测是指根据自变量 x 的取值计算因变量 y 的取值。对回归模型进行预测的方法包括两种：点估计与区间估计。

1. 点估计

利用估计的回归方程，对于自变量 x 的一个给定值 x_0，求得 y 的一个估计值就是点估计。显然点估计的结果是一个点——一个确定的值。点估计分为平均值的点估计和个别值的点估计。简单一元线性回归预测的基本公式如下：

$$\hat{y} = \hat{\beta}_0 + \hat{\beta}_1 x \tag{8-33}$$

例 8-7 根据表 8-1 中的数据，例 8-4 已经计算了该小区居民消费关于收入的估计方程：

$$\hat{y} = 7.086\,318 + 0.494\,937x$$

如果收入 10 000 元，则可以估计消费约为 5 658 元。

2. 区间估计

利用估计的回归方程，对于自变量 x 的一个给定值 x_0，根据 $\hat{y} = \hat{\beta}_0 + \hat{\beta}_1 x$ 求得 y 的一个估计值 $\hat{y}$。事实上，一个给定值 x_0 对应一个 y_0。令 $e_0 = \hat{y} - y$，则 $e_0 \sim N[0, \hat{\sigma}^2(e_0)]$

$$\hat{\sigma}^2(e_0) = \left[1 + \frac{1}{n} + \frac{(x_0 - \bar{x})^2}{\sum(x_i - \bar{x})^2}\right]\sigma^2 \tag{8-34}$$

在小样本情况下，e_0 的统计量为

$$t = \frac{\hat{y}_0 - y_0}{\hat{\sigma}^2(e_0)} \sim t(n-2) \tag{8-35}$$

若要求达到置信水平 $(1-\alpha)$，则有

$$P\{\hat{y}_0 - t_{\alpha/2}(n-2)\hat{\sigma}(e_0) < y_0 < \hat{y}_0 + t_{\alpha/2}(n-2)\hat{\sigma}(e_0)\} = 1-\alpha \tag{8-36}$$

例 8-8 根据表 8-1 中的数据，例 8-4 和例 8-7 已经计算该小区居民消费关于收入的估计方程 $\hat{y} = 7.086\,318 + 0.494\,937x$ 和收入 10 000 元消费约为 $\hat{y}_0 = 5\,658.001\,8$ 元。另外，$\hat{\sigma}(e_0) = 13.414\,75$，$t_{\alpha/2}(n-2) = t_{0.05/2}(10-2) = 2.306\,0$，因此根据式（8-36）有

$$(\hat{y}_0 - t_{\alpha/2}(n-2)\hat{\sigma}(e_0), \hat{y}_0 + t_{\alpha/2}(n-2)\hat{\sigma}(e_0))$$
$$= (56.580\,018 - 2.306\,0 \times 13.414\,75, 56.580\,018 + 2.306\,0 \times 13.414\,75)$$
$$= (25.645\,6, 87.514\,43)$$

也就是说，收入 10 000 元消费为 2 564.56~8 751.443 元。

8.3 多元线性回归分析

8.2 节讨论的回归问题只涉及一个自变量,但在实际问题中,影响因变量的因素往往很多,一个因变量因素同多个自变量的回归问题就是多元回归。当因变量与各个自变量之间为线性关系时,称为多元线性回归。多元线性回归模型是一元线性回归模型的扩展,其基本原理与一元线性回归模型相类似,只是在计算上比较麻烦一些,一般需借助于计算机来完成。限于篇幅,本节对于多元线性回归分析中与一元线性回归分析相类似的内容,仅给出必要的结论和具体例子,不作进一步论述。只对某些多元线性回归分析所特有的问题作比较详细的说明。

8.3.1 多元线性回归模型的形式

多元线性回归模型的一般形式如下:

$$y = \beta_0 + \beta_1 x_1 + \beta_2 x_2 + \cdots + \beta_k x_k + \varepsilon \tag{8-37}$$

式中:$\beta_0, \beta_1, \beta_2, \cdots, \beta_k$ 为回归系数;ε 为随机误差项。

多元线性回归模型在应用最小二乘法估计参数时,除要求满足与一元线性回归模型相同的假设条件以外,还必须满足以下几个假设条件。

(1) 样本容量至少超过要估计的参数的数目。
(2) 各个自变量之间不存在线性相关。
(3) 随机误差项之间相互独立。

8.3.2 多元线性回归模型的估计

1. 估计模型

多元线性回归样本估计模型的一般形式如下:

$$\hat{y} = \hat{\beta}_0 + \hat{\beta}_1 x_1 + \hat{\beta}_2 x_2 + \cdots + \hat{\beta}_k x_k \tag{8-38}$$

式中:$\hat{y}$ 为回归估计值;$\hat{\beta}_0, \hat{\beta}_1, \hat{\beta}_2, \cdots, \hat{\beta}_k$ 分别为回归系数 $\beta_0, \beta_1, \beta_2, \cdots, \beta_k$ 的估计值。

2. 估计方法

多元线性回归模型 $\hat{\beta}_0, \hat{\beta}_1, \hat{\beta}_2, \cdots, \hat{\beta}_k$ 的估计同样是应用最小二乘法,过程如下。

首先,令 Q 等于误差的平方和:

$$Q = \sum_{i=1}^{n} e_i^2 = \sum_{i=1}^{n} (y_i - \hat{y}_i)^2 = \sum_{i=1}^{n} [y_i - (\hat{\beta}_0 + \hat{\beta}_1 x_{i_1} + \cdots + \hat{\beta}_k x_{i_k})]^2 \tag{8-39}$$

其次,在 Q 最小的条件下,根据函数最小值取得的必要条件有

$$\begin{cases} \dfrac{\partial Q}{\partial \hat{\beta}_0} = 0 \\ \dfrac{\partial Q}{\partial \hat{\beta}_1} = 0 \\ \vdots \\ \dfrac{\partial Q}{\partial \hat{\beta}_k} = 0 \end{cases} \tag{8-40}$$

整理得

$$\begin{cases} \sum y_i - \sum(\hat{\beta}_0 + \hat{\beta}_1 x_{i_1} + \cdots + \hat{\beta}_k x_{i_k}) = 0 \\ \sum y_i x_{i_1} - \sum(\hat{\beta}_0 + \hat{\beta}_1 x_{i_1} + \cdots + \hat{\beta}_k x_{i_k}) x_{i_1} = 0 \\ \sum y_i x_{i_2} - \sum(\hat{\beta}_0 + \hat{\beta}_1 x_{i_1} + \cdots + \hat{\beta}_k x_{i_k}) x_{i_2} = 0 \\ \vdots \\ \sum y_i x_{i_k} - \sum(\hat{\beta}_0 + \hat{\beta}_1 x_{i_1} + \cdots + \hat{\beta}_k x_{i_k}) x_{i_k} = 0 \end{cases} \tag{8-41}$$

最后，解方程组（8-41），即可得到 $\hat{\beta}_0, \hat{\beta}_1, \hat{\beta}_2, \cdots, \hat{\beta}_k$。

也可以应用矩阵求解：

$$\begin{pmatrix} n & \sum x_{i_1} & \sum x_{i_2} & \cdots & \sum x_{i_k} \\ \sum x_{i_1} & \sum x_{i_1}^2 & \sum x_{i_1} x_{i_2} & \cdots & \sum x_{i_1} x_{i_k} \\ & & \vdots & & \\ \sum x_{i_k} & \sum x_{i_1} x_{i_k} & \sum x_{i_2} x_{i_k} & \cdots & \sum x_{i_k}^2 \end{pmatrix} \begin{pmatrix} \hat{\beta}_0 \\ \hat{\beta}_1 \\ \vdots \\ \hat{\beta}_k \end{pmatrix} = \begin{pmatrix} \sum y_i \\ \sum x_{i_1} y_i \\ \vdots \\ \sum x_{i_k} y_i \end{pmatrix} \tag{8-42}$$

式（8-42）可写为

$$X'X\hat{B} = X'Y \tag{8-43}$$

其中

$$Y = \begin{pmatrix} y_1 \\ y_2 \\ \vdots \\ y_n \end{pmatrix}, X = \begin{pmatrix} 1 & x_{11} & x_{12} & \cdots & x_{1k} \\ 1 & x_{21} & x_{22} & \cdots & x_{2k} \\ \vdots & \vdots & \vdots & & \vdots \\ 1 & x_{n1} & x_{n2} & \cdots & x_{nk} \end{pmatrix}$$

$$X' = \begin{pmatrix} 1 & 1 & \cdots & 1 \\ x_{11} & x_{21} & \cdots & x_{n1} \\ x_{12} & x_{22} & \cdots & x_{n2} \\ & & \vdots & \\ x_{1k} & x_{2k} & \cdots & x_{nk} \end{pmatrix}, X'X = \begin{pmatrix} n & \sum x_1 & \sum x_2 & \cdots & \sum x_k \\ \sum x_1 & \sum x_1^2 & \sum x_1 x_2 & \cdots & \sum x_1 x_k \\ \sum x_2 & \sum x_1 x_2 & \sum x_2^2 & \cdots & \sum x_2 x_k \\ \vdots & \vdots & \vdots & \cdots & \vdots \\ \sum x_k & \sum x_1 x_k & \sum x_2 x_k & \cdots & \sum x_k^2 \end{pmatrix}$$

$$X'Y = \begin{pmatrix} \sum y \\ \sum x_1 y \\ \vdots \\ \sum x_k y \end{pmatrix}, \quad \hat{B} = \begin{pmatrix} \hat{\beta}_0 \\ \hat{\beta}_1 \\ \vdots \\ \hat{\beta}_k \end{pmatrix}, \quad \hat{N} = \begin{pmatrix} y_1 - \hat{y}_1 \\ y_2 - \hat{y}_2 \\ \vdots \\ y_n - \hat{y}_n \end{pmatrix}$$

因此

$$\hat{B} = (X'X)^{-1} X'Y \tag{8-44}$$

例 8-9 某公司 2001—2016 年销售利润、产品价格和广告费用如表 8-4 所示，试问：该公司销售利润与产品价格和广告费用是否存在线性关系。

表 8-4　某公司 2001—2016 年销售利润、产品价格和广告费用　　　　百万元

年份	销售利润	产品价格	广告费用	年份	销售利润	产品价格	广告费用
2001	11.2	2.5	0.7	2009	26.7	4.4	4.5
2002	11.8	2.4	0.6	2010	31.4	4.9	4.8
2003	13.1	2.8	1.2	2011	35.5	5.9	5.8
2004	14.0	2.6	1.4	2012	39.9	6.2	6.2
2005	18.5	3.2	2.2	2013	56.2	7.5	8.8
2006	19.2	3.5	2.2	2014	71.4	7.2	10.2
2007	21.3	3.9	3.4	2015	88.6	7.6	11.0
2008	22.9	4.5	3.1	2016	97.3	7.8	12.3

解： 分别以 y 代表销售利润、x_1 代表产品价格和 x_2 代表广告费用，建立模型

$$\hat{y} = \hat{\beta}_0 + \hat{\beta}_1 x_1 + \hat{\beta}_2 x_2$$

应用 SPSS 软件很容易得到

$$\hat{y} = 21.531 - 8.520 x_1 + 11.349 x_2$$

8.3.3　多元线性回归模型的检验

1. 拟合程度检验

拟合程度的计算公式为

$$R^2 = \frac{\text{SSR}}{\text{SST}} = \frac{\sum(\hat{y}_i - \bar{y})^2}{\sum(y_i - \bar{y})^2} = 1 - \frac{\sum(y_i - \hat{y}_i)^2}{\sum(y_i - \bar{y})^2} \tag{8-45}$$

式中：SST 为总的离差平方和；SSR 为由回归直线可以解释的那一部分离差平方和，称为回归平方和。SST-SSR 为用回归直线无法解释的离差平方和，称为残差平方和，记为 SSE。

显而易见，各个样本观测点与样本回归直线靠得越近，回归平方和与总的离差平方和的比例就越大。因此，R^2 是对回归模型拟合程度的综合度量，其值越大，模型对样本的拟合程度越高；其值越小，模型对样本的拟合程度越低。

R^2 的取值范围为 $0 \leqslant R^2 \leqslant 1$。当所有的观测值都位于回归直线上时，SSE = 0，这时 $R^2 = 1$，说明总离差可以完全由所估计的样本回归直线来解释；当观测值并不是全部位于回归直线上时，SSE > 0，则 $R^2 < 1$；当回归直线没有解释任何离差，即模型中解释变量 x 与因变量 y 完全无关时，y 的总离差全部归于残差平方和，即 SST = SSE，这时 $R^2 = 0$。

在样本容量一定的条件下，总离差平方和与自变量个数无关；而残差平方和随自变量个数的增加不断减少，至少不会增加。因此，R^2 是自变量个数的非递减函数。但是，不同的多元线性回归模型所包含的解释变量个数不同，估计时样本容量也不一定相同。故有必要对 R^2 的计算公式进行修正。修正公式为

$$\bar{R}^2 = 1 - \frac{\text{SSE}/(n-k-1)}{\text{SST}/(n-1)} = 1 - \frac{\sum(y_i - \hat{y}_i)^2/(n-k-1)}{\sum(y_i - \bar{y})^2/(n-1)} \qquad (8\text{-}46)$$

2. 回归系数的显著性检验

对多元线性回归模型中回归系数的显著性检验的目的在于检验与各回归系数对应的自变量对因变量的影响是否显著，以便对自变量的取舍作出正确的判断。一般来说，当发现某个自变量的影响不显著时，应将其从模型中删除。这样才能够做到以尽可能少的自变量达到尽可能高的拟合优度。

多元模型中回归系数的检验同样采用 t 检验，其原理和基本步骤与一元回归模型中的 t 检验基本相同，这里不再赘述。下面仅给出回归系数显著性检验 t 统计量的一般计算公式。

$$t_{\hat{\beta}_j} = \frac{\hat{\beta}_j - \beta_j}{S_{\hat{\beta}_j}} \quad j = 1, 2, \cdots, k \qquad (8\text{-}47)$$

式中：$\hat{\beta}_j$ 为回归系数 β_j 的估计值；$S_{\hat{\beta}_j}$ 为 $\hat{\beta}_j$ 的标准差的估计值。式中 t 统计量背后的原假设是 $H_0: \beta_j = 0$。因此，t 的绝对值越大，表明 $\beta_j = 0$ 的可能性越小，即表明相应的自变量对因变量的影响是显著的。

3. 回归方程的显著性检验

由于多元线性回归模型包含了多个回归系数，因此对于多元回归模型，除了要对单个回归系数进行显著性检验外，还要对整个回归模型进行显著性检验。由离差平方和的分解公式可知，回归模型的总离差平方和等于回归平方和与残差平方和的和。回归模型总体函数的线性关系是否显著，其实质就是判断回归平方和与残差平方和的比值的大小问题。由于回归平方和与残差平方和的数值会随观测值的样本容量和自变量个数的不同而变化，所以不宜直接比较，而必须在方差分析的基础上利用 F 检验进行。其具体的方法和步骤可归纳如下。

（1）提出假设。假设总体回归方程不显著，即有

$$H_0: \beta_1 = \beta_2 = \cdots = \beta_k = 0$$

（2）构造统计量。F 检验的统计量计算公式为

$$F = \frac{\text{SSR}/k}{\text{SSE}/(n-k-1)} \sim F(k, n-k-1) \tag{8-48}$$

（3）计算统计量的值。根据样本数据以及 F 检验的统计量计算公式，计算 F 的值。

（4）查 F 分布表。根据自由度和给定的显著性水平，查 F 分布表，得其临界值 F_α。

（5）决策。当 $F > F_\alpha$ 时，拒绝原假设，即认为总体回归函数中，各自变量与因变量的线性回归关系显著。当 $F < F_\alpha$ 时，接受原假设，即认为总体回归函数中，各自变量与因变量的线性关系不显著，因而所建立的回归模型没有意义。

4. 统计检验举例

例 8-10 对例 8-9 估计的模型进行统计检验。

解： 同样分别以 y 代表销售利润、x_1 代表产品价格和 x_2 代表广告费用，建立模型 $\hat{y} = \hat{\beta}_0 + \hat{\beta}_1 x_1 + \hat{\beta}_2 x_2$，并应用 SPSS 软件得到

$$\hat{y} = 21.531 - 8.520 x_1 + 11.349 x_2$$

$R^2 = 0.978, \overline{R}^2 = 0.975$ 说明模型拟合程度很好，拟合程度检验通过。$F = 294.981 > F_{0.05}(2,13)$，表明模型线性关系显著成立，回归方程显著性检验通过。$t_{\hat{\beta}_0} = 3.473$, $t_{\hat{\beta}_1} = -3.377, t_{\hat{\beta}_2} = 8.742$，而 $t_{\alpha/2}(n-k-1) = t_{0.025}(13) = 2.1604$，因此，$|t_{\hat{\beta}_0}| > t_{0.025}(13)$，$|t_{\hat{\beta}_1}| > t_{0.025}(13)$，$|t_{\hat{\beta}_2}| > t_{0.025}(13)$，这表明回归系数均显著不为零，回归系数显著性检验通过。

8.3.4 多元线性回归预测

在通过各种检验的基础上，多元线性回归模型可以用于经济预测。多元线性回归预测与一元线性回归预测的原理是一致的，其基本公式如下：

$$\hat{y} = \hat{\beta}_0 + \hat{\beta}_1 x_1 + \hat{\beta}_2 x_2 + \cdots + \hat{\beta}_k x_k \tag{8-49}$$

模型各系数已估计并通过检验后，将各自变量在预测期的具体数值代入式（8-49），便可计算出 y 的预测值。

例 8-11 根据表 8-4 中的数据，如果该公司 2017 年产品价格是 1 200 万元，广告费为 1 500 万元，则 2017 年销售利润为多少？

解： 由例 8-10 知，可以利用 $\hat{y} = 21.531 - 8.520 x_1 + 11.349 x_2$ 来预测。

为此，将 $x_1 = 12.0$，$x_2 = 15.0$ 代入模型得 $\hat{y} = 89.526$（百万元）。也即 2017 年该公司销售利润估计为 8 952.6 万元。

8.4 非线性回归分析

8.4.1 非线性回归分析的意义

前面讨论的是因变量和自变量之间的相关关系,可以用线性方程来近似地反映。但是,在现实生活中,很多问题不能用线性回归分析。事实上,非线性关系是大量存在的。例如,以企业总产值为因变量,以固定资产和职工人数为自变量而建立的线性回归方程,该模型并不符合实际。因为,这种类型的生产函数实际上假定固定资产和劳动的边际生产率不变,而且资金与劳动这两种生产要素可以完全替代,即便某一生产要素的投入为 0,只要另一生产要素的投入足够多,产值还会继续增加。显而易见,这是不可能的。而要建立边际生产率递减、生产要素之间可以替代又不能完全替代这样一种更符合客观现实的生产函数,就必须考虑采用非线性回归模型。

非线性回归分析比线性回归分析要复杂得多。非线性回归分析必须解决以下两个问题:第一,确定非线性函数的具体形式。与线性回归分析的场合不同,非线性回归函数有多种多样的具体形式,需要根据所研究的问题的性质并结合实际的样本观测值作出恰当的选择。第二,估计函数中的参数。非线性回归分析最常用的方法仍然是最小二乘估计法。但需要根据函数的不同类型,作适当的处理。

8.4.2 非线性函数形式的确定

在对实际问题进行回归分析时,选择回归方程的具体形式应遵循以下原则。首先,方程形式应与经济学的基本理论和问题的实际情况相一致。例如,采用幂函数的形式,能够较好地表现生产函数;采用多项式方程能够较好地反映总成本与总产量之间的关系;等等。其次,方程有较高的拟合程度。因为只有这样,才能说明回归方程可以较好地反映现实经济的运行情况。再次,方程预测误差相对较小。建立回归模型在很大程度上是为了对某问题进行预测分析。较高的拟合程度并不能保证预测误差较小。因此,只有预测检验误差小才能算是一个好的模型。最后,方程的数学形式要尽可能简单。如果几种形式都能基本符合上述两项要求,则应该选择其中数学形式较简单的一种。一般来说,数学形式越简单,其可操作性就越强。过于复杂的函数形式在实际的经济定量分析中并没有太大的价值。

下面扼要介绍实际分析中比较常用的几种非线性函数。

1. 抛物线函数

抛物线方程的具体形式为

$$y = a + bx + cx^2 \qquad (8\text{-}50)$$

式中:a,b,c 为待定参数。

2. 双曲线函数

双曲线函数的方程式为

$$y = a + \frac{b}{x} \tag{8-51}$$

式中：a,b 为待定参数。

3. 幂函数

幂函数方程的一般形式为

$$y = a x_1^{b_1} x_2^{b_2} \cdots x_k^{b_k} \tag{8-52}$$

式中：$a,b_1,b_2,\cdots,b_k$ 为待定参数。

这类函数的优点在于：方程中的参数可以直接反映因变量对于某一个自变量的弹性。由于幂函数所具有的这一优点，它在生产函数分析和需求函数分析中均得到了广泛的应用。

4. 指数函数

指数函数的方程式为

$$y = ab^x \tag{8-53}$$

式中：a,b 为待定参数。

5. 对数函数

对数函数的方程式为

$$y = a + b \ln x \tag{8-54}$$

式中：a,b 为待定参数；$\ln$ 为取自然对数。对数函数的特点是随着 x 的增大，x 的单位变动对因变量 y 的影响效果不断递减。

6. 逻辑曲线函数

逻辑曲线函数的方程式如下：

$$y = \frac{k}{1 + a\mathrm{e}^{-bx}} \tag{8-55}$$

式中：k,a,b 为待定参数。

7. 多项式方程

多项式方程在非线性回归分析中占有重要的地位。因为根据数学上级数展开的原理，任何曲线、曲面、超曲面的问题，在一定的范围内都能够用多项式任意逼近。所以，当因变量与自变量之间的确实关系未知时，可以用适当幂次的多项式来近似反映。

当所涉及的自变量只有一个时，所采用的多项式方程称为一元多项式，其一般形式如下：

$$y = \beta_0 + \beta_1 x + \beta_2 x^2 + \cdots + \beta_k x^k \tag{8-56}$$

式中：$\beta_0, \beta_1, \beta_2, \cdots, \beta_k$ 为待定参数。

前面介绍过的抛物线函数和双曲线函数都是一元多项式的特例。当所涉及的自变量在两个以上时，所采用的多项式称为多元多项式。例如，二元二次多项式的形式如下：

$$y = \beta_0 + \beta_1 x_1 + \beta_2 x_2 + \beta_3 x_1 x_2 + \beta_4 x_1^2 + \beta_5 x_2^2 \tag{8-57}$$

式中：$\beta_0, \beta_1, \beta_2, \beta_3, \beta_4, \beta_5$ 为待定参数。

一般来说，涉及的变量越多，变量的幂次越高，计算量就越大。在实际的经济定量分析中，一般尽量避免采用多元高次多项式。

8.4.3 非线性回归模型的估计

非线性回归函数参数的估计比较麻烦。大多数非线性回归函数，可以通过适当的变换转化为线性回归函数，然后再利用线性回归分析的方法进行估计和检验。常用的非线性函数的线性变换方法有以下几种。

1. 变量替换

变量替换是用新的变量来替换原模型中变量的代数式，从而使原模型变成线性模型的一种方法。例如，对于双曲线函数，将 $x^* = \dfrac{1}{x}$ 代入原方程式，可得线性回归模型 $y = a + bx^*$。

2. 对数变换

对数变换是对原模型两边分别取对数，使非线性回归模型变为线性回归模型的方法。不过，进行对数变换后仍需进行变量变换才能达到目的。例如，对于 $Q = AK^\alpha L^\beta$，通过对数变换并令 $y = \ln Q, x_1 = \ln K, x_2 = \ln L$ 得到线性回归模型 $y = \ln A + \alpha x_1 + \beta x_2$。

3. 级数变换

级数变换是运用 Taylor 展开公式，使非线性回归模型原模型近似地变换为线性回归模型。例如，对不变替代弹性生产函数

$$Q = A(\delta_1 K^{-\rho} + \delta_2 L^{-\rho})^{-\frac{1}{\rho}}$$

两边取对数得到

$$\ln Q = \ln A - \frac{1}{\rho} \ln(\delta_1 K^{-\rho} + \delta_2 L^{-\rho})$$

将 $\ln(\delta_1 K^{-\rho} + \delta_2 L^{-\rho})$ 在 $\rho = 0$ 处展开 Taylor 级数，取 ρ 的线性项即得到一个近似式

$$\ln Q \approx \ln A + \delta_1 \ln K + \delta_2 \ln L - \frac{1}{2}\rho \delta_1 \delta_2 \left[\ln\left(\frac{K}{L}\right)\right]^2$$

在此基础上，进行变量变换即可得到线性模型。

以上所述的线性变换的方法是常用的三种不同的方法。但是，在实际应用时要注意以下几个问题：第一，对于一些比较复杂的非线性函数，常常需要综合利用上述几种方法。例如，对于不变替代弹性生产函数线性化，综合利用了变量变换、对数变换和级数变换。第二，为了能够根据样本观测值，对通过变换得到的线性回归方程式进行估计，该方程中的所有变量都不允许包含未知的参数。第三，在以上讨论中，为了叙述方便，我们省略了非线性回归函数中包含的随机误差项。但事实上与线性回归分析的场合一样，非线性回归分析也要考虑随机误差项的问题。只有当变换后的新模型中包含的误差项能够满足各种标准假定时，新模型中回归系数最小二乘估计量的各种理想性质才能成立。第四，严格地说，上述的各种线性变换方法只是适用于变量为非线性的函数。对于参数为非线性或参数与变量均为非线性的函数来说，即使有可能进行线性变换和回归估计，也无法得到原方程中非线性参数的无偏估计量。第五，并不是所有的非线性函数都可以通过变换得到与原方程完全等价的线性方程。如 Taylor 级数展开法就是近似估计。

8.5 案例：国内生产总值与全社会固定资产投资及价格指数关系

8.5.1 案例背景

某统计部门想研究中国国内生产总值和全社会固定资产投资与价格指数之间究竟是否存在关系，根据 2002—2016 年《中国统计年鉴》整理出中国 2001—2015 年相关数据（表 8-5）。

表 8-5 2001—2015 年国内生产总值、全社会固定资产投资与居民消费价格指数

年份	国内生产总值/亿元	全社会固定资产投资/亿元	居民消费价格指数
2001	110 863.1	37 213.49	100.7
2002	121 717.4	43 499.91	99.2
2003	137 422.0	55 566.61	101.2
2004	161 840.2	70 477.40	103.9
2005	187 318.9	88 773.62	101.8
2006	219 438.5	109 998.20	101.5
2007	270 232.3	137 323.94	104.8
2008	319 515.5	172 828.40	105.9
2009	349 081.4	224 598.77	99.3
2010	413 030.3	251 683.77	103.3
2011	489 300.6	311 485.13	105.4

续表

年份	国内生产总值/亿元	全社会固定资产投资/亿元	居民消费价格指数
2012	540 367.4	374 694.74	102.6
2013	595 244.4	446 294.09	102.6
2014	643 974.0	512 020.65	102.0
2015	689 052.1	561 999.83	101.4

8.5.2 案例分析

以下分析过程运用 SPSS 软件完成。

1. 相关系数

国内生产总值、全社会固定资产投资与居民消费价格指数三者之间的相关系数如表 8-6 所示。由表 8-6 可知，国内生产总值与全社会固定资产投资高度相关，国内生产总值与居民消费价格指数相关程度较低，全社会固定资产投资与居民消费价格指数相关程度很低。

表 8-6 相关系数

		国内生产总值	全社会固定资产投资	居民消费价格指数
国内生产总值	Pearson Correlation	1	0.992**	0.201
	Sig. (2-tailed)		0.000	0.472
	N	15	15	15
全社会固定资产投资	Pearson Correlation	0.992**	1	0.115
	Sig. (2-tailed)	0.000		0.684
	N	15	15	15
居民消费价格指数	Pearson Correlation	0.201	0.115	1
	Sig. (2-tailed)	0.472	0.684	
	N	15	15	15

**. Correlation is significant at the 0.01 level (2-tailed).

2. 回归分析

以国内生产总值为因变量、全社会固定资产投资与居民消费价格指数为自变量建立线性回归模型，估计结果如表 8-7～表 8-9 所示。

表 8-7 模型摘要

Model	R	R Square	Adjusted R Square	Std. Error of the Estimate
1	0.996[a]	0.992	0.990	19 742.642 20

a. Predictors: (Constant), 居民消费价格指数, 全社会固定资产投资

表 8-8　方差分析 [b]

Model		Sum of Squares	df	Mean Square	F	Sig.
1	Regression	5.572E11	2	2.786E11	714.724	0.000[a]
	Residual	4.677E9	12	3.898E8		
	Total	5.618E11	14			

a. Predictors: (Constant), 居民消费价格指数, 全社会固定资产投资
b. Dependent Variable: 国内生产总值

表 8-9　参数估计 [a]

Model		Unstandardized Coefficients		Standardized Coefficients	t	Sig.
		B	Std. Error	Beta		
1	（Constant）	−804 793.364	269 667.432		−2.984	0.011
	全社会固定资产投资	1.111	0.030	0.982	37.029	0.000
	居民消费价格指数	8 819.633	2 640.477	0.089	3.340	0.006

a. Dependent Variable: 国内生产总值

由表 8-7 知 $R^2=0.992$，$\overline{R}^2=0.990$ 模型整体拟合程度很好。由表 8-8 知 $F=714.724$，对应的 Sig.=0.000，表明模型整体显著性检验通过。由表 8-9 知模型回归系数对应的 t 统计量的值分别为−2.984，37.029 和 3.340，Sig.依次为 0.011，0.000 和 0.006，表明模型单个变量显著性检验通过。

基于此，估计的回归模型如下：

国内生产总值＝−804 793.364＋1.111×全社会固定资产投资＋
8 819.633×居民消费价格指数

习　题　8

8.1　什么是相关关系？相关关系与函数关系有何区别？
8.2　什么是单相关、复相关和偏相关？什么是线性相关和非线性相关？
8.3　什么是回归分析？什么是相关分析？它们之间有何联系和区别？
8.4　非线性回归模型如何线性化？
8.5　运用最小二乘法估计回归模型的参数需具备什么条件？
8.6　设销售收入 X 为自变量，销售成本 Y 为因变量。现根据某公司 2017 年 12 个月的有关资料计算出以下数据（单位：万元）：

$$\overline{X}=886.25, \overline{Y}=645.15, \sum(X_t-\overline{X})^2=225\,537.38$$

$$\sum(Y_t-\overline{Y})^2=131\,554.56, \sum(X_t-\overline{X})(Y_t-\overline{Y})=433\,422.11$$

试回答以下问题：

（1）拟合简单线性回归方程，并对方程中回归系数的经济意义作出解释。

（2）计算可决系数和回归估计的标准误差。

（3）对参数进行显著性水平为 5% 的显著性检验。

（4）假定 2018 年 5 月销售成本为 500 万元，利用拟合的回归方程预测相应的销售收入，并给出置信度为 95% 的预测区间。

8.7 试讨论以下几种情况下回归方程：$Y = \beta_1 + \beta_2 X_1 + \beta_3 X_2 + \varepsilon$ 中回归系数的经济意义和应取的符号。

（1）Y 为商业利润，X_1 为人均销售额，X_2 为流通费用率。

（2）Y 为粮食销售量，X_1 为人口数，X_2 为人均收入。

（3）Y 为工业总产值，X_1 为占用的固定资产，X_2 为职工人数。

（4）Y 为国内生产总值，X_1 为工业总产值，X_2 为农业总产值。

8.8 某企业生产部进行一次调查，以分析该部门产量与生产成本之间的关系，统计调查数据资料如表 8-10 所示。

表 8-10　部门产量与生产成本统计调查数据

部门产量/台	182	184	194	188	205	222	265	298	278	295
生产成本（万元）	301	320	382	375	399	425	444	481	501	532

（1）计算该企业生产部产量与生产成本之间的相关系数。

（2）对计算出来的系数进行检验并画出相关图。

8.9 以某地区 2000—2017 年购买力 Y 对职工人数、平均工资以及存款数进行回归分析，结果如下：

$$\hat{y} = -652.9641 + 1.3085x_1 + 0.7276x_2 + 83.0252x_3$$
$$(300.8584)\ (0.3482)\ (0.3206)\ (41.8466)$$
$$R^2 = 0.978, F = 227.3980$$

（1）说明回归方程各系数的含义。

（2）判断线性回归效果是否显著（显著性水平为 0.05）。

（3）判断各系数的显著性（显著性水平为 0.05）。

8.10 某地区食品加工企业年设备能力（千瓦/人）与年劳动生产率（千元/人）的资料如表 8-11 所示。

表 8-11　某地区食品加工企业年设备能力与年劳动生产率

企业编号	年设备能力/（千瓦/人）	年劳动生产率/（千元/人）	企业编号	年设备能力/（千瓦/人）	年劳动生产率/（千元/人）
1	2.5	5.8	6	3.5	6.6
2	2.5	6.0	7	3.2	8.2
3	2.9	6.5	8	3.4	8.1
4	2.8	7.1	9	4.1	9.0
5	2.7	7.7	10	4.0	7.8

续表

企业编号	年设备能力/ (千瓦/人)	年劳动生产率/ (千元/人)	企业编号	年设备能力/ (千瓦/人)	年劳动生产率/ (千元/人)
11	4.8	11.2	16	6.0	10.7
12	4.7	11.3	17	6.2	12.2
13	4.9	12.9	18	6.3	12.8
14	5.2	13.1	19	7.4	14.0
15	5.5	9.8	20	5.5	13.6

（1）计算以劳动生产率为因变量的回归方程。

（2）解释回归系数的经济含义。

（3）若该地区准备新建一个食品加工企业，要求劳动生产率达到2.5万元/人，则其设备能力必须达到多少？

第 9 章

时间序列分析

我国家庭人均可支配收入

最近 20 年,我国人均可支配收入快速增长,城镇居民家庭和农村居民家庭人均收入双双较快增长,如表 9-1 所示。1996—2017 年我国城镇居民家庭人均可支配收入增长了 6.52 倍,农村居民家庭人均可支配收入增长了 5.97 倍,其间,1996—2009 年,城镇居民家庭人均可支配收入增长速度相对较快,城镇与农村收入比从 2.51 倍扩大到 3.33 倍;2009—2017 年,总体上农村居民家庭人均可支配收入增长速度相对较快,城镇与农村收入比从 3.33 倍缩小到 2.71 倍。具体如何深入分析我国人均可支配收入的发展变化的方向和程度、揭示不同时间的发展状态和过程、反映发展变化趋势和规律性、进行动态趋势预测,进而比较分析不同对象、不同区域发展状况,有待本章内容的学习。

表 9-1 1996—2017 年我国居民家庭人均可支配收入 元

年份	城镇居民家庭	农村居民家庭	年份	城镇居民家庭	农村居民家庭
1996	4 839	1 926	2007	13 786	4 140
1997	5 160	2 090	2008	15 781	4 761
1998	5 425	2 162	2009	17 175	5 153
1999	5 854	2 210	2010	19 109	5 919
2000	6 280	2 253	2011	21 810	6 977
2001	6 860	2 366	2012	24 565	7 917
2002	7 703	2 476	2013	26 467	9 430
2003	8 472	2 622	2014	28 844	10 489
2004	9 422	2 936	2015	31 195	11 422
2005	10 493	3 255	2016	33 616	12 363
2006	11 760	3 587	2017	36 396	13 432

9.1 时间序列的基本问题

9.1.1 时间序列的概念与意义

事物和现象皆处于运动、变化和发展过程中,随着时间的推移会呈现出一定的发展趋势和规律。时间序列是指事物和现象的指标数值按时间先后顺序排列后形成的数列，又称时间数列、动态数列。我国 2010—2017 年财政收支如表 9-2 所示，可以看出，时间序列有两个基本要素：一是事物和现象所属的时间，它可以是若干个时期，如年份、季度、月份、日期或其他任何时期形式；也可以是某一时点或某个时期的期初、期末等。二是事物和现象在不同时间上的指标数值。指标数值有总量指标、相对指标和平均指标表现形式。

表 9-2 我国 2010—2017 年财政收支

年份	财政收入		财政支出	
	金额/亿元	增长速度/%	金额/亿元	增长速度/%
2010	83 102	21.3	89 874	17.8
2011	103 874	25.0	109 248	21.6
2012	117 254	12.9	125 953	15.3
2013	129 210	10.2	140 212	11.3
2014	140 370	8.6	151 786	8.3
2015	152 269	8.5	175 878	15.9
2016	159 552	4.8	187 841	6.8
2017	172 567	8.2	203 330	8.2

时间序列分析是统计的重要方法之一，编制时间序列的意义具体体现在以下几方面。

（1）编制时间序列可以反映事物和现象的发展变化的方向与程度，根据时间序列计算各种指标数值，深入揭示其在不同时间的发展状态和过程。

（2）根据时间序列数据资料可以揭示事物和现象的发展变化趋势，以便进一步研究确定这种趋势和波动是否有规律性的反映。当有季度或月份资料的时间序列时，确定是否存在季节变动以及季节变动的趋势与规律。

（3）通过时间序列对事物和现象动态趋势进行预测，这也是统计预测方法的一个重要内容。

（4）利用时间序列比较分析不同单位、区域乃至国家的状况，这也是对事物和现象进行统计分析的重要方法。

9.1.2 时间序列的种类

按照构成的指标性质不同，时间序列分为绝对数时间序列、相对数时间序列和平均数时间序列；其中绝对数时间序列是基本数列，其余两种是绝对数时间序列的派生数列。

1. 绝对数时间序列

绝对数时间序列是将总量指标按时间先后顺序排列形成的数列，也称总量指标时间序列或绝对指标时间序列。它反映事物和现象在一段时间内达到的总体规模、绝对水平及增减变化情况。绝对数时间序列按指标所反映的时间状况不同分为时期序列和时点序列。

1)时期序列

时期序列是由时期指标按时间先后顺序排列形成的数列,即数列中每一指标值都是反映某一事物和现象在一段时间内发展变化的总量,如表9-2中财政收入、财政支出序列就是时期序列。时期序列有如下三个特点。

(1)指标数值通过经常性调查或连续登记取得,反映一段时间内发展的结果。

(2)指标数值具有可加性,是连续相加得到的,其结果表示事物和现象在更长时间内的"累计总量"。

(3)数列中指标数值的大小与其对应时期的长短有直接关系。在正常情况下,指标所属时间越长数值越大;反之,则越小。

2)时点序列

时点序列是由时点指标按时间先后顺序排列形成的数列,即数列中的每一指标值反映的是现象在某一时刻上的总量。表9-3所示数列就是时点序列。时点序列有如下三个特点。

表 9-3 我国 2010—2016 年人口及结构

年份	年末总人口		0~14 岁		15~64 岁 /万人	65 岁及以上	
	人数/万人	总抚养比/%	人数/万人	抚养比/%		人数/万人	抚养比/%
2010	134 091	34.2	22 259	22.3	99 938	11 894	11.9
2011	134 735	34.4	22 164	22.1	100 283	12 288	12.3
2012	135 404	34.9	22 287	22.2	100 403	12 714	12.7
2013	136 072	35.3	22 329	22.2	100 582	13 161	13.1
2014	136 782	36.2	22 558	22.5	100 469	13 755	13.7
2015	137 462	36.9	22 715	22.6	100 361	14 386	14.3
2016	138 271	37.7	22 855	22.8	100 413	15 003	14.9

(1)指标数值通过一次性调查或间断登记取得。通常时点指标在短期变化较小,每隔一段时间统计一次。

(2)指标数值不具有可加性。每个数值只代表某一时刻点的状态,各个时点的指标数值连续累加没有实际的社会经济意义。

(3)指标数值的大小与其对应时点间隔长短没有直接关系。由于时点间隔反映指标数值所属的相邻时点的时间间隔,时点数列指标数值不具有可加性。时点间隔选择要有利于反映事物和现象发展变化的过程与结果,指标数值变化快、变动大的,时点间隔可短一些;反之,则可长一些。

2. 相对数时间序列

相对数时间序列是将某一相对指标按时间的先后顺序依次排列而成的一组指标值。在相对数时间序列中,统计指标数值反映不同时间的事物与现象之间数量的对比关系、发展速度、计划完成程度、联系程度、普遍程度、密度强度等的发展状况与趋势。表9-2中增长速度、表9-3中抚养比、表9-4中人均GDP(国内生产总值)等时间序列就是相对数时间序列。在相对数时间序列中,由于各个指标数值对比基数不同,加总起来没有实际社会经济意义，因而不具有可加性。

3. 平均数时间序列

平均数时间序列是将某一平均指标按时间的先后顺序依次排列而成的数列，如表 9-1 中的居民家庭人均可支配收入、表 9-4 中人均 GNI（国民总收入）等时间序列均为平均数时间序列。平均数时间序列有静态平均数时间序列和动态平均数时间序列。平均数时间序列中的各个指标一般不能相加，相加没有数学依据和实际意义，但在计算序列平均数时可相加。

表 9-4　我国 2010—2017 年国内生产总值及结构、国民总收入

年份	GDP/亿元	GNI/亿元	第一产业增加值/亿元	第二产业增加值/亿元	第三产业增加值/亿元	人均GDP/元	人均GNI/元
2010	413 030	411 265	39 363	191 630	182 038	30 876	30 744
2011	489 301	484 753	46 163	227 039	216 099	36 403	36 064
2012	540 367	539 117	50 902	244 643	244 822	40 007	39 914
2013	595 244	590 422	55 329	261 956	277 959	43 852	43 496
2014	643 974	644 791	58 343	277 572	308 059	47 203	47 263
2015	689 052	686 450	60 862	282 040	346 150	50 251	50 061
2016	744 127	742 352	63 671	296 236	384 221	53 980	53 851
2017	827 122	825 016	65 468	334 623	427 032	59 660	59 350

9.1.3　时间序列的编制原则

编制时间序列的目的是通过对数列中的一系列指标数值进行动态分析来研究事物和现象的发展变化及其规律性，其遵循的基本原则是保持时间序列中各指标数值的可比性，可比性主要表现在以下几个方面。

1. 时间长度一致

时期序列中指标数值的大小与指标所包含的时期长短有直接关系，故各指标数值涵盖的时期长短一般应该相等，便于比较分析和发现趋势与规律；时点序列中各指标数值的时间间隔最好相等，以便更好地反映发展变化的过程和规律性。实际中，时点指标设置了相等时间间隔检查制度，如定时清点库存。在相对数时间序列和平均数时间序列中，也要求其各项指标数值所属的时间范围相等，以增强可比性。特殊情况下，时间序列中时间要求的灵活性，也可将不同时间长度的同类指标组成的时间序列进行比较分析，以强调说明特殊问题。

2. 总体范围一致

只有经过适当调整保持了总体范围的一致性，进行动态比较才有意义。无论是时期序列还是时点序列，总体范围大小都会影响指标数值的大小，特别是绝对数时间序列。在同一时间序列中总体范围前后应该一致，若有变化，指标数值就不能直接对比，而必

须经过调整后才能进行比较。如某一地区行政区划发生变化，该区域前后两个时期指标数值不能直接对比，必须以最新区划范围调整历史资料。例如，1988年海南从广东省分离设立省，1997年重庆市从四川省分离设立直辖市，如果统计广东省和四川省国内生产总值、人口总数等社会经济数据时跨越了它们的设立时间，就需要调整或者说明总体范围。

3. 指标内容一致

指标经济内容是由其理论内涵决定的，随着社会经济条件的变化，同一名称的指标的经济内容和经济含义也会发生改变，在实际工作中应注意不同历史时期、不同国家或地区的同一指标的经济内容的一致性，通常以最新的指标内容调整历史资料。例如，2013年开始，农、林、牧、渔业中的农、林、牧、渔服务业，采矿业中的开采辅助活动，制造业中的金属制品、机械和设备修理业，分别从原来的第一产业和第二产业计入第三产业，如果跨越这个统计内涵调整时间，对我国三个产业的构成进行动态分析，就需要根据指标内容调整指标数值。

4. 指标计量一致

指标计量一致要求指标的计算口径、计算方法、计算价格和计量单位都应统一。指标的计算口径不同，如劳动生产率指标，有的按生产时间计算，有的按职工人数计算，它们的计算结果就有很大差异；或计算方法不同，国内生产总值有按生产法、支出法和分配法计算的，它们的计算结果会有不同；或计算价格不统一，如工业增加值指标有现价工业增加值和不变价工业增加值，两者的结果会不一样；或计量单位不一致，如分别采用实物量和价值量以及不同的实物量和价值量时结果有差别。这时，各期的指标数值不能直接动态分析和对比分析，应以目前指标的计算口径、计算方法、计算价格和计量单位对历史资料加以调整。

对时间序列可比性的要求不能绝对化，有时受收集的资料限制，只要大体可比，也可编成时间序列。

9.2 时间序列的水平指标

为了研究事物和现象发展的过程与状态，反映其发展变化的规律性，必须对时间序列进行动态分析，计算水平指标和速度指标等一系列分析指标，本节介绍时间序列的水平指标。

9.2.1 发展水平

1. 发展水平的概念

发展水平是指时间序列中指标的每个数值，又称发展量或水平。为便于分析，发展水平常用 a 来表示。发展水平用来反映事物和现象在一定时期内或时点上所达到的规模、相对水平和一般水平，它可以用总量指标、相对指标或者平均指标来表示。例如，

表 9-2 中 2016 年我国财政收入 159 552 亿元反映的是我国的财政收入的总规模，而增长速度为 4.8%表明我国 2016 年相对于 2015 年财政收入增长的百分数。发展水平是时间序列中最基本的分析指标，是进行增量分析、平均分析和速度分析的基础。

2. 发展水平的分类

按在时间序列中所处的位置不同，发展水平可分为最初水平、中间水平和最末水平。最初水平是时间序列中的第一个指标数值；最末水平是时间序列中的最后一个指标数值；处于最初水平和最末水平中间的各发展水平是中间水平。

按在时间序列中所起的作用不同，发展水平可分为基期水平和报告期水平。基期水平是时间序列中作为对比基础时间的发展水平，基期通常可以选择前一期、固定基期或者去年同期；报告期水平是所要研究或考查的那个时间的发展水平。基期和报告期根据研究内容和目的确定，目的任务不同，基期和报告期的选择也不同，不同情况下可以相互转化。常用术语"增加到"或"增加为"、"降低到"或"降低为"表示从基期水平变化到报告期水平。

设时间序列各项为 a_0，a_1，a_2，…，a_i，…，a_{n-1}，a_n。其中，a_0 为最初水平，a_n 为最末水平，a_1，a_2，…，a_{n-1} 为中间水平。若将 a_i 与 a_0 进行对比，a_i 为报告期水平，a_0 为基期水平；若将 a_n 与 a_{n-1} 进行对比，a_n 为报告期水平，a_{n-1} 为基期水平。

9.2.2 平均发展水平

平均发展水平是时间序列中不同时间发展水平的平均数。由于是不同时间上的动态的平均，又称动态平均数或序时平均数。它将研究对象在不同时间上的指标数量的差异抽象化，从动态上说明事物和现象在一段时间内发展的一般水平。利用序时平均数可消除事物和现象在短期内偶然因素产生波动的影响，使时间序列更好地表现事物和现象发展变化的趋势与规律。此外，还可利用它对时间长短不一和空间范围不同的事物与现象进行比较。

平均发展水平的计算主要根据时间序列中的发展水平的资料情况而定，不同类型、不同特性的发展水平，平均发展水平的计算方法也不尽相同。

1. 绝对数时间序列平均发展水平

1）时期序列平均发展水平

时期序列中的发展水平是时期指标，反映总体某一指标在一段时期内累计的发展总量，指标数值所对应的时间是连续的，具有可加性。假定时间序列的发展水平在所属时间内的变动是均匀的，在指标值所属时期相等的条件下，只要将时间序列中各期水平直接加总再除以数值项数，并进行简单算术平均即可得到序时平均数；若指标值所属的时间不相等，只要将各期指标数值总和除以时期数即可以得到。计算公式为

$$\bar{a} = \frac{a_1 + a_2 + \cdots + a_n}{n} = \frac{\sum_{i=1}^{n} a_i}{n} \tag{9-1}$$

式中：$\bar{a}$ 为平均发展水平；a_i 为各时期发展水平；n 为时期数。式（9-1）简写为

$$\bar{a} = \frac{\sum a}{n} \tag{9-2}$$

例 9-1 某企业 2017 年第 1—3 季度 A 产品产量如表 9-5 所示，求 2017 年前三季度每季度平均产量。

表 9-5 某企业 2017 年第 1—3 季度 A 产品产量

季度	第 1 季度	第 2 季度	第 3 季度
产量/万件	876	924	948

解：2017 年前三季度每季度平均产量为

$$\bar{a} = \frac{\sum a}{n} = \frac{876 + 924 + 948}{3} = 916 \text{（万件）}$$

2）时点序列平均发展水平

由于几乎不可能掌握事物和现象在一定时期内每个时点上的指标数值，时点序列数据资料通常选择间断统计，就是间隔一段时间或数据发生变化时统计。时点可根据需要定在某一时期期初或期末，如月初月末、季初季末等。统计中一般将一天作为一个时点单位，但是根据事物的特点和研究任务也可以选择更短或更长的时间作为时点单位。作为时点单位的"一天"，在这一天内事物和现象的指标数值总在不断变化，最终需要选择"一天"的某一个时刻点的指标数值作为时点代表值，如清点上课学生人数；或者以两个时刻点指标数值的平均值来代表，如上班打卡。如果两个相邻时点代表的时间段是紧密相连或习惯上认为是连续的称为连续时点，相应形成的数列称为连续时点序列，否则是不连续时点或间断时点，称为间断时点序列。

时点序列序时平均数的计算，只要掌握全部时点单位的指标数值，再除以时点单位数就可以得到单位时点上的指标数值水平。连续时点序列和间断时点序列的具体计算方法不相同。

（1）连续时点序列平均发展水平的计算。连续时点序列的每个时点单位的数据资料都要进行调查，其又可分为间隔相等和间隔不等两种。

一是连续时点间隔相等。间隔相等的情况是调查并记录事物和现象的每个时点单位的数据资料，并按时点单位时间先后顺序排列，这等于已掌握了整段时期内连续性的时点数据，此时需采用简单算术平均数的方法计算平均发展水平，公式为

$$\bar{a} = \frac{\sum_{i=1}^{n} a_i}{n} \tag{9-3}$$

式中：$\bar{a}$ 为序时平均数；a_i 为在某一时点的指标数值；n 为时点序列的项数。式（9-3）可简写为

$$\bar{a} = \frac{\sum a}{n} \tag{9-4}$$

例如，存款和贷款平均余额指标，通常就是由报告期内每日存款和贷款余额之和除

以报告期日历数而求得。

二是连续时点间隔不等。间隔不等的情况是调查事物和现象的每个时点单位的数据资料，且在指标数值发生变化时记录该时点单位的指标数值并按时间先后顺序排列，每次变化时间的间隔不完全相等，也就是连续时点间隔不等，此时需采用加权算术平均数的方法计算平均发展水平，权数是每一指标数值持续的时点单位数。其平均发展水平公式为

$$\bar{a} = \frac{\sum_{i=1}^{n} a_i f_i}{\sum_{i=1}^{n} f_i} \tag{9-5}$$

式中：f_i 为每次变动持续的时点单位数。式（9-5）可简写为

$$\bar{a} = \frac{\sum af}{\sum f} \tag{9-6}$$

例 9-2 某企业 2017 年第 4 季度职工人数变动情况如表 9-6 所示，求该企业第 4 季度日平均人数。

表 9-6 某企业 2017 年第 4 季度职工人数变动情况

日期	10月1日	10月20日	11月5日	11月25日	12月1日	12月31日
原有人数	799	813	831	820	835	835
增加人数		21	18		24	
减少人数		9		11	9	

解：该企业第 4 季度日平均人数为

$$\bar{a} = \frac{\sum af}{\sum f} = \frac{799 \times 19 + 813 \times 16 + 831 \times 20 + 820 \times 6 + 835 \times 30}{19 + 16 + 20 + 6 + 30} \approx 822(人)$$

（2）间断时点序列平均发展水平的计算。统计工作中，很多事物和现象的时点数据并不是或者不需要连续调查登记，而是间隔一段时间对其期初或期末时点数据进行登记，如间隔一周、一月、一季度、一年等。这种不连续调查登记得到的时点序列称为间断时点序列。时间相邻两次登记的时间间隔可以相等，也可以不等，从而形成了间隔相等的间断时点序列和间隔不等的间断时点序列。

一是间断时点间隔相等。间断时点序列中不了解全部资料，而计算序时平均数需要有能够反映整个间隔期情况的数据资料。若假定两个相邻时点之间的变动是均匀的，可以将间断时间内的情况连续反映出来，相应的方法采用"首末折半法"。计算间隔相等的间断时点序列的序时平均数，将某一间隔期首末指标数值简单平均（加总除 2）得到的序时平均数替代相应的间隔期的水平。将计算出的序时平均数再简单平均得到整个观察的平均水平。其计算公式为

$$\bar{a} = \frac{\dfrac{a_0 + a_1}{2} + \dfrac{a_1 + a_2}{2} + \cdots + \dfrac{a_{n-1} + a_n}{2}}{n} \tag{9-7}$$

整理可得

$$\bar{a} = \frac{\frac{a_0}{2} + a_1 + \cdots + a_{n-1} + \frac{a_n}{2}}{n} \qquad (9\text{-}8)$$

例 9-3 某企业 3—6 月末钢材库存分别为 1 155 吨、1 215 吨、1 209 吨、1 245 吨，求第 4 季度平均（每月）库存。

解：第 4 季度平均（每月）库存为

$$\bar{a} = \frac{\frac{a_0}{2} + a_1 + \cdots + a_{n-1} + \frac{a_n}{2}}{n} = \frac{\frac{1\,155}{2} + 1\,215 + 1\,209 + \frac{1\,245}{2}}{3} = 1\,208 \text{（吨）}$$

二是间断时点间隔不等。间隔不等的间断时点序列中计算序时平均数的思路与间隔相等的情况基本相同。先计算代表间隔期内水平的序时平均数，再对序时平均数进行平均。间隔期不等，可用各相邻时点的间隔长度（f）为权数，对各相邻时点指标数值的平均数进行加权平均计算序时平均数。其计算公式为

$$\bar{a} = \frac{\frac{a_0 + a_1}{2}f_1 + \frac{a_1 + a_2}{2}f_2 + \cdots + \frac{a_{n-1} + a_n}{2}f_n}{f_1 + f_2 + \cdots + f_n} \qquad (9\text{-}9)$$

例 9-4 某企业 2017 年上半年某商品库存如表 9-7 所示，求该企业上半年平均库存。

表 9-7 某企业 2017 年上半年某商品库存

日期	1月1日	2月1日	5月1日	6月30日
商品库存/吨	553	567	581	593

解：该企业 2017 年上半年平均库存为

$$\bar{a} = \frac{\frac{a_0 + a_1}{2}f_1 + \frac{a_1 + a_2}{2}f_2 + \cdots + \frac{a_{n-1} + a_n}{2}f_n}{f_1 + f_2 + \cdots + f_n} = \frac{\frac{553 + 567}{2} \times 1 + \frac{567 + 581}{2} \times 3 + \frac{581 + 593}{2} \times 2}{1 + 3 + 2}$$

$$= 576 \text{（吨）}$$

值得注意的是，根据时点序列计算的序时平均数，是一个推算出来的近似数，这个推算是假定事物和现象在相邻两个时点之间的变动是均匀的。时间间隔越长，准确程度也就越差。为此，间断时点序列的间隔不宜过长。

2. 相对数时间序列平均发展水平

相对数时间序列是绝对数时间序列的派生序列，由两个有联系的绝对数时间序列相应项对比得到。因此，相对数时间序列不能像绝对数时间序列一样直接计算平均发展水平，只能按照时间序列的性质，分别计算出分子、分母两个绝对数时间序列的平均发展水平，然后将分子数列和分母数列的平均发展水平进行对比。用公式表示为

$$\bar{c} = \frac{\bar{a}}{\bar{b}} \qquad (9\text{-}10)$$

式中：$\bar{c}$ 为相对数时间序列的平均发展水平；$\bar{a}$ 为分子数列的平均发展水平；$\bar{b}$ 为分母

数列的平均发展水平。

具体计算时,要注意区分分子数列和分母数列的性质与资料情况,选用合适的计算方法,属于绝对数时间序列的何种情形就选用相应的计算方法,一般分为以下三种情况。

1) 分子、分母均为时期序列平均发展水平

例 9-5 已知某企业 2017 年 1—3 月 A 产品的计划销售量和实际销售量如表 9-8 所示,求 A 产品第 1 季度月销售量的平均计划完成程度。

表 9-8 某企业 2017 年 1—3 月 A 产品销售情况　　　　　　　万件

日期	1月	2月	3月
计划销售量	60	65	78
实际销售量	62	65	81

解:令实际销售量为 a,计划销售量为 b,则第 1 季度月销售量的平均计划完成程度为

$$\bar{c} = \frac{\bar{a}}{\bar{b}} = \frac{\frac{\sum a}{n}}{\frac{\sum b}{n}} = \frac{\frac{62+65+81}{3}}{\frac{60+65+78}{3}} \approx 102.46\%$$

2) 分子、分母均为时点序列平均发展水平

例 9-6 某企业 2017 年第 4 季度各月末职工人数如表 9-9 所示,计算该企业第 4 季度月平均工人数占全体职工人数的比重。

表 9-9 某企业 2017 年第 4 季度各月末职工人数

日期	9月末	10月末	11月末	12月末
生产工人数 a	575	575	571	583
全体职工人数 b	655	665	675	695

解:令生产工人数为 a,全体职工人数为 b,则该企业第 4 季度月平均工人数占全体职工人数的比重为

$$\bar{c} = \frac{\bar{a}}{\bar{b}}$$

$$= \frac{\left(\frac{a_0}{2} + a_1 + a_2 + \cdots + a_{n-1} + \frac{a_n}{2}\right)/n}{\left(\frac{b_0}{2} + b_1 + b_2 + \cdots + b_{n-1} + \frac{b_n}{2}\right)/n}$$

$$= \frac{\left(\frac{575}{2} + 575 + 571 + \frac{583}{2}\right)/3}{\left(\frac{655}{2} + 665 + 675 + \frac{695}{2}\right)/3}$$

$$= \frac{575}{671.67}$$

$$\approx 85.61\%$$

3）分子、分母一个为时期序列，另一个为时点序列平均发展水平

例 9-7　某企业 2017 年第 4 季度销售收入和平均库存额的资料如表 9-10 所示，试计算该企业第 4 季度每月平均商品周转次数，全季呢？

表 9-10　某企业 2017 年第 4 季度销售收入和平均库存额的资料　　　　万元

月份	9	10	11	12
月销售收入	1 308	1 346	1 385	1 565
月末库存额	480	490	500	510

解：令销售收入为 a，库存额为 b，则

$$\bar{a} = \frac{\sum a}{n} = \frac{1\,346 + 1\,385 + 1\,565}{3} = 1\,432\,(万元)$$

$$\bar{b} = \frac{\frac{b_0}{2} + b_1 + \cdots + b_{n-1} + \frac{b_n}{2}}{n} = \frac{\frac{480}{2} + 490 + 500 + \frac{510}{2}}{3} = 495\,(万元)$$

因此，第 4 季度每月平均商品周转次数为

$$\bar{c} = \frac{\bar{a}}{\bar{b}} = \frac{1\,432 \times 10^4}{495 \times 10^4} \approx 2.89\,(次)$$

第 4 季度平均商品周转次数为

$$\bar{c} = \frac{\bar{a}}{\bar{b}} = \frac{(1\,346 + 1\,385 + 1\,565) \times 10^4}{495 \times 10^4} \approx 8.68\,(次)$$

3. 平均数时间序列平均发展水平

平均数时间序列有静态平均数时间序列和动态平均数时间序列，其平均发展水平的计算方法分别如下。

1）静态平均数时间序列平均发展水平

静态平均数时间序列由两个绝对数时间序列相应项对比形成，其动态平均数的计算方法与静态相对数时间序列的计算方法相同，先分别计算分子数列（一般为时期序列）和分母数列（一般为时点序列）的动态平均数，然后将这两个序时平均数对比即可求得。

例 9-8　某企业 2014—2017 年职工工资、职工人数情况如表 9-11 所示，计算该企业 2013—2017 年职工平均工资。

表 9-11　某企业 2013—2017 年职工工资、职工人数情况

时间	工资总额/万元	年末职工人数/人
2013		716
2014	3 788	743
2015	4 285	760
2016	4 851	794
2017	4 621	706

解：职工平均工资数列是一个静态平均数时间序列，由于在计算各年职工平均工资时，各年的职工人数不等，不能直接根据职工平均工资数列计算动态平均数。令月工资总额为 a，职工人数为 b，则

$$\bar{a} = \frac{\sum a}{n} = \frac{3\,788 + 4\,285 + 4\,851 + 4\,621}{4} = 4\,386.25 \,(万元)$$

$$\bar{b} = \frac{\frac{b_0}{2} + b_1 + \cdots + b_{n-1} + \frac{b_n}{2}}{n} = \frac{\frac{716}{2} + 743 + 760 + 794 + \frac{706}{2}}{4} = 752 \,(人)$$

$$\bar{c} = \frac{\bar{a}}{\bar{b}} = \frac{4\,386.25 \times 10^4}{752} = 58\,327.79 \,(元/人)$$

2）动态平均数时间序列平均发展水平

在动态平均数时间序列中，若动态平均数所含时期相等，可直接采用简单算术平均数计算其动态平均数；若所含时期不相等，以时期长度作为权数，采用加权算术平均数来计算其动态平均数。

例 9-9 某企业 2017 年 1—5 月 A 原材料平均库存情况如表 9-12 所示，计算该企业 2017 年前 5 个月平均库存额。

表 9-12 某企业 2017 年 1—5 月 A 原材料平均库存情况　　　　　万元

时间	1月	2月	3月	4月	5月
平均库存额	877	920	936	957	930

解：这是一个动态平均数时间序列，且动态平均数所含时期相等，计算该企业 2017 年 1—5 月 A 原材料平均库存额采用简单算术平均数计算：

$$\bar{a} = \frac{\sum a}{n} = \frac{877 + 920 + 936 + 957 + 930}{5} = 924 \,(万元)$$

9.2.3 增长量

1. 增长量的概念

增长量是事物和现象在一定时期内增加或减少的绝对数量，也称增减量。它反映事物和现象在一定时期内的增长水平，一般用报告期水平与基期水平之差表示。增长量有正负之分，这个差额若为正值，就是增加量；若为负值，就是减少量或降低量，指标实际反映的是增减量。其计算公式为

$$增长量 = 报告期水平 － 基期水平 \tag{9-11}$$

2. 增长量的种类

由于采用基期的不同，增长量可分为逐期增长量和累计增长量。

1）逐期增长量

逐期增长量是报告期水平与前一期水平之差，说明现象报告期比前一期增加或减少

的绝对数量，用符号表示如下：

$$a_1-a_0, \ a_2-a_1, \ \cdots, \ a_n-a_{n-1}$$

2）累计增长量

累计增长量是报告期水平与某一固定时期水平（通常为最初水平）之差，说明现象报告期比某一固定时期增加或减少的绝对数量，也可以说是现象在某一段较长时期内总的增长量。用符号表示如下：

$$a_1-a_0, \ a_2-a_0, \ \cdots, \ a_n-a_0$$

3）年距增长量

有些现象的数量随季节变化而变化，为了消除季节变动的影响，可以计算年距增长量。它是报告期水平与上年同期水平之差。即

$$\text{年距增长量} = \text{报告期水平} - \text{上年同期水平} \tag{9-12}$$

3. 逐期增长量与累计增长量的关系

逐期增长量与累计增长量之间存在一定的关系，具体体现在以下两个方面。

1）各逐期增长量的和等于相应时期的累计增长量，用公式表示为

$$\sum_{i=1}^{n}(a_i - a_{i-1}) = a_n - a_0 \tag{9-13}$$

2）相邻两个时期累计增长量之差等于相应时期的逐期增长量，用公式表示为

$$a_i - a_0 - (a_{i-1} - a_0) = a_i - a_{i-1} (i=1,2,\cdots,n) \tag{9-14}$$

例 9-10 我国 2010—2016 年个人所得税收入如表 9-13 所示，计算我国 2010—2016 年个人所得税收入逐期增长量和累计增长量。

表 9-13 我国 2010—2016 年个人所得税收入　　　　　　　　　　　　　　亿元

年份	2010	2011	2012	2013	2014	2015	2016
个人所得税	4 837	6 054	5 820	6 532	7 377	8 617	10 089

解： 根据表 9-13 的资料可得表 9-14。

表 9-14 我国 2010—2016 年个人所得税收入增长量情况　　　　　　　　　亿元

年份	2010	2011	2012	2013	2014	2015	2016
个人所得税	4 837	6 054	5 820	6 532	7 377	8 617	10 089
逐期增长量		1 217	−234	712	845	1 240	1 472
累计增长量		1 217	983	1 695	2 540	3 780	5 252

表 9-14 中，2010—2016 年我国个人所得税收入的逐期增长量之和为 5 252 亿元，等于 2016 年的累计增长量。

9.2.4 平均增长量

1. 平均增长量的概念

平均增长量是某种现象在较长时期内平均每期增加或减少的数量，又称平均增减

量。它将各逐期增长量的数量差异抽象化，适用于时间序列的变量逐期增长量大致相同的情况；从广义来说，它也是一种序时平均数。

2. 平均增长量的计算方法

平均增长量有水平法和累计法两种计算方法。

1）水平法

水平法可以保证以基期发展水平 a_0 为基础，每期按平均增长量增减，第 n 期的理论水平和第 n 期的实际水平完全相等。它可将各个逐期增长量相加后，被逐期增长量的个数来除，即采用简单算术平均法求得；可将累积增长量被时间数列项数减 1 来除求得。其计算公式为

$$\text{平均增长量}\overline{\Delta} = \frac{\text{逐期增长量之和}}{\text{逐期增长量的个数}} = \frac{(a_1 - a_0) + (a_2 - a_1) + \cdots + (a_n - a_{n-1})}{n}$$
$$= \frac{a_n - a_0}{n} = \frac{\text{累计增长量}}{\text{时间序列项数} - 1} \tag{9-15}$$

例 9-11 根据表 9-13 中的资料，计算 2010—2016 年我国个人所得税收入平均增长量。

解：2010—2016 年我国个人所得税收入平均增长量为

$$\overline{\Delta} = \frac{a_n - a_0}{n} = \frac{10\,089 - 4\,837}{6} \approx 875.33 \text{（亿元）}$$

按水平法计算平均增长量简单、需要的资料少，但只考虑了最末水平和最初水平，用平均增长量去推算各期水平，与各期实际水平可能差别很大，不能准确地反映实际情况。它只适应于现象发展得比较均匀的情况。

2）累计法

当现象在各期的发展不太均匀的时候，可用累计法计算。用累计法计算平均增长量的基本要求是：用平均增长量推算的各期理论水平之和应等于各期实际水平之和。即

$$(a_0 + \overline{\Delta}) + (a_0 + 2\overline{\Delta}) + \cdots + (a_0 + n\overline{\Delta}) = \sum_{i=1}^{n} a_i$$

整理上式得

$$\overline{\Delta} = \frac{2\left(\sum_{i=1}^{n} a_i - na_0\right)}{n(n+1)} \tag{9-16}$$

例 9-12 根据表 9-13 中的资料，计算我国 2010—2016 年个人所得税收入的平均增长量。

解：我国 2010—2016 年个人所得税收入的平均增长量为

$$\overline{\Delta} = \frac{2\left(\sum_{i=1}^{n} a_i - na_0\right)}{n(n+1)} = \frac{2(44\,489 - 6 \times 4\,837)}{6 \times 7} \approx 736.52 \text{ (亿元)}$$

按水平法和累计法计算的我国 2010—2016 年个人所得税收入平均增长量差别较大，

因为个人所得税收入的增减变化不均匀,用累计法计算的平均增长量更符合实际情况。

根据时间序列已知数值可以预测未来变量值,通过即期值与平均增长量乘以期数差的和来计算。如果逐期增长量之间相差很大或不均匀,也就是时间序列的变动幅度较大,得到时间序列的趋势值与实际值的偏离会很大,这种方法预测的准确性随之降低。

9.3 时间序列的速度指标

对时间序列进行速度分析,主要通过计算发展速度、增长速度、平均增长速度和平均发展速度来完成。

9.3.1 发展速度

1. 发展速度的概念

发展速度是说明事物和现象在一定时期内发展变化的方向与程度的相对数。它是一种动态相对数,是时间序列中两个不同时期发展水平对比的结果,说明报告期水平已发展到基期水平的多少倍或百分之几。其计算公式为

$$发展速度 = \frac{报告期水平}{基期水平} \times 100\% \tag{9-17}$$

发展速度通常以百分数表示,发展速度大于100%表示上升,小于100%表示下降。

2. 发展速度的种类

按采用的基期不同,发展速度可分为定基发展速度、环比发展速度和年距发展速度。

1)定基发展速度

定基发展速度是报告期水平与某一固定时期水平(一般为最初水平)的对比,表明现象在一个较长时期内总的发展变化的方向和程度,又称总速度。其计算公式为

$$定基发展速度 = \frac{报告期水平}{固定基期水平} \times 100\% = \frac{a_i}{a_0} \times 100\% \tag{9-18}$$

将各期定基发展速度按时间顺序排列,就形成了动态相对数时间序列,用字母表示为

$$\frac{a_1}{a_0}, \frac{a_2}{a_0}, \frac{a_3}{a_0}, \cdots, \frac{a_n}{a_0}, \text{即 } R_i = \frac{a_i}{a_0} \quad (i=1,\cdots,n)$$

2)环比发展速度

环比发展速度是报告期水平同前一期水平之比,说明现象逐期发展变化的程度。其计算公式为

$$环比发展速度 = \frac{报告期水平}{前一期水平} \times 100\% = \frac{a_i}{a_{i-1}} \times 100\% \tag{9-19}$$

将各期的环比发展速度排列成时间序列,用字母表示为

$$\frac{a_1}{a_0}, \frac{a_2}{a_1}, \frac{a_3}{a_2}, \cdots, \frac{a_n}{a_{n-1}}, \text{即 } R_i = \frac{a_i}{a_{i-1}} \quad (i=1,\cdots,n)$$

当时间单位为一年，环比发展速度简称为年速度。

3）年距发展速度

实际工作中，经常选择上年同期水平作为基期，计算年距发展速度。年距发展速度是报告期水平与上年同期水平之比，它可以消除季节变动的影响，用公式表示为

$$年距发展速度 = \frac{报告期水平}{上年同期水平} \times 100\% \tag{9-20}$$

3. 环比发展速度与定基发展速度的关系

环比发展速度与定基发展速度之间存在着重要的数量关系，它是计算平均发展速度的基础。

（1）各环比发展速度的连乘积等于相应时期的定基发展速度。即

$$\frac{a_1}{a_0} \times \frac{a_2}{a_1} \times \frac{a_3}{a_2} \times \cdots \times \frac{a_n}{a_{n-1}} = \frac{a_n}{a_0}$$

（2）相邻两期的定基发展速度之商，等于相应的环比发展速度。即

$$\frac{a_i}{a_0} \div \frac{a_{i-1}}{a_0} = \frac{a_i}{a_{i-1}}$$

根据上述关系，可以进行发展速度指标之间的相互推算或换算。

例 9-13 根据表 9-13 中的数据，求出相应的发展速度如表 9-15 所示。

表 9-15 我国 2010—2016 年个人所得税收入发展速度

年份	2010	2011	2012	2013	2014	2015	2016
个人所得税/亿元	4 837	6 054	5 820	6 532	7 377	8 617	10 089
环比发展速度/%		125.16	96.13	112.23	112.94	116.81	117.08
定基发展速度/%		125.16	120.32	135.04	152.51	178.15	208.57

208.57%＝125.16%×96.13%×112.23%×112.94%×116.81%×117.08%

117.08%≈208.58%/178.15%

9.3.2 增长速度

1. 增长速度的概念

增长速度是说明事物和现象在一定时期内增长的方向与程度的相对数，又称增减速度。它是各期增长量与基期水平对比的结果，说明报告期水平比基期水平增长了若干倍或百分之几。计算公式为

$$增长速度 = \frac{增长量}{基期水平} \times 100\% = \frac{报告期水平 - 基期水平}{基期水平} \times 100\% = 发展速度 - 1 \tag{9-21}$$

当发展速度大于 1 时，增长速度为正值，表明事物和现象的增加程度；当发展速度小于 1 时，增长速度为负值，表明事物和现象的减少程度。

2. 增长速度的种类

与发展速度相对应，增长速度按照采用的基期不同，分为定基增长速度、环比增长速度和年距增长速度。

1）定基增长速度

定基增长速度是累计增长量与固定基期水平之比，或是定基发展速度减 1，表明社会经济现象在一段较长时期内总的增加或减少的程度。计算公式为

$$
\begin{aligned}
\text{定基增长速度} &= \frac{\text{累计增长量}}{\text{固定基期水平}} \times 100\% = \frac{\text{报告期水平} - \text{固定基期水平}}{\text{固定基期水平}} \times 100\% \\
&= \text{定基发展速度} - 1
\end{aligned}
\tag{9-22}
$$

2）环比增长速度

环比增长速度是逐期增长量与前一期水平之比，或是环比发展速度减 1，表明社会经济现象相邻两期逐期增加或减少的程度。计算公式为

$$
\begin{aligned}
\text{环比增长速度} &= \frac{\text{逐期增长量}}{\text{前一期水平}} \times 100\% = \frac{\text{报告期水平} - \text{前一期水平}}{\text{前一期水平}} \times 100\% \\
&= \text{环比发展速度} - 1
\end{aligned}
\tag{9-23}
$$

定基增长速度和环比增长速度都是发展速度的派生指标，只反映增长部分的相对程度，两者之间不存在发展速度之间的那种数量关系。

值得注意的是，定基增长速度和环比增长速度之间没有量的直接乘除关系，就是说，环比增长速度的连乘积不等于定基增长速度。如需推算，必须将增长速度转化为发展速度，利用发展速度的关系互相推算，再转化为增长速度。

3）年距增长速度

同样为了消除季节变动的影响，选择上年同期水平作为基期，计算年距增长速度。年距增长速度是年距增长量与上年同期水平对比的结果。计算公式为

$$
\begin{aligned}
\text{年距增长速度} &= \frac{\text{年距增长量}}{\text{上年同期水平}} \times 100\% = \frac{\text{报告期水平} - \text{上年同期水平}}{\text{上年同期水平}} \times 100\% \\
&= \text{年距发展速度} - 1
\end{aligned}
\tag{9-24}
$$

应注意的是，在利用速度指标说明问题时，不能只看其相对数值的大小，还应当观察每增减 1%所包含的绝对数是多少。

3. 增长 1%的绝对值

为了把速度指标、水平指标结合起来，深入分析环比增长速度与逐期增长量之间的关系，进一步反映增长速度的实际效果，有必要计算环比增长速度每增加一个百分点所代表的绝对量，通常称为增长 1%的绝对量。

增长 1%的绝对值指逐期增长量与环比增长速度之比，也可以用 100 去除前一期发展水平。其计算公式为

$$
\begin{aligned}
\text{增长}1\%\text{的绝对值} &= \frac{\text{逐期增长量}}{\text{环比增长速度}} \times 1\% = \frac{\text{报告期水平} - \text{前一期水平}}{\dfrac{\text{报告水平} - \text{前一期水平}}{\text{前一期水平}} \times 100\%} \times 1\% \\
&= \text{前一期水平} \times 1\%
\end{aligned}
\tag{9-25}
$$

例 9-14 根据表 9-13 中的数据,求出相应的增长速度和增长 1%的绝对值如表 9-16 所示。

表 9-16 我国 2010—2016 年个人所得税收入增长速度

年份	2010	2011	2012	2013	2014	2015	2016
个人所得税/亿元	4 837	6 054	5 820	6 532	7 377	8 617	1 0089
环比增长速度/%		25.16	−3.87	12.23	12.94	16.81	17.08
定基增长速度/%		25.16	20.32	35.04	52.51	78.15	108.57
增长 1%绝对值/亿元		48.37	60.54	58.20	65.32	73.77	86.17

9.3.3 平均增长速度

平均速度指标是统计分析的重要指标和依据之一,可以用于对比不同发展阶段、不同国家、地区的事物和现象的发展变化情况,有平均发展速度和平均增长速度两种形式。

1. 平均增长速度的概念

平均增长速度是现象在一个较长时期内增长变化的平均程度。说明现象在增长时期内增长的一般水平。平均增长速度为正值,说明现象在一定时期内增长的平均程度;平均增长速度为负值,说明现象在一定时期内降低的平均程度。

2. 平均增长速度的计算

从理论上讲,平均增长速度是现象各期环比增长速度的序时平均数,但在计算时,不能直接根据各环比增长速度求得。平均发展速度与平均增长速度之间存在一定的换算关系。应根据发展速度和增长速度的关系计算,计算公式为

$$\text{平均增长速度} = \text{平均发展速度} - 1\ (\text{或}\ 100\%) \tag{9-26}$$

9.3.4 平均发展速度

平均发展速度是现象在一个较长时期内发展变化的平均程度;从理论上讲,平均发展速度是现象各期环比发展速度的序时平均数。由于平均发展速度是根据时间序列前后项的指标对比得来的相对数时间序列,不同于两个总量指标时间序列所构成的相对数时间序列,因此平均发展速度的计算不能使用通常的相对数时间序列的序时平均数计算方法。实际工作中平均发展速度的计算主要有水平法或累计法两种方法。

1. 水平法

水平法也称几何平均法。水平法计算平均发展速度的依据是事物和现象在一段时间内发展的总速度并不等于各期发展速度之和,而是等于各期环比发展速度的连乘积,按照平均数的计算原理,几何平均法比较适用。其计算公式为

$$\bar{x} = \sqrt[n]{x_1 x_2 x_3 \cdots x_n} = \sqrt[n]{\prod_{i=1}^{n} x_i} = \sqrt[n]{\prod x} \tag{9-27}$$

式中：$\bar{x}$ 为平均发展速度；x_i 为各期环比发展速度；$\prod$ 为连乘积的符号。

由于 $x_i = \dfrac{a_i}{a_{i-1}} (i=1, 2, \cdots, n)$，所以式（9-27）又可表示为

$$\bar{x} = \sqrt[n]{\dfrac{a_1}{a_0} \times \dfrac{a_2}{a_1} \times \cdots \times \dfrac{a_n}{a_{n-1}}} = \sqrt[n]{\dfrac{a_n}{a_0}} \qquad (9\text{-}28)$$

从上述公式，运用水平法计算平均发展速度，其结果大小和各期的环比发展速度有关；似乎也与各期的发展水平有关，但从公式可以得平均发展速度实际上只与最初水平和最末水平有关。根据掌握资料的不同情况，可有选择地使用上述公式。

例 9-15 根据表 9-13 中的资料，求出年平均增长速度。

解：年平均增长速度为

$$\bar{x} = \sqrt[n]{\dfrac{a_n}{a_0}} - 1 = \sqrt[6]{\dfrac{10\,089}{4\,837}} - 1 = 1.130\,3 - 1 = 13.03\%$$

即年平均增长速度为 13.03%。

例 9-16 某企业预计在下个五年计划中单位产品能耗下降 20%，求该产品单位产品能耗递减率。

解：已知定基发展速度 $R = 1 - 20\% = 80\%$，$n = 5$

$$\bar{x} = \sqrt[n]{\dfrac{a_n}{a_0}} = \sqrt[5]{\dfrac{(1-20\%)a_0}{a_0}} = \sqrt[5]{0.8} \approx 0.956\,4 = 95.64\%$$

即平均递减率 = 95.64% − 100% = −4.36%，该产品单位产品能耗每年递减 4.36%。

制订经济社会发展规划和发展目标时，经常以未来一定时期内某些指标需要翻一番或者翻两番作为最重要的指标之一，翻番目标的贯彻实施最终需要变为未来一定时期内每年的平均发展速度或平均增长速度。"番"是按几何级数计算的，翻番简单地说就是翻倍，翻几番用数学公式来表示就是 2 的几次方倍，如翻一番就是在原来的基础上乘 2。翻番的计算公式为

$$n = \dfrac{\lg\left(\dfrac{\text{报告期水平}}{\text{基期水平}}\right)}{\lg 2} \qquad (9\text{-}29)$$

式中：n 为翻番数；$\lg$ 为常用对数符号。

例 9-17 某地 2010 年甲产品产量为 6.2 万吨，2016 年为 8.7 万吨，试计算 2010—2016 年甲产品平均发展速度和平均增长速度。如果以此速度发展到 2020 年，那么甲产品的产量可达到多少万吨？假定计划在 2010 年水平上翻两番，需要几年方能完成计划？

解：2010—2016 年平均发展速度

$$\bar{x}_G = \sqrt[n]{\dfrac{a_n}{a_0}} = \sqrt[6]{\dfrac{8.7}{6.2}} \approx 105.81\%$$

平均增长速度为 $\bar{x}_G - 1 = 105.81\% - 1 = 5.81\%$

以此速度发展到 2020 年产量

$$a_n = a_0 \cdot \overline{x}_G{}^n = 8.7 \times 1.0581^4 \approx 10.91 \,(万吨)$$

$$n = \frac{\lg a_n - \lg a_0}{\lg \overline{x}_G} = \frac{\lg \dfrac{a_n}{a_0}}{\lg \overline{x}_G} = \frac{\lg 4}{\lg 1.058} \approx 25 \,(年)$$

2020 年甲产品产量可达到 10.91 万吨，翻两番需要 25 年完成计划。

按水平法计算的平均发展速度的计算结果仅取决于最初水平和最末水平，与中间各期的发展水平无关，可以保证用最末一期的理论水平和其实际水平相等、推算的最末一期定基发展速度和实际的定基发展速度相等，而且计算简单快捷，对资料的全面性要求不高。但由于按水平法计算可能出现推算的各期发展水平与各期的实际水平相差悬殊，不能准确地反映各期发展的实际水平。

2. 累计法

累计法也称高次方程法，它是以定基发展速度为基础计算的，各期发展水平是基期水平与各期定基发展速度的乘积，也是基期水平与相应各期环比发展速度的连乘积。据此，从最初水平出发，每期按要计算的平均发展速度发展，最后各期计算水平的总和等于各期实际水平总和。

1）计算公式

用 x_i 代表第 i 期的环比发展速度，则

$$a_i = a_0 \cdot x_1 \cdots x_i$$

累计法计算平均发展速度，其计算公式为

$$a_0 x_1 + a_0 x_1 x_2 + \cdots + a_0 x_1 x_2 x_3 \cdots x_n = \sum_{i=1}^{n} a_i \qquad (9\text{-}30)$$

将各期环比发展速度平均化，用平均发展速度 $\overline{x}$ 取代各期环比发展速度 x_i，则

$$a_0 \overline{x} + a_0 \overline{x} \cdot \overline{x} + \cdots + a_0 \overline{x} \cdot \overline{x} \cdot \overline{x} \cdots \overline{x} = \sum_{i=1}^{n} a_i$$

$$a_0 \overline{x} + a_0 \overline{x}^2 + a_0 \overline{x}^3 + \cdots + a_0 \overline{x}^n = \sum_{i=1}^{n} a_i$$

$$\overline{x} + \overline{x}^2 + \overline{x}^3 + \cdots + \overline{x}^n = \frac{\sum_{i=1}^{n} a_i}{a_0} \qquad (9\text{-}31)$$

简写为

$$\overline{x} + \overline{x}^2 + \overline{x}^3 + \cdots + \overline{x}^n = \frac{\sum a}{a_0} \qquad (9\text{-}32)$$

这个方程的正根就是所求的平均发展速度。求解这个方程式是比较复杂的，在实际统计工作中，一般是根据事先编好的《累计法平均增长速度查对表》查得所需的平均发展速度。

2）计算步骤

实际常利用《累计法平均增长速度查对表》来查找。应用查对表时要注意以下几点。

第一步：计算出 $\dfrac{\sum a}{a_0}$ 的数值。

第二步：根据 $\dfrac{\sum a}{a_0}$ 判断现象发展出的类型。

若 $\dfrac{\sum a}{a_0}>n$ 为递增型，$\dfrac{\sum a}{a_0}<n$ 为递减型，$\dfrac{\sum a}{a_0}\approx n$ 说明发展速度没有明显增减，也就没必要进行计算。

第三步：根据 $\dfrac{\sum a}{a_0}$ 的值及其发展类型，查出与之相对应的数字即为平均增长速度。

再根据计算公式：平均增长速度=平均发展速度-1，计算出平均发展速度。

例 9-18 我国 2010—2016 年个人所得税收入如表 9-17 所示，计算我国 2010—2016 年我国个人所得税收入逐期增长量和累计增长量。

表 9-17 我国 2010—2016 年个人所得税收入　　　　　　　　　　亿元

年份	2010	2011	2012	2013	2014	2015	2016
个人所得税	4 837	6 054	5 820	6 532	7 377	8 617	10 089

如果选择"十一五"最后一年（2010）为基期，求我国"十二五"期间（2011—2015）个人所得税的平均增长速度。

解： $a_0=4\,836$（亿元），$\sum a=34\,400$（亿元），$n=5$。

$$\dfrac{\sum a}{a_0}=\dfrac{34\,400}{4\,837}=7.111\,8>5，属于递增型。$$

查《累计法平均增长速度查对表》得

平均增长速度为 11.9% 时，$\dfrac{\sum a}{a_0}=7.094\,8$

平均增长速度为 12.0% 时，$\dfrac{\sum a}{a_0}=7.115\,1$

平均增长速度介于 11.9%～12.0% 时，用插补法得

$$平均增长速度 = 11.9\%+\dfrac{7.111\,8-7.094\,8}{7.115\,1-7.094\,8}\times 0.1\%\approx 11.983\,7\%$$

累计法利用了各期资料，但是计算起来相对比较复杂，其大小和方向取决于各时期水平与最初水平之比。

3. 平均速度计算的注意事项

平均速度计算的注意事项有以下几个。

1）适当选择计算的基期

在计算速度指标时，要注意选择适当的基期。例如，分析五年计划的完成情况，一般选择五年计划时期的前一年为固定基期；又如为反映经济政策的调整对社会经济现象造成的影响，则往往选择经济政策调整的前一年为固定基期，等等。

2）注意特殊因素对最初水平和最末水平的影响

用水平法计算的平均速度仅决定于最末水平与最初水平两个数值，而与中间各期发展水平值完全无关。如果中间各期出现了特殊的高低变化或者最初、最末水平受到特殊因素的影响，平均速度就会失去代表性。因此，在计算平均速度时，要结合特殊时期的环比速度加以分析，说明造成这一结果的具体原因。

3）根据研究目的和研究对象的特点选择计算方法

若侧重于考查最末一年所达到的水平，可采用水平法计算平均速度；若侧重于考查长时间（如5年）内各期达到的总量，可以采用累计法计算其平均速度。当事物和现象在一段时期波动比较大时，用水平法反映不出中间各期水平的变化，用累计法就可以考虑中间水平的波动。

4）运用分段平均速度补充说明总平均速度

平均速度是一个总的平均速度指标，反映了事物和现象在较长时期内的平均发展变化，不能据此深入了解在整个发展过程中的变化情况，应按某些重要因素将较长时期划分为几个阶段，计算出分段平均速度以补充说明总的平均速度。如果各期环比发展速度在特殊高低变化的情况下，便需分段平均速度来补充总平均速度，并将平均速度与相应的绝对数结合分析。如果个别环比速度出现负值或零时，也需用总速度与分段平均速度结合使用，并具体问题具体分析，这样才能正确和全面地认识。

9.4 时间序列趋势分析

9.4.1 时间序列趋势分析的原理

1. 时间序列的构成要素

为了研究时间序列发展变化的趋势和规律，测定不同因素的作用和影响程度，需要将时间序列各种因素的变动形态按属性归类，具体分解为长期趋势、季节变动、循环变动和不规则变动。

1）长期趋势

长期趋势是指时间序列指标数值在较长时期中沿某一方向持续发展变化的一种趋势或状态，也称长期变动，一般用 T 表示。表现为时间序列中的各项指标受某种基本因素影响，长期呈现持续上升、持续下降或平稳发展变化的总趋势。例如，我国自改革开放以来，社会经济发展虽然呈现起伏变化，但国内生产总值、人均可支配收入总体呈现较快的上升趋势，成人文盲率、婴儿死亡率呈现下降趋势。长期趋势分析是时间序列分析的重点。

2)季节变动

季节变动是指事物和现象随着季节更替而发生的有固定规律性的变动,一般用 S 表示。季节变动受自然、经济、政治、社会等因素影响所形成的周期性重复变动,如农产品生产、销售及储存中的"旺季"和"淡季";电风扇与空调在夏季的销售量大而冬季小;一天的交通流量在上下班时间出现高峰;等等。季节变动中的"季节"是广义的,不仅指一年中的季节,而且泛指任何有规律的、变动周期小于 1 年的季、月、旬、周、日等准季节变动。季节变动是比较稳定可预见的,从其上次出现后间隔一定季节再出现一次。

3)循环变动

循环变动是事物和现象在较长时间内呈现出上下、高低、峰谷、涨落、盛衰交替的周期性波动,也称周期变动或波浪式变动,一般用 C 表示。循环变动是变动周期超过一年、围绕着趋势线上下波动的规律性变动,但每一次变动周期的长短不同,其上下波动的幅度也不一致,循环变动的周期有 3~5 年的短周期、5~20 年的中周期、20 年以上的长周期,而且通常一个时间序列的循环是由其他多个小的时间序列循环组合而成的,如国家经济周期会以若干年为周期涨落起伏、周而复始地变动,呈现复苏、繁荣、衰退和萧条等阶段,而总体经济指标的循环往往是由各个产业的循环组合而成的。循环变动不同于长期趋势,它不是朝着某一方向持续上升或下降,而是涨落相间的波浪式发展。循环变动不同于季节变动,它没有固定的循环周期,一般在数年以上,很难事先预知;循环变动在不同时期的振幅有明显的差异,其产生的机制在事物过程内部。循环变动在决策时往往是一个判断的准则,其确认很重要,原因有两个:第一,只要决策者能确定目前在循环的位置,即可依此来预测下一阶段的走势;第二,若一因素的循环能从趋势中被独立出来且受到确认,则其他因素的影响将更为容易了解。

4)不规则变动

不规则变动指由于偶然的或突发性的因素引起的无规律性的变动,也称随机变动和偶然变动,一般用 I 表示。如自然灾害、军事冲突、政治动乱以及随机性因素都属于这种类型。不规则变动具有随机性、非周期性和非趋势性,通常是无法预料的、无法具体解释的;若存在尚未被发现的系统性因素,在回归分析时会出现残差异常的情况。

2. 时间序列的因素分解模型

时间序列分析需要把长期趋势、季节变动、循环变动和不规则变动这几个影响因素从时间序列中有目的地分离出来,或者说对数据进行分解、清理,并将它们的关系用一定的数学关系式予以表达,即建立时间序列的分解模型。时间序列的一般表现形式如下:

$$Y = f(T,\ S,\ C,\ I) \tag{9-33}$$

时间序列总变动(Y)与长期趋势、季节变动、循环变动和不规则变动的结合形态有两种假定,即加法模型和乘法模型。

1)加法模型

当时间序列构成的四个因素是互相独立的关系时,时间序列总变动是各种因素变动

的总和。这种结构称为加法模型,表示为

$$Y = T + S + C + I \tag{9-34}$$

加法模型中,Y,T,S,C,I 的计量单位是相同的总量指标,分别作为影响时间序列的一个组成部分,占有一定的比例;S,C,I 是对长期趋势所产生的偏差。

2)乘法模型

当时间序列构成的四个因素是相互影响的关系时,时间序列各时期发展水平即总变动是各个构成因素的乘积,这种结构称为乘法模型,表示为

$$Y = T \times S \times C \times I \tag{9-35}$$

乘法模型中,Y,T 的计量单位是相同的总量指标,S、C 和 I 以相对数或指数的形式影响时间序列值,表现为对长期趋势的影响比例,用对原时间序列指标增加或减少的百分比表示。从理论上说,这种模型更为合理,T、S 属于常态现象,$T \times S$ 属于常态数值,$C \times I$ 称为剩余变动。

3)乘加模型

当时间序列构成的四个因素是 T 与 S、C 与 I 之间分别相互影响的关系时,时间序列各时期发展水平即总变动是各个构成因素的乘加模型,表示为

$$Y = T \times S + C \times I \tag{9-36}$$

乘加模型中,Y、T、C 的计量单位是相同的总量指标,S 和 I 以相对数或指数的形式影响时间序列值,表现为对总量指标的影响比例,用对原时间序列指标增加或减少的百分比表示。理论上 T、C 属于常态数值,I、S 属于辅助变动。

时间序列分析并不能作为对前景预测的唯一依据,在利用时间序列分析的规律对社会经济现象进行预测时,预测的时间跨度不宜过长,并要注意对一些影响其发展的主要因素进行分析。

3. 时间序列的分析思路

在实际工作中,四个因素通常是相互影响的,因而乘法模型比加法模型更能正确代表时间序列,所以常采用乘法模型对事物和现象进行分析与计算,以下运用乘法模型探讨时间序列数据。

首先,分离出时间序列中的季节变动因素(S),一旦季节变动因素找到之后,即可由下式来表示移除季节变动因素后的资料:

$$\frac{Y}{S} = \frac{T \times C \times S \times I}{S} = T \times C \times I$$

其次,找出长期趋势(T)之后,即可由下式来表示移除季节变动因素、长期趋势后的资料:

$$\frac{T \times C \times I}{T} = C \times I$$

再次,找出循环变动因素(C)之后,即可由下式来表示移除季节变动因素、长期趋势及循环变动因素后的资料:

$$\frac{C \times I}{C} = I$$

最后,只有留下不规则变动因素,可确认不规则变动受什么偶然因素或突发事件影响。

9.4.2 长期趋势分析

长期趋势测定的思路就是运用适当方法对时间序列进行修匀、排除时间序列中季节变动、循环变动和不规则变动的影响,体现事物和现象变动的基本趋势。测定长期趋势以便进一步研究季节变动和循环变动的规律,为统计预测提供参考。常用长期趋势测定方法如下。

1. 时距扩大法

时距扩大法是将时间序列中指标数值所属的较短时距单位合并为较长时距单位,得到扩大了的时距单位的指标数值时间序列。其作用在于消除较短时距单位所受到的季节变动和不规则变动等的影响,反映事物和现象变动的趋势。

时距扩大法测定长期趋势简单明了,运用时距扩大法来修匀时间序列应注意以下四个方面:第一,时距扩大法只适用于时期序列,时点序列不能采用这种方法。第二,若原序列发展水平波动有周期性,则扩大的时距与周期相同,若无明显周期性,按经验逐步扩大。第三,时距长短要适当。时距太短,不能消除周期性因素和偶然因素的影响,达不到修匀的目的;时距太长,新的时间序列指标数值项数过少,不能充分找到事物和现象的发展趋势与规律。第四,扩大的时距应前后一致,以使修匀后的时间序列保持可比性,更能体现规律。

例 9-19 长沙市 A 企业 2011—2017 年分季销售收入情况如表 9-18 所示,用时距扩大法测定其长期趋势。

表 9-18 长沙市 A 企业 2011—2017 年分季销售收入情况　　　　　　　万元

年份	第 1 季度	第 2 季度	第 3 季度	第 4 季度
2011	3 580	5 020	6 130	7 510
2012	4 980	6 010	7 670	7 620
2013	5 040	5 970	7 510	8 260
2014	4 780	6 770	7 850	8 660
2015	5 370	6 720	8 480	8 330
2016	6 040	6 800	8 540	8 900
2017	6 330	6 980	8 940	9 250

从表 9-18 可以看出,A 企业销售收入存在明显的以年为周期的季节变动,总体上同一季度销售收入逐年增加,部分季度数据呈现上下波动。为了剔除时间序列中季节变动和偶然因素的影响,显示现象发展变化的长期趋势,采用时距扩大法,将销售收入的时距单位从季合并为年,修匀后形成的新时间序列如表 9-19 所示,A 企业销售收入逐年持续增长的趋势。

表 9-19 修匀后 A 企业 2011—2017 年分季销售收入情况 万元

年份	年销售收入	季平均数
2011	22 240	5 560
2012	26 280	6 570
2013	26 780	6 695
2014	28 060	7 015
2015	28 900	7 225
2016	30 280	7 570
2017	31 500	7 875

2. 移动平均法

1) 移动平均法的定义

移动平均法是将时间序列的时距适当扩大、逐项推移，依次计算包含一定项数的序时平均数，作为新时间序列对应时期趋势值的方法。

2) 移动平均法的基本思路

移动平均法的基本思路是通过移动平均消除时间序列中的季节变动、循环变动和不规则变动，从而揭示出时间序列的长期趋势。不规则变动由偶然性或突发性因素引起，在一个较长时期内其产生的各种偏差可相互抵消，因此只要选择的时间长度合适，通过移动平均可以消除不规则变动；季节变动与循环变动是周期性出现的，选择相应的周期进行移动平均，可以消除周期性因素的影响，反映出事物和现象的长期趋势。

3) 一次移动平均法

（1）一次移动平均法的含义。一次移动平均法是根据时间序列资料，逐项递推移动，依次计算包含一定项数的扩大时距的序时平均数，形成一个新的时间序列，反映长期趋势的方法。

（2）计算公式。设时间序列样本值 $X_1, X_2, \cdots, X_n$ 从 n 个数据中选择连续的 N 个数据，其移动平均数为

$$\bar{X}_{t+\frac{1-N}{2}} = \frac{X_t + X_{t-1} + X_{t-2} + \cdots + X_{t-N+1}}{N} \tag{9-37}$$

式中：$\bar{X}_t$ 为第 t 期的移动平均数；X_t 为第 t 期的实际值；N 为移动平均项数。

式（9-37）中，移动平均的结果及所属时间包含一定项数的指标数值简单平均和所属时间简单平均。如果项数 N 为奇数，则直接用移动平均公式计算；如果项数 N 为偶数，先用移动平均公式计算，再移正平均即相邻项时间平均和相邻项数值平均结合，其计算公式为

$$\bar{X}_{i+\frac{1}{2}} = \frac{1}{2}(\bar{X}_i + \bar{X}_{i+1}) \tag{9-38}$$

（3）项数 N 的选择。移动平均项数 N 的值对趋势值有直接影响，项数 N 较少，对趋势值的反应较灵敏，但项数 N 过少，体现不出数列的规律；项数 N 较多能较好地消除随机成分、反映趋势值，但项数 N 过多，失去的项过多、趋势值滞后。因此，当时间序

列指标数值含有大量随机成分或规律没有大的变化时，应取较多项数；时间序列中的规律可能要发生变化时，应取较少项数。

例 9-20 某企业 2009—2017 年 B 产品销售量一次移动平均如表 9-20 所示，计算项数 N 分别为 5 和 4 时的移动平均值。

表 9-20　某企业 2009—2017 年 B 产品销售量一次移动平均　　　　　万件

年份	销售量	五项移动平均	四项移动平均	
			一次移动平均	修正移动平均
2009	435			
2010	443			
2011	452	443.6	446.75	446.25
2012	457	450.4	445.75	449
2013	431	458.6	452.25	456.25
2014	469	467.6	460.25	465.25
2015	484	476.6	470.25	479.125
2016	497		488	
2017	502			

（4）一次移动平均法的特点。一次移动平均法具有四个方面的特点：一是移动平均对原数列有修匀作用，时距项数 N 越大，对数列的修匀作用越强。二是时间序列包含周期性因素影响时，移动平均的时距项数 N 应和周期长度或其倍数基本一致，以消除周期性因素影响。三是移动平均后，数列项数较原数列减少。当 N 为奇数时，首尾各有 $\dfrac{N-1}{2}$ 个时期，得不到趋势值；当 N 为偶数时，首尾各有 $\dfrac{N}{2}$ 个时期，得不到趋势值。四是一次移动平均法适用于分析时间序列的长期趋势，而不适用于对事物和现象未来发展趋势的预测。

4）二次移动平均法

二次移动平均法是对一次移动平均数再进行第二次移动平均，再以一次移动平均值和二次移动平均值为基础建立预测模型，计算预测值的方法。二次移动平均法纠正了一次移动平均法的移动平均值滞后偏差，建立预测目标的线性时间关系数学模型，以求得预测值，同时还保留了一次移动平均法的优点。二次移动平均法适用于有明显趋势变动的时间序列的预测，特别是呈现线性趋势变化的预测。预测的前提是预测对象可以存在长期线性增长（下降）趋势，预测原理利用一次移动平均数列以及二次移动平均数列，求出线性预测模型的平滑系数和修正的滞后偏差，从而建立预测模型。

计算公式为

$$M_t^{(1)} = \frac{1}{N}(X_t + X_{t-1} + \cdots + X_{t-N+1}) \qquad (9\text{-}39)$$

$$M_t^{(2)} = \frac{1}{N}(M_t^{(1)} + M_{t-1}^{(1)} + \cdots + M_{t-N+1}^{(1)}) \qquad (9\text{-}40)$$

令 $Y = a_t + b_t T$，其中

$$\begin{cases} a_t = 2M_t^{(1)} - M_t^{(2)} \\ b_t = \dfrac{2}{N-1}(M_t^{(1)} - M_t^{(2)}) \end{cases} \qquad (9\text{-}41)$$

$M_t^{(1)}$ 和 $M_t^{(2)}$ 分别表示第 t 期的一次移动平均数和二次移动平均数。

应用二次移动平均法请注意：时间序列发展趋势为直线型；计算 $M_t^{(1)}$ 和 $M_t^{(2)}$ 时，移动平均的项数 N 应相同，其值的确定方法同一次移动平均法；$M_t^{(1)}$ 和 $M_t^{(2)}$ 不直接用于预测；存在曲线趋势时则采用多次移动平均法或者是后面的最小二乘法进行模型预测。

3. 最小平方法

1）最小平方法的原理

最小平方法是通过建立方程模型，对序列配合一条较为理想的趋势线，使得序列中的各实际值与趋势值的离差平方和为最小值，也称最小二乘法。它是测定长期趋势最常用的方法，其表达式为

$$\sum (y - \hat{y})^2 = 最小值 \qquad (9\text{-}42)$$

式中：y 为时间序列中各期实际值；$\hat{y}$ 为通过趋势线求出的趋势值。

运用最小平方法可以配合趋势直线或趋势曲线，具体根据序列变动的特点来确定。趋势线形态判断方法较多，可根据指标数值特点判断，若时间序列各逐期增长量大体相等，可配合趋势直线；若各二级增长量大体相等，可配合抛物线趋势；若各环比发展速度大体相等，可配合指数方程。最为简单的是画散点图，若散点大致在某一条直线周围波动，可配合趋势直线；若散点大致在某一条曲线周围波动，可配合趋势曲线。

2）直线趋势

直线趋势方程的一般形式为

$$\hat{y} = a + bt \qquad (9\text{-}43)$$

式中：t 为时间；a 为趋势直线的截距；b 为趋势直线的斜率。

其中，截距表示最初发展水平的趋势值，斜率表示 t 每变动一个单位时，y 平均变动的数量，实际上是时间序列中的平均增长量。

依据最小平方法"$\sum (y - \hat{y})^2 = 最小值$"的要求，通过对参数 a 和 b 求偏导便可得出下列两个联立标准方程：

$$\begin{cases} \sum y = na + b\sum t \\ \sum xy = a\sum t + b\sum t^2 \end{cases}$$

解方程组得

$$\begin{cases} b = \dfrac{n\sum ty - \sum t \sum y}{n\sum t^2 - (\sum t)^2} \\ a = \dfrac{\sum y}{n} - b \cdot \dfrac{\sum t}{n} \end{cases} \quad (9\text{-}44)$$

为了便于手工计算，可把原数列的中点移至坐标原点，使得"$\sum t = 0$"，可得

$$\begin{cases} a = \dfrac{\sum y}{n} \\ b = \dfrac{\sum ty}{\sum t^2} \end{cases} \quad (9\text{-}45)$$

需注意的是，当时间序列为奇数项时，中间一年为原点，t 值分别为…，–3，–2，–1，0，1，2，3，…，从而使 $\sum t = 0$；当时间序列为偶数项时，用中间两项的中点为原点，这时，t 以半年为单位，原点以前各项的 t 值分别为…，–5，–3，–1，原点以后各项的 t 值分别为 1，3，5，…，同样可使 $\sum t = 0$。

例 9-21　根据表 9-21 所示某企业 2009—2017 年 B 产品的销售量情况，试用最小平方法直线趋势模型预测 2020 年销售量。

解：计算结果如表 9-21 所示。

表 9-21　某企业 2009—2017 年 B 产品的销售量情况　　　　　　　　万件

年份	销售量 y	t	t^2	ty
2009	435	–4	16	–1 740
2010	443	–3	9	–1 329
2011	452	–2	4	–904
2012	457	–1	1	–457
2013	431	0	0	0
2014	469	1	1	469
2015	484	2	4	968
2016	497	3	9	1 491
2017	502	4	16	2 008
合计	4 170	0	60	506

$$b = \frac{n\sum ty - \sum t \sum y}{n\sum t^2 - (\sum t)^2} = \frac{9 \times 506 - 0 \times 4170}{9 \times 60 - 0^2} = \frac{4554}{540} \approx 8.43$$

$$a = \frac{\sum y}{n} - b \times \frac{\sum t}{n} = \frac{4170}{9} - 8.43 \times \frac{0}{9} \approx 463.33$$

$$\hat{y} = a + bt = 463.33 + 8.43t$$

将 2020 年时间序号 7 代入配合的趋势方程，得到 2020 年某企业 B 产品销售量趋势

值为
$$\hat{y}=463.33+8.43\times7=522.34\,(万件)$$

该企业 2020 年 B 产品销售量趋势值为 522.34 万元。

3）非线性趋势的测定

当客观现象的发展呈曲线变动时，仍可使用最小平方法配合趋势曲线方程。曲线多种多样，这里以常用的二次曲线（抛物线）、指数曲线和龚伯兹曲线为例加以说明。

（1）二次曲线趋势。当时间序列中的二级增长量大致相同时，就可配合二次曲线方程，一般形式为

$$\hat{y}=a+bx+cx^2 \tag{9-46}$$

方程中有 a，b，c 三个待定参数，根据最小平方法可得出下列三个标准方程式：

$$\begin{cases}\sum y=na+b\sum x+c\sum x^2\\ \sum xy=a\sum x+b\sum x^2+c\sum x^3\\ \sum x^2y=a\sum x^2+b\sum x^3+c\sum x^4\end{cases} \tag{9-47}$$

将原数列中点移至坐标原点，使 $\sum x=0$，标准方程组可简化为

$$\begin{cases}\sum y=na+c\sum x^2\\ \sum xy=b\sum x^2\\ \sum x^2y=a\sum x^2+c\sum x^4\end{cases} \tag{9-48}$$

例 9-22 某企业 2011—2017 年 C 产品产量如表 9-22 所示，试据此配合一个适当的趋势方程。

表 9-22 某企业 2011—2017 年 C 产品产量

年份	产量 y	x	xy	x^2	x^2y	x^4
2011	544	−3	−1 632	9	4 896	81
2012	571	−2	−1 142	4	2 284	16
2013	599	−1	−599	1	599	1
2014	604	0	0	0	0	0
2015	617	1	617	1	617	1
2016	640	2	1 280	4	2 560	16
2017	603	3	1 809	9	5 427	81
合计	4 178	0	333	28	16 383	196

解：由于该时间序列的二级增长量大致相等，故可拟合二次曲线方程。由于 $\sum x=0$，所以可得下面的方程组：

$$\begin{cases}4\,178=7a+28c\\ 333=28b\\ 16\,383=28a+196c\end{cases}$$

解该方程组得

$$\begin{cases} a = 612.54 \\ b = 11.89 \\ c = -3.92 \end{cases}$$

于是，得到二次曲线趋势方程为

$$\hat{y} = 612.54 + 11.89x - 3.92x^2$$

（2）指数曲线趋势。时间序列中各期环比发展速度大体相同时，可配合指数曲线方程。指数曲线的方程式为

$$\hat{y} = ab^x \tag{9-49}$$

式中：a 为 $x=0$ 时的趋势值；b 为现象的平均发展速度。

进行指数曲线拟合，可先将其转化为直线形式。在上述等式两边取对数，可得

$$\lg \hat{y} = \lg a + x \lg b$$

设 $y = \lg \hat{y}, A = \lg a, B = \lg b$，则可得直线形式 $y = A + Bx$。从而，可按最小平方法先求出 A 和 B，再求得 a 和 b。

（3）龚柏兹曲线趋势。龚柏兹曲线，是美国统计学家和数学家龚柏兹（Gompertz）首先提出用作预测人口增长率的一种数学模型。它的模型为

$$\hat{Y}_t = k \cdot a^{b^t} \tag{9-50}$$

式中：k，a，b 为参数；t 为时间。

龚柏兹曲线是一条"S"形曲线。这条曲线反映了某些经济变量由开始增长缓慢，随后增长加快，达到一定程度后，增长率逐渐减慢，最后达到饱和状态的过程。因此，对于具有这种发展趋势的预测目标，可考虑用龚柏兹曲线来描述。

为了确定模型中的参数，通常把模型改写为对数形式

$$\lg \hat{Y}_t = \lg k + (\lg a)b^t$$

若令 $\hat{Y}_t = \lg \hat{Y}_t$，$K = \lg k$，$A = \lg a$，则上式变为 $\hat{Y}_t = K + A^{b^t}$。这就是修正指数曲线模型。依照修正指数曲线估计参数的方法，可得 b、$\lg a$ 和 $\lg k$ 的计算公式：

$$\begin{cases} \hat{b} = \sqrt[n]{\dfrac{\sum_3 \lg Y_t - \sum_2 \lg Y_t}{\sum_2 \lg Y_t - \sum_1 \lg Y_t}} \\ \lg \hat{a} = \left(\sum_2 \lg Y_t - \sum_1 \lg Y_t\right) \dfrac{\hat{b}-1}{(\hat{b}^n-1)^2} \\ \lg \hat{k} = \dfrac{1}{n}\left[\sum_1 \lg Y_t - \left(\dfrac{\hat{b}^n-1}{\hat{b}-1}\right)\lg \hat{a}\right] \end{cases} \tag{9-51}$$

这里 n 为总数据的 1/3。$\sum_1 \lg Y_t$、$\sum_2 \lg Y_t$ 和 $\sum_3 \lg Y_t$ 分别为总数据三等分后的各部分和。

由于龚柏兹曲线的对数形式为修正指数曲线，因而根据修正指数曲线模型的特点，可知龚柏兹曲线模型的特点是，其对数一阶差分的环比为一常数。因此，当时间序列 $\{Y_t\}$ 的对数一阶差分的环比近似一常数时，可配合龚柏兹曲线模型来预测。

9.4.3 季节变动分析

1. 季节变动分析的原理

季节变动是一种极为普遍的现象,是各种周期性变动中很重要的一种,它每年重复进行,每个周期变化的强度大体相同。测度季节变动的目的是研究、认识季节变动的规律性,更好地预测和决策;便于从时间序列中消除季节变动的影响,为测定循环变动创造条件;为消除偶然性因素影响,至少需要有 5 年以上的历史资料,年数越多消除得越彻底。

季节变动的基本特征归纳为季节模型。季节模型是一个时间序列在各年内的相同时期呈现出基本相同形态的典型状态,这种形态且年复一年地出现。季节模型是由一套指数组成的,各指数刻画了现象在一个年度内各月或各季的典型特征:分析月份数据或季度数据,季节模型由 12 个指数或 4 个指数组成,反映了某一月份或季度的数值占各年平均数的大小;各个指数以各年、月或季度资料的平均数为基础计算的,指数平均数等于 100%,而各月(或季)指数之和应等于 1 200%(或 400%)。

季节变动分析的基本原理是对一个时间序列计算出该月(或季)季节指数,然后根据各季节指数与其平均数(100%)的偏差程度来测定季节变动的程度。计算季节变动,首先,将时间序列变成曲线图,观察在不同年份的相同月(季)有无季节变动;其次,确定有季节变动后,再剔除其年因素变动的影响,测定季节变动的规律性。

2. 季节变动分析的方法

季节变动分析的方法大致有同期平均法和移动平均趋势剔除法两种,通常要有连续 5 年以上的分期资料,才能比较客观地描述和认识现象的季节变动,以保证季节比率具有代表性。

1)同期平均法

同期平均法是利用时间序列几个周期数据资料计算同期平均数,以消除偶然因素,反映定期变动趋势的计算方法。同期平均法是在不存在长期趋势或长期趋势不明显的情况下,测定季节变动的一种最基本的方法。实际上,同期平均法的基本思想和长期趋势测定中的移动平均法的思想是相同的,是一种特殊的"移动平均法","同期平均"在同期内"平均",在不同期之间"移动"的一种"移动平均"法。其"平均"的范围局限在不同年份的相同季节中,"平均"是为了消除非季节因素的影响;平均数的范围随季节不同而"移动",而"移动"是为了测定季节因素的影响程度。同期平均法中的时期主要是季度、月度等。

根据资料的形式不同,同期平均法可分为同期水平平均法和同期比率平均法两种。

(1)同期水平平均法。同期水平平均法的基本步骤如下。

第一步,收集历年(通常至少有 5 年)各期(月或季)的统计资料。

第二步,求出各年同月或同季观察值的同期平均数。目的是消除非季节因素的影响。

$$历年同期的平均数 = \frac{各年同期资料之和}{年数} \quad (9\text{-}52)$$

第三步,求出历年间所有月份或季度的总的每期平均数。

$$\text{历年总的每期平均数} = \frac{\text{各年每期资料之和}}{\text{期数}} \qquad (9\text{-}53)$$

第四步,将若干年内同期的平均数与总的期平均数相比,即求得用百分数表示的各期的季节比率,又可以称为季节指数。计算各期的季节指数公式为

$$\text{各期的季节指数} = \frac{\text{同期平均数}}{\text{总平均数}} \qquad (9\text{-}54)$$

结果:季节指数>100%为旺季,季节指数<100%为淡季,季节指数≈100%为平季。

若各期的季节指数之和大于或小于 1 200%(400%),说明存在计算误差,应对季节指数进行调整。

$$\text{调整后的季节指数} = \text{原各期季节指数} \times \frac{1\,200\%(400\%)}{\text{各期季节指数之和}} \qquad (9\text{-}55)$$

第五步,根据未来年度的全年趋势预测值,求出各期的平均趋势预测值,然后乘以相应季节指数,即得出未来年度内各期包含季节变动的预测值。

例 9-23 某企业 2012—2017 年销售收入季节系数的同期水平平均法计算如表 9-23 所示,计算其季节系数。

表 9-23　某企业 2012—2017 年销售收入季节系数的同期水平平均法计算　　百万元

年份	第 1 季度	第 2 季度	第 3 季度	第 4 季度	合计	季平均数
2012	645	739	850	988	3 222	805.50
2013	733	836	1 003	997	3 569	892.25
2014	737	830	984	1 059	3 610	902.50
2015	709	908	1 115	1 097	3 829	957.25
2016	766	901	1 077	1 062	3 806	951.50
2017	831	907	1 081	1 118	3 937	984.25
合计	4 421	5 121	6 110	6 321	21 973	5 493.25
同季平均数	736.83	853.50	1 018.33	1 053.50	3 662.16	915.54
季节系数/%	80.48	93.22	111.23	115.07	400.00	100.00

(2)同期比率平均法。先将历年各期发展水平同其当年的各期平均数对比,计算各年的季节比率,然后将各年同期的季节比率进行平均,计算季节指数,如表 9-24 所示。若各期的季节指数之和大于或小于 1 200%(400%),说明存在计算误差,应对季节指数进行调整。

表 9-24　某企业 2012—2017 年销售收入季节系数的同期比率平均法计算　　%

年份	第 1 季度	第 2 季度	第 3 季度	第 4 季度	季平均数
2012	80.07	91.745	105.525	122.66	100.00
2013	82.15	93.70	112.41	111.74	100.00
2014	81.66	91.97	109.03	117.34	100.00
2015	74.065	94.855	116.48	114.60	100.00
2016	80.505	94.69	113.19	111.615	100.00
2017	84.43	92.15	109.83	113.59	100.00
合计	482.88	559.11	666.465	691.545	600.00
季节系数	80.48	93.185	111.078	115.257	100.00

2）长期趋势模型剔除法

长期趋势模型剔除法分为移动平均趋势剔除法和配合趋势模型剔除法。

（1）移动平均趋势剔除法。移动平均趋势剔除法是长期趋势测定的"移动平均法"和季节变动测定的"同期平均法"的结合运用，是在现象具有明显长期趋势的情况下，测定季节变动的一种基本方法。其基本思路是先从时间序列中将长期趋势剔除掉，然后再应用"同期平均法"剔除循环变动和不规则变动，最后通过计算季节比率来测定季节变动的程度。其基本步骤如下。

第一，先根据各年的每期（季度或月度）资料（Y）计算四季（或12个月）的移动平均数，然后移正平均数，作为各期的长期趋势值（T）。

第二，将实际数值（Y）除以相应的移动平均数（T），得到各期的 Y/T，（$Y-T$）。这就是消除了长期趋势影响的时间序列，称为季节指数（季节差），如表 9-25 所示。

表 9-25　某企业 2012—2017 年销售收入移动平均趋势剔除法计算季节指数　　百万元

年份	季别	销售量 Y	四季移动平均	趋势值 T	Y/T/%	$Y-T$
2012	1	645				
	2	739	805.50			
	3	850	827.50	816.500	104.10	33.500
	4	988	851.75	839.625	117.67	148.375
2013	1	733	890.00	870.875	84.17	−137.875
	2	836	892.25	891.125	93.81	−55.125
	3	1 003	893.25	892.750	112.35	110.250
	4	997	891.75	892.500	117.71	104.500
2014	1	737	887.00	889.375	82.87	−152.375
	2	830	902.50	894.750	92.76	−64.750
	3	984	895.50	899.000	109.45	85.000
	4	1 059	915.00	905.250	116.98	153.750
2015	1	709	947.75	931.375	76.12	−222.375
	2	908	957.25	952.500	95.33	−44.500
	3	1 115	971.50	964.375	115.62	150.625
	4	1 097	969.75	970.625	113.02	126.375
2016	1	766	960.00	965.000	79.38	−199.000
	2	901	951.50	955.875	94.26	−54.875
	3	1 077	967.75	959.625	112.23	117.375
	4	1 062	969.25	968.500	109.65	93.500
2017	1	831	970.25	969.75	85.69	−138.750
	2	907	984.25	977.25	92.81	−70.250
	3	1 081				
	4	1 118				

第三，将 Y/T（$Y-T$）重新按"同期平均法"计算季节比率（季节差）的方式排列。

然后按照该方法要求，先计算"异年同季平均数"，然后再计算"异年同季平均数的平均数"，即消除长期趋势变动后，新数列的序时平均数。

第四，把各期的季节比率（季节差）加起来，其总计数应等于1 200%或400%，如果不符，还应把1 200%或400%与实际加总的各期季节比率相比求出校正系数，把校正系数分别乘上各期的季节比率，如表9-26和表9-27所示。这样求得的季节比率就是一个剔除了长期趋势影响后的季节比率。

表9-26　某企业2012—2017年销售收入移动平均趋势季节指数　　　　　百万元

年份	第一季度	第二季度	第三季度	第四季度	合计
2012	—	—	104.1	117.67	221.77
2013	84.17	93.81	112.35	117.71	408.04
2014	82.87	92.76	109.45	116.98	402.06
2015	76.12	95.33	115.62	113.02	400.09
2016	79.38	94.26	112.23	109.65	395.52
2017	85.69	92.81	—	—	178.50
合计	408.23	468.97	553.75	575.03	2 005.98
季节比率	81.403	93.514	110.420	114.663	400.00

表9-27　某企业销售收入移动平均趋势季节差　　　　　百万元

年份	第1季度	第2季度	第3季度	第4季度	合计
2012			33.500	148.375	181.875
2013	−137.875	−55.125	110.250	104.500	21.750
2014	−152.375	−64.750	85.000	153.750	21.625
2015	−222.375	−44.500	150.625	126.375	10.125
2016	−199.000	−54.875	117.375	93.500	−43.000
2017	−138.750	−70.250			−209.000
合计	−850.375	−289.500	496.750	626.500	−16.625
同季平均数	−170.075	−57.9	99.350	125.300	−3.325
季节差	−169.244	−57.069	100.181	126.132	0.000

（2）配合趋势模型剔除法。为了消除季节变动影响而只反映长期趋势，将以各期（月、季）为单位的数据合并为年的数据或年的月（季）平均数，用最小平方法求出配合直线或曲线模型。再分析季节变动，具体有两种形式：第一，计算季节指数分析季节变动。首先，计算 Y/T 剔除长期趋势影响，其次，根据消除长期趋势后的比率计算同季平均数和季节指数分析季节变动。第二，计算季节差分析季节变动。首先，计算 $Y-T$ 剔除长期趋势影响；其次，根据剔除长期趋势后的离差计算同季平均数和季节差。

季节变动的分析方法和长期趋势的分析方法的区别在于长期趋势通过平均的方法将其他三个因素消除（抵消）；而季节变动则采用新的方法消除季节变动以外的三个因素。相互联系体现在：当现象变动的长期趋势不明显，甚至没有时，那么从时间序列中测定季节变动，实际上就只需要消除循环变动和不规则变动，这时测定季节变动的方法和测定长期趋势的方法从本质上看就完全一样了，都是平均法的思想，这就是二者的联系。

9.4.4 循环变动与不规则变动分析

1. 循环变动的测定方法

分析和测定事物与现象的循环变动的目的是从数量上揭示循环变动的规律性；为了深入研究不同事物和现象循环波动的内在联系，有助于分析引起循环变动的原因；通过对循环变动规律的认识，对未来发展作出科学的预测，为制订有效遏制循环变动不利影响的决策方案提供依据。认识和掌握事物与现象发展的转折点，为提升控制和管理水平提供依据，以利于社会经济持续稳定协调发展。由于循环变动隐匿在一个较长的变动过程中，而且其规律不固定，所以测定循环变动比较困难，在实际工作中测定循环变动的常用方法有直接法和剩余法。

1）直接法

直接法是由每年各季或各月数值直接与上一年同期数值相比得到循环和不规则变动年距发展速度，以此来反映经济变量周期性波动的一种测定方法。适用于季度和月度时间序列，研究时间序列的目的只在于测定数列的循环波动特征，可用直接法进行分析。

直接法计算公式为

$$C \cdot I = \frac{y_t}{y_{t-4}} \text{ 或 } C \cdot I = \frac{y_t}{y_{t-12}} \tag{9-56}$$

直接法最大的优点是简单易行，直观明了。直接法要求被测定的时间序列满足以下要求。

（1）有较长时间的月度资料。

（2）基本服从指数增长。

（3）发展比较平稳，无短期的大起大浮现象。

因此我们在实际操作中，仅对于符合指数增长条件的产值等指标用直接法处理。

2）剩余法

剩余法又称"残余法""分解法"，其基本前提是假定时间序列可以分解为 T、S、C 和 I 四个部分。从时间序列中逐次或一次减去长期趋势 T 和季节变动 S，余下循环变动 C 和不规则变动 I。在此基础上再消去不规则变动 I，最后得到循环变动值。这样就将测定周期波动的问题转化为选择时间序列分解模型和测定长期趋势及季节变动的问题。

假定各因素对现象发展影响的组合模型为乘法模型：$Y = T \times S \times C \times I$，剩余法的基本思路是：利用分解分析的原理，将时间序列分解为长期趋势 T、季节变动 S、循环变动 C 和不规则变动 I 四个部分，先从时间序列中逐次或一次剔除长期趋势 T 和季节变动 S，余下循环变动 C 和不规则变动 I。然后再消除不规则变动，最后得到循环变动值，从而揭示循环变动的特征。这样就将测定周期波动的问题转化为选择时间序列分解模型和测定长期趋势及季节变动的问题。其模型有乘法型、加法型和乘加型。

不规则变动是由于某些偶然的、意外的因素或不明原因所引起的无周期的变动。在一个时间序列中，消除了长期趋势、季节变动和循环变动之后，不规则变动就自然地显现出来。不规则变动等于 0 表示无影响，大于 0 为正影响，小于 0 为负影响，离 0 的远近与影响的大小成正比。

2. 循环变动与不规则变动的测算

由于乘法模型和乘加模型虽然与加法模型不同，但是测算的思路、方法与过程类似于加法模型，所以以加法模型为例进行探讨。

1）加法模型循环变动公式

加法模型一般形式为

$$Y = T + C + S + I$$

式中：T、S、C 和 I 均为绝对量。

循环变动值 C 可用下面公式求得

$$C + I = Y - T - S$$

其中 $C = MA(C+I)$，MA 即移动平均法，是对循环变动及不规则变动 $C+I$ 进行移动平均，求得循环变动值 C。

2）分析预测循环变动和不规则变动过程

分析预测循环变动和不规则变动过程如下：首先，用时间序列中的数据减去趋势季节变动额，以测定循环变动和不规则变动的绝对额；其次，将循环变动和不规则变动值进行 4 季移动平均和修正，剔除不规则变动影响，测定循环变动，进行 4 季移动平均再移正，如表 9-28 所示。

表 9-28 某企业销售收入循环变动及不规则变动加法模型计算　　百万元

年份	季别	销售收入 Y	趋势值 T	趋势季节变动 $T+S$	循环及不规则变动 $C+I$/%	循环变动 C/%	不规则变动 I/%
（甲）	（乙）	（1）	（2）	（3）	（4）=（1）-（3）	（5）	（6）=（4）-（5）
2012	1	645	—	—	—	—	—
	2	739	—	—	—	—	—
	3	850	816.500	647.256	202.744	—	—
	4	988	839.625	782.556	205.444	—	—
2013	1	733	870.875	971.056	−238.056	27.247	−265.303
	2	836	891.125	1 017.257	−181.257	43.684 5	−224.941 5
	3	1 003	892.750	723.506	279.494	14.497	264.997
	4	997	892.500	835.431	161.569	2.437	159.132
2014	1	737	889.375	989.556	−252.556	−14.998	−237.558
	2	830	894.750	1 020.882	−190.882	−2.998	−187.884
	3	984	899.000	729.756	254.244	−13.375	267.619
	4	1 059	905.250	848.181	210.819	−38.252	249.071
2015	1	709	931.375	1 031.556	−322.556	4.685 5	−327.241 5
	2	908	952.500	1 078.632	−170.632	23.810 5	−194.440 5
	3	1 115	964.375	795.131	319.869	21.813	298.056
	4	1 097	970.625	913.556	183.444	28.313	155.131

续表

年份	季别	销售收入 Y	趋势值 T	趋势季节变动 T+S	循环及不规则变动 C+I/%	循环变动 C/%	不规则变动 I/%
（甲）	（乙）	（1）	（2）	（3）	（4）=（1）-（3）	（5）	（6）=（4）-（5）
2016	1	766	965.000	1 065.181	−299.181	6.498	−305.679
	2	901	955.875	1 082.007	−181.007	−26.564 5	−154.442 5
	3	1 077	959.625	790.381	286.619	−12.877	299.496
	4	1 062	968.500	911.431	150.569	9.56	141.009
2017	1	831	969.75	1 069.931	−238.931	—	—
	2	907	977.25	1 103.382	−196.382	—	—
	3	1 081	—	—	—	—	—
	4	1 118	—	—	—	—	—

循环变动总量指标大于 0 为经济扩张，小于 0 为经济收缩期，等于 0 为无循环变动。从表 9-28 可以看出，该企业销售收入 2013 年是波峰，2014 年第 1 季度开始收缩，2014 年第 4 季度达到波谷，2015 年第 1 季度开始回升。

3）分析不规则变动

将时间序列中的实际数据减去长期趋势、季节变动和循环变动，其差额就是不规则变动。也可用循环与不规则变动值减去循环变动，计算不规则变动。

$$I = Y-(T+S+C) = [(T+S)+(C+I)] - [(T+S)+C] = (C+I) - C$$

不规则变动等于 0 表示无影响，大于 0 为正影响，小于 0 为负影响，离 0 的远近与影响的大小成正比。

9.5 案例：我国人口增长趋势

9.5.1 案例背景

中国是世界上人口最多的发展中国家。人口问题是中国在社会主义初级阶段长期面临的问题，是关系中国经济社会发展的关键性因素。

统筹解决人口问题始终是中国实现经济发展、社会进步和可持续发展面临的重大而紧迫的战略任务。从 20 世纪 70 年代开始，中国政府在全国范围推行计划生育基本国策，鼓励晚婚晚育，提倡一对夫妻生育一个孩子，依照法律法规合理安排生育第二个子女。

经过近 40 年的艰苦努力，到 2010 年前后，中国在经济还不发达的情况下，有效地控制了人口过快增长，把生育水平降到了更替水平以下，实现了人口再生产类型由高出生率、低死亡率、高自然增长率向低出生率、低死亡率、低自然增长率的历史性转变，成功地探索了一条具有中国特色综合治理人口问题的道路，有力地促进了中国综合国力的提高、社会的进步和人民生活的改善，对稳定世界人口作出了积极的贡献。但我国人口红利消耗殆尽，进入 2012 年前后开始逐步调整人口政策，从双独二孩生育政策到单独二孩生育政策,再到全面放开二孩生育政策。促进了人口再生产与防止人口平衡,促进了我国经济的发展。

对于这个问题我们希望从下面的简略分析中能够得到启迪。

9.5.2 案例分析

1. 我国人口数的水平指标和速度指标分析

我国 1985—2017 年末人口总数及依据人口数计算出来人口发展速度、增长速度、年新增人口数、自然增长率等指标如表 9-29 所示。

表 9-29　1985—2007 年末我国人口数及速度指标

年份	年末人口总数/万人	环比发展速度/%	定基发展速度/%	环比增长速度/%	定基增长速度/%	年新增人口数/万人	自然增长率/‰
1985	105 851	—	—	—	—	1 509	14.26
1986	107 507	101.56	101.56	1.56	1.56	1 656	15.40
1987	109 300	101.67	103.26	1.67	3.26	1 793	16.40
1988	111 026	101.58	104.89	1.58	4.89	1 726	14.55
1989	112 704	101.51	106.47	1.51	6.47	1 678	14.89
1990	114 333	101.45	108.01	1.45	8.01	1 629	14.25
1991	115 823	101.30	109.42	1.30	9.42	1 490	12.86
1992	117 171	101.16	110.69	1.16	10.69	1 348	11.50
1993	118 517	101.15	111.97	1.15	11.97	1 346	11.36
1994	119 850	101.12	113.23	1.12	13.23	1 333	11.12
1995	121 121	101.06	114.43	1.06	14.43	1 271	10.49
1996	122 389	101.05	115.62	1.05	15.62	1 268	10.36
1997	123 626	101.01	116.79	1.01	16.79	1 237	10.01
1998	124 761	100.92	117.86	0.92	17.86	1 145	9.18
1999	125 786	100.82	118.83	0.82	18.83	1 025	8.15
2000	126 743	100.76	119.74	0.76	19.74	957	7.55
2001	127 627	100.70	120.57	0.70	20.57	984	7.71
2002	128 453	100.65	121.35	0.65	21.35	826	6.43
2003	129 227	100.60	122.08	0.60	22.08	774	5.99
2004	129 988	100.59	122.80	0.59	22.80	761	5.85
2005	130 756	100.59	123.53	0.59	23.53	768	5.87
2006	131 448	100.53	124.18	0.53	24.18	692	5.26
2007	132 129	100.52	124.83	0.52	24.83	681	5.15
2008	132 802	100.51	125.46	0.51	25.46	673	5.07
2009	133 450	100.49	126.07	0.49	26.07	548	4.11
2010	134 091	100.48	126.68	0.48	26.68	641	4.78
2011	134 735	100.48	127.29	0.48	27.29	644	4.78

续表

年份	年末人口总数/万人	环比发展速度/%	定基发展速度/%	环比增长速度/%	定基增长速度/%	年新增人口数/万人	自然增长率/‰
2012	135 404	100.50	127.92	0.50	27.92	669	4.94
2013	136 072	100.49	128.55	0.49	28.55	668	4.91
2014	136 782	100.52	129.22	0.52	29.22	710	5.19
2015	137 462	100.50	129.86	0.50	29.86	680	4.95
2016	138 271	100.59	130.63	0.59	30.63	809	5.85
2017	139 008	100.53	131.32	0.53	31.32	737	5.85

总的看来，1985—2017 年，我国总人口在不断增加，从 1985 年的 105 851 万人增加到 2017 年的 139 008 万人，平均年新增人口数为 1 036.16 万人，年平均人口增长速度为 0.855‰；年新增人口数总体在减少，从 1985 年的 1 509 万人减少到 2009 年的 548 万人；人口增长速度持续下降，从 1986 年的 15.57‰降低到 2009 年的 4.11‰，由于我国培养成本、人们观念和人口政策有关，计划生育政策的调整从开放双独二孩到单独二孩，直到全面开放二孩，2010 年开始新增人口数和人口增长速度开始有所恢复，2010—2017 年平均年新增人口数和平均人口增长速度分别为 694.75 万人和 5.11‰，2016—2017 年显著超过平均水平，预计未来一段时间将保持这一水平。平均年新增人口数为

$$\bar{a} = \frac{a_n - a_0}{n} = \frac{139\,008 - 105\,851}{32} \approx 1\,036.16\,(\text{万人})$$

总人口平均发展速度为

$$\bar{x} = \sqrt[n]{\frac{a_n}{a_0}} = \sqrt[32]{\frac{139\,008}{105\,851}} \approx 100.855\%$$

2. 人口发展的长期趋势

人口发展趋势的测度，常用移动平均法和最小平方法。

1）移动平均法

选择 5 年移动平均，消除短期、偶然等不规则变动因素的影响，以显示我国新增人口数和人口自然增长率的变化趋势，计算过程如表 9-30 所示。

表 9-30 我国新增人口数的移动平均趋势

年份	年新增人口数/万人	5 年移动平均	年份	年新增人口数/万人	5 年移动平均
1985	1 509	—	1993	1 346	1 357.6
1986	1 656	—	1994	1 333	1 313.2
1987	1 793	1 726.4	1995	1 271	1 291.0
1988	1 726	1 696.4	1996	1 268	1 250.8
1989	1 678	1 663.2	1997	1 237	1 189.2
1990	1 629	1 574.2	1998	1 145	1 126.4
1991	1 490	1 489.2	1999	1 025	1 069.6
1992	1 348	1 429.2	2000	957	987.4

续表

年份	年新增人口数/万人	5年移动平均	年份	年新增人口数/万人	5年移动平均
2001	984	913.2	2010	641	635
2002	826	860.4	2011	644	634
2003	774	822.6	2012	669	666.4
2004	761	764.2	2013	668	674.2
2005	768	735.2	2014	710	707.2
2006	692	715.0	2015	680	720.8
2007	681	672.4	2016	809	—
2008	673	647.0	2017	737	—
2009	548	637.4			

我国新增人口数和人口自然增长率的趋势，接近于两条直线构成的曲线，拐点出现在 2009 年，新增人口数和人口自然增长率从下降变成逐步水平增长，2010 年开始从不断下降转变为逐步稳定甚至略有增长，这与我国 2008 年开始逐步调整生育政策有关。

2）最小平方法

根据移动平均分析结果，由于我国生育政策调整，以 2009 年为界，将我国新增人口数和人口自然增长率分别绘制的各种趋势线进行比对，1985—2009 年趋势线和 2009—2017 年趋势线显示线性方程最为接近，因此考虑采用一元线性回归方程来反映其趋势，其计算过程如表 9-31、表 9-32 所示。

表 9-31　我国 1985—2009 年新增人口数和人口自然增长率的趋势计算

年份	年新增人口数 Y_1/万人	t	t^2	tY_1	自然增长率 Y_2/‰	tY_2
1985	1 509	−12	144	−18 108	14.26	−171.07
1986	1 656	−11	121	−18 216	15.40	−169.44
1987	1 793	−10	100	−17 930	16.40	−164.04
1988	1 726	−9	81	−15 534	15.55	−139.91
1989	1 678	−8	64	−13 424	14.89	−119.11
1990	1 629	−7	49	−11 403	14.25	−99.74
1991	1 490	−6	36	−8 940	12.86	−77.19
1992	1 348	−5	25	−6 740	11.50	−57.52
1993	1 346	−4	16	−5 384	11.36	−45.43
1994	1 333	−3	9	−3 999	11.12	−33.37
1995	1 271	−2	4	−2 542	10.49	−20.99
1996	1 268	−1	1	−1 268	10.36	−10.36
1997	1 237	0	0	0	10.01	0
1998	1 145	1	1	1 145	9.18	9.18
1999	1 025	2	4	2 050	8.15	16.30
2000	957	3	9	2 871	7.55	22.65

续表

年份	年新增人口数 Y_1/万人	t	t^2	tY_1	自然增长率 Y_2/‰	tY_2
2001	984	4	16	3 936	7.71	30.84
2002	826	5	25	4 130	6.43	32.15
2003	774	6	36	4 644	5.99	35.94
2004	761	7	49	5 327	5.85	40.98
2005	768	8	64	6 144	5.87	46.99
2006	692	9	81	6 228	5.26	47.38
2007	681	10	100	6 810	5.15	51.54
2008	673	11	121	7 403	5.07	55.74
2009	548	12	144	6 576	4.11	49.28
合计	29 118	0	1 300	−66 224	244.78	−669.20

表9-32 我国2009—2017年新增人口数和人口自然增长率的趋势计算

年份	年新增人口数 Y/万人	t	t^2	tY_2	长期趋势 T	自然增长率 Y'/‰	tY'_2	长期趋势 T'/‰
2009	548	−4	16	−2 192	586.91	4.11	−16.44	4.41
2010	641	−3	9	−1 923	609.79	4.78	−14.34	4.55
2011	644	−2	4	−1 288	632.68	4.78	−9.56	4.69
2012	669	−1	1	−669	655.56	4.94	−4.94	4.84
2013	668	0	0	0	678.44	4.91	0	4.98
2014	710	1	1	710	701.33	5.19	5.19	5.12
2015	680	2	4	1 360	724.21	4.95	9.90	5.26
2016	809	3	9	2 427	747.09	5.85	17.55	5.41
2017	737	4	16	2 948	769.98	5.30	21.20	5.55
合计	6 106	0	60	1 373	—	44.81	8.56	—

1985—2009年我国新增人口数及线性回归趋势

$$b = \frac{\sum ty_1}{\sum t^2} = \frac{-66\,224}{1\,300} \approx -50.94\,(万人)$$

$$a = \frac{\sum y_1}{n} = \frac{29\,118}{25} = 1\,164.72\,(万人)$$

$$Y_1 = 1\,164.72 - 50.94t$$

1985—2009年我国人口自然增长率及线性回归趋势

$$b = \frac{\sum ty_2}{\sum t^2} = \frac{-669.20}{1\,300} \approx -0.514\,8\,(‰)$$

$$a = \frac{\sum y_2}{n} = \frac{244.78}{25} = 9.791\,2\,(‰)$$

$$Y_2 = 9.791\,2 - 0.514\,8t$$

2009—2017年我国新增人口数及线性回归趋势

$$b = \frac{\sum ty}{\sum t^2} = \frac{1373}{60} \approx 22.8833 \text{ (万人)}$$

$$a = \frac{\sum y}{n} = \frac{6106}{9} \approx 678.4444 \text{ (万人)}$$

$$Y_3 = 678.4444 + 22.8833t$$

2009—2017年我国人口自然增长率及线性回归趋势

$$b = \frac{\sum ty}{\sum t^2} = \frac{8.56}{60} \approx 0.1427 \text{ (‰)}$$

$$a = \frac{\sum y}{n} = \frac{44.81}{9} \approx 4.9789 \text{ (‰)}$$

$$Y_4 = 4.9789 + 0.1427t$$

根据计算结果，我国生育政策调整，新增人口数和人口自然增长率回归方程发生改变，新增人口数从每年下降 50.94 万人变为增长 22.88 万人，人口自然增长率由每年下降 0.5329‰变为增长 0.1427‰，从而保证了我国人口总量长期持续增长，也确保人口再生产正常发展。

3. 我国人口的循环变动与不规则变动

时间序列的构成因素包括长期趋势 T、季节变动 S、循环变动 C 和不规则变动 I，本例中采用年度数据，只存在长期趋势、循环变动和不规则变动三个影响因素，即 $Y=T \times C \times I$。采取剩余法计算循环变动和不规则变动：先剔除长期趋势 T，即 $C \times I = (T \times C \times I) / T$；再用移动平均法消除不规则变动，即 $C = (C \times I) / I$，求出循环变动；最后在循环变动和不规则变动中剔除循环变动就是不规则变动，即 $I = (C \times I) / C$。具体数据的计算过程如表 9-33 所示。

表 9-33　我国新增人口数的循环变动和不规则变动计算

年份	t	年新增人口数 Y/万人	长期趋势 T/万人	循环变动与不规则变动 Y/T/%	循环变动 C/%	不规则变动 I/%
1985	−16	1 509	1 652.036	91.34	—	—
1986	−15	1 656	1 614.458	102.57	—	—
1987	−14	1 793	1 576.88	113.71	106.30	106.97
1988	−13	1 726	1 539.302	112.13	110.28	101.68
1989	−12	1 678	1 501.724	111.74	110.66	100.98
1990	−11	1 629	1 464.146	111.26	107.33	103.66
1991	−10	1 490	1 426.568	104.45	104.82	99.65
1992	−9	1 348	1 388.990	97.05	102.76	94.44
1993	−8	1 346	1 351.412	99.60	100.43	99.17
1994	−7	1 333	1 313.834	101.46	100.01	101.45

续表

年份	t	年新增人口数 Y/万人	长期趋势 T/万人	循环变动与不规则变动 Y/T/%	循环变动 C/%	不规则变动 I/%
1995	−6	1 271	1 276.256	99.59	101.20	98.41
1996	−5	1 268	1 238.678	102.37	100.96	101.40
1997	−4	1 237	1 201.100	102.99	98.88	104.16
1998	−3	1 145	1 163.522	98.41	96.55	101.93
1999	−2	1 025	1 125.944	91.03	94.80	96.02
2000	−1	957	1 088.366	87.93	90.51	97.15
2001	0	984	1 050.788	93.64	86.69	108.02
2002	1	826	1 013.21	81.52	84.71	96.23
2003	2	774	975.632	79.33	84.18	94.24
2004	3	761	938.054	81.13	81.49	99.56
2005	4	768	900.476	85.29	81.69	104.41
2006	5	692	862.898	80.19	82.91	96.72
2007	6	681	825.320	82.51	81.29	101.50
2008	7	673	787.742	85.43	82.23	103.89
2009	8	548	750.164	73.05	85.27	85.67
2010	9	641	712.586	89.95	89.76	100.21
2011	10	644	675.008	95.41	94.94	100.50
2012	11	669	637.430	104.95	105.59	99.40
2013	12	668	599.852	111.36	113.52	98.10
2014	13	710	562.274	126.27	127.65	98.92
2015	14	680	524.696	129.60	139.45	92.94
2016	15	809	487.118	166.08	—	—
2017	16	737	449.540	163.95	—	—

从表 9-33 可以看出：我国从 1986 年到 2017 年，经过两个不太完整的循环，周期的波谷分别出现在 1989 年和 2007 年，波峰分别出现在 1997 年和目前这个阶段。

习 题 9

9.1 时间序列分为哪几种类型？编制时间序列的原则是什么？动态分析采用的分析指标有哪些？

9.2 什么是时期序列和时点序列？二者相比较有什么特点？

9.3 静态平均数和动态平均数有何关系？

9.4 简述定基发展速度与环比发展速度之间的关系。

9.5 平均发展速度的水平法和累计法的基本原理是什么？各有什么特点，举例说明它们的使用条件。

9.6 时间序列构成因素有哪些？分解的基本原理和思路是什么？

9.7 常用的长期趋势测定的方法有哪些？各有什么特点？

9.8 什么是季节变动？研究它的意义何在？如何测定季节变动？

9.9 某企业商品销售额和职工人数如表 9-34 所示，计算该企业第 2 季度人均商品销售额。

表 9-34　某企业商品销售额和职工人数

月份	3 月	4 月	5 月	6 月
销售额/万元	6 000	6 800	7 600	9 400
月末职工人数/人	200	215	230	260

9.10 某公司 2017 年下半年职工人数如表 9-35 所示。

表 9-35　某公司 2017 年下半年职工人数

月份	6 月	7 月	8 月	9 月	10 月	11 月	12 月
月末职工人数/人	903	905	910	914			
月平均职工人数/人				912	916	922	928

要求：①填写空格内的职工人数；②计算第 3 季度和下半年的平均人数；③计算 12 月底较 7 月初职工人数的增长速度。

9.11 某企业上半年工人数和总产值如表 9-36 所示。

表 9-36　某企业上半年工人数和总产值

月份	1	2	3	4	5	6	7
月初工人数/人	225	220	225	240	235	245	250
总产值/万元	3 620	3 080	3 710	3 870	3 830	3 930	4 050

要求：①计算该企业第 1 季度和第 2 季度工人的平均劳动生产率，并加以比较；②计算该企业上半年工人的劳动生产率。

9.12 某地区两个企业 3 月产值和每日在册工人数如表 9-37 所示。

表 9-37　某地区两个企业 3 月产值和每日在册工人数

企业	总产值/万元	每日在册工人数/人		
		1～15 日	16～20 日	21～31 日
甲	4 250	330	312	345
乙	4 520	332	314	328

要求：①分别计算甲、乙两企业的月劳动生产率；②计算综合两企业的月劳动生产率。

9.13 某企业 2017 年库存额如表 9-38 所示，试计算该企业 2017 年月平均库存额。

表 9-38　某企业 2017 年库存额

日期	1月1日	3月1日	6月1日	10月1日	12月31日
库存额/万元	260	270	290	300	320

9.14 某企业 2017 年 1~4 月职工人数和产值如表 9-39 所示：

表 9-39　某企业 2017 年 1~4 月职工人数和产值

月份	1月	2月	3月	4月
月初人数/人	68	62	66	68
产值/万元	480	390	450	460

要求：①编制第 1 季度各月劳动生产率的时间序列；②计算第 1 季度的月平均劳动生产率；③计算第 1 季度的劳动生产率。

9.15 某地区 2010—2015 年农村居民消费水平统计数据如表 9-40 所示。

表 9-40　某地区 2010—2015 年农村居民消费水平统计数据

年份	2010	2011	2012	2013	2014	2015
农村居民消费水平/元	1 903	2 106	2 308	2 591	3 031	3 561

根据已知资料计算：①各年逐期增长量、累计增长量和年平均增长量；②各年环比发展速度、定基发展速度和各自的增长速度；③按水平法计算年平均发展速度和平均增长速度。

9.16 某地区 2018 年基建投资实际额为 85 亿元，计划 2019 年与 2020 年两年基建投资额是 2018 年的 2.7 倍，求年平均增长率和 2019 年与 2020 年两年各年的计划投资额。

9.17 某企业 2013—2017 年各季度产品销售情况如表 9-41 所示。

表 9-41　某企业 2013—2017 年各季度产品销售情况　　　　千吨

年份	第1季度	第2季度	第3季度	第4季度	年平均
2013	31	48	60	44	
2014	35	51	63	48	
2015	38	55	56	50	
2016	35	56	65	46	
2017	40	59	68	52	
同期平均					
季节比率					
调整后的季节比率					

要求：①按同期平均法计算该企业的产品销售季节指数，并填入表中。②如果 2018 年该企业产品销售计划为 260 吨，即平均每个季度为 65 吨。安排 2018 年的季度销售计划。

9.18 某市肉类制品的销售情况如表 9-42 所示。

表 9-42　某市肉类制品的销售情况　　　　　　　　　　百万元

年份	第 1 季度	第 2 季度	第 3 季度	第 4 季度
2013	—	—	60	80
2014	88	72	75	91
2015	100	76	81	112
2016	106	82	102	120
2017	120	135	—	—

要求：①以按季平均法求季节比率；②剔除长期趋势，求季节变差；③剔除长期趋势，求季节比率，并绘制季节变动图。

9.19　某电子产品公司 2009—2017 年的产品销售数据如表 9-43 所示。

表 9-43　某电子产品公司 2009—2017 年的产品销售数据

年份	销售量/万件	年份	销售量/万件
2009	80	2014	101
2010	83	2015	107
2011	87	2016	115
2012	89	2017	125
2013	95		

要求：①应用 3 年和 5 年移动平均法计算趋势值；②应用最小二乘法配合趋势直线，并计算出各年的趋势值；③根据数据配合一条指数曲线，并与直线进行比较，说明配合哪一种趋势线更好。

9.20　某旅游风景区 2015—2017 年各月的旅游收入额如表 9-44 所示。

表 9-44　某旅游风景区 2015—2017 年各月的旅游收入额　　　　　　万元

月份	2015 年	2016 年	2017 年
1 月	116	145	180
2 月	154	210	245
3 月	220	312	325
4 月	392	520	535
5 月	642	684	710
6 月	1 642	1 872	1 923
7 月	2 810	3 120	3 350
8 月	1 204	1 382	1 576
9 月	384	482	625
10 月	183	248	437
11 月	125	130	258
12 月	95	112	166

要求：①采用按月平均法计算季节指数；②按移动平均趋势剔除法计算季节指数，并作出季节变动图；③对原时间序列作出季节性调整，并根据调整后的数据作图；④用剩余法分析旅游收入的循环波动，并作出图形。

第10章

统 计 指 数

CPI 和 PPI 数据

政府部门和非政府研究机构发布一些指数,帮助人们了解某一时间、某一区域社会经济状况和影响因素及带来的影响,以利于更好地管理和发展社会经济。我国国家统计局每月中旬发布上月全国居民消费价格指数(CPI)和工业生产者出厂价格指数(PPI)、社会消费品零售总额。2017年11月CPI和PPI数据显示,CPI环比持平,同比上涨1.7%。从环比看,CPI基本平稳。食品价格下降0.5%;非食品价格上涨0.1%,其中,能源价格继续上涨,汽油和柴油价格分别上涨3.3%和3.8%;服装换季,价格上涨0.7%,上述三项合计影响CPI上涨约0.10个百分点。从同比看,CPI涨幅比上月回落0.2个百分点。食品价格下降1.1%,降幅比上月扩大0.7个百分点,影响CPI下降约0.23个百分点。非食品价格上涨2.5%,涨幅比上月扩大0.1个百分点,影响CPI上涨约1.96个百分点。据测算,在11月1.7%的同比涨幅中,2016年价格变动的翘尾因素约为0.2个百分点,比上月回落0.2个百分点,新涨价因素约为1.5个百分点。

PPI环比上涨0.5%,同比上涨5.8%。从环比看,PPI涨幅比上月回落0.2个百分点。生产资料价格上涨0.6%,比上月回落0.3个百分点;生活资料价格上涨0.1%,与上月涨幅相同。从同比看,PPI涨幅比上月回落1.1个百分点。生产资料价格上涨7.5%,比上月回落1.5个百分点;生活资料价格上涨0.6%,比上月回落0.2个百分点。

要更好利用统计指数信息,需要我们掌握统计指数相关知识、原理和方法,如需要熟悉统计指数意义和分类,掌握统计指数的编制方法,如何利用统计指数体系进行因素分析,常见统计指数是如何编制的,等等。

10.1 统计指数概述

10.1.1 统计指数的概念与作用

统计指数是人们在统计物价水平的变动中产生和发展起来的,最早可追溯到1650年英国人沃汉(R.Voughan)所编制的物价指数。物价指数(price index)最初只是用现行价格与过去价格对比来反映一种商品价格的变动。18世纪中叶,大量的金银流入,导致欧洲的物价飞涨,引起社会不安,于是产生了研究多种商品价格综合变动情况的强烈需求，推进了物价指数的深入研究。随着社会经济活动的广泛深入与发展，产生于物价的指数也被广泛应用于工业、农业、贸易、生活、投资、证券等各个社会经济领域，并且从动态变化对比推广到静态对比，用于不同国家、地区与部门之间在数量上的对比，等等。现在，统计指数成为社会经济的晴雨表，如与人们的日常生活休戚相关的消费品价格指数、生活费用价格指数和与投资活动密切相关的生产资料价格指数、股票价格指数等。

1. 统计指数的概念

统计指数简称指数，有广义和狭义之分。广义的统计指数是说明客观现象数量变动状况和对比关系的相对数，是用来表明同类现象在不同空间、不同时间、实际与计划对比变动情况中的相对数，通常被认为是统计指数。狭义的统计指数是反映复杂总体综合变动的相对数。如居民消费价格指数、工业品出厂价格指数、工业生产指数和各种证券价格指数等，其中复杂总体是由多种度量单位不同或性质不同的事物组成的、数量上不能直接加总和对比的总体。

指数和一般的相对数的区别在于：一般的相对数是两个有联系的事物和现象数值之比；而指数作为一种特殊的相对指标，是说明复杂总体的变化发展情况，并可分析各种构成因素的影响程度。如说明一种产品的产量、价格、成本等方面的变动情况采用一般相对数的方法，但要反映多种产品的产量、价格、成本等的综合变动情况则采用指数法。

2. 统计指数的作用

统计指数的作用主要体现在以下几个方面。

1）统计指数能够综合反映复杂总体的变动方向和变动程度

复杂总体的一些数量不能直接加总，统计指数通过一定方法把不能直接加总的数量过渡到可以加总和对比，从而反映复杂经济现象的总变动方向及变动幅度。例如，统计工作中经常要研究多种商品或服务的价格、销售量变动情况，多种产品产量、成本总变动，多种股票价格综合变动，等等，由于各种商品或服务的使用价值不同、各种股票价格涨跌幅度和成交量不同，所研究总体中的各个个体不能直接相加，这就必须运用统计指数的原理和方法。

2）统计指数能够分析复杂总体总变动中各因素变动的影响

任何一个复杂现象都是由多个因素构成、受多个因素影响的，利用指数体系理论可以测定复杂社会经济现象总变动中，各构成因素的变动对现象总变动的影响情况，并从相对数和绝对数两个方面进行分析，对经济现象变化作综合评价。例如，从可测度的因素来考查，利润总额受产品产量、产品成本、商品销售量、商品销售价格等因素的影响；职工平均工资的变动受各等级职工工资水平与各等级工资职工人数的构成两个因素的影响，商品销售额的变动受销售量和价格两个因素的共同影响。运用统计指数编制并测定产品产量指数、产品成本指数、商品销售量指数和商品销售价格指数等，根据各因素变动影响，可综合评价利润总额变动的情况；编制可变构成指数、固定构成指数、结构影响指数可以测定平均工资的变动，并测定各等级职工工资水平与各等级工资职工人数的影响方向和程度；等等。

3）统计指数能够研究事物的长期变动趋势

统计指数解决了由多种不同性质的事物构成的总体的对比问题，通过编制一系列统计指数数列，反映同类事物和现象的变动情况、变动趋势和规律。例如，根据1980—2017年共38年的居民消费品价格资料，编制居民消费价格指数，从而构成居民消费价格指数数列，可以揭示居民消费品价格的变动情况、变动趋势和规律，研究居民消费品价格变动对人民生活水平的影响。

此外，利用统计指数还可以进行地区经济综合评价、对比，研究计划执行情况。

10.1.2 统计指数的性质

统计指数的性质是正确运用指数的依据，概括起来统计指数具有以下主要性质。

1. 相对性

统计指数是事物和现象在不同场合下变量数量变动状况和对比形成的相对数，用来度量变量在不同时间或不同空间的相对变化状况和程度。统计指数的相对性体现在两方面：形式上，指数是一种相对数，反映一个或一组变量的水平相对于其对比水平变动的平均水平；编制方法上，在观察某一因素的变动及其影响时，必须假定其他因素不变，即总指数反映事物和现象变动的准确性也是相对的。

2. 综合性

统计指数的综合性是对狭义指数而言的，反映复杂现象总体的综合数量变动方向和程度，是对总体各单位的具体变动抽象综合的结果。指数的综合性是指数理论和方法的核心问题，没有指数的综合性，指数就不可能发展成为一种独立的理论和方法论体系。例如，根据需要选择若干种商品和服务构成居民的一组消费项目，通过综合计算这些消费项目的价格指数，反映居民消费价格的综合变动方向和程度。

3. 平均性

在不同时间和不同空间中，各种事物和现象变动方向与程度各不相同。统计指数是总体水平的一个代表性指数，反映的是总体内各单位变动的平均水平或一般水平。统计指数的平均性的含义有两个方面：一是指数进行比较的综合数量是作为总体中个别量的一个代表性数值，具有平均的性质；二是两个综合量对比形成的指数反映了个体事物数量的平均变动水平。例如，物价指数反映了多种商品和服务项目价格的平均变动水平。

4. 代表性

统计指数的代表性有两方面的含义：一方面，总指数所反映的数量变动是总体各单位数量变动的代表水平；另一方面，编制总指数一般只能选择部分有代表性的单位进行计算，而不可能把所有单位统计在内。例如，居民消费价格指数是所有居民日常消费品价格变动的代表值，理论上应该包括并体现所有居民日常消费品价格水平，但居民消费分布区域广泛、商品服务种类繁多、规格款式丰富多彩、不同时间变化不定，无法覆盖全部区域、全部单位、全部种类的所有时间的价格情况进行对比，因此必须划分为大、中、小类，从中选择出若干有代表性区域、代表性单位、代表性种类的代表商品与服务的代表价格来计算。

10.1.3 统计指数的分类

统计指数的分类有以下几种。

1. 个体指数、总指数和类指数

按指数说明对象的范围不同，统计指数可分为个体指数、总指数和类指数。

个体指数是反映某一事物或现象变动的相对数。个体指数的计算比较简单，运用普通相对数的方法就可以解决，如一种商品的价格或销售量的变动水平。

总指数是反映多个事物或现象综合变动的相对数。总指数的计算比较复杂，需要研究并建立专门的指数理论和方法，如工业生产指数、居民消费价格指数、股票价格指数等。总指数与个体指数有一定的联系，可以用个体指数计算相应的总指数。

类指数是通过统计分组计算多项事物中某一类（组）要素变化的相对数，也称组指数。由于总指数中包含多种不同种类的现象，综合平均掩盖了各组（类）变动的差异；根据需要对统计指数使用分组法，计算类指数可以将一些重要变动反映出来，克服总指数存在的笼统平均的缺点。类指数是介于个体指数与总指数之间指数，类指数是总指数，有时起个体指数作用，其计算方法与总指数计算方法相同。

2. 数量指标指数和质量指标指数

按统计指数的内容不同，统计指数可分为数量指标指数和质量指标指数。

数量指标指数，简称数量指数，是反映事物和现象的总体规模与水平变动的指数。例如，销售量指数、销售额指数、总工资指数等。

质量指标指数，简称质量指数，是说明总体内部数量关系或总体单位水平的指标的指数。例如，价格指数、单位成本指数、劳动生产率指数等。判定数量指标和质量指标的重要依据是其数值大小是否随总体范围大小而增减。

3. 简单指数和加权指数

按统计指数的权数形式不同，统计指数可分为简单指数和加权指数。

简单指数就是用个体指数简单平均编制总指数的方法。在简单指数中不考虑每一种个体指数在整体中的地位和比重予以赋权，或者每个的权数均为1。

加权指数就是用个体指数加权平均编制总指数的方法。在加权指数中不仅考虑每个个体指数数值大小，还应根据每个个体指数在整体中的地位和比重赋予权数，然后综合。

4. 动态指数和静态指数

按统计指数的时间特征不同，统计指数可分为动态指数和静态指数。

动态指数是反映客观现象在不同时间变动的相对数，又称时间性指数，是将不同时间上的同类现象水平进行比较的结果，反映现象在时间上的变化过程和程度。例如，居民消费价格指数、股票价格指数、工业生产指数等；动态指数是出现最早、应用最多的指数，也是理论上最为重要的统计指数，指数方法论主要论述动态指数。

静态指数是反映同类现象的数量在相同时间内不同空间的差异程度。静态指数是动态指数在实际应用中的扩展，包括空间指数和计划完成指数两种。空间指数反映某一客观现象在不同空间之间差异或变动的相对数，又称区域指数，是将不同空间的同类现象水平进行综合比较的结果，反映现象在空间上的差异程度。计划完成指数是客观现象计划完成状况的相对数，是将实际水平与计划任务或目标对比的结果，反映计划执行情况或完成程度。若直接按统计指数的比较对象，可将统计指数分为时间性指数、空间指数和计划完成指数。

5. 综合指数和平均指数

按统计指数的研究方法不同，统计指数可分为综合指数和平均指数。

综合指数是采用综合公式，通过复杂总体的两个总量指标对比计算出来的指数。

平均指数是复杂总体中个体指数的平均数，以个体指数为基础，采取平均形式编制的总指数。

综合指数和平均指数既是独立的指数形式，又存在内在的联系，在指数理论中占有重要地位。

6. 定基指数和环比指数

按统计指数的基期不同，统计指数可分为定基指数和环比指数。

定基指数是指在指数数列中都以某一固定时期为基期的指数，说明现象在较长时期内的发展变化情况。环比指数是以报告期的前一期作为基期的指数，说明现象在一个时期内的发展变化情况。环比指数指对比基期随报告期的变动而相应变动的指数，如月环比价格指数的基期为上月；以上年（月、季）同期为基期的指数，称为年（月、季）距环比指数。

10.2 统计指数的编制

10.2.1 指数编制的基本问题

编制指数时，需要解决样本单位的选择、基期的确定、指数权数的确定、指数编制方法的确定、同度量因素的确定等具体问题。

1. 样本单位的选择

编制指数时，理论上应该选择总体各单位的数据资料。实际中，将总体全部单位计算在内往往不可能或不必要，几乎均依据样本数据编制指数。因此，样本单位选择是否科学合理是决定指数准确性的重要前提，除数据本身的准确性外，选择样本一般还应满足以下要求。

1）科学性

每种指数编制的目的不同，所以要针对指数的编制目的选择和限定样本范围。样本单位的选择应在科学分类的基础上进行，要兼顾研究对象的各个部分，做到统筹兼顾，全面安排，划类选典；分类有粗有细，体现出层次感。

2）充分性

样本单位选取要有适当而足够的数量，以保证指数的质量。总体单位种类多、数量大，样本单位少，即使每个单位代表性很高，也难以全面地反映总体的情况。样本单位过多，会影响指数的时效性和造成人力、财力浪费；样本单位数量越多，计算的指数越接近于实际值。

3）代表性

要求样本单位能充分反映总体的性质和特征。样本单位的选择必须遵循统一标准：所选的每一样本单位与所代表的总体在性质上应保持一致，样本单位标志值所占比重较大、变量变动趋势和变动程度有较强的代表性，选中的样本单位与未选中的样本单位的变量变动趋势相关性要高；选中的样本单位之间性质差异越大越好，变量之间变动趋势的相关性越低越好；选中的样本单位必须是符合国家规范和品质标准的。

4）可比性

可比性即要求在不同时间或空间上，用于对比的各样本项目在定义、计算口径、计算方法、计量单位、计算价格等方面保持一致。

5）可调性

样本单位要定期审查，及时调整更新。一方面，注意样本单位的相对稳定，以保证资料的可比性；另一方面，随着研究对象总体的发展，为保证样本单位质量，必须及时审查及调整样本单位，淘汰不符合入选标准的代表规格品、增加更加符合条件的新规格品。

2. 基期的确定

指数是一种特殊的相对数，计算时存在对比基期确定问题，最常用的时间指数基期的确定应注意以下几点。

1）服从指数编制的具体目的和要求

为了观测研究对象的连续变化，可以以计算期的前一期为基数，计算环比指数；为了表明研究对象变动的长期趋势，可选择固定基期，计算定基指数；为了消除对比中的季节变动影响，还常以往年同期作为比较基础。

2）选择一个正常时期或典型时期作为基期

选择的基期应能代表事物发展的正常或典型状态，特别在观测长期变动趋势和规律时，要以研究对象比较稳定的为基期。非正常的波动时期通常不具有代表性，不宜选作基期。为保持对比结果的现实意义，应定期更换基期。

3）报告期距基期的长短适当

报告期与基期的间隔应根据所研究现象的特点和研究目的而定。同时，发展变化较快、波动性大的事物和现象的报告期与基期的间隔可短些，否则间隔可长些。但报告期与基期不宜过长，报告期与基期的时间间距越久，指数代表性通常就越差，一般应选择距报告期较近的时期作为基期。

3. 指数权数的确定

指数权数是权衡各样本单位变量指数化因素的变动对总指数变动影响作用的指标，关系到指数的代表性和准确性。在加权综合指数法中，权数和同度量因素是统一的：一方面起到权衡各项指数化因素变动重要性的作用，另一方面起到将不能直接加总的要素指数化因素过渡到可加总的媒介作用。在加权平均指数法中，权数仅起着权衡时轻重的作用。选择权数时应注意以下事项。

1）权数内容的选择服从于研究目的

研究目的不同，选择的权数内容也不同，股票价格指数以股票发行量或流通量为权数；居民消费价格指数以居民家庭生活消费支出额为权数。

2）权数形式的选择取决于客观具备的资料条件

掌握资料丰富和全面程度不同，选择权数形式也不同，编制股票价格指数时，由于资料充足且容易获得，采用绝对数发行量或流通量作为权数；居民消费价格指数时，由于研究对象种类繁多、资料丰富多样，难以获得总量指标，以相对数消费支出结构为权数。

3）权数时期的选择要考虑到计算结果的实际经济意义

权数时期可以选择变动权数、固定权数和修正权数（如交叉权数等），要使得权数的结果更具实际意义，其中变动权数加权的结果现实意义强，固定权数加权的结果利于动态比较。但指数的基期与权数的基期是不同的概念，两者可以保持一致，也可以不同。若两者一致将有利于指数的计算和概算，以及经济指数之间的相互换算。

4. 指数编制方法的确定

1）个体指数的编制方法

个体指数是说明单项事物或个别现象数量变动的相对数，通常以时间性指数为代表，从绝对数和相对数两个角度分析。按指数化指标的性质不同，个体指数可分为个体数量指标指数和个体质量指标指数，而个体数量指标指数分为个体物量指数和个体物值指数。

根据计算的需要，用 K 表示个体指数，$\overline{K}$ 表示总指数；下标 0 表示基期水平，下标 1 表示报告期水平；p 表示物价，代表质量指标，反映单位价格、单位成本等指标；q 表示物量，代表数量指标，反映产量、销售量等指标；pq 表示物值，代表价值指标，反映产值、销售额、总成本、利润额等指标；Δ 表示变化的绝对数量。则个体指数可表示为

个体物价指数

$$K_p = \frac{P_1}{P_0}, \quad \Delta p = p_1 - p_0 \quad (10\text{-}1)$$

个体物量指数

$$K_q = \frac{q_1}{q_0}, \quad \Delta q = q_1 - q_0 \quad (10\text{-}2)$$

个体物值指数

$$K_{pq} = \frac{p_1 q_1}{p_0 q_0}, \quad \Delta pq = p_1 q_1 - p_0 q_0 \tag{10-3}$$

例 10-1 某企业 2017 年 11 月和 12 月 A 原材料采购价格和采购量如表 10-1 所示。

表 10-1 某企业 2017 年 11 月和 12 月 A 原材料采购价格和采购量

项目	计量单位	11 月	12 月
采购价格	元	37.10	36.50
采购量	万件	64	70.5

解：A 原材料采购价格指数 $K_p = \dfrac{p_1}{p_0} = \dfrac{36.50}{37.10} \approx 98.38\%$

A 原材料采购价格变动额 $\Delta p = p_1 - p_0 = 36.50 - 37.10 = -0.60\,(元)$

说明 12 月比 11 月 A 原材料采购价格降低了 1.62%，减少了 0.60 元。

A 原材料采购量指数 $K_q = \dfrac{q_1}{q_0} = \dfrac{70.5}{64} \approx 110.16\%$

A 原材料采购变动量 $\Delta q = q_1 - q_0 = 70.5 - 64 = 6.5\,(万件)$

说明 12 月比 11 月 A 原材料采购量上升了 15.38%，增加了 6.5 万件。

A 原材料采购额指数 $K_{pq} = \dfrac{p_1 q_1}{p_0 q_0} = \dfrac{36.50 \times 70.50}{37.10 \times 64} = \dfrac{2\,573.25}{2\,374.4} \approx 108.37\%$

A 原材料采购变动额 $\Delta pq = p_1 q_1 - p_0 q_0 = 2\,573.25 - 2\,374.4 \approx 198.85\,(万元)$

说明 12 月比 11 月 A 原材料采购额上升了 10.77%，增加了 198.85 万元。

计算个体指数要扩大计算的空间、时间、范围时，采用简单综合指数法，也就是将报告期与基期水平分别汇总，其中总量指标及数量指标可以直接加总；质量指标可以使用算术平均法与调和平均法求得所需数据，然后对比。通常计算公式如下：

数量指标指数

$$K_q = \frac{\sum q_1}{\sum q_0} \tag{10-4}$$

质量指标指数

$$K_p = \frac{\bar{p}}{p_0} \tag{10-5}$$

其中，$\bar{p} = \dfrac{\sum pq}{\sum q}$。

2）总指数的编制方法

编制总指数可以考虑两种方式：一是先综合后对比，二是先对比后平均。

（1）先综合后对比的方式。从广义上讲，将各种事物或现象指标加总起来，然后通过对比得到相应总指数的方法称为综合指数法。研究多种事物和现象的物价与物量数量变动状况时会遇到两个问题：一是不同性质和种类的事物与现象的物价与物量不能直接加总，或者直接加总的结果没有实际经济含义；二是简单综合法编制的指数明显地受到计量单位的影响，直接计算没有相应的理论依据。因此，"复杂总体"的简单综合指数难以成为一种客观测度。由于物价和物量"不同度量"，为了运用综合指数法编制总指数，引入同度量因素，把不同的使用价值、不同度量的实物指标和质量指标变为能够加总、能够同度量的价值量指标，通过先加权综合后对比，编制出加权综合指数。综合指数法的编制要注意四点：一是要从事物和现象之间的联系中，确定与所要研究的事物和现象有关联的同度量因素；二是将引进的同度量因素固定，以测定指数化因素的变动，从而解决对比问题；三是分子与分母所研究对象的范围原则上必须一致；四是综合指数的计算对资料要求较高，需要使用全面资料。

（2）先对比后平均的方式。将某一事物和现象的物价或物量数据资料对比计算个体指数，然后通过对个体指数加权平均得到总指数的方法称为平均指数法。从经济分析的角度看，每种事物和现象的重要性程度是有差异的，简单平均指数不能反映其差异，因而难以满足分析的要求，必须通过合理加权，编制加权平均指数。平均指数是总指数的另一种计算形式，有其独立应用意义，在得不到全面资料的情况下必须运用平均指数。它可以理解为综合指数的变形，也可以是独立意义的平均指标指数，计算形式为算术平均指数和调和平均指数。

5. 同度量因素的确定

同度量因素具有两方面的作用：一是把经济意义上不能相加的指标数值过渡为经济意义上可以相加的数值，即同度量的作用；二是具有权衡轻重的作用，即权数的作用。确定同度量因素时，需要考虑以下几个方面的问题。

1）根据事物和现象之间的内在联系来确定同度量因素

为了反映多种事物和现象数量的综合变动状况，需要把它们综合后进行对比，但由于不同事物具有不同的使用价值和计量单位，无法直接进行加总，首先需要找到一种共同的计量尺度将不同事物和现象变量值综合到一起。例如，不同使用价值的产品可以通过产品价格或单位成本等转化成可比的价值量，产品价格或单位成本可以作为不同产品的共同计量尺度，就是计算物量指数的同度量因素。同样，表面上看不同产品的价格或单位成本都是其价值的一种货币表现，似乎可以直接相加，但不同产品之间有着较大差异，相加后通常没有实际意义。应以不同产品的物量为尺度，一方面使不同产品的价格或成本转化成可比的价值量，另一方面也起到一种加权作用。因此，需要将指标转化为价值量以后再汇总对比，计算数量指标指数以相应的质量指标为同度量因素，计算质量指标指数以相应的物量指标为同度量因素，等等。

2）确定同度量因素的所属时期

计算数量指标指数和质量指标指数要求指数中分子与分母必须是同一时期的，既可以都是基期，也可以都是报告期或某一个固定时期等。但是用不同时期的同度量因素会产生不同的计算结果，而且指数的实际意义也会不同。同度量因素应确定在哪一个时期，通常取决于计算指数的预期目的和所研究现象的特点。

3）确定同度量因素的具体形式

同度量因素可以是一组不同产品的价格、成本、生产量或销售量等物价或者物量形式，也可以是一组产品的价值量或其他总量形式，还可以采取比重形式，如用某一类商品销售额占总销售额的比重对各类商品价格加权计算物价指数。采用哪种形式的同度量因素，主要取决于计算指数时所依据的数据形式和所选择的计算方法。

10.2.2 综合指数的编制

综合指数法就是采用综合公式，将两个具有经济意义并紧密联系的总量指标进行对比求得指数的方法。一种为综合指标，常用价值单位表示，可直接相加，分别汇总报告期和基期的指标，然后加以对比，如产值、销售收入等；另一种为非综合指标，常用实物单位或质量指标表示，不能直接相加，要通过同度量因素把指标过渡到具有可加性的综合指标，再将分子、分母的指标相加，然后进行对比，如销售量、产量、价格等。

由于同度量因素固定在不同时期，综合指数有不同的具体形式，出现了不同的计算公式。

1738年法国学者杜托（Dutot）首创简单综合法 $\left(\dfrac{\sum p_1}{\sum p_0}\right)$，编制了世界上第一个物价指数，但其脱离交换过程研究价格变动，不能反映价格变动对社会经济的影响。

1. 杨格指数

杨格指数将同度量因素固定在某一特定时期水平，是由英国学者杨格（A. Young）于1818年首先采用的，故又称杨格公式，也称固定权数综合指数，其计算公式为

杨格物价指数

$$\overline{K}_P = \frac{\sum p_1 q_n}{\sum p_0 q_n} \qquad (10\text{-}6)$$

杨格物量指数

$$\overline{K}_q = \frac{\sum q_1 p_n}{\sum q_0 p_n} \qquad (10\text{-}7)$$

该指数同度量因素所属时期通常选择某一典型水平或若干期的平均水平，其指数时期和同度量因素的时期是不同的。选择固定时期的同度量因素，不仅简化了指数计算，而且可以避免非正常情况造成的不可比性，从而便于观察长期变化发展趋势。杨格公式在实践中经常采用某一固定时期的同度量因素，如编制产量指数、销售量指数，其同度量因素价格固定在某一特定的年份，通常为以零结尾的年份。同度量因素间隔一定时期后应及时修正和调整。

2. 拉氏指数

拉氏指数是同度量因素固定在基期的综合指数，该方法是由德国经济学家埃蒂

恩·拉斯贝尔（Etienne Laspeyres）在 1864 年首先提出的，也称拉氏公式。他主张无论是数量指标指数还是质量指标指数，都采用基期同度量因素。

若要反映多种事物和现象物价的综合变动情况，不能简单地直接加总，但可以找到与之对应的物量，由于物价×物量=物值，即 $p \times q = pq$，价值量指标具有可加性，如果直接将报告期和基期的物值对比，得到如下计算公式：

$$\overline{K}_{pq} = \frac{\sum p_1 q_1}{\sum p_0 q_0} \quad (10\text{-}8)$$

式中，总指数是 $\overline{K}_{pq}$ 物价和物量两种因素共同变动作用的结果，反映物值的变动程度。如果只想反映物价的变动程度，可将物量作为同度量因素，并将同度量因素固定在基期物量，称为拉斯贝尔物价指数，简称拉氏物价指数，其计算公式为

$$\overline{K}_P = \frac{\sum p_1 q_0}{\sum p_0 q_0} \quad (10\text{-}9)$$

同理，如果只想反映物量变动，可将物价作为同度量因素，若同度量因素固定在基期物价上，就得到拉斯贝尔物量指数，简称拉氏物量指数，其计算公式为

$$\overline{K}_q = \frac{\sum q_1 p_0}{\sum q_0 p_0} \quad (10\text{-}10)$$

拉氏指数以基期变量值为权数，可以消除权数变动对指数的影响，从而使不同时期的指数具有可比性。拉氏指数存在一定的缺陷：物价指数是假定物量不变的情况下，报告期物价的变动水平，不能反映出物量的变化；从实际生活角度看，人们更关心在报告期物量条件下物价变动对实际生活的影响，拉氏物价指数在实际中应用很少，拉氏物量指数在实际中应用较多。

例 10-2 已知 B 企业销售甲、乙、丙三种商品，其基期和报告期的销售量及价格资料，如表 10-2 所示。

表 10-2 B 企业销售情况

商品名称	价格/元		销售量/万件	
	基期 p_0	报告期 p_1	基期 q_0	报告期 q_1
甲	255.0	275.0	15.5	16.8
乙	26.0	26.5	600	785
丙	14.0	13.5	720	680

解： 据表 10-2 中的资料，可得

$$\sum p_0 q_0 = 255.0 \times 15.5 + 26.0 \times 600 + 14.0 \times 720 = 29\,632.5 \text{(万元)}$$
$$\sum p_1 q_0 = 275.0 \times 15.5 + 26.5 \times 600 + 13.5 \times 720 = 29\,882.5 \text{(万元)}$$
$$\sum p_0 q_1 = 255.0 \times 16.8 + 26.0 \times 785 + 14.0 \times 680 = 34\,214 \text{(万元)}$$
$$\sum p_1 q_1 = 275.0 \times 16.8 + 26.5 \times 785 + 13.5 \times 680 = 34\,602.5 \text{(万元)}$$

可得拉氏物价指数：

$$\overline{K}_q = \frac{\sum p_1 q_0}{\sum p_0 q_0} = \frac{29\,882.5}{29\,632.5} \approx 100.84\%$$

$$\sum p_1 q_0 - \sum p_0 q_0 = 29\,882.5 - 29\,632.5 = 250\,(万元)$$

表明以基期销售量为同度量因素，B 企业三种商品报告期的价格比基期上涨了 0.84%，使企业销售额增加 250 万元。

拉氏物量指数：

$$K_q = \frac{\sum q_1 p_0}{\sum q_0 p_0} = \frac{34\,214}{29\,632.5} \approx 115.46\%$$

$$\sum q_1 p_0 - \sum q_0 p_0 = 34\,214 - 29\,632.5 = 4\,581.5\,(万元)$$

表明以基期价格为同度量因素，B 企业三种商品报告期的销售量比基期增长了 15.46%，使 B 企业销售额增加 4 581.5 万元。

3. 派氏指数

派氏指数是同度量因素固定在报告期的综合指数，该方法是由德国经济学家哈曼·派许（Herman Paasche）于 1874 年提出的，也称派氏公式。他主张不论是数量指标指数，还是质量指标指数，都采用报告期同度量因素。

如果只反映物价的变动程度，可将物量作为同度量因素固定起来，若同度量因素固定在报告期物量水平上，称为派许物价指数或派氏物价指数，其计算公式

$$\overline{K}_p = \frac{\sum p_1 q_1}{\sum p_0 q_1} \tag{10-11}$$

如果只反映物量的变动程度，可将物价作为同度量因素固定起来，若同度量因素固定在报告期价格水平上，称为派许物量指数或派氏物量指数，其计算公式为

$$\overline{K}_q = \frac{\sum q_1 p_1}{\sum q_0 p_1} \tag{10-12}$$

例 10-3　利用表 10-2 中的资料计算派氏指数。

解：派氏物价指数：

$$\overline{K}_P = \frac{\sum p_1 q_1}{\sum p_0 q_1} = \frac{34\,602.5}{34\,214} \approx 101.14\%$$

$$\sum p_1 q_1 - \sum p_0 q_1 = 34\,602.5 - 34\,214 = 388.5\,(万元)$$

表明以报告期销售量为同度量因素，B 企业三种商品报告期的价格比基期上涨了 1.14%，使 B 企业销售额增加了 388.5 万元。

派氏销售量指数：

$$\overline{K}_q = \frac{\sum q_1 p_1}{\sum q_0 p_1} = \frac{34\,602.5}{29\,882.5} \approx 115.80\%$$

$$\sum q_1 p_1 - \sum q_0 p_1 = 34\,602.5 - 29\,882.5 = 4\,720\,(万元)$$

表明以报告期价格为同度量因素，B 企业三种商品报告期的销售量比基期增长了 15.80%，使 B 企业销售额增加了 4 720 万元。

4. 马埃指数

1887—1890 年，英国学者马歇尔（A. Marshall，1845—1924）和埃奇沃思（F. Y. Edgenorth，1845—1926）共同首创"中介权数"，选择基期和报告期平均值为同度量因素计算指数，被称为马埃指数，其目的是避免拉斯贝尔和派氏许公式的偏误，计算公式分别为

$$\overline{K}_p = \frac{\sum p_1\left(\dfrac{q_0+q_1}{2}\right)}{\sum p_0\left(\dfrac{q_0+q_1}{2}\right)} = \frac{\sum p_1 q_0 + \sum p_1 q_1}{\sum p_0 q_0 + \sum p_0 q_1} \quad (10\text{-}13)$$

$$\overline{K}_{pq} = \frac{\sum q_1\left(\dfrac{p_0+p_1}{2}\right)}{\sum q_0\left(\dfrac{p_0+p_1}{2}\right)} = \frac{\sum q_1 p_0 + \sum q_1 p_1}{\sum q_0 p_0 + \sum q_0 p_1} \quad (10\text{-}14)$$

马埃公式的计算结果介于拉斯贝尔公式与派氏公式的计算结果之间，但是会出现将数学中抽象运算来简单处理统计中具体事项，产生实际的社会经济意义上的欠缺的问题。

5. 理想指数

理想指数公式是美国经济学家沃尔斯（G. M. Walsh）和庇古（A. C. Pigou）等在 1911 年和 1912 年先后提出以拉斯贝尔指数和派氏指数的简单几何平均数来计算

$$\overline{K}_p = \sqrt{\frac{\sum p_1 q_0}{\sum p_0 q_0} \times \frac{\sum p_1 q_1}{\sum p_0 q_1}} \quad (10\text{-}15)$$

$$\overline{K}_q = \sqrt{\frac{\sum q_1 p_0}{\sum q_0 p_0} \times \frac{\sum q_1 p_1}{\sum q_0 p_1}} \quad (10\text{-}16)$$

美国著名的经济学家费舍尔（Fisher）通过验证认为，以基期和报告期为同度量因素计算的综合指数都存在一定的偏差，并且其方向相反而大小几乎相等，对拉斯贝尔指数和派氏指数求几何平均就可以得到无偏差的"理想指数公式"，但实际中理想指数公式并不理想，只是数理的思维多于经济和统计的思维，它仅在国际比较项目中应用，如商品进出口、细类指数汇总为大类指数直到购买力平价等极窄的领域，并不具有普遍的使用价值。

10.2.3 平均指数的编制

平均指数是总指数的另一种重要计算形式，它是通过先计算个体指数，而后对个体指数加权平均来测定现象的总变动程度的。加权的目的，是衡量不同事物的物价或物量

变动对总指数造成的不同影响。

平均指数是个体指数的加权平均数，权数选择很重要。由于个体指数是两个不同时期的对比结果，只有选择价值指标作为权数，计算结果才具有经济意义。从理论上讲，平均指数可采用 p_0q_0、p_1q_0、p_0q_1、p_1q_1 四种形式价值指标为权数，但在实际工作中，出于计算结果的经济意义和资料获取的可行性考虑，较少将 p_0q_1 用作权数，p_1q_0 没有实际意义而不应用，常用 p_0q_0、p_1q_1，并且 p_0q_0 一般用于指数的算术平均形式中，而 p_1q_1 常用于指数的调和平均形式中。

因权数所属时期的不同，加权平均指数的具体形式分为基期总量加权指数、报告期总量加权指数和固定权数加权指数。

1. 加权算术平均指数

算术平均指数按采用权数的形式不同可以分为基期权数的算术平均指数和固定权数的算术平均指数。

1）基期权数的算术平均指数

基期权数的算术平均指数是采用基期总量指标价值总额作为权数，对个体指数进行加权平均计算的指数。使用加权算术平均法计算总指数的步骤如下。

（1）计算个体指数。将报告期物量除以基期物量，求得个体物量指数。

（2）取得基期价值指标数据。

（3）以求得的个体指数为变量、基期价值指标为权数，使用加权算术平均方法计算总指数。其计算公式为

$$\overline{K}_q = \frac{\sum \frac{q_1}{q_0} p_0 q_0}{\sum p_0 q_0} = \frac{\sum k_q p_0 q_0}{\sum p_0 q_0} \tag{10-17}$$

$$\overline{K}_p = \frac{\sum \frac{p_1}{p_0} p_0 q_0}{\sum p_0 q_0} = \frac{\sum k_p p_0 q_0}{\sum p_0 q_0} \tag{10-18}$$

例 10-4 根据表 10-2 中的资料，整理后的资料如表 10-3 所示。

表 10-3 B 企业三种商品的个体指数和基期销售额计算

商品名称	个体指数/%		基期销售额 p_0q_0/万元	$k_p p_0 q_0$	$k_q p_0 q_0$
	K_p	K_q			
甲	107.84	108.39	3 952.5	4 262.4	4 284.1
乙	101.92	130.83	15 600	15 899.5	20 409.5
丙	96.43	94.44	10 080	9 720.1	9 519.6
合计			29 632.5	29 882.0	34 213.2

解：将表 10-3 中的资料代入基期权数形式的加权算术平均指数的两个计算公式得

$$\overline{K}_p = \frac{\sum k_p p_0 q_0}{\sum p_0 q_0} = \frac{29\,882.0}{29\,632.5} \approx 100.84\%$$

$$\overline{K}_q = \frac{\sum k_q p_0 q_0}{\sum p_0 q_0} = \frac{34\,213.2}{29\,632.5} \approx 115.46\%$$

上述计算结果与拉氏综合指数的计算结果完全一致,这说明基期权数形式的加权算术平均指数可以看作拉氏综合指数的变形。但必须具备一个特定的条件,即以基期总值为权数,并且两种形式指数包括的计算范围要完全一致。因此,掌握了各种个体指数,以及各物品的基期价值资料时,就可以运用基期加权算术平均数公式来计算拉氏综合指数。在我国统计实践中,数量指标指数一般采用基期权数形式的加权算术平均指数公式计算。

2)固定权数的算术平均指数

在国内外广泛使用的加权算术平均指数中,所用的权数并不是基期或报告期的价值指标($p_0 q_0$ 或 $p_1 q_1$),而是采用某种固定权数(W)。固定权数是指某一个固定时期的权数,即可以根据全面调查资料,也可以采用各种有关抽样调查资料,用相对数(比重)的形式固定下来,在相当长的时期内将一直使用,相当方便。如西方国家编制的工业生产指数,多采用工业部门增加值所占的比重资料作为权数。固定权数形式的加权算术平均指数公式为

$$\overline{K}_q = \frac{\sum k_q W}{\sum W} \quad (10\text{-}19)$$

$$\overline{K}_p = \frac{\sum k_p W}{\sum W} \quad (10\text{-}20)$$

式中:W 为某一固定时期的权数。权数可以根据有关的普查资料、抽样调查资料或典型调查资料来确定和计算,权数确定之后,一般要使用较长时间(如 3 年、5 年等)才调整一次,所以称为固定权数。我国的居民消费价格指数、生活费用价格指数,西方国家的消费者价格指数、生产者价格指数以及工业生产指数等都采用固定权数平均指数形式计算。

2. 加权调和平均指数

调和平均指数按采用权数形式的不同也可以分为两种:报告期权数的调和平均指数和固定权数的调和平均指数。

1)报告期权数的调和平均指数

报告期权数的调和平均指数是采用报告期价值量作为权数,对个体指数进行加权平均计算的指数。使用加权调和平均法计算总指数的步骤如下。

(1)计算个体指数。将报告期质量指标除以基期质量指标,求得质量指标个体指数。

(2)取得报告期价值指标的资料。

(3)以求得的个体指数为变量、报告期价值指标为权数,采用加权调和平均方法计算总指数。其计算公式为

$$\overline{K}_p = \frac{\sum p_1 q_1}{\sum p_1 q_1 \dfrac{p_0}{p_1}} = \frac{\sum p_1 q_1}{\sum \dfrac{p_1 q_1}{k_p}} \qquad (10\text{-}21)$$

$$\overline{K}_q = \frac{\sum p_1 q_1}{\sum p_1 q_1 \dfrac{q_0}{q_1}} = \frac{\sum p_1 q_1}{\sum \dfrac{p_1 q_1}{k_q}} \qquad (10\text{-}22)$$

例 10-5 根据表 10-2 中的资料，整理后的资料如表 10-4 所示。

表 10-4 B 企业三种商品的个体指数和报告期销售额计算

商品名称	个体指数/%		报告期销售额 $p_1 q_1$/万元	$\dfrac{p_1 q_1}{k_P}$	$\dfrac{p_1 q_1}{k_q}$
	K_p	K_q			
甲	107.84	108.39	4 620	4 284.1	4 262.4
乙	101.92	130.83	20 802.5	20 410.6	15 900.4
丙	96.43	94.44	9 180	9 519.9	9 720.5
合计			34 602.5	34 214.6	29 883.3

解：将表 10-4 中的资料代入报告期权数形式的加权算术平均指数的两个计算公式得

$$\overline{K}_p = \frac{\sum p_1 q_1}{\sum \dfrac{p_1 q_1}{k_p}} = \frac{34\,602.5}{34\,214.6} \approx 101.13\%$$

$$\overline{K}_q = \frac{\sum p_1 q_1}{\sum \dfrac{p_1 q_1}{k_p}} = \frac{34\,602.5}{29\,883.3} \approx 115.79\%$$

上述计算结果与派氏综合指数的计算结果完全相同。这是否说明这两种指数在方法上没有实质的区别呢？事实不是这样。只有在特定的条件下，即两种形式指数包括的计算范围完全一致时，它们的计算结果才相同。也只有在这种条件下报告期权数形式的加权调和平均指数才是派氏综合指数的变形。因此，当掌握了各种个体指数和各物品的报告期价值资料时，就可以运用报告期加权调和平均指数公式计算派氏综合指数。我国统计实践中，质量指标指数一般采用报告期权数形式的加权调和平均指数公式计算。

2）固定权数的调和平均指数

这种加权调和平均指数在实际工作中应用较少。其计算公式如下：

$$\overline{K}_q = \frac{\sum W}{\sum \dfrac{W}{k_q}} \qquad (10\text{-}23)$$

$$\overline{K}_p = \frac{\sum W}{\sum \dfrac{W}{k_p}} \qquad (10\text{-}24)$$

综合指数变形为平均指数应注意以下问题。

（1）指数形式变换。当掌握了个体指数和综合指数的分母资料时，可将综合指数变为加权算术平均指数；当掌握了个体指数和综合指数的分子资料时，可将综合指数变为加权调和平均指数。

（2）指数计算方法选择。数量指标指数一般宜用加权算术平均法；质量指标指数一般宜用加权调和平均法。

10.2.4 指数体系

1. 指数体系的意义

一个指数通常只能说明事物和现象的某一方面，实践中，需要将多个指数结合建立相应的"指数体系"。指数体系可以有两种不同的含义。"广义的指数体系"指由若干个内容上互相关联的统计指数所构成的体系。根据研究问题的需要，构成指数体系的指数可多可少。例如，工业品出厂价格指数、农产品收购价格指数、消费品零售价格指数等构成了"市场物价指数体系"；而国民经济运行的生产、流通和使用各个环节以及国民经济各部门的多种经济指数则构成了"国民经济核算指数体系"；等等。"狭义的指数体系"是指几个指数之间在一定的经济联系基础之上所结成的较为严密的数量对等关系的整体。其最为典型的表现形式就是：一个总产值指数等于若干个（两个或两个以上）因素指数的乘积。例如：

$$总产值指数 = 产量指数 \times 产品价格指数$$
$$总成本指数 = 产量指数 \times 单位产品成本指数$$
$$增加值指数 = 员工人数指数 \times 劳动生产率指数 \times 增加值率指数$$
$$销售利润指数 = 销售量指数 \times 销售价格指数 \times 销售利润率指数$$

指数体系都是建立在有关指数化指标之间的经济联系基础上，由它们客观存在的必然联系决定的。统计指数体系主要有三个方面的分析作用：一是进行"因素分析"，即分析现象的总变动中各有关因素的影响方向、程度或绝对额；二是进行"指数推算"，即根据已知的指数来推算未知的指数；三是用综合指数法编制总指数时，指数体系也是确定同度量因素时期的根据之一。

2. 指数体系成立的条件

统计指数体系由总变动指数和因素指数构成，其中总变动指数是反映多个因素总变动的指数，如总产值指数、总成本指数等；因素指数是反映某一因素变动的指数，指数体系有两个或两个以上因素指数，且至少包括一个质量指标指数和至多一个数量指标指数，如产量指数、产品价格指数等。

统计指数体系成立要满足两个基本条件，一是从相对数来看，各因素指数的连乘积等于总变动指数；二是从相对数来看，各因素指数对总变动指数的影响形成的变动差额之和等于实际发生的总变动差额。例如，物量指数乘以物价指数等于物值指数，物量变动引起的物值变动额与物价变动引起的物值变动额之和等于物值的实际变动总额。

3. 统计指数体系中同度量因素所属时期的确定

在指数体系中，两个时期的物量、物价与物值的关系中，关于同度量因素及其所属时期有以下几种不同的常见主张。

1) 拉斯贝尔体系

拉斯贝尔体系取基期的物价、物量为同度量因素。

（1）物量指数。

$$\bar{K}_q = \frac{\sum q_1 p_0}{\sum q_0 p_0} \tag{10-25}$$

因物量变动引起的物值变动额

$$\Delta pq = \sum q_1 p_0 - \sum q_0 p_0 \tag{10-26}$$

（2）物价指数。

$$\bar{K}_q = \frac{\sum p_1 q_0}{\sum p_0 q_0} \tag{10-27}$$

因物价变动引起的物值变动额

$$\Delta pq = \sum p_1 q_0 - \sum p_0 q_0 \tag{10-28}$$

（3）物值指数。

$$\bar{K}_{pq} = \frac{\sum q_1 p_1}{\sum q_0 p_0} = \frac{\sum p_1 q_0}{\sum p_0 q_0} \times \frac{\sum q_1 p_0}{\sum q_0 p_0} = \bar{K}_p \times \bar{K}_q \tag{10-29}$$

物值总变动

$$\Delta pq = \sum q_1 p_1 - \sum q_0 p_0 = \left(\sum p_1 q_1 - \sum p_0 q_1\right) + \left(\sum q_1 p_0 - \sum q_0 p_0\right) \tag{10-30}$$

拉斯贝尔体系忽略了物量和物价同时变动引起的物值变动额$(q_1 - q_0)(p_1 - p_0)$的影响，不符合指数体系成立的基本条件。

2) 派氏体系

派氏体系取报告期的物价、物量为同度量因素。

（1）物量指数。

$$\bar{K}_q = \frac{\sum q_1 p_1}{\sum q_0 p_1} \tag{10-31}$$

因物量变动引起的物值变动额

$$\Delta pq = \sum q_1 p_1 - \sum q_0 p_1 \tag{10-32}$$

（2）物价指数。

$$\bar{K}_p = \frac{\sum p_1 q_1}{\sum p_0 q_1} \tag{10-33}$$

因物价变动引起的物值变动额

$$\Delta pq = \sum p_1 q_1 - \sum p_0 q_1 \tag{10-34}$$

（3）物值指数。

$$\overline{K}_{pq} = \frac{\sum q_1 p_1}{\sum q_0 p_0} = \frac{\sum p_1 q_1}{\sum p_0 q_1} \times \frac{\sum q_1 p_1}{\sum q_0 p_1} = \overline{K}_p \times \overline{K}_q \quad (10\text{-}35)$$

物值总变动

$$\Delta pq = \left(\sum q_1 p_1 - \sum q_0 p_0\right) = \left(\sum q_1 p_1 - \sum q_0 p_1\right) + \left(\sum q_1 p_1 - \sum q_1 p_0\right) \quad (10\text{-}36)$$

派许体系中物量指数和物价指数中的物值变动额包含了物价变动引起的物值变动额 $(p_1 - p_0)q_0$、物量和物价同时变动引起的物值变动额 $(q_1 - q_0)(p_1 - p_0)$ 两个部分，重复计算了物量和物价同时变动引起的物值变动额，不符合指数体系成立的基本条件。

3）共变影响体系

共变影响体系主张物价变动、物量变动的同度量因素固定在基期，物量与物价共同变动影响部分设计为共变影响指数，其体系为

（1）物量指数。

$$\overline{K}_p = \frac{\sum q_1 p_0}{\sum q_0 p_0} \quad (10\text{-}37)$$

因物量变动引起的物值变动额

$$\Delta pq = \sum q_1 p_0 - \sum q_0 p_0 \quad (10\text{-}38)$$

（2）物价指数。

$$\overline{K}_p = \frac{\sum p_1 q_0}{\sum p_0 q_0} \quad (10\text{-}39)$$

因物价变动引起的物值变动额

$$\Delta pq = \sum p_1 q_0 - \sum p_0 q_0 \quad (10\text{-}40)$$

（3）共变影响指数。

$$\overline{K}_{\Delta pq} = \frac{\sum p_1 q_1}{\sum p_0 q_1} \div \frac{\sum p_1 q_0}{\sum p_0 q_0} \text{ 或 } \frac{\sum q_1 p_1}{\sum q_0 p_1} \div \frac{\sum q_1 p_0}{\sum q_0 p_0} \quad (10\text{-}41)$$

因物价、物量同时变动引起的物值变动额

$$\Delta pq = \left(\sum p_1 q_1 - \sum p_0 q_1\right) - \left(\sum p_1 q_0 - \sum p_0 q_0\right) \text{ 或}$$
$$\left(\sum q_1 p_1 - \sum q_0 p_1\right) - \left(\sum q_1 p_0 - \sum q_0 p_0\right) \quad (10\text{-}42)$$

均等于物量和物价同时变动引起的物值变动额 $(q_1 - q_0)(p_1 - p_0)$。

（4）物值指数。

$$\overline{K}_{pq} = \frac{\sum q_1 p_1}{\sum q_0 p_0} = \frac{\sum q_1 p_0}{\sum q_0 p_0} \times \frac{\sum p_1 q_0}{\sum p_0 q_0} \times \left(\frac{\sum p_1 q_1}{\sum p_0 q_1} \div \frac{\sum p_1 q_0}{\sum p_0 q_0}\right) = \overline{K}_q \times \overline{K}_p \times \overline{K}_{\Delta pq} \quad (10\text{-}43)$$

或

$$\overline{K}_{pq} = \frac{\sum q_1 p_1}{\sum q_0 p_0} = \frac{\sum q_1 p_0}{\sum q_0 p_0} \times \frac{\sum p_1 q_0}{\sum p_0 q_0} \times \left(\frac{\sum q_1 p_1}{\sum q_0 p_1} \div \frac{\sum q_1 p_0}{\sum q_0 p_0}\right) = \overline{K}_q \times \overline{K}_p \times \overline{K}_{\Delta pq} \quad (10\text{-}44)$$

物值总变动

$$\sum q_1 p_1 - \sum q_0 p_0 = \left(\sum q_1 p_0 - \sum q_0 p_0\right) + \left(\sum p_1 q_0 - \sum q_0 p_0\right)$$
$$+ \left[\left(\sum p_1 q_1 - \sum p_0 q_1\right) - \left(\sum p_1 q_0 - \sum q_0 p_0\right)\right] \quad (10\text{-}45)$$

或

$$\sum q_1 p_1 - \sum q_0 p_0 = \left(\sum q_1 p_0 - \sum q_0 p_0\right) + \left(\sum p_1 q_0 - \sum q_0 p_0\right)$$
$$+ \left[\left(\sum q_1 p_1 - \sum q_0 p_1\right) - \left(\sum q_1 p_0 - \sum q_0 p_0\right)\right] \quad (10\text{-}46)$$

共变影响体系符合指数体系成立的基本条件，但是计算比较麻烦，同时共变量影响部分分为物量变动影响和物价变动影响两部分，问题变得更加复杂，因而没有实用价值。

4）交叉体系 I

交叉体系 I 是由拉斯贝尔物量指数和派氏物价指数交叉组成的体系。

（1）物量指数。

$$\overline{K}_q = \frac{\sum q_1 p_0}{\sum q_0 p_0} \quad (10\text{-}47)$$

因物量变动引起的物值变动额

$$\Delta pq = \sum q_1 p_0 - \sum q_0 p_0 \quad (10\text{-}48)$$

（2）物价指数。

$$\overline{K}_p = \frac{\sum p_1 q_1}{\sum p_0 q_1} \quad (10\text{-}49)$$

因物价变动引起的物值变动额

$$\Delta pq = \sum p_1 q_1 - \sum p_0 q_1 \quad (10\text{-}50)$$

（3）物值指数。

$$\overline{K}_{pq} = \frac{\sum q_1 p_1}{\sum q_0 p_0} = \frac{\sum p_1 q_1}{\sum p_0 q_1} \times \frac{\sum q_1 p_0}{\sum q_0 p_0} = \overline{K}_p \times \overline{K}_q \quad (10\text{-}51)$$

物值总变动

$$\sum q_1 p_1 - \sum q_0 p_0 = \left(\sum p_1 q_1 - \sum p_0 q_1\right) + \left(\sum q_1 p_0 - \sum q_0 p_0\right) \quad (10\text{-}52)$$

交叉体系 I 将物量和物价同时变动引起的物值变动额计入物价变动影响，能使物量指数、物价指数与物值指数三者之间在数量上相互衔接和平衡，符合指数体系成立的基本条件。

5）交叉体系 II

交叉体系 II 是由派氏物量指数与拉斯贝尔物价指数交叉组成的体系。

（1）物量指数。

$$\overline{K}_q = \frac{\sum q_1 p_1}{\sum q_0 p_1} \quad (10\text{-}53)$$

因物量变动引起的物值变动额

$$\Delta pq = \sum q_1 p_1 - \sum q_0 p_1 \qquad (10\text{-}54)$$

（2）物价指数。

$$\bar{K}_p = \frac{\sum p_1 q_0}{\sum p_0 q_0} \qquad (10\text{-}55)$$

因物价变动引起的物值变动额

$$\Delta pq = \sum p_1 q_0 - \sum p_0 q_0 \qquad (10\text{-}56)$$

（3）物值指数。

$$\bar{K}_{pq} = \frac{\sum q_1 p_1}{\sum q_0 p_0} = \frac{\sum p_1 q_0}{\sum p_0 q_0} \times \frac{\sum q_1 p_1}{\sum q_0 p_1} = \bar{K}_p \times \bar{K}_q \qquad (10\text{-}57)$$

物值总变动

$$\sum q_1 p_1 - \sum q_0 p_0 = \left(\sum p_1 q_0 - \sum p_0 q_0\right) + \left(\sum q_1 p_1 - \sum q_0 p_1\right) \qquad (10\text{-}58)$$

交叉体系Ⅱ把物量和物价同时变动引起的物值变动额计入物量变动，也能使物量、物价、物值三个指数在数量上互相衔接和平衡，符合指数体系成立的基本条件。

综合来看，上述五种体系中，拉氏体系、派氏体系存在理论逻辑上或数量上的缺陷，共影响体系烦琐而无实用价值，可供选择的只有交叉体系Ⅰ和交叉体系Ⅱ了。

从指数应用的现实经济意义去分析。计算物价指数的目的，是测定物价的波动情况，以说明物价变动对人民生活的影响程度。如果用拉氏指数公式即同度量因素固定在基期，其分子与分母之差额说明由于物价的变动，居民按过去的购买量及其结构购买商品，支出金额的多少，这显然是没有什么现实意义的。从实际生活角度看，人们更关心在报告期物量条件下，由于物价变动对实际生活的影响。如果用派氏指数公式即同度量因素固定在报告期，可以同时反映出物价和消费结构的变化，具有比较明确的经济意义，公式的分子与分母之差额，说明由于物价的变动，居民按目前购买量及其结构购买商品，支出金额的多少。可见，用派氏指数公式计算物价指数，比较符合物价指数的计算目的。物量指数的计算目的在于反映物量的变动，把物价固定在基期水平上意味着在原来物价水平的基础上测定物量的综合变动是比较恰当的。因此，在编制物量指数时，一般应采用基期的物价作为同度量因素，这种选择同时也是指数体系的要求。

从上面分析可以得到同度量因素所属时期确定遵循的一般原则：质量指标指数应以报告期的数量指标作为同度量因素，而数量指标指数应以基期的质量指标作为同度量因素。

10.2.5 指数数列

1. 指数数列的概念

指数数列是指由同一指数的一系列数值所组成的数列。是将各个时期的指数按时间顺序排列所形成的时间数列，编制指数数列以分析研究复杂现象总体在较长时间内的发展变动趋势与规律，如表 10-5 所示。其特点是数列中的各项指标是指数，而非一般的综合指标，数列也是一种时间数列。

表 10-5　2011—2017 年我国居民消费价格指数统计　　　　　　　　　　　%

年份	以上一年为 100	以 2000 年为 100	以 2010 年为 100
2011	105.4	130.2	105.4
2012	102.6	133.6	108.1
2013	102.6	137.1	111.0
2014	102.0	139.8	113.2
2015	101.4	141.8	114.7
2016	102.0	144.6	117.0
2017	101.6	146.9	118.9

2. 指数数列的分类

指数数列的分类有以下几种。

1）个体指数数列和总指数数列

按指数说明对象的范围不同，指数数列可分为个体指数数列和总指数数列。个体指数数列是由个体指数构成的数列，是一般的动态相对数数列；总指数数列是由总指数构成的数列。

2）数量指标指数数列和质量指标指数数列

按指数的性质不同，指数数列可分为数量指标指数数列和质量指标指数数列。两者分别由数量指标指数和质量指标指数构成，均有定基和环比两种形式。

3）定基指数数列和环比指数数列

按指数采用的基期不同，指数数列可分为定基指数数列和环比指数数列。定基指数数列是各个时期指数都采用同一固定时期为基期计算的指数数列，环比指数数列是各个时期指数都以前一时期为基期计算的指数数列。

4）不变权数指数数列和可变权数指数数列

按指数采用的同度量因素所取时期不同，指数数列可分为不变权数指数数列和可变权数指数数列。不变权数指数数列是各时期指数的同度量因素固定在某一时期，是不变的指数数列；可变权数指数数列是各时期指数用不同时期的同度量因素，是变动的指数数列。

3. 指数数列的编制

编制指数数列是采取不变权数或可变权数，取决于指数编制的一般要求，即数量指标指数的同度量因素固定在基期，质量指标指数的同度量因素固定在报告期。

以下列出数量指标（如产品产量或销售量）和质量指标（如单位成本或价格）指数数列的表达式（下标 0，1，2，3，…，m 分别表示不同时期）。

1）数量指标指数数列

（1）定基指数数列。

$$\frac{\sum q_1 p_0}{\sum q_0 p_0}, \frac{\sum q_2 p_0}{\sum q_0 p_0}, \cdots, \frac{\sum q_m p_0}{\sum q_0 p_0} \quad (10\text{-}59)$$

此数列指数采用固定权数,各期指数权数不变,是不变权数指数数列,这样各期指数可以进行比较,便于分析事物长期变化情况和趋势。

(2)环比数列。

$$\frac{\sum q_1 p_0}{\sum q_0 p_0}, \frac{\sum q_2 p_1}{\sum q_1 p_1}, \cdots, \frac{\sum q_m p_{m-1}}{\sum q_{m-1} p_{m-1}} \quad (10\text{-}60)$$

此数列中,各期权数都是变动的、不相同的,是可变权数指数数列。

因此,当编制数量指标环比指数数列时,由于环比指数要求依次以前期为基期,同度量因素所属时期就随着基期变动而变动,这时就运用可变权数;而数量指标定期指数数列的同度量因素则一定固定在被比较的基期水平上,是应用不变权数。

在我国的统计实际工作中,常采用不变价格做权数,编制不变价格指数数列。

数量指标定基指数数列,用不变权数来编制,可以观察比较长期数量指标的增长变动情况。必须注意基期与报告期距离太远,会造成经济发展、产品品种与质量的显著变化,将会影响指数编制的代表性和正确性。当不变价格发生变化时,则应采用交替期按新旧两种不变价格计算出换算系数,消除价格变动的影响。

2)质量指标指数数列

(1)定基指数数列。

$$\frac{\sum p_1 q_1}{\sum p_0 q_1}, \frac{\sum p_2 q_2}{\sum p_0 q_2}, \cdots, \frac{\sum p_m q_m}{\sum p_0 q_m} \quad (10\text{-}61)$$

(2)环比指数数列。

$$\frac{\sum p_1 q_1}{\sum p_0 q_1}, \frac{\sum p_2 q_2}{\sum p_1 q_2}, \cdots, \frac{\sum p_m q_m}{\sum p_{m-1} q_m} \quad (10\text{-}62)$$

编制质量指标指数由于要求将权数固定在报告期,所以不论环比指数数列还是定基指数数列,同度量因素所属时期总是随着报告期的变动而变动,都运用可变权数,是可变权数指数数列。这对于反映质量指标的实际变动状况具有重要的现实经济意义。

4.指数数列的换算

为研究指数的长期趋势和规律性,有时需要将新旧两个指数在因素相同的指数数列中连接起来,形成一个完整的指数数列。其前提是两个指数数列在某个时期(也称交替期)同时计算其指数值。具体做法是用交替期新旧数列指数的比值作为连接的换算系数,把旧数列中各指数值与换算系数相乘,再将其连接到新数列中即可。换算系数计算公式为

$$\text{换算系数} = \frac{\text{交替期新数列指数值}}{\text{交替期旧数列指数值}} \quad (10\text{-}63)$$

指数数列的编制实际上并不能把这种差异调和起来。不过,通过扩展接后的指数数列,还可以观察现象长期变化的大致趋势,因而这种方法仍有其应用价值。

10.3 因素分析法

10.3.1 因素分析法的概念

因素分析是指从数量方面研究现象动态变动中受各种因素变动的影响程度。

根据指数法的原理，在分析受多种因素影响的事物变动时，为观察某一因素变动的影响，而将其他因素固定下来，如此逐项分析、逐项替代的方法，称作因素分析法，也称连环替代法。因素分析只能在具有乘积关系的指数体系中进行。

10.3.2 因素分析的步骤

1. 鉴别因素分析的类型

首先，按总变动指数的性质不同，因素分析可分为总量指标因素分析、相对指标因素分析和平均指标因素分析。其中，总量指标因素分析就是分析的事物的因变量是总量指标，如分析原材料费用受产品产量、单位产品原材料消耗、单位原材料价格的变动的影响，因变量原材料费用为总量指标，属于总量指标因素分析。相对指标因素分析反映事物的因变量是相对指标，通过两个自变量比值得到。例如，分析销售额和平均库存额的变动对商品周转次数的影响就是相对指标因素分析。平均指标因素分析反映事物的因变量是平均指标，其值受各组水平和各组结构的影响。例如，分析总平均工资的变动受各类人员工资水平的变动和人员结构变动的影响就是平均指标因素分析。

其次，按因素指数的多少确定是双因素分析还是多因素分析，双因素分析是指只有两个因素指数或者说影响事物变化的因素只有两个。例如，分析物价、物量的变动对物值的影响，只有物价和物量两个因素。多因素分析是指有三个及以上的因素指数或者说影响事物变化的自变量因素有三个及以上。例如，分析产品产量、单位产品原材料消耗、单位原材料价格的变动对原材料费用的影响，这里有三个因素，属于多因素分析。

最后，按反映事物多少确定是简单因素分析还是加权因素分析。简单因素分析反映单项事物的变化，而加权因素分析反映多项事物的变化。

2. 鉴别各因素指标的性质，并按一定的顺序排列

鉴别各因素指标的性质，要将影响事物发展的因素分为数量指标和质量指标。多因素的连环替代过程中，各因素应按一定顺序排序。将影响某一社会经济指标的各个因素，按照它们之间的逻辑关系，并考虑计算的实际社会经济意义，按合理的顺序排列。通常数量指标排列在先，质量指标排列在后，相邻的两个因素指标相乘或相除有实际的社会经济意义，等于产生新的指标，通常最终形成数量指标——质量指标——质量指标……的顺序排列。

3. 确定各因素所属时期

某一个因素变动对总变动的方向和程度所产生的影响，假定只有该因素变动，而其

余因素都固定不变，一直分析到最后一个因素为止。固定不变的因素，相当于同度量因素，其确定总的原则是质量指标指数应以报告期的数量指标作为同度量因素，而数量指标指数应以基期的质量指标作为同度量因素。多因素分析时，为保证其符合指数体系成立的条件，在按照先数量指标、后质量指标的合理顺序排列时，可以考虑按照正在分析的因素是报告期取基期、已经分析的因素取报告期、未分析的因素取基期。

4. 分析各因素变动的影响及总变动

分析某一个因素变动对总变动的方向程度所产生的影响时，假定只有该因素变动，而其余因素固定不变，一直分析到最后一个因素为止。因素分析通常只能在具有乘积关系的指数体系中进行，其内容包括相对数分析和绝对数分析。相对数分析是指数体系间乘积关系的分析，指数分析一般就是指这种分析；绝对数分析是指指数体系中分子与分母差额关系的分析。对于复杂总体总量指标因素分析，利用指数体系进行因素分析的具体形式有以下两个方面。

1）双因素分析的内容

设两个因素分别为数量指标 A、质量指标 B，则因素分析的内容为

相对数变动分析：

$$\frac{\sum A_1 B_1}{\sum A_0 B_0} = \frac{\sum A_1 B_0}{\sum A_0 B_0} \times \frac{\sum A_1 B_1}{\sum A_1 B_0} \quad (10\text{-}64)$$

绝对值变动分析：

$$\sum A_1 B_1 - \sum A_0 B_0 = \left(\sum A_1 B_0 - \sum A_0 B_0\right) + \left(\sum A_1 B_1 - \sum A_1 B_0\right) \quad (10\text{-}65)$$

2）多因素分析的内容

设三个因素分别为数量指标 A、质量指标 B、C，则因素分析的内容为

相对数变动分析：

$$\frac{\sum A_1 B_1 C_1}{\sum A_0 B_0 C_0} = \frac{\sum A_1 B_0 C_0}{\sum A_0 B_0 C_0} \times \frac{\sum A_1 B_1 C_0}{\sum A_1 B_0 C_0} \times \frac{\sum A_1 B_1 C_1}{\sum A_1 B_1 C_0} \quad (10\text{-}66)$$

绝对数变动分析：

$$\sum A_1 B_1 C_1 - \sum A_0 B_0 C_0 = \left(\sum A_1 B_0 C_0 - \sum A_0 B_0 C_0\right) + \left(\sum A_1 B_1 C_0 - \sum A_1 B_0 C_0\right) \\ + \left(\sum A_1 B_1 C_1 - \sum A_1 B_1 C_0\right) \quad (10\text{-}67)$$

10.3.3 总量指标因素分析

1. 简单因素分析

例 10-6 某企业生产 C 产品的产量和单位成本如表 10-6 所示。
试从相对数和绝对数两方面分析产量及单位成本变动对总成本的影响。
解：设产量、单位成本分别用 q、p 表示，由已知资料可得

$$q_0 p_0 = 4\,000 \times 6\,600 = 26\,400\,000\,(元) = 2\,640\,(万元)$$

$q_1p_0 = 15\,000 \times 6\,600 = 99\,000\,000\,(元) = 9\,900\,(万元)$

$q_1p_1 = 16\,000 \times 5\,800 = 92\,800\,000\,(元) = 9\,280\,(万元)$

表 10-6　某企业生产 C 产品的产量和单位成本

时间	产量/件	单位成本/（元/件）
基期	4 000	6 600
报告期	15 000	5 800

1）产量变动的影响

$$\frac{q_1p_0}{q_0p_0} = \frac{9\,900}{2\,640} = 375.00\%$$

$$q_1p_0 - q_0p_0 = 9\,900 - 2\,640 = 7\,260\,(万元)$$

说明报告期产品产量比基期增长了 375.00%，使总成本增加了 7 260 万元。

2）单位成本变动的影响

$$\frac{p_1q_1}{p_0q_1} = \frac{9\,280}{9\,900} = 93.74\%$$

$$p_1q_1 - p_0q_1 = 9\,280 - 9\,900 = -620\,(万元)$$

说明报告期单位产品成本比基期降低了 6.26%，使总成本节约了 620 万元。

3）总成本变动

$$\frac{p_1q_1}{p_0q_0} = \frac{9\,280}{2\,640} = 351.52\%$$

$$p_1q_1 - p_0q_0 = 9\,280 - 2\,640 = 6\,640\,(万元)$$

说明报告期总成本比基期增长了 251.52%，使总成本增加了 6 640 万元。

$$351.52\% = 375\% \times 93.74\%$$
$$6\,640 = 7\,260 + (-620)$$

2. 加权因素分析

1）加权两因素分析

总量指标两因素分析，就是通过总量指标指数体系将影响总量指标变动的两个因素分离出来加以计算，从而对总量指标的变动作出解释。

例 10-7　已知某商店销售 A、B、C 三种商品，其销售量和价格如表 10-7 所示。

表 10-7　某商店三种商品销售量和价格

产品名称	销售量/万件		价格/元	
	基期	报告期	基期	报告期
A	175	240	120	118
B	400	400	30	32
C	240	225	65	72

要求：分析三种商品销售量和价格变动对销售收入的影响。

解：设价格用 p 表示，销售量用 q 表示，根据表 10-7 中的资料可得

$$\sum p_0 q_0 = 120 \times 175 + 30 \times 400 + 65 \times 240 = 48\,600 \text{（万元）}$$
$$\sum p_0 q_1 = 120 \times 240 + 30 \times 400 + 65 \times 225 = 55\,425 \text{（万元）}$$
$$\sum p_1 q_1 = 118 \times 240 + 32 \times 400 + 72 \times 225 = 57\,320 \text{（万元）}$$

（1）销售量变动的影响。

$$\frac{\sum q_1 p_0}{\sum q_0 p_0} = \frac{55\,425}{48\,600} \approx 114.04\%$$

$$\sum q_1 p_0 - \sum q_0 p_0 = 55\,425 - 48\,600 = 6\,825 \text{（万元）}$$

说明报告期销售量比基期增加了 14.04%，使销售收入增加了 6 825 万元。

（2）价格变动的影响。

$$\frac{\sum p_1 q_1}{\sum p_0 q_1} = \frac{57\,320}{55\,425} \approx 103.42\%$$

$$\sum p_1 q_1 - \sum p_0 q_1 = 57\,320 - 55\,425 = 1\,895 \text{（万元）}$$

说明报告期价格比基期上涨了 3.42%，使销售收入增加了 1 895 万元。

（3）销售收入的变动。

$$\frac{\sum p_1 q_1}{\sum p_0 q_0} = \frac{57\,320}{48\,600} \approx 117.94\%$$

$$\sum p_1 q_1 - \sum p_0 q_0 = 57\,320 - 48\,600 = 8\,720 \text{（万元）}$$

说明报告期销售收入比基期增长了 17.94%，增加了 8 720 万元。

$$117.94\% \approx 114.04\% \times 103.42\%$$
$$8\,720 = 6\,825 + 1\,895$$

分析说明：报告期销售收入比基期增长了 17.94%，增加了 8 720 万元。由于各种销售量增长了 14.04%，使报告期的销售收入比基期增加了 6 825 万元；由于各种产品价格上涨了 3.42%，使销售收入增加了 8 720 万元。

2）加权多因素分析

例 10-8 某企业生产 Ⅰ、Ⅱ、Ⅲ 三种产品，其中 Ⅰ 产品只消耗 A 原料，而 Ⅱ 产品消耗 A、B 两种原材料，Ⅲ 产品只消耗 B 原料，它们的生产产量与原材料如表 10-8 所示。

表 10-8 某企业三种产品的生产产量与原材料

产品	销售量/万件		销售价格/（元/件）		销售利润率/%	
	基期	报告期	基期	报告期	基期	报告期
（甲）	（1）	（2）	（3）	（4）	（5）	（6）
Ⅰ	185	210	36	35	16	16
Ⅱ	420	660	20	22	12	25
Ⅲ	300	280	15	15	15	12

试分析销售量、销售价格、销售利润率的变动对利润总额的影响。

解：令销售量、销售价格、销售利润率分别用 q，p，m 表示，则

$$\sum q_0 p_0 m_0 = 185 \times 36 \times 16\% + 420 \times 20 \times 12\% + 300 \times 15 \times 15\% = 2\,748.6\,(万元)$$

$$\sum q_1 p_0 m_0 = 210 \times 36 \times 16\% + 660 \times 20 \times 12\% + 280 \times 15 \times 15\% = 3\,423.6\,(万元)$$

$$\sum q_1 p_1 m_0 = 210 \times 35 \times 16\% + 660 \times 22 \times 12\% + 280 \times 15 \times 15\% = 3\,548.4\,(万元)$$

$$\sum q_1 p_1 m_0 = 210 \times 35 \times 16\% + 660 \times 22 \times 25\% + 280 \times 15 \times 12\% = 5\,310.0\,(万元)$$

（1）销售量变动的影响。

$$\frac{\sum q_1 p_0 m_0}{\sum q_0 p_0 m_0} = \frac{3\,423.6}{2\,748.6} \approx 124.56\%$$

$$\left(\sum q_1 p_0 q_0 - \sum q_0 p_0 m_0\right) = 3\,423.6 - 2\,748.6 = 675\,(万元)$$

（2）销售价格变动的影响。

$$\frac{\sum q_1 p_1 m_0}{\sum q_1 p_0 m_0} = \frac{3\,548.4}{3\,423.6} \approx 103.65\%$$

$$\sum q_1 p_1 m_0 - \sum q_1 p_0 m_0 = 3\,548.4 - 3\,423.6 = 124.8\,(万元)$$

（3）销售利润率变动的影响。

$$\frac{\sum q_1 p_1 m_1}{\sum q_1 p_1 m_0} = \frac{5\,310.0}{3\,548.4} \approx 149.64\%$$

$$\sum q_1 p_1 m_1 - \sum q_1 p_1 m_0 = 5\,310.0 - 3\,548.4 = 1\,761.6\,(万元)$$

（4）利润总额变动。

$$\frac{\sum q_1 p_1 m_1}{\sum q_0 p_0 m_0} = \frac{5\,310.0}{2\,748.6} \approx 193.19\%$$

$$\sum q_1 m_1 p_1 - \sum q_0 m_0 p_0 = 5\,310.0 - 2\,748.6 = 2\,561.4\,(万元)$$

$$193.19\% \approx 124.56\% \times 103.65\% \times 149.64\%$$

$$2\,561.4 = 675 + 124.8 + 1\,761.6$$

结果表明：报告期利润总额比基期增长了 93.19%，增加了 2 561.4 万元。由于报告期销售量比基期增长了 24.56%，使利润总额增加了 675 万元；由于报告期销售价格比基期上涨了 3.65%，使利润总额增加了 124.8 万元；由于报告期销售利润率比基期增长了 49.64%，使利润总额增加了 1 761.6 万元。

10.3.4 相对指标因素分析

相对指标是由两个指标对比得到的相对比值，用于因素分析的一般是强度相对数，也就是两个对比的指标是不同性质而有联系的。

$$C = \frac{A}{B}\,（若 A 为数量指标，B 为质量指标）$$

$$\frac{C_1}{C_0} = \frac{A_1/B_1}{A_0/B_0} = \frac{A_1/B_0}{A_0/B_0} \times \frac{A_1/B_1}{A_1/B_0} \tag{10-68}$$

$$C_1 - C_0 = \frac{A_1}{B_1} - \frac{A_0}{B_0} = \left(\frac{A_1}{B_0} - \frac{A_0}{B_0}\right) + \left(\frac{A_1}{B_1} - \frac{A_1}{B_0}\right) \quad (10\text{-}69)$$

例 10-9 已知某企业销售收入和平均库存额如表 10-9 所示。

表 10-9 某企业销售收入和平均库存额　　　　　　　　　　　万元

项目	基期	报告期
销售收入	8 400	13 800
平均库存额	1 600	1 800

要求：试分析销售收入、平均库存额的变动对商品周转次数的影响。

解：设销售收入为 A、平均库存额为 B、商品周转次数为 C。由于商品周转次数等于销售收入除以商品平均库存额，则 $C = \dfrac{A}{B}$。

$$\frac{A_0}{B_0} = \frac{8\ 400}{1\ 600} = 5.25（次），\quad \frac{A_1}{B_0} = \frac{13\ 800}{1\ 600} = 8.625（次），\quad \frac{A_1}{B_1} = \frac{13\ 800}{1\ 800} \approx 7.667（次）$$

1）销售收入变动的影响

$$\frac{A_1}{B_0} \div \frac{A_0}{B_0} = 8.625 \div 5.25 \approx 164.29\%$$

$$\frac{A_1}{B_0} - \frac{A_0}{B_0} = 8.625 - 5.25 = 3.375（次）$$

2）平均库存额变动的影响

$$\frac{A_1}{B_1} \div \frac{A_1}{B_0} = 7.667 \div 8.625 \approx 88.89\%$$

$$\frac{A_1}{B_1} - \frac{A_1}{B_0} = 7.667 - 8.625 = -0.958（次）$$

3）商品周转次数总变动

$$\frac{C_1}{C_0} = \frac{A_1}{B_1} \div \frac{A_0}{B_0} = \frac{7.667}{5.25} \approx 146.04\%$$

$$C_1 - C_0 = \frac{A_1}{B_1} - \frac{A_0}{B_0} = 7.667 - 5.25 = 2.417（次）$$

$$146.04\% \approx 164.29\% \times 88.89\%$$
$$2.417 = 3.375 + (-0.958)$$

报告期商品周转次数比基期加快了 46.04%，增加了 2.417 次。由于报告期销售收入比基期上升了 64.29%，使商品周转次数加快了 3.375 次；由于报告期平均库存额比基期增加，使商品周转次数减缓了 10.12%，使商品周转次数减少了 0.958 次。

10.3.5 平均指标变动的因素分析

算术平均数的数值受两个因素的影响：一是受各组平均指标变动的影响，二是受各组单位数在总体中所占比重变动的影响。这样，我们可以运用平均指标双因素分析来研究结构变动和各组平均数变动对总平均指标变动的影响方向与影响程度。

根据指数因素分析方法的要求，对于平均指标变动进行两因素分析，首先必须建立一个平均指标指数体系。其通用公式为

$$\text{可变构成指数} = \text{固定构成指数} \times \text{结构影响指数} \tag{10-70}$$

式（10-70）用符号可以表示为

$$\frac{\sum x_1 f_1}{\sum f_1} \div \frac{\sum x_0 f_0}{\sum f_0} = \left(\frac{\sum x_1 f_1}{\sum f_1} \div \frac{\sum x_0 f_1}{\sum f_1} \right) \times \left(\frac{\sum x_0 f_1}{\sum f_1} \div \frac{\sum x_0 f_0}{\sum f_0} \right) \tag{10-71}$$

而因素影响差额之间的关系为

$$\text{总平均数变动绝对额} = \text{结构变动影响额} + \text{各组平均数变动影响额} \tag{10-72}$$

式（10-72）用符号可以表示为

$$\frac{\sum x_1 f_1}{\sum f_1} - \frac{\sum x_0 f_0}{\sum f_0} = \left(\frac{\sum x_1 f_1}{\sum f_1} - \frac{\sum x_0 f_1}{\sum f_1} \right) + \left(\frac{\sum x_0 f_1}{\sum f_1} - \frac{\sum x_0 f_0}{\sum f_0} \right) \tag{10-73}$$

上述各项指数的具体含义说明如下。

1. 可变构成指数

统计上把在分组条件下包含各组平均水平及其相应的单位数结构这两个因素变动的总平均指标指数，称为可变构成指数（$\overline{K}_{xf}$）。其计算公式为

$$\overline{K}_{xf} = \frac{\overline{x}_1}{\overline{x}_0} = \frac{\sum x_1 f_1}{\sum f_1} \div \frac{\sum x_0 f_0}{\sum f_0} \tag{10-74}$$

式中：$\overline{x}$ 为总平均指标；x 为各组标志值即平均水平；f 为各组单位数。

2. 固定构成指数

为了单纯反映变量值变动的影响，就需要消除总体中各组单位数所占比重变化的影响，即需要将总体内部结构固定起来计算平均指标指数，这样的指数叫固定构成指数（$\overline{K}_x$）。它只反映各组平均水平对总平均指标变动的影响。其计算公式可表示为

$$\overline{K}_x = \frac{\sum x_1 f_1}{\sum f_1} \div \frac{\sum x_0 f_1}{\sum f_1} \tag{10-75}$$

3. 结构影响指数

为了单纯反映总体结构变动的影响，就需要把变量值固定起来，这样计算的平均指标指数叫结构影响指数（$\overline{K}_f$）。它只反映总体结构变动对总平均指标变动的影响。其计算公式为

$$\overline{K}_f = \frac{\sum x_0 f_1}{\sum f_1} \div \frac{\sum x_0 f_0}{\sum f_0} \tag{10-76}$$

例 10-10　设有某公司职工人数与工资如表 10-10 所示。试对该公司职工平均工资的变动进行因素分析。

表 10-10　某公司职工人数与工资

职工名称	人数/人		月平均工资/元	
	基期	报告期	基期	报告期
技术管理人员	20	25	8 500	9 000
营销人员	10	15	9 500	9 800
生产人员	20	80	4 500	5 000

解：

$$\frac{\sum x_0 f_0}{\sum f_0} = \frac{8\,500 \times 20 + 9\,500 \times 10 + 4\,500 \times 20}{20 + 10 + 20} = 7\,100 \text{ (元)}$$

$$\frac{\sum x_0 f_1}{\sum f_1} = \frac{8\,500 \times 25 + 9\,500 \times 15 + 4\,500 \times 80}{25 + 15 + 80} \approx 5\,958.33 \text{ (元)}$$

$$\frac{\sum x_1 f_1}{\sum f_1} = \frac{9\,000 \times 25 + 9\,800 \times 15 + 5\,000 \times 80}{25 + 15 + 80} \approx 6\,433.33 \text{ (元)}$$

1）总平均工资的总变动

可变构成指数为

$$\overline{K}_{xf} = \frac{\overline{x}_1}{\overline{x}_0} = \frac{\sum x_1 f_1}{\sum f_1} \div \frac{\sum x_0 f_0}{\sum f_0} = \frac{6\,433.33}{7\,100} \approx 90.61\%$$

总平均工资增加额为

$$\overline{x}_1 - \overline{x}_0 = \frac{\sum x_1 f_1}{\sum f_1} - \frac{\sum x_0 f_0}{\sum f_0} = 6\,433.33 - 7\,100 = -666.67 \text{ (元)}$$

进一步分析总平均工资变动的具体原因。这需要利用平均工资指数体系，分离出组平均工资和职工人数结构变动对总平均工资的影响程度与绝对数量。因此，总平均工资的变动，决定于组平均工资水平和职工人数结构的影响。

2）各组职工平均工资变动影响

固定构成指数为

$$\overline{K}_x = \frac{\sum x_1 f_1}{\sum f_1} \div \frac{\sum x_0 f_1}{\sum f_1} = \frac{6\,433.33}{5\,958.33} \approx 107.97\%$$

对总平均工资的影响额为

$$\frac{\sum x_1 f_1}{\sum f_1} - \frac{\sum x_0 f_1}{\sum f_1} = 6\,433.33 - 5\,958.33 = 475 \text{ (元)}$$

3）职工人数结构变动影响

结构影响指数为

$$\overline{K}_f = \frac{\sum x_0 f_1}{\sum f_1} \div \frac{\sum x_0 f_0}{\sum f_0} = \frac{5\,958.33}{7\,100} \approx 83.92\%$$

对总平均工资的影响额为

$$\frac{\sum x_0 f_1}{\sum f_1} - \frac{\sum x_0 f_0}{\sum f_0} = 5\,958.33 - 7\,100 = -1\,141.67(元)$$

上述三个指数之间的关系，可表示为

$$90.61\% \approx 107.97\% \times 83.92\%$$

各因素影响的绝对数之间的关系为

$$-666.67 = 475 + (-1\,141.67)$$

计算结果表明，由于各组职工平均工资变动，使总平均工资提高了 7.97%，增加了 475 元；由于职工人数结构变动，使平均工资下降了 16.08%，使总平均工资减少了 1 141.67 元；两者共同影响，使得公司职工总平均工资下降了 9.39%，减少了 666.67 元。

10.4 常用统计指数

10.4.1 居民消费价格指数

居民消费价格指数（CPI）是反映一定时期内城乡居民所购买的生活消费品价格和服务项目价格变动趋势与程度的相对数，也称居民生活费用价格指数或消费者价格指数。编制 CPI 是国民经济核算的需要，作为度量通货膨胀和契约指数化调整，反映货币购买力变动、反映对职工实际工资的影响、影响股市的涨跌。我国 CPI 的编制工作始于 1984 年，目前我国 CPI 的调查方法、计算公式、权数的获取等与世界上大多数国家一致，得到国际货币基金组织的认可。我国分别编制农村 CPI 和城市 CPI，全国城乡 CPI 是对城市 CPI 和农村 CPI 进行综合汇总计算的结果。CPI 编制基本过程如下。

1. 商品和服务项目的分类

居民消费的商品和服务种类繁多，包括八大类商品和服务项目：食品、烟酒及用品、衣着、家庭设备用品及服务、医疗保健及个人用品、交通和通信、娱乐教育文化用品及服务、居住。共 263 个基本分类（国际分类标准），约 700 种商品和服务项目。主要是根据我国城乡居民消费模式、消费习惯，参照抽样调查原理选中的近 12 万户城乡居民家庭（城市近 5 万户，农村近 7 万户）的消费支出数据，并结合其他相关资料确定的。大类下分中类，中类下分小类，小类以下又分若干商品集团或代表规格品。食品下分为粮食、淀粉及薯类、干豆类及豆制品、油脂类、肉禽及其制品、蛋类、水产品类、菜类、调味品、糖类、干鲜瓜果类、糕点类、奶及奶制品、其他食品、饮食业等中类，粮食下分为细粮和粗粮等小类，细粮分为面粉、大米、江米（糯米）、挂面，粗粮下分为玉米面、小米等商品集团。在编制 CPI 时，应在商品集团中选择一种或几种代表规格品作为计算指数的代表，然后依次分层计算。

2. 代表规格品的选择

编制 CPI 时，各地必须按照国家统一规定的必报商品和服务项目作为代表规格品。

例如，面粉、大米、江米（糯米）、挂面分别选择富强粉、标一大米、标一江米、富强粉挂面作为代表规格品，玉米面、小米分别选择一等玉米面、一等小米作为代表规格品。在选择代表规格品时，可根据当地的实际情况再适当增加一些调查品种，但增选商品不得超过 45 种，并且要选择居民消费量大、市场供应相对稳定、价格变动趋势有代表性的代表规格品以及变动频繁、特殊的代表规格品。

3. 代表地区和调查点的选择

采用随机抽样的方法，按照经济区域和地区分布合理等原则，在全国抽选有代表性的大、中、小型城市和县城作为国家调查市、县，对其市场价格进行经常性直接调查。对选中的市、县的各种类型的网点销售额由高到低排队，然后再进行等距抽样。既要选择经营品种齐全、零售额大的中心市场包括百货大楼、购物中心、百货商场、农贸市场和专业市场与服务项目等作为商品与服务价格的调查点，也要考虑到大中小型商店兼顾、各种经济类型兼顾、综合性商店与专业性商店兼顾、各种商业业态兼顾、布局合理等因素，抽选了一定数量的商业网点作为价格调查点。目前，价格调查范围覆盖全国 34 个省（区、市）的 500 多个市县、50 000 多个调查网点。对于统一商品的零售价格，选点可适当少些，而对一些规格等级复杂多变的商品，可根据实际情况，适当多选一些网点作为辅助调查点。价格调查点每年调整一次。

4. 价格资料的调查与计算

居民消费价格的调查由国家统计局直属的全国调查系统采取定人、定时、定点的直接调查方式，由数千名专职物价调查员到不同类型、不同规模的农贸市场和商店现场采集价格资料，同一规格品的价格必须同质可比。各种商品的采价次数是根据该商品价格变动的特点而定的，对于与居民生活密切相关、价格变动比较频繁的商品，如鲜活商品至少每 5 天调查一次价格，从而保证 CPI 能够及时、准确地反映市场价格的变动情况。干菜、干果、烟、酒、茶等商品，每月采价 2~3 次；工业消费品每月调查 1~2 次，日用消费品、服务行业收费等价格相对稳定，每月采价 1 次；政府定价的商品和服务项目每月调查 1 次。为真实反映居民实际支付的消费价格，在采价时一般不受挂牌价格的限制，若商品的挂牌价格与实际成交价格不一致，应采集居民实际成交价格。

价格资料采集来后，把每一代表规格品所有调查点的时点价格进行简单算术平均，得到月平均价格，年平均价格由各月平均价格简单算术平均。

5. 指数权数的确定

CPI 权数是反映调查商品的价格变动在总指数形成中影响程度的指标。我国目前编制 CPI 所用权数是使用固定权数，依据全国 12 万户城乡居民家庭调查资料中的各种商品或服务支出占消费支出构成确定，其中城市居民消费价格权数根据城镇住户年人均消费支出计算，农村居民消费价格权数通过城镇住户人均消费支出和农村住户人均消费支出按照城乡人口加权平均计算。随着人民消费结构在不断变化，我国的 CPI 权数每 5 年做一次大调整，每年都做一些小调整，年内不变；对于咸菜、鲜果的权数则每月计算、调整一次。

在确定权数时，按大类指数、中类指数、小类指数、商品集团（规格品）指数先后确定。各类指数的权数之和均应等于100。各省级的权数按选中的样本市县的资料计算，全国的权数根据各省级的资料计算。全国CPI的类、商品及服务项目权数，由计算全国城市和农村CPI的相应的类、商品及服务项目权数，按城乡居民相应的类、商品及服务项目消费额比重分别加权计算。权数一律采用整数，不取小数。

6. 指数的计算

编制全国CPI，是在编制全国城市和农村CPI、编制各省级CPI的基础上进行的。

（1）全国城市（农村）CPI，是在各省级城市（农村）居民单项商品消费价格指数的基础上，根据各省级城市（农村）居民消费额资料，确定居民消费的每一种商品在各省级城市（农村）间的比重，加权计算出全国城市（农村）居民单项商品消费价格指数，然后按加权算术平均公式汇总计算。

（2）全国城乡CPI，是在全国城市和农村居民单项商品消费价格指数的基础上，根据城乡居民消费额资料，确定居民消费的每一种商品在城乡间的比重，加权计算出全国城乡居民单项商品消费价格指数，然后按加权算术平均公式汇总计算。

计算CPI时，月度平均价格计算后，就可计算与不同基期相比的月度价格指数。首先计算单项商品或服务项目价格指数，然后再将单项指数进行几何平均，计算出基本分类价格指数，由基本分类指数再依次加权计算出类指数和总指数。年度价格指数就是将各月的指数进行算术平均。

总之，我国CPI的计算思路是先品后类、由小到大、逐步升级、层层平均。先计算商品或服务项目的个体指数，进而计算小类、中类、大类指数，最后计算总指数，一级一级往上计算，每层平均一次。其计算公式为

$$\overline{K} = \frac{\sum_{i=1}^{n} K_i W_i}{\sum_{i=1}^{n} W_i} \quad (i=1,2,3,\cdots,n) \tag{10-77}$$

式中：$\overline{K}$ 为总（类）指数；K 为个体（类）指数；i 为商品和服务或其类序号。

10.4.2 工业品出厂价格指数

工业品出厂价格指数（PPI）也称工业生产者价格指数，是反映全部工业产品出厂价格总水平的变动趋势和程度的相对数，体现工业产品进入流通领域的最初价格变化趋势和变动幅度，包括工业企业售给本企业以外所有单位的各种产品和直接售给居民用于生活消费的产品。

编制PPI是我国价格指数体系的重要组成部分，PPI是我国工业发展速度计算中的一个关键指标，是进行国民经济核算和经济管理的重要依据之一，尤其在制定价格政策、改革价格体系等方面，还是反映某一时期生产领域价格变动情况的重要经济指标，反映工业产品供需关系的变化，研究固定资产投资合理程度，分析国家财政收支和信贷的状况，并进一步研究工业经济效益的真实变化情况。

1. PPI 编制内容

我国目前编制 PPI 有四种分组：①轻、重工业分组；②生产资料和生活资料分组；③工业部门分组；④工业行业分组。编制 PPI 的主要内容包括代表产品和企业的选择、代表产品价格的处理、指数权数的确定和指数公式的选用。

2. 代表产品和企业的选择

工业产品种类繁多，编制 PPI，只要选择有代表性的工业产品就可以满足需要。但代表产品选择是否适当、代表产品数目是多是少对价格指数能否正确反映工业品价格变动的实际情况影响较大。目前，我国 PPI 选用了 4 000 多种产品，近万个代表规格品，覆盖全部 44 个工业行业大类，涉及调查种类 186 个，采用固定权数的加权算术平均数的形式进行计算。调查产品是依据工业企业的普查资料和年度统计资料确定的。

PPI 的调查范围及其"商品篮子"构成，按照国民经济核算体系的分类标准和国际通行规则的要求确定，充分体现了各自所反映的特定领域价格变动的客观要求。选择代表产品时应依据的主要原则有以下几点。

（1）按工业行业选择代表产品，使各主要工业行业都有足够的代表产品。

（2）选择对国计民生影响较大的产品，一般来说这类产品的销售额应占比重较大。

（3）选择产品价格变化趋势在同类产品中代表性较高的产品。

（4）对于价差较大的规格型号繁多的产品，应选择若干规格品作为该产品的代表。

（5）代表产品目录应相对稳定，但使用几年后应作必要的修订。

编制 PPI 时，还要选择好代表企业。代表企业主要在重点城市中选择，具体选择代表企业时应注意以下几点。

（1）各行业的代表产品都应选有代表企业，并力求合理分布。

（2）大、中、小型企业要各占一定的比例。

（3）选中的企业要保持相对稳定。

（4）对重点城市里的企业不生产的产品，如矿石、原油等，可以在非重点城市指定某企业填报，以补充行业不全的缺欠。

3. 代表产品权数的确定

编制 PPI 时一般以产品销售额为权数，采用分摊权数，其一般的确定过程为：首先计算各行业的销售额占总销售额的比重，然后分行业计算各代表产品的销售额占代表产品销售额之和的比重，再乘以该行业占总销售额的比重，即可换算成为代表产品的销售额占总销售额的比重，这一比重就是各代表产品的权数。权数计算资料来源于工业经济普查数据。

4. PPI 计算

PPI 的一般计算步骤：首先计算各代表产品或规格品的平均价格，然后计算代表产品或规格品的价格指数，再依次计算各行业小类、中类、大类价格指数，最后计算工业品出厂价格总指数。

1)平均价格的计算

这里的平均价格是用不同价格销售的销售量加权计算的混合平均单价。计算公式为

$$报告期平均单价\bar{p}_1 = \frac{报告期某产品销售总额}{同期该产品销售总量} = \frac{\sum p_1 q_1}{\sum q_1}$$

$$基期平均单价\bar{p}_0 = \frac{基期某产品销售总额}{同期该产品销售总量} = \frac{\sum p_0 q_0}{\sum q_0}$$

2)代表产品或规格品的价格指数计算

计算代表产品或规格品的价格指数,基层填报企业和综合部门要分别进行。

(1)基层填报企业使用下列公式:

$$某种产品(规格品)价格指数 K = \frac{报告期平均单价}{基期平均单价} = \frac{\bar{p}_1}{\bar{p}_0}$$

(2)各级综合部门汇总时可使用下列公式:

某种产品(规格品)价格指数

$$K = \frac{\sum 各企业个体指数 \times 企业销售量}{\sum 各企业销售量} = \frac{\sum k_i q_i}{\sum q_i}$$

如果某产品分列若干代表规格品,可用各个代表规格品价格指数的简单算术平均值,作为该产品的价格指数。

3)工业品出厂价格总指数的计算

编制工业品出厂价格总指数一般选用固定权数的平均指数公式,即固定权数加权算术平均指数

$$I = \frac{\sum K_i W}{\sum W} \tag{10-78}$$

实际统计工作中,取得平均指数计算所需统计资料远比综合指数容易,世界大多国家均使用加权算术平均方法,在计算各特定分组指数、各工业行业指数和工业品出厂价格总指数均宜采用固定权数的平均指数公式。

10.4.3 股票价格指数

股票价格指数是描述股票市场总的价格水平变化的指标。投资者根据指数的升降,可以判断出股票价格的变动趋势,并且为了能实时地向投资者反映股市的动向,来观察、预测社会政治、经济发展形势。所有的股市几乎都是在股价变化的同时即时公布股票价格指数。

1. 股票价格指数的编制

股票价格指数的编制分为四步。

1)选择样本股

样本股的选择主要考虑三条标准:一是样本股的市值和活跃程度,市价总值要占交

易所上市的全部股票市价总值的相对较大比重；二是样本股票价格变动趋势必须能反映股票市场价格变动的总趋势；三是样本股入选应考虑到行业的代表性。有的交易所将全部上市股票作为指数计算的采样股，自然也就不存在选择样本股的问题。

2）选定基期、计算基期平均股价

基期通常选择某一有代表性或股价相对而言稳定的日期，并按选定的某一种方法计算基期的样本股平均价格。简单平均数就是以该日样本股收盘价之和除以样本股股数；加权平均数，则还要以样本股的发行量、流通量或成交量为权数。将计算出的结果作为编制股价指数的基期数据。如果以全部上市公司的股票为样本股，直接以总市值进行计算。

3）计算报告期平均股价并作必要的修正

收集样本股在报告期的价格，按选定的方法计算样本股的平均价格。有代表性的价格是样本股收盘平均价。股价的修正有两种常见方法：一是除数修正法，又称道式修正法。其核心是求出一个常数除数，以修正因股票增资扩股、分割、新增、删除等因素造成股价平均数的变化，以保持股份平均数的连续性和可比性。具体是以新股价总额除以旧股价平均数，求出新的除数，再以报告期的股价总额除以新除数，这就得出修正的股价平均数。二是股价修正法。股价修正法就是将股票增资扩股、分割、新增、删除等变动后的股价还原为变动前的股价，使股价平均数不会因此变动。

4）指数化

将基期平均股价定为某一常数，一般是50、100、1 000等，表示基期为50、100、1 000的情况下，现在是多少。以基期统计数据为分母，以报告期统计数据为分子，乘以常数，计算结果就是股票价格指数，其单位称为"点"。股价指数的"点"不是百分点，也不是货币单位，而是统计单位。

2. 世界上几种著名的股票指数

世界著名的股票指数有以下几种。

1）道-琼斯股票指数

道-琼斯股票指数是世界上最早的和最有影响的股票价格指数，是由道-琼斯公司的创始人查理斯·道和爱德华·琼斯开始编制的。其最初的道-琼斯股票价格平均指数是根据11种具有代表性的铁路公司的股票，采用简单算术平均法计算编制，但当遇到股票的除权除息时，股票指数将发生不连续的现象。

现在的道-琼斯股票价格指数是以1928年10月1日为基期，这一天收盘时的道-琼斯股票价格平均数恰好约为100美元，以后股票价格同基期相比计算出的百分数成为各期的股票价格指数，所以现在的股票指数普遍以"点"作为单位，而股票指数每一点的涨跌就是相对于基准日的涨跌百分数。1928年后，道-琼斯股票价格平均指数就改用除数修正法，以维持股指的连续性，真实地反映股价变动状况，从而逐渐推广到全世界。

自1897年起，道-琼斯股票价格平均指数开始分成工业与运输业两大类股票，其中工业股票价格平均指数包括12种股票，运输业股票价格平均指数则包括20种股票，1929年增加了公用事业类股票，使其所包含的股票达到65种。目前共分四组，第一组是工业股票价格平均指数。它由30种有代表性的大工商业公司的股票组成，且随经济发展而变大，大致可以反映美国整个工商业股票的价格水平，这就是通常被引用的道-琼斯工业股票价格平均数。第二组是运输业股票价格平均指数，包括20种有代表性的运输业公司的股票，即8家铁路运输公司、8家航空公司和4家公路货运公司。第三组是公用事业股票价格平均指数，由代表美国公用事业的15家煤气公司和电力公司的股票组成。第四组是平均价格综合指数。它是综合前三组股票价格平均指数65种股票而得出的综合指数。

2）日经指数

日经指数是在日本股票市场最有代表性的股票指数，由日本经济新闻社编制并公布的反映日本股票市场价格变动的股票价格平均数，又称日经平均股份，它实际上是以日元为单位表示的股票价格平均数。日经指数最初由东京证券交易所于1950年9月开始编制，根据东京证券交易所第一市场上市的225家公司的股票计算出修正平均股价。1975年5月1日，采用美国道-琼斯公司的修正法计算，是将东京证券交易所第一所上市企业的股票价格加权平均求出的。按计算对象的样本股数目不同，该指数分为两种：一种是日经225种平均股价。其所选样本均为在东京证券交易所第一市场上市的股票，样本选定后原则上不再更改。1981年定位制造业150家、建筑业10家、水产业3家、矿业3家、商业12家、路运及海运14家、金融保险业15家、不动产业3家、仓库业1家、电力和煤气6家、服务业8家。由于日经225种平均股价从1950年一直延续下来，因而其连续性及可比性较好，成为考察和分析日本股票市场长期演变及动态的最常用和最可靠指标。另一种是日经500种平均股价，这是从1982年1月4日开始编制的。由于采样包括500种股票，其代表性相对更为广泛，但它的样本是不固定的，每年4月要根据上市公司的经营状况、成交量和成交金额、市价总值等因素对样本进行更换。

3）《金融时报》指数

《金融时报》指数全称"伦敦《金融时报》工商业普通股股票价格指数"，是英国最权威的股价指数，由《金融时报》编制和公布，以能够及时显示伦敦股票市场情况而闻名于世。《金融时报》指数包括三种：一是《金融时报》工业股票指数，又称30种股票指数。该指数包括30种最优良的工业股票，在整个股市中所占的市值比重也较大，因而能够代表市场的股价走势。它以1935年7月1日为基期，基数为100。二是100种股票指数，又称"FT-100指数"，该指数自1984年1月3日编制并公布。这一指数通过伦敦股票市场计算机报价系统随时统计，因而迅速地反映着市场的价格走势，受到广泛的重视。为了便于进行期货和期权交易，基期指数定为1 000。三是综合核算股票指数，该指数选取700多种股票作为样本股，统计面宽，反映市场变动较全面。该指数自1962年4月10日起编制公布，基期指数为100。

4）香港恒生指数

香港恒生指数由香港恒生银行于1969年11月29日起编制公布，是系统反映香港股票市场行情变动最有代表性的、影响最大的指数。

恒生指数是加权平均数，它以在香港证券交易所上市的股票中33家最有代表性股票为成分股票，通过加权平均统计合成。这33家股份公司包括4种金融业股票、6种公用事业股票、9种地产业股票和14种其他工商业股票。恒生指数入选股票并不固定，至今已进行过多次调整。这些公司的总市值要占到香港所有上市公司股票市值的70%左右。

因而，恒生指数所反映的股市变动状况和趋势是很准确的。

恒生指数以 1964 年 7 月 31 日为基期，因为这一天香港股市运行正常，成交值均匀，可反映整个香港股市的基本情况，基期指数为 100。其计算方法是将 33 种股票按每天的收盘价乘以各自的发行股数为计算日的市值，再与基期的市值相比较，乘以 100 就得出当天的股票价格指数。

后来因增设了 4 个分类指数，将基日改为 1984 年 1 月 13 日，并以该日收盘指数为新基期指数，该日收盘指数为原指数的 975.47 点。

由于 1980 年 8 月香港当局通过立法，将香港证券交易所、远东交易所、金银证券交易所和九龙证券所合并为香港联合证券交易所，在目前的香港股票市场上，只有恒生股票价格指数与新产生的香港指数并存，香港的其他股票价格指数均不复存在。

3. 我国主要的股票价格指数

我国主要的股票价格指数以下几个。

1）中证指数

（1）沪深 300 指数。沪深 300 指数是沪、深证券交易所于 2005 年 4 月 8 日联合发布的反映 A 股市场整体趋势的指数。沪深 300 指数的编制目标是反映中国证券市场股票价格变动的概貌和运行状况，并能够作为投资业绩的评价标准，为指数化投资和指数衍生产品创新提供基础条件。中证指数有限公司成立后，沪、深证券交易所将沪深 300 指数的经营管理及相关权益转移至中证指数有限公司。沪深 300 指数简称"沪深 300"，成分股数量为 300 只，指数基日为 2004 年 12 月 31 日，基点为 100 点。

（2）中证规模指数。中证规模指数包括中证 100 指数、中证 200 指数、中证 500 指数、中证 700 指数、中证 800 指数和中证流通指数。这些指数与沪深 300 指数共同构成中证规模指数体系。其中，中证 100 指数定位于大盘指数，中证 200 指数为中盘指数，沪深 300 指数为大中盘指数，中证 500 指数为小盘指数，中证 700 指数为中小盘指数，中证 800 指数则由大、中、小盘指数构成。中证规模指数的计算方法、修正方法、调整方法与沪深 300 指数相同。

2）上海证券交易所的股份指数

由上海证券交易所编制并发布的上证指数系列是一个包括上证 180 指数、上证 50 指数、上证综合指数、A 股指数、B 股指数、分类指数、债券指数、基金指数等的指数系列，其中最早编制的为上证综合指数。

（1）成分指数类。一是上证成分股指数。其简称上证 180 指数，是上海证券交易所对原上证 30 指数进行调整和更名产生的指数，其样本股共有 180 只股票，选择规模较大、流动性较好且具有行业的股票作为样本，依据样本稳定性和动态跟踪的原则，每年调整一次成分股，每次调整比例一般不超过 10%，特殊情况下也可能对样本股进行临时调整。二是上证 50 指数。2004 年 1 月 2 日发布根据流通市值、成交金额对股票进行综合排名，从上证 180 指数样本中挑选上海证券市场规模大、流动性好的 50 只股票组成样本股，以综合反映上海证券市场最具影响力的一批龙头企业的整体状况。三是上证 380 指数。上海证券交易所和中证指数有限公司于 2010 年 1 月 29 日发布，其样本股的选择主要考虑公司规模、盈利能力、成长性、流动性和新兴行业的代表性，侧重反映在上海证券交易所上市的中小盘股票的市场表现。

（2）综合指数类。一是上证综合指数。上海证券交易所从1991年7月15日起编制并公布，以1990年12月19日为基期，以全部上市股票为样本，以股票发行量为权数，按加权平均法计算。二是新上证综合指数。新上证综合指数简称新综指，指数代码为000017，于2006年1月4日首次发布。新综指选择已完成股权分置改革的沪市上市公司组成样本，实施股权分置改革的股票在方案实施后的第2个交易日纳入指数。新综指是一个全市场指数，它不仅包括A股市值，对于含B股的公司，其B股市值同样计算在内。上证综合指数系列还包括A股指数、B股指数及工业类指数、商业指数、地产类指数、公用事业类指数、综合类指数、中型综指、上证流通指数等。

3）深圳证券交易所的股价指数

（1）成分指数类。一是深证成分股指数。由深圳证券交易所编制，通过对所有在深圳证券交易所上市的公司进行考察，按一定标准选出40家有代表性的上市公司作为成分股，以成分股的可流通股数为权数，采用加权平均法编制而成。二是深证100指数。于2003年初发布，根据A股上市公司流通市值和成交金额两项指标从在深圳证券交易所上市的股票中选取100只A股作为成分股，以成分股的可流通A股数为权数，采用派氏综合法编制。根据市场动态跟踪和成分股稳定性原则，深证100指数将每半年调整一次成分股。

（2）综合指数类。深证系列综合指数包括深证综合指数、深证A股指数、深证B股指数、行业分类指数、中小板综合指数、创业板综合指数、深证新指数、深市基金指数等全样本类指数，均为派式加权股价指数，即以指数样本股计算日股份数作为权数进行加权逐日连锁计算。一是深证综合指数，以在深圳证券交易所主板、中小板、创业板上市的全部股票为样本股。二是深证A股指数，以在深圳证券交易所主板、中小板、创业板上市的全部A股为样本股，以样本股发行总股本为权数，进行加权逐日连锁计算。三是深证B股指数，以在深圳证券交易所上市的全部B股为样本，以样本股发行总股本为权数，进行加权逐日连锁计算。四是行业分类指数，以在深圳证券交易所主板、中小板、创业板上市的按行业进行划分的股票为样本。行业分类指数依据《上市公司行业分类指引》中的门类划分，编制13个门类指数；依据制造业门类下的大类划分，编制9个大类指数，共有22条行业分类指数。行业分类指数以样本股发行总股本为权数，进行加权逐日连锁计算。五是中小板综合指数，以在深圳证券交易所中小企事业板上市的全部股票为样本，以可流通股本数为权数，进行加权逐日连锁计算。中小板综合指数以2005年6月7日为基日，基日指数为1 000点，2005年12月1日开始发布。六是创业板综合指数，以在深圳证券交易所企业板上市的全部股票为样本，以可流通股本数为权数，进行加权逐日连锁计算，以2010年5月31日为基日，基日指数为1 000点，2010年8月20日开始发布。七是深证新指数，以在深圳证券交易所主板、中小板、企业板上市的正常交易的且已完成股改的A股为样本股，以可流通股本数为权数，进行加权逐日连锁计算。

10.4.4 空间指数

空间指数又称区域指数,用于比较不同地区或国家各种商品物价或物量等指标的综合差异程度。它是进行地区对比和国际对比的一种重要分析工具。编制空间指数常采用马埃指数公式,其对比结论不会受到对比基准变化的影响,而且其同度量因素反映了两个对比地区的平均商品结构,具有实际经济意义。

1. 空间质量指标指数

空间质量指标指数,用于比较不同地区或国家各种质量指标的综合差异程度。

空间质量指标指数有以下两种方法可采用。

一种以两地物量的简单算术平均数为权数来编制。

以空间价格指数为例:

$$\text{空间价格指数} = \frac{\sum p_A \left(\frac{q_A + q_B}{2} \right)}{\sum p_B \left(\frac{q_A + q_B}{2} \right)} = \frac{\sum p_A (q_A + q_B)}{\sum p_B (q_A + q_B)} \tag{10-79}$$

另一种以指数化指标按两地平均作为对比基数的办法来编制。

$$\text{空间价格指数} = \frac{\sum p_A q_A}{\sum \overline{p}_i q_A} \div \frac{\sum p_B q_B}{\sum \overline{p}_i q_B} \tag{10-80}$$

式中:$\overline{p}_i$ 为各商品两地综合平均价。

购买力平价实质上是一种空间价格指数,即两种或多种货币在不同国家购买相同数量和质量的货物与服务时的价格比率,用来衡量对比国之间价格水平的差异。它是以 GDP 支出分类构成为权数,将对比国间的各类代表规格品平均价格比率进行加权平均计算而来的。在国际比较中,以购买力平价作为货币转换因子,将本币表示的 GDP 转换成用统一货币单位来表示,用相同的价格衡量各国的 GDP 和人均 GDP,从而剔除各国之间的价格水平差异,进行物量意义上的比较。

2. 空间数量指标指数

空间数量指标指数的编制,既有权数问题,也有指数形式问题。

1)综合指数形式

以两地区质量指标的平均数为权数,按 $\dfrac{\sum q_A \overline{p}_i}{\sum q_B \overline{p}_i}$ 的形式计算。

2)平均指数形式

以个体空间指数为基础,两地物量结构的平均数为权数,按加权算术平均数形式计算:

$$空间物量指数=\frac{\sum \frac{q_A}{q_B}\left(\frac{w_A+w_B}{2}\right)}{\sum\left(\frac{w_A+w_B}{2}\right)}=\frac{\sum \frac{q_A}{q_B}(w_A+w_B)}{\sum(w_A+w_B)} \quad (10\text{-}81)$$

10.4.5 工业生产指数

工业生产指数是一定时期内工业生产的全部产品使用价值量综合变动情况的一种动态相对指标,可以反映企业、部门、地区工业生产成果总规模和总水平在一定时期内的发展变化情况,是工业产品实物产量的综合发展速度指标,是景气分析的首选指标。

1. 工业生产指数的基本原理

工业生产指数的基本原理是以代表产品的生产量为基础,依据报告期各种代表产品产量与基期相比计算出个体指数,然后用衡量各种产品在工业经济中重要性不同的权数。加权平均计算出产品产量的分类指数和总指数,而总指数就是工业综合发展速度。

工业生产指数编制的资料多引用统计部门核实的生产数据,确实因资料收集不易也可采用估计数据。收集资料样本为一定数量的企业,代表所有不同的工业行业,要掌握适度,选太多工作量大,选太少不足以反映产品结构。根据国家规定,年度代表产品1 000多种,月度代表产品500多种。内容有三种不同类别:所有工业,按市场分类包括最终产品、中产品和原料市场,按工业行业类别包括制造业、采掘业和公用事业。

2. 工业生产指数的编制过程

1)确定本级代表产品目录

工业产品有几十万种,编制工业生产指数只要选取部分代表产品就能满足需要。为减少部分产品生产变动代表全部工业生产变动产生的误差,要掌握适度。其选取的基本原则主要包括以下几个。

(1)分行业选择代表产品。基于国民经济标准行业分类,要保证每个行业的代表产品在行业内具有足够的代表性,产品单一的行业至少要有一个代表产品,产品品种多的行业选取的产品相应要多。

(2)选取行业内价值量比重大的产品。力求使代表产品的价值量之和在行业内占更大比重,选择时将某一行业的产品按价值量比重进行排序,从大到小选择代表产品,一般要使行业代表产品覆盖率达到70%以上。

(3)按品种、规格选取代表产品。为了反映产品内部品种、规格构成的变化对生产指数的影响,产品规格较多、价格差异较大的重要产品要适度选择其规格品作为代表产品,但规格品种不可分得太细,以免加大产品产量统计工作。

(4)尽量选取生产处于上升趋势的产品。发展前景好、潜力大的产品随着技术进步的加快和产业结构不断向高级化演进,其比重不断上升,对指数计算结果的影响越来越大。

(5) 保持代表产品的相对稳定性。选择经济寿命较长、在一定时期内相对稳定的产品，不选择即将淘汰的产品，由于我国采用固定权数计算生产指数，所选择的代表在一定时期内是固定不变的。

计算各种产品的个体产量指数应使用相应产品的标准实物量，资料欠缺时用混合实物量；没有实物产品的加工行业，根据有关间接资料或调查资料编制一个"指数"，加到"代表"产品的指数中去。

2）收集权数基础资料与确定权数

权数是反映产品和行业在总体中地位与作用的尺度，在生产指数计算中起着十分重要的作用。计算权数的基础资料主要包括代表产品的价格、单位产品增加值、分行业总产值和增加值、代表产品基期年产量等。权数确定的正确与否，直接影响到总指数的准确性，确定权数需要关注以下三个问题。

（1）确定权数的总量指标。工业生产指数的权数必须依据一种工业生产的总量指标，来确定各行业权数的分配和单位产品的价值量。为了与国民经济核算协调和与国际接轨，我国选择工业增加值为计算权数的总量指标，要计算分行业和分产品的权数，首先要取得基期的分行业和分产品的工业增加值资料，行业增加值从年度统计中取得。产品增加值的计算公式为

$$\text{产品增加值} = \text{产品产量} \times \text{价格} \times \text{产品增加值率} = \text{产品产量} \times \text{单位产品增加值} \quad (10\text{-}82)$$

式中产品产量资料比较容易取得，日常统计中单位产品增加值没有资料，取得其资料有两种方法：一是采用专项调查方法来调查基期年代表产品的"单位产品增加值"，乘以产品产量得到产品增加值；二是在基期年统计产品产量时附报产品价格资料，用行业小类的增加值率代替产品增值率，将产品产量乘以价格再乘以产品增加值率得到产品增加值。

（2）权数的计算方法。权数的计算方法有分层权数法和直接权数法。由于目前我国的统计资料不太充分，一般采用分层权数法。分层权数是以行业价值量之和作为总体，首先计算出大、中、小类行业的权数，然后计算产品权数。

（3）权数的基期选择。从理论上讲，采用可变权数计算工业生产指数较为准确，但因每年确定权数工作量大，故我国在计算工业生产指数时拟采用固定权数，权数基期 5 年变动一次。

3）计算分类指数（行业指数）和总指数

根据代表产品的个体指数，并用各自的权数加权平均计算出分类指数（行业指数）和总指数。

根据工业生产指数的原理，权数有固定在基期、报告期或基期和报告期同时使用三种不同形式，我国采用"权数固定在基期"的计算公式。具体为

$$\overline{K}_q = \frac{\sum \frac{q_1}{q_0} W}{\sum W} = \frac{\sum k_q W}{\sum W} \text{ 或 } \overline{K}_q = \frac{\sum \frac{q_1}{q_0} q_n p_n}{\sum q_n p_n} \quad (10\text{-}83)$$

式中：$\overline{K}_q$ 为总指数或分类指数；q 为代表产品产量；W 为权数；p 为单位产品价值。

式（10-83）中，工业生产指数是部分产品的个体产量指数经过加权平均计算出综合发展速度，只掌握好各种产品个体产量指数和工业增加值的权数两个关键要素就能保证结果的准确性。

10.5 案例：辉腾公司效益影响因素

10.5.1 案例背景

辉腾公司是一家全自动化生产的休闲食品加工企业，企业产品质量好、价格合理，从 2011 年到 2017 年，休闲食品销售量逐年上升，增加了 3 870 吨，2017 年为 2011 年的 93.25%，如表 10-11 所示。7 年来企业经济效益一直较好，年利润在 1 200 万元以上。可是最近两年面临一些经营压力，虽然 2017 年比 2016 年销售量有所增长，从 7 780 吨增加到 8 020 吨；产品销售价格有所上涨，从 33 000 元/吨上涨到 34 400 元/吨，但企业经济效益出现滑坡，2017 年比 2016 年利润有所下降，从 2 343 万元减少到 2 002.8 万元，如表 10-12 所示。辉腾公司经济效益变化的原因到底是什么，值得全面分析。

表 10-11 2011—2017 年辉腾公司休闲食品销售量　　吨

年份	产品销售量
2011	4 150
2012	5 530
2013	6 140
2014	6 680
2015	7 150
2016	7 780
2017	8 020

表 10-12 2016—2017 年辉腾公司经营情况

项目	计量单位	2016 年	2017 年
销售量	吨	7 780	8 020
销售价格	元/吨	33 000	34 400
营业收入	万元	25 674	27 588.8
单位成本	元/吨	28 757	30 686
总成本	万元	22 373	24 610
税金	万元	958	976
利润	万元	2 343	2 002.8

10.5.2 案例分析

辉腾公司 2017 年利润比 2016 年从 2 343 万元减少到 2 002.8 万元，减少了 300.2 万元，除了表 10-12 反映出的企业总成本和单位成本上升，利润下降的深层次原因是什么？还有没有其他原因呢？

1. 营业收入变动的影响因素

营业收入受销售量和销售价格两个因素的影响，即营业收入 = 销售量 × 销售价格。

1）营业收入的变化

$$\frac{\sum q_1 p_1}{\sum q_0 p_0} = \frac{8\,020 \times 34\,400}{7\,780 \times 33\,000} = \frac{275\,888\,000}{256\,740\,000} \approx 107.46\%$$

$$\Delta pq = \sum q_1 p_1 - \sum q_0 p_0 = 8\,020 \times 34\,400 - 7\,780 \times 33\,000 = 19\,148\,000\,(元)$$

2017 年比 2016 年营业收入增长 7.46%，增加 1 914.8 万元。

2）销售量对营业收入的影响

$$\frac{\sum q_1 p_0}{\sum q_0 p_0} = \frac{8\,020 \times 33\,000}{7\,780 \times 33\,000} \approx 103.08\%$$

$$\Delta pq = \sum q_1 p_0 - \sum q_0 p_0 = (8\,020 - 7\,780) \times 33\,000 = 7\,920\,000\,(元)$$

2017 年比 2016 年销售量增长 3.08%，使营业收入增加 792 万元。

3）销售价格对营业收入的影响

$$\frac{\sum p_1 q_1}{\sum p_0 q_1} = \frac{34\,400 \times 8\,020}{33\,000 \times 8\,020} = 104.24\%$$

$$\Delta pq = \sum p_1 q_1 - \sum p_0 q_1 = (34\,400 - 33\,000) \times 8\,020 = 11\,228\,000\,(元)$$

2017 年比 2016 年销售价格上涨 4.24%，由于销售价格上涨使营业收入增加 1 122.8 万元。

2. 总成本变动的影响因素

辉腾公司休闲食品成本构成如表 10-13 所示。

表 10-13　辉腾公司休闲食品成本构成

项目	单位	2016 年度			2017 年度		
		数量	单价	金额	数量	单价	金额
产量	吨	7 780			8 020		
一、单位变动成本	元			18 388.6			20 403.66
干果	吨	1.02	15 280	15 585.6	1.02	17 160	17 503.20
电	度	960	0.85	816	958	0.85	814.30
燃气	立方米	150	2.98	447	148	3.17	469.16
其他	混合	280	5.50	1 540	275	5.88	1617
变动成本总额	万元			14 306			16 364
二、单位固定成本	元			10 368.9			1 0281.8
（1）制造费用	万元		3 357.33	2 612		3 335.41	2 675
（2）管理费用	万元		1 062.98	827		1 017.46	816
（3）财务费用	万元		1 667.1	1 297		1 377.81	1 105
（4）营业费用	万元		1 588.69	1 236		1 854.11	1 487
（5）工资	万元		2 461.44	1 915		2 485.04	1 993
（6）其他	万元		231.36	180		211.97	170
固定成本总额	万元			8 067			8 246
三、单位成本	元/吨			28 757			30 686
总成本	万元			22 373			24 610

总成本受单位成本和产量（销售量）两个因素的影响，即总成本＝单位成本×产量

1）总成本的变化

$$\frac{\sum q_1 c_1}{\sum q_0 c_0} = \frac{8\,020 \times 30\,686}{7\,780 \times 28\,757} = \frac{246\,101\,720}{223\,729\,460} \approx 110.00\%$$

$$\Delta qc = \sum q_1 c_1 - \sum q_0 c_0 = 246\,101\,720 - 223\,729\,460 = 22\,372\,260 \,(元)$$

2017 年比 2016 年总成本增长 11.00%，增加 2 237 万元。

2）产量对总成本的影响

$$\frac{\sum q_1 c_0}{\sum q_0 c_0} = \frac{8\,020 \times 28\,757}{7\,780 \times 28\,757} = \frac{230\,631\,140}{223\,729\,460} \approx 103.08\%$$

$$\Delta qc = \sum q_1 c_0 - \sum q_0 c_0 = 230\,631\,140 - 223\,729\,460 = 6\,901\,680 \,(元)$$

2017 年比 2016 年产量增长 3.08%，使总成本增加 690 万元。

3）单位成本对总成本的影响

$$\frac{\sum c_1 q_1}{\sum c_0 q_1} = \frac{30\,686 \times 8\,020}{28\,757 \times 8\,020} = \frac{246\,101\,720}{230\,631\,140} \approx 106.71\%$$

$$\Delta qc = \sum q_1 c_1 - \sum q_1 c_0 = 246\,101\,720 - 230\,631\,140 = 15\,470\,580 \,(元)$$

2017 年比 2016 年单位成本增长 6.71%，由于单位成本上涨使总成本增加 1 547 万元。

3. 单位成本的影响因素

单位成本可分解为单位变动成本和单位固定成本两部分，即

$$单位成本 = 单位变动成本 + 单位固定成本$$

1）单位变动成本变动的影响

$$\frac{\sum c_{1变} q_1}{\sum c_{0变} q_1} = \frac{20\,403.66 \times 8\,020}{18\,388.6 \times 8\,020} = \frac{163\,637\,353.2}{147\,476\,572} \approx 110.96\%$$

$$\Delta qc_{变} = \sum q_1 c_{1变} - \sum q_1 c_{0变} = 163\,637\,353.2 - 147\,476\,572 = 16\,160\,781.2 \,(元)$$

2017 年比 2016 年单位变动成本增长 10.96%，使总成本增加约 1 616 万元。

2）单位固定成本变动的影响

$$\frac{\sum c_{1固} q_1}{\sum c_{0固} q_1} = \frac{10\,281.8 \times 8\,020}{10\,368.9 \times 8\,020} = \frac{82\,460\,036}{83\,158\,578} \approx 99.16\%$$

$$\Delta qc_{固} = \sum q_1 c_{1固} - \sum q_1 c_{0固} = 82\,460\,036 - 83\,158\,578 = -698\,542 \,(元)$$

2017 年比 2016 年单位固定成本降低了 0.84%，使总成本节约近 70 万元。

4. 单位变动成本的影响因素

根据表 10-13 数据分析，单位变动成本可分解为单耗和价格两个因素，现计算成本指数。

1）价格变动对单位变动成本的影响

$$\frac{\sum p_1 m_1}{\sum p_0 m_1} = \frac{17\,160 \times 1.02 + 0.85 \times 958 + 3.17 \times 148 + 5.88 \times 275}{15\,280 \times 1.02 + 0.85 \times 958 + 2.98 \times 148 + 5.50 \times 275} = \frac{20\,403.66}{18\,353.44} \approx 111.17\%$$

$$\Delta mp = \sum m_1 p_1 - \sum m_1 p_0 = 20\,403.66 - 18\,353.44 = 2\,050.22 \,(万元)$$

2017 年比 2016 年价格上涨了 11.17%，由于价格上涨使单位变动成本增加 2 050.22 万元。

2）单耗变动对单位变动成本的影响

$$\frac{\sum m_1 p_0}{\sum m_0 p_0} = \frac{1.02 \times 15\,280 + 958 \times 0.85 + 148 \times 2.98 + 275 \times 5.50}{1.02 \times 15\,280 + 960 \times 0.85 + 150 \times 2.98 + 280 \times 5.50} = \frac{18\,353.44}{18\,388.6} = 99.81\%$$

$$\Delta mp = \sum m_1 p_0 - \sum m_1 p_0 = 18\,353.44 - 18\,388.6 = -35.16 \,(元)$$

2017 年比 2016 年单耗下降 0.19%，由于单耗下降使单位变动成本节约 35.16 元。

综上所述，2017 年比 2016 年促使辉腾公司利润增加的影响因素：休闲食品销售量增长使营业收入增加 792 万元；销售价格上涨使营业收入增加 1 122.8 万元；单位固定成本降低使总成本节约近 70 万元，其中单位制造费用、单位管理费用、单位财务费用和其他均下降；单耗下降使单位变动成本节约 35.16 元。但是这些不能抵偿利润减少因素。

辉腾公司 2017 年比 2016 年利润减少了 300.2 万元的影响因素：价格上涨使单位变动成本增加 2 050.22 万元，主要因为干果价格上涨；税金增加 18 万元；营业费用、工资增长使固定成本增加 251 万元和 78 万元。

习 题 10

10.1 什么是统计指数？如何分类？试举例说明。

10.2 总指数有哪两种计算方法？它们之间有何区别和联系？

10.3 统计指数的基本问题有哪些？

10.4 统计指数编制中的同度量因素指什么？它所起的作用是什么？如何确定同度量因素的所属时期？

10.5 拉氏指数和派氏指数各有什么特点？

10.6 什么是平均指数？如何确定平均指数的形式和权数？平均指数在什么条件下才能成为综合指数的变形？

10.7 什么是指数体系？比较分析常见的几个指数体系。

10.8 什么是因素分析法？如何进行因素分析？

10.9 可变构成指数、固定构成指数和结构影响指数各说明什么问题？

10.10 工业品出厂价格指数如何编制？

10.11 居民消费价格指数有哪些作用？如何编制？

10.12 简述我国股票价格指数的编制要点。

10.13 某百货公司三种商品的销售量和销售价格如表 10-14 所示。

表 10-14 某百货公司三种商品的销售量和销售价格

商品名称	计量单位	销售量		销售价格	
		2016 年	2017 年	2016 年	2017 年
甲	件	1 800	1 300	35.3	43.6
乙	米	2 400	2 600	15.4	16.5
丙	个	3 500	3 200	12.0	10.0

要求：①计算三种商品的销售额总量指数；②以 2016 年销售价格为权数计算三种商品的销售量指数和以 2017 年销售量为权数计算三种商品的价格总指数；③计算以 2016 年销售量为权数的加权价格指数和以 2017 年销售价格为权数的加权销售量指数，并将结果与②的结果进行比较，说明产生差异的原因；④分析销售量和价格变动对销售额的影响。

10.14 某公司三种商品销售额及价格变动如表 10-15 所示，计算三种商品价格总指数和销售量总指数。

表 10-15 某公司三种商品销售额及价格变动

商品名称	商品销售额/万元		价格变动率/%
	基期	报告期	
甲	550	850	5
乙	300	300	−6
丙	1 200	3 000	8

10.15 某地区水稻和小麦的播种面积与产量情况如表 10-16 所示，试分析该地区两种粮食作物总的平均亩产量的变动及其原因。

表 10-16 某地区水稻和小麦的播种面积与产量情况

粮食作物	播种面积/亩		产量/（千克/亩）	
	2016 年	2017 年	2016 年	2017 年
水稻	600	500	700	750
小麦	800	950	360	370

10.16 某企业 2017 年产量比 2016 年增长了 12%，总成本增长了 10%。该企业 2017 年的单位成本有何变化？

10.17 在某个地方用同样金额人民币今年比去年少购买 10%数量的商品，求物价指数；若同样金额人民币今年比去年多购买 10%的商品，则物价指数是多少？

10.18 设有三种工业类股票的价格和发行量数据如表 10-17 所示，试计算股票价格指数，并对股价指数的变动作简要分析。

表 10-17　三种工业类股票的价格和发行量数据

股票名称	价格/元		发行量/万股
	前收盘	本日收盘	
A	16.42	16.02	15 000
B	22.56	22.70	5 500
C	24.75	25.80	3 000

10.19 某公司所属三个企业生产产品的单位成本及产量如表 10-18 所示，分析该公司平均单位成本的变动以及各个因素对平均单位成本变动的影响。

表 10-18　某公司所属三个企业生产产品的单位成本及产量

企业	单位成本/元		产品产量/万件	
	基期	报告期	基期	报告期
甲	48	46	80	100
乙	50	52	90	80
丙	48	48	120	180
合计			290	360

10.20 某企业工人资料如表 10-19 所示。

表 10-19　某企业工人资料

工人组别	工人数/人		工资总额/万元	
	基期	报告期	基期	报告期
低技术等级工人	2 400	1 920	12 000	12 900
高技术等级工人	3 600	4 680	28 800	46 500
合计	6 000	6 600	40 800	59 400

要求：①计算平均工资指数；②从相对数和绝对数两个方面分析平均工资变动的原因；③工资总额变动受工人人数、不同组的工资水平和工人人数结构变动三个因素的影响程度与影响绝对值。

第 11 章

统 计 决 策

汽车美容厂选址

某出租汽车公司在国际机场、火车站和轮船码头设立三个出租汽车站。经抽样调查，顾客在三个地方租车还车的转移概率如表 11-1 所示。该公司计划在这三个地方选择一处建汽车美容厂，请问建在何处为好？

表 11-1 顾客在三个地方租车还车的转移概率

还车处 租车处	国际机场	火车站	轮船码头
国际机场	0.7	0.2	0.1
火车站	0.2	0.6	0.2
轮船码头	0.2	0.2	0.6

11.1 统计决策概述

11.1.1 决策的概念

所谓决策，就是人们为了实现特定的目标，根据客观的条件和主观经验，借助一定工具和方法，对未来行动作出决定。

决策具有以下几个基本特征。

（1）未来性。决策产生于行动之前，故决策总是面对未来的。已经发生的事和正在发生的事是不需要决策的。由于未来的不确定，因此决策具有风险性。科学预测的目的在于规避或降低风险。

（2）选择性。决策是一个过程，通常包括目标选择和决策方案选择。在多目标决策问题中，没有最优方案，只有满意方案。选择满意方案成为决策准则。

（3）实践性。选择的最满意方案还只是思维结果，要付诸实施才能实现决策目标，实践是检验决策正确与否的唯一标准。

决策是一项系统工程。组成决策系统的基本因素有四个。

（1）决策主体。决策是由人作出的，人是决策的主体，决策主体既可以是一个人，也可以是一个组织——由决策者所构成的系统。

（2）决策目标。决策是围绕着目标展开的，决策的开端是确定目标，终端是实现目标。决策目标既体现主体的主观意志，又反映客观现实，没有决策目标就没有决策。

（3）决策对象。决策对象是决策的客体。决策对象涉及的领域十分广泛，可以包括人类活动的各个方面。决策对象具有一个共同点：人可以对决策对象施加影响。凡是人的行为不能施加影响的事物，不作为决策的对象。

（4）决策环境。决策者进行决策的客观条件是他必须具有判断、选择和决断能力，承担决策后果的法定责任。决策环境是指相对于主体、构成主体存在条件的物质实体或社会文化要素。决策不是在一个孤立的封闭系统中进行的，而是依存于一定环境，同环境进行物质、能量和信息交换。决策系统与环境构成一个密不可分的整体，它们之间相互影响、相互制约、息息相关。

11.1.2 决策的类型

决策的目的在于解决实际问题。现实中人们所要解决的问题是多种多样的，所对应的决策过程、思维方式、运用技术也各不相同。可以将决策归纳为以下几种类型。

1. 确定型决策、风险型决策和不确定型决策

按决策问题所处的条件不同，决策可分为确定型决策、风险型决策和不确定型决策。

1）确定型决策

确定型决策是指可供选择方案的条件已确定，而且每一个方案都只有一个确定的结果的决策。例如，某大学生在毕业前夕有两家企业拟接纳他：一家是外资企业，工资水平较高但工作强度大、竞争相当激烈；另一家是国有企业，工资水平相对较低但工作相对轻松、压力不大。选择哪一家就需要决策。在这个例子中，如果工作的条件和待遇等都已确定，如何选择取决于该大学生的意愿。

2）风险型决策

风险型决策是决策环境不完全确定，而在发生概率已知的条件下所进行的一种决策。它具有以下五个特点。

（1）有明确的决策目标。

（2）有两个可供选择的方案。

（3）每个方案的实施存在着非决策人所能控制的两个或两个以上的自然状态。

（4）各种自然状态发生的概率已知。

（5）可以计算出各方案在不同状态下的经济效益（损益值）。

例如，某报童专卖某都市报，假设当天的报纸须当天销售，每卖出一份赚 2 角，否则每份赔 1 角。只能选择 50、100、150、200 份批量进货，而市场需求量分别为 50、100、150、200 份发生的概率依次为：0.2、0.4、0.3 和 0.1。该报童决策每天进多少份报纸赚钱最多就属于风险型决策。

3）不确定型决策

不确定型决策是指决策时的条件是不确定的情况下所进行的决策。与风险性决策的特点基本相同，只是各个方案在各种自然状态下发生的概率未知。因此，这种决策主要取决于决策者的态度与经验。如上例中，若市场需求量分别为 50、100、150、200 份报纸发生的概率未知的条件下，该报童决策每天进多少份报纸赚钱最多就属于不确定型决策。

2. 程序化决策和非程序化决策

按决策问题的性质不同，决策可分为程序化决策和非程序化决策。

1）程序化决策

程序化决策也称结构化决策，是针对经常出现、具有某种规律的问题所作出的决策。解决这类问题通常可按其规律明确决策程序，建立相应决策规则，遇到同类问题出现时便可重复应用决策规则妥善处理。

2）非程序化决策

非程序化决策也称非结构化决策，是指针对偶然出现的特殊性问题或首次出现的情况或问题作出决策。解决这类问题一般没有一定的规则，需要创造性思维才能加以解决。一般而言，越是高层的决策，非程序化决策越多。美国决策学家拉德福特（K.J. Radford）把决策分为三类：完全规范化决策、部分规范化决策和非规范化决策。这与程序化决策和非程序化决策的划分有些类似。完全规范化决策是指决策过程已经有了规范的程序，包括决策的模型、数学参数的名称和数值以及选择的明确标准等，只要外部环境基本不变，这些规范的程序就可重复用于解决同类的问题，完全不受决策者主观看法的影响。非规范化决策是完全无法用常规办法来处理的新决策，这类决策完全取决于决策者个人。由于参与决策的个人经验、判断或所取得的信息不同，对同一个问题会有不同的观点，所以不同的决策者往往可能作出不同的决断。至于部分规范化决策则是介于两者之间的一种决策，即决策过程涉及的问题，一部分是可以规范化的，另一部分则是非规范化的。对于这类问题的解决是先按规范化办法处理部分问题，然后由决策者在此基础上运用创造性思维对非规范化部分作出决策。

3. 战略性决策、管理性决策和业务性决策

按决策问题的性质，决策可分为战略性决策、管理性决策和业务性决策。

1）战略性决策

战略性决策是有关企业大政方针方面的决策，如决定企业的经营方针、经营目标、经营组织、企业的联合改组、生产规模、长期投资、产品更新换代等。

2）管理性决策

管理性决策是战略性决策的具体化，是属于执行战略决策过程中的战术性决策，是为了实现企业的经营目标在如何运用企业的人、财、物等方面所作出的决策，如制订生产计划和销售计划、物资与能源的合理选择和使用以及资金的合理运用与调剂等。

3）业务性决策

业务性决策是指在日常生产活动中为提高工作效率所作的决策，如生产任务的日常安排、定额的制定与修改、运输路线的决策等。

4. 高层决策、中层决策和基层决策

按决策者在企业组织中的层次不同,决策可分为高层决策、中层决策和基层决策。

1) 高层决策

高层决策是指企业最高领导人所作的决策。它所解决的问题通常是全局性的以及与外界环境有密切联系的重大问题。越是高层决策,越具有战略性、长期性的特点。

2) 中层决策

中层决策是指企业中层管理人员所作的决策。这类决策所涉及的问题大多是安排一定时期的任务,或解决生产中存在的某些矛盾。

3) 基层决策

基层决策是指企业基层管理人员(如工段、队、班组)所作的决策。这类决策主要是解决日常作业任务中的问题。

5. 定性决策和定量决策

按决策过程是否运用数学模型来辅助,决策可分为定性决策和定量决策。

1) 定性决策

定性决策重在对决策问题质的把握,其决策变量、状态变量和目标函数等无法从数量上来刻画,只能做抽象的概括或定性的描述。例如,组织机构设置的优化、人事决策、选择目标市场等都属此类。

2) 定量决策

定量决策重在对决策问题量的刻画,这类决策问题中的决策变量、状态变量、目标函数都可以用数量来表示,决策过程中运用数学模型来辅助人们寻求满意的决策方案。例如,企业原材料库存控制决策、成本计划以及批量生产数量等。

定性决策和定量决策不是决然分开的。实际决策分析中,在定量分析之前,往往要进行定性分析;而对一些定性分析问题,也尽可能使用各种方式将其转化为定量分析,如考评干部德、才及能力时,可采取层次分析的方法或者利用模糊数学方法进行评判。定性和定量分析结合使用,可以提高决策的科学性。

6. 单目标决策和多目标决策

按决策目标的数量不同,决策可分为单目标决策和多目标决策。

1) 单目标决策

单目标决策是指决策要达到的目标只有一个的决策。如个人的医疗保险决策即是单目标决策,决策者的目标就是尽可能地减少因为疾病带来的经济损失,追求健康投资收益的极大化。

2) 多目标决策

多目标决策是指决策要达到的目标不止一个的决策。在实际决策中,很多都是多目标决策问题,如消费者购买手机的决策。消费者在选择手机时,同时考虑产品质量、价格、式样等多个方面的因素,事实上也就是多目标决策。显然,多目标决策问题一般比单目标决策问题复杂。

7. 单阶段决策和多阶段决策

按决策的整体构成不同，决策可分为单阶段决策和多阶段决策。

1）单阶段决策

单阶段决策是针对某个时期的某一问题的决策，整个问题只由一个阶段构成。因此，单个阶段的最优决策即为整个决策问题的最优决策，如企业的年度生产计划等。

2）多阶段决策

多阶段决策也称动态决策，决策问题由多个不同阶段的决策问题构成。前一阶段决策的结果直接影响下一阶段的决策，是下一阶段决策的出发点。必须分别作出各个阶段的决策，但各个阶段决策结果的最优之和不一定保证整体决策结果的最优性。多阶段决策必须追求整体的最优。

8. 传统决策和贝叶斯决策

按决策采用的统计理论不同，决策可分为传统决策和贝叶斯决策。

1）传统决策

传统决策是指根据样本的结果来推断总体并由此所作出的决策。如假设检验中，根据统计量的估计值作出拒绝还是接受原假设的结论，不考虑任何主观的先验信息。

2）贝叶斯决策

贝叶斯决策是利用主观的先验信息所作出的决策。广义上说，管理决策通常都应用先验信息，均可称为贝叶斯决策。而狭义的贝叶斯决策则是指将样本信息与先验信息相结合，利用贝叶斯的后验概率公式所作出的决策。

11.1.3 统计决策的概念

统计决策有广义和狭义之分。凡是使用统计方法进行决策的均称为广义的统计决策。狭义的统计决策是指不确定情况下的决策。

在不确定情况下进行的决策需要具备以下四个条件。

（1）决策者要求达到的目标，如收益最大、成本最低等。显然，从不同的目的出发往往有不同的决策目标。

（2）存在两个或两个以上可供选择的方案，所有的方案构成一个方案集合。

（3）存在着不以决策者主观意志为转移的客观状态，或称自然状态，所有可能出现的自然状态构成状态空间。

（4）在不同情况下采取不同方案产生的结果是可以计量的，所有结果构成一个结果空间。

11.2 决策树方法

11.2.1 决策树的构成与决策方法

决策树（decision tree）又称决策图，它是以方框和圆点为节点，并由直线连接而成的一种像树枝形状的结构图，如图 11-1 所示。

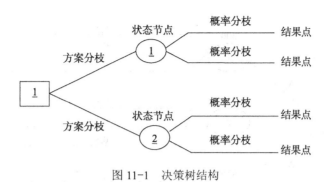

图 11-1　决策树结构

图 11-1 中的方框称为决策节点，表示这里作出决策。由决策节点引出若干条直线，每条直线代表一个备选方案，称为方案分枝。每一方案分枝的右端画一圆圈，称为状态节点。从状态节点引出若干直线，每条直线代表一种自然状态。在每条直线上都注明这种自然状态发生的概率，称为概率分枝。概率分枝的末端叫作结果点。结果点右端的数字是各种自然状态的损益值。

我们利用决策树进行决策时，首先要按照由左向右的顺序画出决策树，然后从右向左计算损益期望值，标于状态节点上。这时如果使用预期损益决策法进行决策，就可以比较各方案损益期望值的大小。凡是收益值较小或损失值较大的方案分枝全都剪掉（我们称为剪枝），把收益值最大或损失值最小方案分枝保留下来。被保留的方案分枝所对应的方案即为决策方案。

决策树是进行风险决策的一种重要工具，特别是在多级决策活动中，它具有层次清晰、直观方便的特点，因而在决策中得到广泛的应用。

11.2.2　决策树方法的应用

1. 单级决策树

单级决策树（single level decision tree）是一种只包括一个决策节点的决策树。有些决策问题，只需要进行一次决策活动，就可以确定决策方案，这时就可以使用单级决策树。

例 11-1　某大学生创业团队，所选择的创业项目有三种不同的方案可以选择，每个方案均有三种自然状态，每天收入的数据资料如表 11-2 所示。请运用决策树方法进行决策。

表 11-2　某大学生创业团队创业项目数据资料　　　　　　　　　　　　元

状态 方案	M_1	M_2	M_3
A_1	100	300	500
A_2	−100	500	800
A_3	−300	100	1 200
概率	0.3	0.4	0.3

解：首先，画出相应的决策树，如图 11-2 所示。

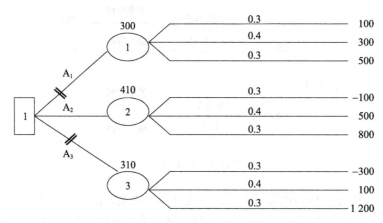

图 11-2 某大学生创业团队创业项目决策树

其次，计算各种自然状态节点的收益期望值。

状态节点①的收益期望值为
$$100 \times 0.3 + 300 \times 0.4 + 500 \times 0.3 = 300 \,(元)$$

状态节点②的收益期望值为
$$-100 \times 0.3 + 500 \times 0.4 + 800 \times 0.3 = 410 \,(元)$$

状态节点③的收益期望值为
$$-300 \times 0.3 + 100 \times 0.4 + 1\,200 \times 0.3 = 310 \,(元)$$

把这些状态节点的收益期望值标于相应节点之上。

最后，进行决策。比较各状态节点上的收益期望值，把收益期望值最大的方案分枝保留下来，其余的方案分枝全部剪掉，用记号"|"表示。按这种方法所选定的决策方案为 A_2。

2. 多级决策树

多级决策树（multi-level decision tree）由一个或两个以上单级决策树复合而成。它是把第一级决策树的末梢作为第二级决策树的树根，从而形成枝杈更多的决策树。多级决策树的基本原理与单级决策树完全相同，不过计算要复杂一些。

例 11-2 某大型企业集团准备投资建设一个新厂，有两种方案可供选择：一个是直接建大厂，需要投资 3 000 万元，使用期为 10 年；另一个是先建小厂，需要投资 1 600 万元，如果产品销路好，3 年后再进行扩建，需要投资 1 000 万元，工厂扩建后可使用 7 年；如果销路不好，就不再扩建。小厂的使用年限为 10 年。在销路好的情况下，大厂每年的利润为 1 000 万元，小厂每年的利润为 400 万元，小厂扩建后每年的利润为 1 000 万元。而在销路差的情况下，小厂每年的利润为 100 万元，大厂每年亏损 200 万元，小厂扩建后每年也要亏损 200 万元。据预测，前 3 年销路好的概率是 0.7，销路差的概率是 0.3。

如果前 3 年销路好，则后 7 年销路好的概率为 0.9，销路差的概率为 0.1。如果前 3 年销路差，则后 7 年销路差的概率为 1.0。试运用决策树方法进行决策。

解：第一步，画决策树，如图 11-3 所示。

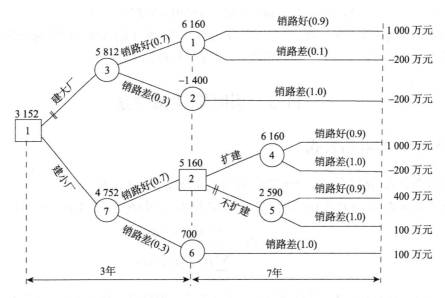

图 11-3　某大型企业集团投资建设项目决策树

第二步，计算各自然状态节点和中间决策节点的收益值。

状态节点①的收益期望值为
$$1\,000 \times 0.9 \times 7 + (-200) \times 0.1 \times 7 = 6\,160\,(万元)$$

状态节点②的收益期望值为
$$(-200) \times 1.0 \times 7 = -1\,400\,(万元)$$

状态节点③的收益期望值为
$$6\,160 \times 0.7 + (-1\,400) \times 0.3 + 1\,000 \times 0.7 \times 3 + (-200) \times 0.3 \times 3 = 5\,812\,(万元)$$

状态节点④的收益期望值为
$$1\,000 \times 0.9 \times 7 + (-200) \times 0.1 \times 7 = 6\,160\,(万元)$$

状态节点⑤的收益期望值为
$$400 \times 0.9 \times 7 + 100 \times 0.1 \times 7 = 2\,590\,(万元)$$

决策节点②的收益期望值为
$$\text{Max}(6\,160 - 1\,000,\ 2\,590) = 5\,160\,(万元)$$

故应当选择扩建方案，对不扩建方案进行剪枝。

状态节点⑥的收益期望值为
$$100 \times 1.0 \times 7 = 700\,(万元)$$

状态节点⑦的收益期望值为

$$5\,160 \times 0.7 + 700 \times 0.3 + 400 \times 0.7 \times 3 + 100 \times 0.3 \times 3 = 4\,752\,(万元)$$

第三步,计算第一个决策节点的收益值。

决策节点①的收益期望值为

$$\text{Max}(5\,812 - 3\,000, 4\,752 - 1\,600) = 3\,152\,(万元)$$

确定最后的决策方案:把建大厂的方案分枝剪掉,剩下的方案分枝所对应的方案就是决策方案,即直接建小厂,如果销路好,3 年以后再扩建。

11.3 贝叶斯决策方法

11.3.1 贝叶斯公式

贝叶斯公式是概率论中一个相当重要的计算公式。该公式为

若 $B_i B_j = \Phi(i \neq j), P(B_i) > 0 (i = 1, 2, \cdots, n), B_1 \cup B_2 \cup \cdots \cup B_n = \Omega, P(A) > 0$,则

$$P(B_i \mid A) = \frac{P(A \mid B_i)P(B_i)}{\sum_{i=1}^{n} P(A \mid B_i)P(B_i)} \tag{11-1}$$

式中:$P(B_i \mid A)$ 为事件 A 发生的条件下,事件 B_i 发生的概率;$P(A \mid B_i)$ 为事件 B_i 发生的条件下,事件 A 发生的概率;$P(B_i)$ 为事件 B_i 发生的概率。

例 11-3 甲、乙、丙三台机床生产一批产品,它们的产量分别占总产量的 25%、35%、40%,甲、乙、丙三台机床产品中的废品率分别为 0.05、0.04、0.02。从这批产品中随机地取出的一件为废品,求所取的废品是甲机床生产的概率。

解:设 A 表示事件"取出的一件产品为废品";B_1 表示事件"取出的产品是甲机床生产的";B_2 表示事件"取出的产品是乙机床生产的";B_3 表示事件"取出的产品是丙机床生产的",则 $B_1 \cup B_2 \cup B_{3n} = \Omega$,$P(A) > 0$,且 B_1,B_2,B_3 两两互不相容,$A = AB_1 \cup AB_2 \cup AB_3$。

由题设 $P(B_1) = 0.25$,$P(B_2) = 0.35$,$P(B_3) = 0.40$;$P(A \mid B_1) = 0.05$,$P(A \mid B_2) = 0.04$,$P(A \mid B_3) = 0.02$。

由贝叶斯公式

$$\begin{aligned}
P(B_1 \mid A) &= \frac{P(B_1)P(A \mid B_1)}{P(B_1)P(A \mid B_1) + P(B_2)P(A \mid B_2) + P(B_3)P(A \mid B_3)} \\
&= \frac{0.25 \times 0.05}{0.25 \times 0.05 + 0.35 \times 0.04 + 0.4 \times 0.02} \\
&= \frac{0.012\,5}{0.034\,5} \\
&\approx 0.362\,3
\end{aligned}$$

11.3.2 贝叶斯决策的概念和步骤

1. 贝叶斯决策的概念

风险型决策方法，是根据预测各种事件可能发生的先验概率，然后再采用期望值标准或最大可能性标准来选择最佳决策方案。这样的决策必然具有一定的风险性。因为先验概率是根据历史资料或主观判断所确定的概率，未经试验证实。为了减少这种风险，需要较准确地掌握和估计这些先验概率。这就要通过科学试验、调查、统计分析等方法获得较为准确的情报信息，以修正先验概率，并以此确定各个方案的期望损益值，拟订出可供选择的决策方案，协助决策者作出正确的决策。

贝叶斯决策，是利用补充信息根据贝叶斯公式来估计后验概率，并在此基础上对备选方案进行评价的一种决策方法。

2. 贝叶斯决策的步骤

在已具备先验概率的情况下，贝叶斯决策过程包括以下几个步骤。

（1）后验分析。进行后验分析，决定是否值得收集补充资料以及从补充资料可能得到的结果和如何决定最优对策。

（2）取得条件概率。收集补充资料，取得条件概率，包括历史概率和逻辑概率，对历史概率要加以检验，辨明其是否适合计算后验概率。

（3）计算联合概率。用概率的乘法定理计算联合概率，用概率的加法定理计算边际概率，用贝叶斯定理计算后验概率。

（4）决策分析。用后验概率进行决策分析。

11.3.3 贝叶斯决策方法的应用

贝叶斯决策中，利用贝叶斯公式可以计算后验概率，而在风险型决策中使用后验概率要比使用先验概率准确可靠。这对风险决策非常有用。贝叶斯决策法既可以使用非抽样资料，也可以使用抽样资料。下面通过一个例子加以说明。

例 11-4 某公司准备新生产一种产品，有三种不同的方案可供选择。现根据过去成功的经验以及最新市场调研分析，收益与估计概率如表 11-3 和表 11-4 所示。试用贝叶斯决策法进行决策。

表 11-3　新产品收益表　　　　　　万元

状态 方案	需求量小 B_1	需求量中 B_2	需求量大 B_3
方案 1	200	400	600
方案 2	−100	600	900
方案 3	−300	800	1 300
概率	0.3	0.5	0.2

表 11-4 最新市场调研估计概率

真实事件	估计概率		
	需求量小 A_1	需求量中 A_2	需求量大 A_3
需求量小 B_1	0.7	0.2	0.1
需求量中 B_2	0.1	0.6	0.3
需求量大 B_3	0.1	0.1	0.8

解： 第一步，计算联合概率。表 11-4 中的数据的含义是：当真实情况为需求量小时，公司过去估计 70% 的次数是需求量小 $P(A_1|B_1)=0.7$，20% 的次数是需求量中 $P(A_2|B_1)=0.2$，10% 的次数是需求量大 $P(A_3|B_1)=0.1$。其余以此类推。

实际情况是需求量小，公司估计恰好也是需求量小，这两个事件同时发生的概率为
$$P(B_1A_1)=P(B_1)P(A_1|B_1)=0.3\times0.7=0.21$$

实际情况是需求量小，而公司估计却是需求量中，这两个事件同时发生的概率为
$$P(B_1A_2)=P(B_1)P(A_2|B_1)=0.3\times0.2=0.06$$

实际情况是需求量小，而公司估计却是需求量大，这两个事件同时发生的概率为
$$P(B_1A_3)=P(B_1)P(A_3|B_1)=0.3\times0.1=0.03$$

其余联合概率以此类推。新产品市场需求联合概率如表 11-5 所示。

表 11-5 新产品市场需求联合概率

真实事件	先验概率	联合概率		
		$P(B_iA_1)$	$P(B_iA_2)$	$P(B_iA_3)$
需求量小 B_1	0.3	0.21	0.06	0.03
需求量中 B_2	0.5	0.05	0.30	0.15
需求量大 B_3	0.2	0.02	0.02	0.16
合计	1.0	0.28	0.38	0.34

第二步，根据贝叶斯公式计算后验概率。

由表 11-5 中的数据，当公司估计需求量小 A_1 时，实际正好是需求量小 B_1 的概率为

$$P(B_1|A_1)=\frac{P(A_1|B_1)P(B_1)}{\sum_{i=1}^{3}P(A_1|B_i)P(B_i)}=\frac{0.21}{0.28}=0.75$$

当公司估计需求量小 A_1 时，实际正好是需求量小 B_2 的概率为

$$P(B_2|A_1)=\frac{P(A_1|B_2)P(B_2)}{\sum_{i=1}^{3}P(A_1|B_i)P(B_i)}=\frac{0.05}{0.28}\approx0.18$$

当公司估计需求量小 A_1 时，实际正好是需求量小 B_3 的概率为

$$P(B_3 | A_1) = \frac{P(A_1 | B_3)P(B_3)}{\sum_{i=1}^{3} P(A_1 | B_i)P(B_i)} = \frac{0.02}{0.28} \approx 0.07$$

其余的后验概率以此类推，具体数值如表 11-6 所示。

表 11-6 新产品市场需求后验概率

真实事件	$P(B_i|A_1)$	$P(B_i|A_2)$	$P(B_i|A_3)$
需求量小 B_1	0.75	0.16	0.09
需求量中 B_2	0.18	0.79	0.44
需求量大 B_3	0.07	0.05	0.47
合计	1.00	1.00	1.00

第三步，利用后验概率计算每一种方案的预期收益值。方法是用原来的收益矩阵乘以后验概率矩阵，得到新的收益矩阵：

$$\begin{pmatrix} 200 & 400 & 600 \\ -100 & 600 & 900 \\ -300 & 800 & 1300 \end{pmatrix} \times \begin{pmatrix} 0.75 & 0.16 & 0.09 \\ 0.18 & 0.79 & 0.44 \\ 0.07 & 0.05 & 0.47 \end{pmatrix} = \begin{pmatrix} 264 & 378 & 476 \\ 96 & 503 & 678 \\ 10 & 649 & 963 \end{pmatrix}$$

第四步，确定决策方案。根据上述计算结果，如果公司认为是需求量小，最大的收益期望值为

$$\text{Max}(264, \quad 96, \quad 10) = 264$$

所对应的方案 1 为最优决策方案。

如果公司认为是需求量中，最大的收益期望值为

$$\text{Max}(378, \quad 503, \quad 649) = 649$$

所对应的方案 3 为最优决策方案。

如果公司认为是需求量大，最大的收益期望值为

$$\text{Max}(476, \quad 678, \quad 963) = 963$$

所对应的方案 3 为最优决策方案。

11.3.4 贝叶斯决策的利弊

1. 贝叶斯决策的优点

如果说决策树等方法用的是不完备的信息或是主观概率的话，那么贝叶斯决策提供了一个进一步研究的科学方法。也就是说，它能对信息的价值以及是否需要采集新的信息作出科学的判断。它能对调查结果的可靠性加以数量化的评价，而不是像一般的决策方法那样，对调查结果或是完全相信，或是完全不相信。如果说任何调查结果都不可能是完全准确的，而先验知识或主观概率也不是完全可以相信的，那么贝叶斯决策则巧妙地将这两种信息有机地结合起来了。它可以在决策过程中根据具体情况不断地使用，使

决策逐步完善和更加科学。

2. 贝叶斯决策方法的局限性

贝叶斯决策方法有一定的局限性。它所需要的数据多，分析计算比较复杂，特别是在解决复杂问题时，这个矛盾就更为突出。有些数据必须使用主观概率，而一些人并不相信主观概率，这就妨碍了贝叶斯决策方法的推广使用。

11.4　效用概率决策方法

11.4.1　效用概率决策的概念

效用这个概念是由贝努利（D.Berneulli）首先提出的。他认为人们对财富真实价值的考虑与人们拥有的财富数量之间存在对应关系，如图11-4所示。经济管理学家将效用作为指标，用它来衡量人们对某些事物的主观价值、态度、偏好、倾向等。换句话说，决策人对于期望收益和损失的独特兴趣、感受和取舍反应就叫作效用。效用代表着决策人对于风险的态度，也是决策人胆略的一种反映。效用可以通过计算效用值和绘制效用曲线的方法来衡量。例如，在风险情况下进行决策，由于决策者对待风险的态度不同，就可以用效用这个指标来衡量决策者对待风险的态度，并给每个决策者测定其对待风险的态度的效用曲线（函数）。

效用值是一个相对指标，一般情况下可以赋予0~1或者0~100。用横坐标代表损益值，纵坐标代表效用值，把决策者对风险态度的变化关系绘出一条曲线，就称为决策人的效用曲线。效用曲线可以分为以下三种类型（图11-4）。

图11-5中，图（a）是上凸曲线，代表了保守型决策人。他们对于利益反应比较迟缓，而对损失比较敏感。大部分人的决策行为均属于保守型。图（b）是下凸曲线，

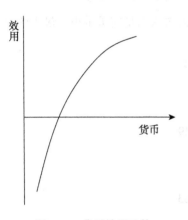

图11-4　货币效用函数

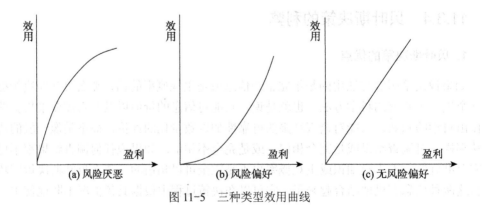

图11-5　三种类型效用曲线

代表了进取型决策人。他们对于损失反应迟缓，而对利益反应比较敏感。图（c）是直线，代表了中间型决策人。他们认为损益值的效用值大小与期望损益值本身的大小成正比，此类决策人完全根据期望损益值的高低选择方案。

效用概率决策方法是以期望效用值作为决策标准的一种决策方法。

11.4.2 效用决策的准则

假设某决策者面对 n 种可能的自然状态和 m 个行动方案 $a_1, a_2, \cdots, a_m$。U_{ij} 为第 i 行动方案在第 j 自然状态下的效用，P_j 为第 j 自然状态发生概率。行动方案 a_i 的期望效用为

$$E[U(a_i)] = \sum_{j=1}^{n} P_j U_{ij} \tag{11-2}$$

假如从一些备选行动方案中选择一个行动方案，期望效用准则表明被选中行动方案的期望效用是最大的。在一般合理的假设下，可以证明理性的决策者是应该选用这个准则的。如果决策者对风险无偏好，那么期望效用准则与期望货币化价值准则是等价的。

11.4.3 效用决策的应用

期望效用准则是求解决策问题的准则中应用最广泛、最理性的决策准则。它的主要缺点是很难得出关于哪个决策被认为是与某个确定的盈利具有相等吸引力的相关信息。这种信息对于确定效用是必需的。对于那些可以安全地假设对风险无偏好的决策问题，期望货币化价值准则仍然可以适用。例如，公司总收入中一个很小的比例就是这种情况的典型例子。但如果来自一个项目的可能损失会使公司受到破产的威胁时，效用应该适当地反映这种对风险的厌恶。某公司可能努力通过与行业内的其他公司或可能的客户建立伙伴关系来分散风险。

例 11-5 表 11-7 给出了某投资者的效用与自然状态概率，决策者会选择哪个方案呢？

表 11-7 某投资者的效用与自然状态概率

投资行动方案	自然状态		
	繁荣（$P=0.5$）	平稳（$P=0.3$）	萧条（$P=0.2$）
固定利率投资	100	100	100
股票投资组合	150	80	0

如果固定利率投资被选中，无论自然状态如何，得到一个确定的效用 100。对于股票投资组合，期望效用为

$$150 \times 0.5 + 80 \times 0.3 + 0 \times 0.2 = 99$$

因为这个数比 100 小，依据期望效用准则这个投资者应该选择固定利率投资。

11.5 马尔可夫决策方法

11.5.1 基本概念和性质

马尔可夫（A. A. Markov）是俄国数学家。马尔可夫过程是随机过程的重要组成部分。马尔可夫过程按其状态和时间参数是连续的或离散的，可以分为三类：时间与状态都是离散的马尔可夫过程，称为马尔可夫链；时间连续且状态离散的马尔可夫过程，称为连续时间的马尔可夫链；时间与状态都是连续的马尔可夫过程。

马尔可夫决策过程是研究随机环境下多阶段决策过程优化问题的理论工具，在过去的几十年中，随着生态科学、经济理论、通信工程以及众多学科中需要考虑不确定因素和序列决策问题的大量新模型的涌现，进一步刺激了马尔可夫决策过程在理论上和应用领域中长足发展。

研究系统的"状态"和状态的"转移"不需要连续性的大量历史资料，只需要最近或现在的动态资料就可以预测。马尔可夫预测技术在选择服务地点、市场占有率预测、财务风险估计等方面都有显著成效。

考虑一个具有 n 个可能结果（状态）$X_1, X_2, \cdots, X_n$ 的系统，如果系统由状态 X_i 变为 X_j，就称系统的状态发生转移，其概率称为转移概率，记为 P_{ij}。

定义1 状态转移矩阵

由状态转移概率 $P_{ij}(1 \leq i \leq n, 1 \leq j \leq n)$ 构成的矩阵 $\boldsymbol{P} = (P_{ij})$ 称为状态转移矩阵。

$$\boldsymbol{P} = \begin{pmatrix} P_{11} & P_{12} & \cdots & P_{1n} \\ P_{21} & P_{22} & \cdots & P_{2n} \\ \vdots & \vdots & \vdots & \vdots \\ P_{n1} & P_{n2} & \cdots & P_{nn} \end{pmatrix} \tag{11-3}$$

状态转移矩阵中第 i 行表示系统处于状态 X_i，下一步转移至状态 $X_1, X_2, \cdots, X_n$ 的概率。所以 $P_{i1} + P_{i2} + \cdots + P_{in} = 1(1 \leq i \leq n)$。

定义2 马尔可夫过程

如果一个系统在状态转移过程中，下一步处于什么状态仅与现在的状态有关，而与过去的状态无关，这种过程就称为马尔可夫过程。

马尔可夫过程的状态转移关系，完全由它的状态转移矩阵 $\boldsymbol{P}$ 决定。设 X_0 为初始状态，设 X_i 为系统第 i 步所处状态，那么有以下结论：

$$X_1 = X_0 P ; \quad X_2 = X_1 P ; \quad \cdots ; \quad X_i = X_{i-1} P \tag{11-4}$$

定义3 稳定状态与不变向量

如果向量满足条件：$\boldsymbol{XP} = \boldsymbol{X}$，则称系统处于稳定状态，$\boldsymbol{X}$ 为 $\boldsymbol{P}$ 的不变向量。

若记 $\boldsymbol{X} = (x_1, x_2, \cdots, x_n)$，显然有 $x_1 + x_2 + \cdots + x_n = 1$。于是通过解下面的方程组可以求得系统处于稳定状态时的不变向量：

$$\begin{cases} XP = X \\ x_1 + x_2 + \cdots + x_n = 1 \end{cases} \quad (11\text{-}5)$$

11.5.2 马尔可夫决策方法的应用

例 11-6 某地区 8 000 户农户，在该地区经营的猪饲料有 A、B、C 三种品牌，各品牌之间在广告、服务、包装设计以及推销方面竞争很激烈。已知该地区 1 月，分别有 2 500 户、2 500 户和 3 000 户购买了 A、B、C 饲料。2 月，原来购买 A 饲料的 2 500 户中：继续购买 A 饲料 1 800 户、转购买 B 饲料 300 户、转购买 C 饲料 400 户；原来购买 B 饲料的 2 500 户中：继续购买 B 饲料 2 000 户、转购买 A 饲料 200 户、转购买 C 饲料 300 户；原来购买 C 饲料 3 000 户中：继续购买 C 饲料的 2 550 户、转购买 A 饲料 300 户、转购买 B 饲料 150 户。朱先生想代理其中一种品牌的猪饲料，请帮其决策。

解：根据资料，农户购买猪饲料倾向的转移频数矩阵为

$$N = \begin{pmatrix} 1800 & 300 & 400 \\ 200 & 2000 & 300 \\ 300 & 150 & 2550 \end{pmatrix}$$

用转移频数矩阵 N 的各行和分别除以各对应频数得到状态转移概率矩阵 P

$$P = \begin{pmatrix} 0.72 & 0.12 & 0.16 \\ 0.08 & 0.80 & 0.12 \\ 0.10 & 0.05 & 0.85 \end{pmatrix}$$

假定在随后的月份中，状态转移概率保持不变，则可利用 P 来预测市场占有率的变化。

设市场占有率向量为 $X = (x_A, x_B, x_C)$，其中，x_A、x_B、x_C 分别代表 A、B、C 三种饲料的市场占有率。

1 月的市场占有率向量为

$$X_1 = (0.313, 0.313, 0.375)$$

2 月市场占有率向量为

$$\begin{aligned} X_2 &= X_1 P \\ &= (0.313, 0.313, 0.375) \begin{pmatrix} 0.72 & 0.12 & 0.16 \\ 0.08 & 0.80 & 0.12 \\ 0.10 & 0.05 & 0.85 \end{pmatrix} \\ &= (0.288, 0.306, 0.406) \end{aligned}$$

预测 3 月的市场占有率向量为

$$\begin{aligned} X_3 &= X_2 P \\ &= (0.288, 0.306, 0.406) \begin{pmatrix} 0.72 & 0.12 & 0.16 \\ 0.08 & 0.80 & 0.12 \\ 0.10 & 0.05 & 0.85 \end{pmatrix} \end{aligned}$$

$$= (0.272, 0.300, 0.428)$$

可见，A、B 两种饲料的市场占有率继续下降，而 C 饲料的市场占有率却继续上升。类似地，还可以预测出随后各个月份的市场占有率。

设稳定状态下市场占有率向量 $\boldsymbol{X} = (x_A, x_B, x_C)$，则

$$\begin{cases} (x_A, x_B, x_C)\boldsymbol{P} = (x_A, x_B, x_C) \\ x_A + x_B + x_C = 1 \end{cases}$$

即

$$\begin{cases} (x_A, x_B, x_C)\begin{pmatrix} 0.72 & 0.12 & 0.16 \\ 0.08 & 0.80 & 0.12 \\ 0.10 & 0.05 & 0.85 \end{pmatrix} = (x_A, x_B, x_C) \\ x_A + x_B + x_C = 1 \end{cases}$$

解上面方程组得

$$x_A = 0.249, \quad x_B = 0.270, \quad x_C = 0.481$$

即 $\boldsymbol{X} = (0.249, 0.270, 0.481)$。

当达到稳定状态时，A 饲料市场占有率为 24.9%，B 饲料市场占有率为 27.0%，C 饲料市场占有率为 48.1%。朱先生应选择代理 C 饲料。

11.6 案例：H 公司生产产品的选择

11.6.1 案例背景

H 公司 20 多年来一直专业生产保险柜。最近，H 公司研制成功一种具有国际先进水平的新型报警器。该公司由于资金等条件的限制，不能同时生产这两种产品。故该公司是否改产这种报警器，需要作出决策。根据对统计资料的分析，得出生产保险柜与报警器的收益表，如表 11-8 所示。同时，该公司随机选取了 25 家客户，向它们展示了新型报警器的样品，其中 15 家客户表示愿意购买。该公司是继续生产保险柜还是改生产新型报警器？

表 11-8 H 公司生产保险柜与报警器的收益表　　　　　　　　　　　万元

自然状态	市场占有率 10%（B_1）	市场占有率 20%（B_2）	市场占有率 30%（B_3）
方案 1：继续生产保险柜	800	1 200	2 000
方案 2：改生产新型报警器	500	1 300	2 500
概率	0.3	0.5	0.2

11.6.2 案例分析

第一步，计算条件概率。令 A 为样本信息，即抽取的 25 家用户中有 15 家愿意购买。当市场占有率为 40% 时，抽取的 25 家用户中有 15 家用户愿意购买的概率为

$$P(A|B_1) = C_{25}^{15}(0.4)^{15}(0.6)^{10} \approx 0.0212$$

当市场占有率为 50%时，抽取的 25 家用户中有 15 家用户愿意购买的概率为

$$P(A|B_2) = C_{25}^{15}(0.5)^{15}(0.5)^{10} \approx 0.0974$$

当市场占有率为 60%时，抽取的 25 家用户中有 15 家用户愿意购买的概率为

$$P(A|B_3) = C_{25}^{15}(0.6)^{15}(0.4)^{10} \approx 0.1623$$

第二步，应用贝叶斯公式计算后验概率。

$$P(B_1|A) = \frac{P(A|B_1)P(B_1)}{\sum_{i=1}^{3}P(A|B_i)P(B_i)} = \frac{0.0212 \times 0.3}{0.0212 \times 0.3 + 0.0974 \times 0.5 + 0.1623 \times 0.2} \approx 0.0727$$

$$P(B_2|A) = \frac{P(A|B_2)P(B_2)}{\sum_{i=1}^{3}P(A|B_i)P(B_i)} = \frac{0.0974 \times 0.5}{0.0212 \times 0.3 + 0.0974 \times 0.5 + 0.1623 \times 0.2} \approx 0.5564$$

$$P(B_3|A) = \frac{P(A|B_3)P(B_3)}{\sum_{i=1}^{3}P(A|B_i)P(B_i)} = \frac{0.1623 \times 0.2}{0.0212 \times 0.3 + 0.0974 \times 0.5 + 0.1623 \times 0.2} \approx 0.3709$$

第三步，利用后验概率计算两个方案的期望收益。

方案 1：$800 \times 0.0727 + 1200 \times 0.5564 + 2000 \times 0.3709 = 1467.64$ (万元)

方案 2：$500 \times 0.0727 + 1300 \times 0.5564 + 2500 \times 0.3709 = 1686.80$ (万元)

显然，方案 2 的期望收益值较大，故选取方案 2，该公司改生产新型报警器。

习 题 11

11.1 分析确定型决策、风险型决策和不确定型决策的应用条件。

11.2 决策树有哪几个组成部分？画图与计算的顺序有何差别？

11.3 贝叶斯决策的原理是什么？和其他决策方法比较，该方法具有哪些优点？

11.4 贝叶斯决策应用的条件是什么？该方法有何局限性？

11.5 某高校 4 000 个学生都使用手机。在该学校经营的手机只有 A、B、C、D 四种品牌。已知该学校 9 月，分别有 1 500、1 200、800 和 500 个学生购买了 A、B、C、D 四种品牌手机。10 月，购买情况如表 11-9 所示，试分析稳定状态下该学校四种品牌手机的市场占有率。

表 11-9 10 月学生购买各种品牌手机情况

项目	A	B	C	D
A	1 200	150	80	70
B	50	1 000	100	50
C	80	50	650	20
D	100	100	50	250

11.6 某农民准备投资买一辆汽车在当地跑客运,有两种方案可供选择:一个是直接买一辆新车,需要投资 30 万元,使用期为 10 年;另一个是先买下一辆二手车,需要投资 10 万元,如果经营效果好,两年后卖掉旧车再买新车,旧车可卖 3 万元,买新车需要 28 万元,新车可使用 10 年;如果经营效果不好,就不再买新车。二手车的使用年限为 5 年。在经营效果好的情况下,新车每年的利润为 5 万元,二手车每年的利润为 3 万元。而在经营效果差的情况下,新车每年的利润为 3 万元,旧车每年的利润为 1 万元,转让旧车买新车后新车每年利润 2 万元。据预测,前两年经营效果好的概率是 0.6,效果差的概率是 0.4。如果前两年效果好,则后几年好的概率为 0.9,效果差的概率为 0.1。如果前两年经营效果差,则后几年效果差的概率为 1.0。试运用决策树方法进行决策。

11.7 某决策者面对一个问题,可能的盈利(单位:元)如下:1 000,3 000,6 000,9 000,10 000,12 000。效用 0 赋予盈利 1 000 元,效用 100 赋予盈利 12 000 元。该决策者对这个盈利区间的风险无偏好。①求四个中间盈利的效用;②对于每个中间盈利 I,求概率 P 使得决策者认为得到一个确定的 I 和一个以概率 P 得到 12 000 元、以概率 $1-P$ 得到 1 000 美元的赌注是没有区别的。

11.8 某公司多年来一直专业生产矿泉水。最近,这个公司打算生产白酒。该公司由于资金等条件的限制,不能同时生产这两种产品。故该公司是否改产白酒,需要作出决策。根据对统计资料的分析,得出矿泉水与白酒的收益表,如表 11-10 所示。同时,该公司随机选取了 100 名消费者,向他们展示了白酒的样品,其中 78 名消费者表示愿意购买。试用贝叶斯决策法进行决策。

表 11-10 某公司生产矿泉水与白酒的收益　　　　　　万元

自然状态	市场占有率 10%(B_1)	市场占有率 15%(B_2)	市场占有率 20%(B_3)
方案 1:继续生产矿泉水	180	220	300
方案 2:改生产白酒	120	280	410
概率	0.4	0.5	0.1

附录

常用统计表

附表1　标准正态分布表

$$\Phi(x) = \int_{-\infty}^{x} \frac{1}{\sqrt{2\pi}} e^{-x^2/2} dx$$

x	0.00	0.01	0.02	0.03	0.04	0.05	0.06	0.07	0.08	0.09
0.0	0.500 000	0.503 989	0.507 978	0.511 966	0.515 953	0.519 939	0.523 922	0.527 903	0.531 881	0.535 856
0.1	0.539 328	0.543 795	0.547 758	0.551 717	0.555 670	0.559 618	0.563 559	0.567 495	0.571 424	0.575 345
0.2	0.579 260	0.583 166	0.587 064	0.590 954	0.594 835	0.598 706	0.602 568	0.606 420	0.610 261	0.614 092
0.3	0.617 911	0.621 720	0.625 516	0.629 300	0.633 072	0.636 831	0.640 576	0.644 309	0.648 203	0.651 732
0.4	0.655 422	0.659 097	0.662 757	0.666 402	0.670 031	0.673 645	0.677 242	0.680 822	0.684 386	0.687 933
0.5	0.691 462	0.694 794	0.698 468	0.701 944	0.705 401	0.708 840	0.712 260	0.715 661	0.719 043	0.722 405
0.6	0.725 747	0.729 069	0.732 371	0.735 653	0.738 914	0.742 154	0.745 373	0.748 571	0.751 748	0.754 903
0.7	0.758 036	0.761 148	0.764 238	0.767 305	0.770 350	0.773 373	0.776 373	0.779 350	0.782 305	0.785 236
0.8	0.788 145	0.791 030	0.793 892	0.796 731	0.799 546	0.802 337	0.805 105	0.807 850	0.810 570	0.813 267
0.9	0.815 940	0.818 589	0.821 214	0.823 814	0.826 391	0.828 944	0.831 472	0.833 977	0.836 457	0.838 913
1.0	0.841 345	0.843 752	0.846 136	0.848 495	0.850 830	0.853 141	0.855 428	0.857 690	0.859 929	0.862 143
1.1	0.864 334	0.866 500	0.868 643	0.870 762	0.872 857	0.874 928	0.876 976	0.879 000	0.881 000	0.882 977
1.2	0.884 930	0.886 861	0.888 768	0.890 651	0.892 512	0.894 350	0.896 165	0.897 958	0.899 727	0.901 475
1.3	0.903 200	0.904 902	0.906 582	0.908 241	0.909 877	0.911 492	0.913 085	0.914 657	0.916 207	0.917 736
1.4	0.919 243	0.920 730	0.922 196	0.923 641	0.925 066	0.926 471	0.927 855	0.929 219	0.930 563	0.931 888
1.5	0.933 193	0.934 478	0.935 745	0.936 992	0.938 220	0.939 429	0.940 620	0.941 792	0.942 947	0.944 083
1.6	0.945 201	0.946 301	0.947 384	0.948 449	0.949 497	0.950 529	0.951 543	0.952 540	0.953 521	0.954 486
1.7	0.955 435	0.956 367	0.957 284	0.958 185	0.959 070	0.959 941	0.960 796	0.961 636	0.962 462	0.963 273
1.8	0.964 070	0.964 852	0.965 620	0.966 375	0.967 116	0.967 843	0.968 557	0.969 258	0.969 949	0.970 621
1.9	0.971 283	0.971 933	0.972 571	0.973 197	0.973 810	0.974 412	0.975 002	0.975 581	0.976 148	0.976 705
2.0	0.977 250	0.977 784	0.978 308	0.987 822	0.979 325	0.979 818	0.980 301	0.980 774	0.981 237	0.981 691
2.1	0.982 136	0.982 571	0.982 997	0.983 414	0.983 823	0.984 222	0.984 614	0.984 997	0.985 371	0.985 738
2.2	0.986 097	0.986 447	0.986 791	0.987 126	0.987 455	0.987 776	0.988 089	0.988 396	0.988 696	0.988 989
2.3	0.989 276	0.989 556	0.989 830	0.990 097	0.990 358	0.990 613	0.990 863	0.991 106	0.991 344	0.991 576
2.4	0.991 802	0.992 024	0.992 240	0.992 451	0.992 656	0.992 857	0.993 053	0.993 244	0.993 431	0.993 613
2.5	0.993 790	0.993 963	0.994 132	0.994 297	0.994 457	0.994 614	0.994 766	0.994 915	0.995 060	0.995 201
2.6	0.995 339	0.995 473	0.995 604	0.995 731	0.995 855	0.995 975	0.996 093	0.996 207	0.996 319	0.996 427
2.7	0.996 533	0.996 636	0.996 736	0.996 833	0.996 928	0.997 020	0.997 110	0.997 197	0.997 282	0.997 365
2.8	0.997 445	0.997 523	0.997 599	0.997 673	0.997 744	0.997 814	0.997 882	0.997 948	0.998 012	0.998 074
2.9	0.998 134	0.998 193	0.998 250	0.998 305	0.998 359	0.998 411	0.998 462	0.998 511	0.998 559	0.998 605
3.0	0.998 650	0.998 694	0.998 736	0.998 777	0.998 817	0.998 856	0.998 893	0.998 930	0.998 965	0.998 999
3.1	0.999 032	0.999 065	0.999 096	0.999 126	0.999 155	0.999 184	0.999 211	0.999 238	0.999 264	0.999 289
3.2	0.999 313	0.999 336	0.999 359	0.999 381	0.999 402	0.999 423	0.999 423	0.999 462	0.999 481	0.999 499
3.3	0.999 517	0.999 534	0.999 550	0.999 566	0.999 581	0.999 596	0.999 610	0.999 624	0.999 638	0.999 651
3.4	0.999 663	0.999 675	0.999 687	0.999 698	0.999 709	0.999 720	0.999 730	0.999 740	0.999 749	0.999 758
3.5	0.999 767	0.999 776	0.999 784	0.999 792	0.999 800	0.999 807	0.999 815	0.999 822	0.999 828	0.999 828

附表2 t 分布表

$P[t(n) > t_\alpha(n)] = \alpha$

自由度 n	0.10	0.05	0.025	0.01	0.005	自由度 n	0.10	0.05	0.025	0.01	0.005
1	3.077 7	6.313 8	12.706 2	31.820 7	63.657 4	29	1.311 4	1.699 1	2.045 2	2.462 0	2.756 4
2	1.885 6	2.920 0	4.302 7	6.964 6	9.924 8	30	1.310 4	1.697 3	2.042 3	2.457 3	2.750 0
3	1.637 7	2.353 4	3.182 4	4.540 7	5.840 9	31	1.309 5	1.695 5	2.039 5	2.452 8	2.744 0
4	1.533 2	2.131 8	2.776 4	3.746 9	4.604 1	32	1.308 6	1.693 9	2.036 9	2.448 7	2.738 5
5	1.475 9	2.015 0	2.570 6	3.364 9	4.032 2	33	1.307 7	1.692 4	2.034 5	2.444 8	2.733 3
6	1.439 8	1.943 2	2.446 9	3.142 7	3.707 4	34	1.307 0	1.690 9	2.032 2	2.441 1	2.728 4
7	1.414 9	1.894 6	2.364 6	2.998 0	3.499 5	35	1.306 2	1.689 6	2.030 1	2.437 7	2.723 8
8	1.396 8	1.859 5	2.306 0	2.896 5	3.355 4	36	1.305 5	1.688 3	2.028 1	2.454 3	2.719 5
9	1.383 0	1.833 1	2.262 2	2.821 4	3.249 8	37	1.304 9	1.687 1	2.026 2	2.431 4	2.715 4
10	1.372 2	1.812 5	2.228 1	2.763 8	3.169 3	38	1.304 2	1.686 0	2.024 4	2.428 6	2.711 6
11	1.363 4	1.795 9	2.201 0	2.718 1	3.105 8	39	1.303 6	1.684 9	2.022 7	2.425 8	2.707 9
12	1.356 2	1.782 3	2.178 8	2.681 0	3.054 5	40	1.303 0	1.683 9	2.021 1	2.423 3	2.704 5
13	1.350 2	1.770 9	2.160 4	2.650 3	3.012 3	41	1.302 5	1.682 9	2.019 5	2.420 8	2.701 2
14	1.345 0	1.761 3	2.144 8	2.624 5	2.976 8	42	1.302 0	1.682 0	2.018 1	2.418 5	2.698 1
15	1.340 6	1.753 1	2.131 5	2.602 5	2.946 7	43	1.301 6	1.681 1	2.016 7	2.416 3	2.695 1
16	1.368 8	1.745 9	2.119 9	2.583 5	2.920 8	44	1.301 1	1.680 2	2.015 4	2.414 1	2.692 3
17	1.333 4	1.739 6	2.109 8	2.566 9	2.898 2	45	1.300 6	1.679 4	2.014 1	2.412 1	2.689 6
18	1.330 4	1.734 1	2.100 9	2.552 4	2.878 4	50	1.298 7	1.675 9	2.008 6	2.403 0	2.677 8
19	1.327 7	1.729 1	2.093 0	2.539 5	2.860 9	60	1.295 9	1.670 7	2.000 3	2.390 4	2.660 3
20	1.325 3	1.724 7	2.086 0	2.528 0	2.845 3	70	1.293 8	1.666 9	1.994 5	2.381 2	2.648 0
21	1.323 2	1.720 7	2.079 6	2.517 7	2.831 4	80	1.292 2	1.664 1	1.990 1	2.374 8	2.638 8
22	1.321 2	1.717 1	2.073 9	2.508 3	2.818 8	90	1.291 0	1.662 0	1.986 7	2.368 3	2.631 6
23	1.319 5	1.713 9	2.068 7	2.499 9	2.807 3	100	1.290 1	1.660 2	1.984 0	2.364 5	2.626 0
24	1.317 8	1.710 9	2.063 9	2.492 2	2.796 9	120	1.288 7	1.657 7	1.979 9	2.358 6	2.617 5
25	1.316 3	1.708 1	2.059 5	2.485 1	2.787 4	140	1.287 6	1.655 8	1.977 1	2.353 5	2.611 4
26	1.315 0	1.705 6	2.055 5	2.478 6	2.778 7	160	1.286 9	1.654 5	1.974 9	2.350 7	2.607 0
27	1.313 7	1.703 3	2.051 8	2.472 7	2.770 7	180	1.286 3	1.653 4	1.973 3	2.347 1	2.603 5
28	1.312 5	1.701 1	2.048 4	2.467 1	2.763 3	200	1.285 8	1.652 5	1.971 9	2.345 8	2.600 6

附表3 F分布表

$P[F(n_1, n_2) > F_\alpha(n_1, n_2)] = \alpha \quad \alpha = 0.10$

$n_2\backslash n_1$	1	2	3	4	5	6	7	8	9	10	12	15	20	24	30	40	60	120
1	39.86	49.50	53.59	55.83	57.24	58.20	58.91	59.44	59.86	60.19	60.71	61.22	61.74	62.00	62.26	62.53	62.79	63.06
2	8.53	9.00	9.16	9.24	9.29	9.33	9.35	9.37	9.38	9.39	9.41	9.42	9.44	9.45	9.46	9.47	9.47	9.48
3	5.54	5.46	5.39	5.34	5.31	5.28	5.27	5.25	5.24	5.23	5.22	5.20	5.18	5.18	5.17	5.16	5.15	5.14
4	4.54	4.32	4.19	4.11	4.05	4.01	3.98	3.95	3.94	3.92	3.90	3.87	3.84	3.84	3.82	3.80	3.79	3.78
5	4.06	3.78	3.62	3.52	3.45	3.40	3.37	3.34	3.32	3.30	3.27	3.24	3.21	3.19	3.17	3.16	3.14	3.12
6	3.78	3.46	3.29	3.18	3.11	3.05	3.01	2.98	2.96	2.94	2.90	2.87	2.84	2.82	2.80	2.78	2.76	2.74
7	3.59	3.26	3.07	2.96	2.88	2.83	2.78	2.75	2.72	2.70	2.67	2.63	2.59	2.58	2.56	2.54	2.34	2.49
8	3.46	3.11	2.92	2.81	2.73	2.67	2.62	2.59	2.56	2.54	2.50	2.46	2.42	2.40	2.38	2.36	2.21	2.32
9	3.36	3.01	2.81	2.69	2.61	2.55	2.51	2.47	2.44	2.42	2.38	2.34	2.30	2.28	2.25	2.23	3.14	2.18
10	3.29	2.92	2.73	2.61	2.52	2.46	2.41	2.38	2.35	2.32	2.28	2.24	2.20	2.18	2.16	2.13	2.11	2.08
11	3.23	2.86	2.66	2.54	2.45	2.39	2.34	2.30	2.27	2.25	2.21	2.17	2.12	2.10	2.08	2.05	2.03	2.00
12	3.18	2.81	2.61	2.48	2.39	2.33	2.28	2.24	2.21	2.19	2.15	2.10	2.06	2.04	2.01	1.99	1.96	1.93
13	3.14	2.76	2.56	2.43	2.35	2.28	2.23	2.20	2.16	2.14	2.10	2.05	2.01	1.98	1.96	1.93	1.90	1.88
14	3.10	2.73	2.52	2.39	2.31	2.24	2.19	2.15	2.12	2.10	2.05	2.01	1.96	1.94	1.91	1.89	1.86	1.83
15	3.07	2.70	2.49	2.36	2.27	2.21	2.16	2.12	2.09	2.06	2.02	1.97	1.92	1.90	1.87	1.85	1.82	1.79
16	3.05	2.67	2.46	2.33	2.24	2.18	2.13	2.09	2.06	2.03	1.99	1.94	1.89	1.87	1.84	1.81	1.78	1.75
17	3.03	2.64	2.44	2.31	2.22	2.15	2.10	2.06	2.03	2.00	1.96	1.91	1.86	1.84	1.81	1.78	1.75	1.72
18	3.01	2.62	2.42	2.29	2.20	2.13	2.08	2.04	2.00	1.98	1.93	1.89	1.84	1.81	1.78	1.75	1.72	1.69
19	2.99	2.61	2.40	2.27	2.18	2.11	2.06	2.02	1.98	1.96	1.91	1.86	1.81	1.79	1.76	1.73	1.70	1.67
20	2.97	2.59	2.38	2.25	2.16	2.09	2.04	2.00	1.96	1.94	1.89	1.84	1.79	1.77	1.74	1.71	1.68	1.64
21	2.96	2.57	2.36	2.23	2.14	2.08	2.02	1.98	1.95	1.92	1.87	1.83	1.78	1.75	1.72	1.69	1.66	1.62
22	2.95	2.56	2.35	2.22	2.13	2.06	2.01	1.97	1.93	1.90	1.86	1.81	1.76	1.73	1.70	1.67	1.64	1.60
23	2.94	2.55	2.34	2.21	2.11	2.05	1.99	1.95	1.92	1.89	1.84	1.80	1.74	1.72	1.69	1.66	1.62	1.59
24	2.93	2.54	2.33	2.19	2.10	2.04	1.98	1.94	1.91	1.88	1.83	1.78	1.73	1.70	1.67	1.64	1.61	1.57
25	2.92	2.53	2.32	2.18	2.09	2.02	1.97	1.93	1.89	1.87	1.82	1.77	1.72	1.69	1.66	1.63	1.59	1.56
26	2.91	2.52	2.31	2.17	2.08	2.01	1.96	1.92	1.88	1.86	1.81	1.76	1.71	1.68	1.65	1.61	1.58	1.54

续表

$n_2\backslash n_1$	1	2	3	4	5	6	7	8	9	10	12	15	20	24	30	40	60	120
27	2.90	2.51	2.30	2.17	2.07	2.00	1.95	1.91	1.87	1.85	1.80	1.75	1.70	1.67	1.64	1.60	1.57	1.53
28	2.89	2.50	2.29	2.16	2.06	2.00	1.94	1.90	1.87	1.84	1.79	1.74	1.69	1.66	1.63	1.59	1.56	1.52
29	2.89	2.50	2.28	2.15	2.06	1.99	1.93	1.89	1.86	1.83	1.78	1.73	1.68	1.65	1.62	1.58	1.55	1.51
30	2.88	2.49	2.28	2.14	2.05	1.98	1.93	1.88	1.85	1.82	1.77	1.72	1.67	1.64	1.61	1.57	1.54	1.50
40	2.84	2.44	2.23	2.09	2.00	1.93	1.87	1.83	1.79	1.76	1.71	1.66	1.61	1.57	1.54	1.51	1.47	1.42
60	2.79	2.39	2.18	2.04	1.95	1.87	1.82	1.77	1.74	1.71	1.66	1.60	1.54	1.51	1.48	1.44	1.40	1.35
120	2.75	2.35	2.13	1.99	1.90	1.82	1.77	1.72	1.68	1.60	1.60	1.55	1.48	1.45	1.41	1.37	1.32	1.26

$\alpha = 0.05$

$n_2\backslash n_1$	1	2	3	4	5	6	7	8	9	10	12	15	20	24	30	40	60	120
1	161.40	199.50	215.70	224.60	230.20	234.00	236.80	238.90	240.50	241.90	243.90	245.90	248.00	249.10	250.10	251.10	252.30	253.30
2	18.51	19.00	19.16	19.25	19.30	19.33	19.35	19.37	19.38	19.40	19.41	19.43	19.45	19.45	19.46	19.47	19.48	19.49
3	10.13	9.55	9.28	9.12	9.01	8.94	8.89	8.85	8.81	8.79	8.74	8.70	8.66	8.64	8.62	8.59	8.57	8.55
4	7.71	6.94	6.59	6.39	6.26	6.16	6.09	6.04	6.00	5.96	5.91	5.86	5.80	5.77	5.75	5.72	5.69	5.66
5	6.61	5.79	5.41	5.19	5.05	4.95	4.88	4.82	4.77	4.74	4.68	4.62	4.56	4.53	4.50	4.46	4.43	4.40
6	5.99	5.14	4.76	4.53	4.39	4.28	4.21	4.15	4.10	4.06	4.00	3.94	3.87	3.84	3.81	3.77	3.74	3.70
7	5.59	4.74	4.35	4.12	3.97	3.87	3.79	3.73	3.68	3.64	3.57	3.51	3.44	3.41	3.38	3.34	3.30	3.27
8	5.32	4.46	4.07	3.84	3.69	3.58	3.50	3.44	3.39	3.35	3.28	3.22	3.15	3.12	3.08	3.04	3.01	2.97
9	5.12	4.26	3.86	3.63	3.48	3.37	3.29	3.23	3.18	3.14	3.07	3.01	2.94	2.90	2.86	2.83	2.79	2.75
10	4.96	4.10	3.71	3.48	3.33	3.22	3.14	3.07	3.02	2.98	2.91	2.85	2.77	2.74	2.70	2.66	2.62	2.58
11	4.84	3.98	3.59	3.36	3.20	3.09	3.01	2.95	2.90	2.85	2.79	2.72	2.65	2.61	2.57	2.53	2.49	2.45
12	4.75	3.89	3.49	3.26	3.11	3.00	2.91	2.85	2.80	2.75	2.69	2.62	2.54	2.51	2.47	2.43	2.38	2.34
13	4.67	3.81	3.41	3.18	3.03	2.92	2.83	2.77	2.71	2.67	2.60	2.53	2.46	2.42	2.38	2.34	2.30	2.25
14	4.60	3.74	3.34	3.11	2.96	2.85	2.76	2.70	2.65	2.60	2.53	2.46	2.39	2.35	2.31	2.27	2.22	2.18
15	4.54	3.68	3.29	3.06	2.90	2.79	2.71	2.64	2.59	2.54	2.48	2.40	2.33	2.29	2.25	2.20	2.16	2.11
16	4.49	3.63	3.24	3.01	2.85	2.74	2.66	2.59	2.54	2.49	2.42	2.35	2.28	2.24	2.19	2.15	2.11	2.06
17	4.45	3.59	3.20	2.96	2.81	2.70	2.61	2.55	2.49	2.45	2.38	2.31	2.23	2.19	2.15	2.10	2.06	2.01
18	4.41	3.55	3.16	2.93	2.77	2.66	2.58	2.51	2.46	2.41	2.34	2.27	2.19	2.15	2.11	2.06	2.02	1.97

续表

$n_2\backslash n_1$	1	2	3	4	5	6	7	8	9	10	12	15	20	24	30	40	60	120
19	4.38	3.52	3.13	2.90	2.74	2.63	2.54	2.48	2.42	2.38	2.31	2.23	2.16	2.11	2.07	2.03	1.98	1.93
20	4.35	3.49	3.10	2.87	2.71	2.60	2.51	2.45	2.39	2.35	2.28	2.20	2.12	2.08	2.04	1.99	1.95	1.90
21	4.32	3.47	3.07	2.84	2.68	2.57	2.49	2.42	2.37	2.32	2.25	2.18	2.10	2.05	2.01	1.96	1.92	1.87
22	4.30	3.44	3.05	2.82	2.66	2.55	2.46	2.40	2.34	2.30	2.23	2.15	2.07	2.03	1.98	1.94	1.89	1.84
23	4.28	3.42	3.03	2.80	2.64	2.53	2.44	2.37	2.32	2.27	2.20	2.13	2.05	2.01	1.96	1.91	1.86	1.81
24	4.26	3.40	3.01	2.78	2.62	2.51	2.42	2.36	2.30	2.25	2.18	2.11	2.03	1.98	1.94	1.89	1.84	1.79
25	4.24	3.39	2.99	2.76	2.60	2.49	2.40	2.34	2.28	2.24	2.16	2.09	2.01	1.96	1.92	1.87	1.82	1.77
26	4.23	3.37	2.98	2.74	2.59	2.47	2.39	2.32	2.27	2.22	2.15	2.07	1.99	1.95	1.90	1.85	1.80	1.75
27	4.21	3.35	2.96	2.73	2.57	2.46	2.37	2.31	2.25	2.20	2.13	2.06	1.97	1.93	1.88	1.84	1.79	1.73
28	4.20	3.34	2.95	2.71	2.56	2.45	2.36	2.29	2.24	2.19	2.12	2.04	1.96	1.91	1.87	1.82	1.77	1.71
29	4.18	3.33	2.93	2.70	2.55	2.43	2.35	2.28	2.22	2.18	2.10	2.03	1.94	1.90	1.85	1.81	1.75	1.70
30	4.17	3.32	2.92	2.69	2.53	2.42	2.33	2.27	2.21	2.16	2.09	2.01	1.93	1.89	1.84	1.79	1.74	1.68
40	4.08	3.23	2.84	2.61	2.45	2.34	2.25	2.18	2.12	2.08	2.00	1.92	1.84	1.79	1.74	1.69	1.64	1.58
60	4.00	3.15	2.76	2.53	2.37	2.25	2.17	2.10	2.04	1.99	1.92	1.84	1.75	1.70	1.65	1.59	1.53	1.47
120	3.92	3.07	2.68	2.45	2.29	2.17	2.09	2.20	1.96	1.91	1.83	1.75	1.66	1.61	1.55	1.50	1.43	1.35

$\alpha = 0.025$

$n_2\backslash n_1$	1	2	3	4	5	6	7	8	9	10	12	15	20	24	30	40	60	120
1	647.80	799.50	864.20	899.60	921.80	937.10	948.20	956.70	963.30	968.60	976.70	984.90	993.10	997.20	1001.00	1 006.00	1 010.00	1 014.00
2	38.51	39.00	39.17	39.25	39.30	39.33	39.86	39.37	39.39	39.40	39.41	39.43	39.45	39.46	39.46	39.47	39.48	39.49
3	17.44	16.04	15.44	15.10	14.88	14.73	14.62	14.54	14.47	14.42	14.34	14.25	14.17	14.12	14.08	14.04	13.99	13.95
4	12.22	10.65	9.98	9.60	9.36	9.20	9.07	8.98	8.90	8.84	8.75	8.66	8.65	8.51	8.46	8.41	8.36	8.31
5	10.01	8.43	7.76	7.39	7.15	6.98	6.85	6.76	6.68	6.62	6.52	6.34	6.33	6.28	6.32	6.18	6.12	6.07
6	8.81	7.26	6.60	6.23	5.99	5.82	5.70	5.60	5.52	5.45	5.37	5.27	5.17	5.12	5.07	5.01	4.96	4.90
7	8.07	6.54	5.89	5.52	5.29	5.12	4.99	4.90	4.82	4.76	4.67	4.57	4.47	4.42	4.36	4.31	4.25	4.20
8	7.57	6.06	5.42	5.05	4.82	4.65	4.53	4.43	4.36	4.30	4.20	4.10	4.00	3.95	3.89	3.84	3.78	3.73
9	7.21	5.71	5.08	4.72	4.48	4.32	4.20	4.10	4.03	3.96	3.87	3.77	3.67	3.61	3.56	3.51	3.45	3.39
10	6.94	5.46	4.83	4.47	4.24	4.07	3.95	3.85	3.78	3.72	3.62	3.52	3.42	3.37	3.31	3.26	3.20	3.14
11	6.72	5.26	4.63	4.28	4.04	3.88	3.76	3.66	3.59	3.53	3.43	3.33	3.23	3.17	3.12	3.06	3.00	2.94

续表

$n_2\backslash n_1$	1	2	3	4	5	6	7	8	9	10	12	15	20	24	30	40	60	120
12	6.55	5.10	4.47	4.12	3.89	3.73	3.61	3.51	3.44	3.37	3.28	3.18	3.07	3.02	2.96	2.91	2.85	2.79
13	6.41	4.97	4.35	4.00	3.77	3.60	3.48	3.39	3.31	3.25	3.15	3.05	2.95	2.89	2.84	2.78	2.72	2.66
14	6.30	4.86	4.24	3.89	3.66	3.50	3.38	3.29	3.21	3.15	3.05	2.95	2.84	2.79	2.73	2.67	2.61	2.55
15	6.20	4.77	4.15	3.80	3.58	3.41	3.29	3.20	3.12	3.06	2.96	2.86	2.76	2.70	2.64	2.59	2.52	2.46
16	6.12	4.69	4.08	3.73	3.50	3.34	3.22	3.12	3.05	2.99	2.89	2.79	2.68	2.63	2.57	2.51	2.45	2.38
17	6.04	4.62	4.01	3.66	3.44	3.28	3.16	3.06	2.98	2.92	2.82	2.72	2.62	2.56	2.50	2.44	2.38	2.32
18	5.98	4.56	3.95	3.61	3.38	3.22	3.10	3.01	2.92	2.87	2.77	2.67	2.56	2.50	2.44	2.38	2.32	2.26
19	5.92	4.51	3.90	3.56	3.33	3.17	3.05	2.96	2.88	2.82	2.72	2.62	2.51	2.45	2.39	2.33	2.27	2.20
20	5.87	4.46	3.86	3.51	3.29	3.13	3.01	2.91	2.84	2.77	2.68	2.57	2.46	2.41	2.35	2.29	2.22	2.16
21	5.83	4.42	3.82	3.48	3.25	3.09	2.97	2.87	2.80	2.73	2.64	2.53	2.42	2.37	2.31	2.95	2.18	2.11
22	5.79	4.38	3.78	3.44	3.22	3.05	2.93	2.84	2.76	2.70	2.60	2.50	2.39	2.33	2.27	2.21	2.14	2.08
23	5.75	4.35	3.75	3.41	3.18	3.02	2.90	2.81	2.73	2.67	2.57	2.47	2.36	2.30	2.24	2.18	2.11	2.04
24	5.72	4.32	3.72	3.38	3.15	2.99	2.87	2.78	2.70	2.64	2.54	2.44	2.33	2.27	2.21	2.15	2.08	2.01
25	5.69	4.29	3.69	3.35	3.13	2.97	2.85	2.75	2.68	2.61	2.51	2.41	2.30	2.24	2.18	2.12	2.05	1.98
26	5.66	4.27	3.67	3.33	3.10	2.94	2.82	2.73	2.65	2.59	2.49	2.39	2.28	2.22	2.16	2.09	2.03	1.95
27	5.63	4.24	3.65	3.31	3.08	2.92	2.80	2.71	2.63	2.57	2.47	2.36	2.25	2.19	2.13	2.07	2.00	1.93
28	5.61	4.22	3.63	3.29	3.06	2.90	2.78	2.69	2.61	2.55	2.45	2.34	2.23	2.17	2.11	2.05	1.98	1.91
29	5.59	4.20	3.61	3.27	3.04	2.88	2.76	2.67	2.59	2.53	2.43	2.32	2.21	2.15	2.09	2.03	1.96	1.89
30	5.57	4.18	3.59	3.25	3.03	2.87	2.75	2.65	2.57	2.51	2.41	2.31	2.20	2.14	2.07	2.01	1.94	1.87
40	5.42	4.05	3.46	3.13	2.90	2.74	2.62	2.53	2.45	2.39	2.29	2.18	2.07	2.01	1.94	1.88	1.80	1.72
60	5.29	3.93	3.34	3.01	2.79	2.63	2.51	2.41	2.33	2.27	2.17	2.06	1.94	1.88	1.82	1.74	1.67	1.58
120	5.15	3.80	3.23	2.89	2.67	2.52	2.39	2.30	2.22	2.16	2.05	1.94	1.82	1.76	1.69	1.61	1.53	1.43

$\alpha = 0.01$

$n_2\backslash n_1$	1	2	3	4	5	6	7	8	9	10	12	15	20	24	30	40	60	120
1	4 052.00	4 999.50	5 403.00	5 625.00	5 764.00	5 859.00	5 928.00	5 982.00	6 022.00	6 056.00	6 106.00	6 157.00	6 209.00	6 235.00	6 261.00	6 287.00	6 313.00	6 339.00
2	98.50	99.00	99.17	99.25	99.30	99.33	99.36	99.37	99.39	99.40	99.42	99.43	99.45	99.46	99.47	99.47	99.48	99.49
3	34.12	30.82	29.46	28.71	28.24	27.91	27.67	27.49	27.35	27.23	24.05	26.87	26.69	26.60	26.50	26.41	26.32	26.22
4	21.20	18.00	16.69	15.98	15.52	15.21	14.98	14.80	14.66	14.55	14.37	14.20	14.02	13.93	13.84	13.75	13.65	13.56

续表

$n_2\backslash n_1$	1	2	3	4	5	6	7	8	9	10	12	15	20	24	30	40	60	120
5	16.26	13.27	12.06	11.39	10.97	10.67	10.46	10.29	10.16	10.05	9.89	9.72	9.55	9.47	9.38	9.29	9.20	9.11
6	13.75	10.92	9.78	9.15	8.75	8.47	8.26	8.10	7.98	7.87	7.72	7.56	7.40	7.31	7.23	7.14	7.06	6.97
7	12.25	9.55	8.45	7.85	7.46	7.19	6.99	6.84	6.72	6.62	6.47	6.31	6.16	6.07	5.99	5.91	5.82	5.74
8	11.26	8.65	7.59	7.01	6.63	6.37	6.18	6.03	5.91	5.81	5.67	5.52	5.39	5.28	5.20	5.12	5.03	4.95
9	10.56	8.02	6.99	6.42	6.06	5.80	5.61	2.47	5.35	5.26	5.11	4.96	4.81	4.73	4.65	4.57	4.48	4.40
10	10.04	7.56	6.55	5.99	5.64	5.39	5.20	5.06	4.94	4.85	4.71	4.56	4.41	4.33	4.25	4.17	4.08	4.00
11	9.65	7.21	6.22	5.67	5.32	5.07	4.98	4.47	4.63	4.54	4.40	4.25	4.10	4.02	3.94	3.86	3.78	3.69
12	9.33	6.93	5.95	5.41	5.06	4.82	4.64	4.50	4.39	4.30	4.16	4.01	3.86	3.78	3.70	3.62	3.54	3.45
13	9.07	6.70	5.74	5.21	4.86	4.62	4.44	4.30	4.19	4.10	3.96	3.82	3.66	3.59	3.51	3.43	3.34	3.25
14	8.86	6.51	5.56	5.04	4.69	4.46	4.28	4.14	4.03	3.94	3.80	3.66	3.51	3.43	3.35	3.27	3.18	3.09
15	8.68	6.36	5.42	4.89	4.56	4.32	4.14	4.00	3.89	3.80	3.67	3.52	3.37	3.29	3.21	3.13	3.05	2.96
16	8.53	6.23	5.29	4.77	4.44	4.20	4.03	3.89	3.78	3.69	3.55	3.41	3.26	3.18	3.10	3.02	2.93	2.84
17	8.40	6.11	5.18	4.67	4.34	4.10	3.93	3.79	3.68	3.59	3.46	3.31	3.16	3.08	3.00	2.92	2.83	2.75
18	8.29	6.01	5.09	4.58	4.25	4.01	3.84	3.71	3.60	3.51	3.37	3.23	3.08	3.00	2.92	2.84	2.75	2.66
19	8.18	5.93	5.01	4.50	4.17	3.94	3.77	3.63	3.52	3.43	3.30	3.15	3.00	2.92	2.84	2.76	2.67	2.58
20	8.10	5.85	4.94	4.43	4.10	3.87	3.70	3.56	3.46	3.37	3.23	3.09	2.94	2.86	2.78	2.69	2.61	2.52
21	8.02	5.78	4.87	4.37	4.04	3.81	3.64	3.51	3.40	3.31	3.17	3.03	2.88	2.80	2.72	2.64	2.55	2.46
22	7.95	5.72	4.82	4.31	3.99	3.76	3.59	3.45	3.35	3.26	3.12	2.98	2.83	2.75	2.67	2.58	2.50	2.40
23	7.88	5.66	4.76	4.26	3.94	3.71	3.54	3.41	3.30	3.21	3.07	2.93	2.78	2.70	2.62	2.54	2.45	2.35
24	7.82	5.61	4.72	4.22	3.90	3.67	3.50	3.36	3.26	3.17	3.03	2.89	2.74	2.66	2.58	2.49	2.40	2.31
25	7.77	5.57	4.68	4.18	3.85	3.63	3.46	3.32	3.22	3.13	2.99	2.85	2.70	2.62	2.54	2.45	2.36	2.27
26	7.72	5.53	4.64	4.14	3.82	3.59	3.42	3.29	3.18	3.09	2.96	2.81	2.66	2.58	2.50	2.42	2.33	2.23
27	7.68	5.49	4.60	4.11	3.78	3.56	3.39	3.26	3.15	3.06	2.93	2.78	2.63	2.55	2.47	2.38	2.29	2.20
28	7.64	5.45	4.57	4.07	3.75	3.53	3.36	3.23	3.12	3.03	2.90	2.75	2.60	2.52	2.44	2.35	2.26	2.17
29	7.60	5.42	4.54	4.04	3.73	3.50	3.33	3.20	3.09	3.00	2.87	2.73	2.57	2.49	2.41	2.33	2.23	2.14
30	7.56	5.39	4.51	4.02	3.70	3.47	3.30	3.17	3.07	2.98	2.84	2.70	2.55	2.47	2.39	2.30	2.21	2.11
40	7.31	5.18	4.31	3.83	3.51	3.29	3.12	2.99	2.89	2.80	2.66	2.52	2.37	2.29	2.20	2.11	2.02	1.92
60	7.08	4.98	4.13	3.65	3.34	3.12	2.95	2.82	2.72	2.63	2.50	2.35	2.20	2.12	2.03	1.94	1.84	1.73
120	6.85	4.79	3.95	3.48	3.17	2.96	2.79	2.66	2.56	2.47	2.34	2.19	2.03	1.95	1.86	1.76	1.66	1.53

附表 4 χ^2 分布表

$P[\chi^2(n) > \chi^2_\alpha(n)] = \alpha$

n\α	0.995	0.990	0.975	0.950	0.900	0.750	0.250	0.100	0.050	0.025	0.010	0.005
1	/	/	0.001	0.004	0.016	0.102	1.323	2.706	3.841	5.240	6.635	7.879
2	0.010	0.020	0.051	0.103	0.211	0.575	2.773	4.605	5.991	7.378	9.210	10.597
3	0.072	0.115	0.216	0.352	0.584	1.213	4.108	6.251	7.815	9.348	11.345	12.838
4	0.207	0.297	0.484	0.711	1.064	1.923	5.385	7.779	9.448	11.143	13.277	14.806
5	0.412	0.554	0.831	1.145	1.610	2.675	6.626	9.236	11.072	12.833	15.086	16.750
6	0.676	0.872	1.237	1.635	2.204	3.455	7.841	10.645	12.592	14.449	16.812	18.548
7	0.989	1.239	1.690	2.167	2.833	4.255	9.037	12.017	14.067	16.013	18.475	20.278
8	1.344	1.646	2.180	2.733	3.490	5.071	10.219	13.362	15.507	17.535	20.090	21.955
9	1.735	2.088	2.700	3.325	4.168	5.899	11.389	14.684	16.919	19.023	21.666	23.589
10	2.156	2.558	3.247	3.940	4.865	6.737	12.549	15.987	18.307	20.483	23.209	25.188
11	2.603	3.053	3.816	4.575	5.578	7.584	13.701	17.275	19.675	21.920	24.725	26.757
12	3.047	3.571	4.404	5.226	6.304	8.438	14.845	18.549	21.026	23.337	26.217	28.299
13	3.565	4.107	5.009	5.892	7.042	9.299	15.984	19.812	22.362	24.736	27.688	29.819
14	4.075	4.660	5.629	6.571	7.790	10.165	17.117	21.064	23.685	26.119	29.141	31.319
15	4.601	5.229	6.262	7.261	8.547	11.037	18.245	22.307	24.996	27.488	30.578	32.801
16	5.142	5.812	6.908	7.962	9.312	11.912	19.369	23.542	26.296	28.845	32.000	34.267
17	5.697	4.604	7.564	8.672	10.085	12.792	20.489	24.769	27.587	30.191	33.409	35.718
18	6.265	7.015	8.231	9.390	10.865	13.675	21.605	29.989	28.869	31.526	34.805	37.156
19	6.844	7.633	8.907	10.117	11.651	14.562	22.718	27.204	30.144	32.852	36.191	38.582
20	7.434	8.260	9.591	10.851	12.443	15.452	23.828	28.412	31.410	34.170	37.566	39.997
21	8.034	8.897	10.283	11.591	13.240	16.344	24.935	29.615	32.671	35.479	38.932	41.401
22	8.643	9.542	10.982	12.338	14.042	17.240	26.039	30.813	33.924	36.781	40.289	42.796
23	9.260	10.196	11.689	13.091	14.848	18.137	27.141	32.007	35.172	38.076	41.638	44.181

续表

n\α	0.995	0.990	0.975	0.950	0.900	0.750	0.250	0.100	0.050	0.025	0.010	0.005
24	9.886	10.856	12.401	13.848	15.659	19.037	28.241	33.196	36.415	39.364	42.980	45.559
25	10.520	11.524	13.120	14.611	16.473	19.939	29.339	34.382	37.652	40.646	44.314	46.928
26	11.160	12.198	13.844	15.379	17.292	20.843	30.435	35.563	38.885	41.923	45.642	48.290
27	11.808	12.879	14.573	16.151	18.114	21.749	31.528	36.741	40.113	43.194	46.963	49.645
28	12.461	13.565	15.308	16.928	18.939	22.657	32.620	37.916	41.337	44.461	48.278	50.993
29	13.121	14.257	16.047	17.708	19.768	23.567	33.711	39.087	42.557	45.722	49.588	52.336
30	13.787	14.954	16.791	18.493	20.599	24.478	34.800	40.256	43.773	46.949	50.892	53.672
31	14.458	15.655	17.539	19.281	21.434	25.390	35.887	41.422	44.985	48.232	52.191	55.003
32	15.134	16.362	18.291	20.072	22.271	26.304	36.973	42.585	46.194	49.480	53.486	56.328
33	15.815	17.074	19.047	20.867	23.110	27.219	38.058	43.745	47.400	50.725	54.776	57.648
34	16.501	17.789	19.806	21.664	23.952	28.136	39.141	44.903	48.602	51.966	56.061	58.964
35	17.792	18.509	20.569	22.465	24.797	29.054	40.223	46.059	49.802	53.203	57.342	60.275
36	17.887	19.233	21.336	23.269	25.643	29.973	41.304	47.212	50.998	54.437	58.619	61.581
37	18.586	19.960	22.106	24.075	26.492	30.893	42.383	48.363	52.192	55.668	59.892	62.883
38	19.289	20.691	22.878	24.884	27.343	31.815	43.462	49.513	53.384	56.896	61.162	64.181
39	19.996	21.426	23.654	25.695	28.196	32.737	44.539	50.660	54.572	58.120	62.428	65.476
40	20.707	22.164	24.433	26.509	29.051	33.660	45.616	51.805	55.758	59.342	63.691	66.766
41	21.421	22.906	25.215	27.326	29.907	34.585	46.692	52.949	56.942	60.561	64.950	68.053
42	22.138	23.650	25.999	28.144	30.765	35.510	47.766	54.090	58.124	61.777	66.206	69.336
43	22.859	24.398	26.785	28.965	31.625	36.436	48.840	55.230	59.354	62.990	67.459	70.616
44	23.854	25.148	27.575	29.787	32.487	37.363	49.913	56.369	60.481	46.201	68.710	71.893
45	24.311	25.901	28.366	30.621	33.350	38.291	50.985	57.505	61.656	65.410	69.957	73.166

附表 5 泊松分布表

$$P(X=x) = \frac{\lambda^k}{x!}e^{-\lambda}$$

x	λ=0.1	0.2	0.3	0.4	0.5	0.6	0.7	0.8	0.9	1.0	1.5	2.0	2.5	3.0	3.5	4.0	4.5	5.0	6.0
0	0.904 837	0.818 731	0.740 818	0.670 320	0.606 531	0.548 812	0.496 587	0.449 329	0.406 570	0.367 879	0.223 130	0.135 335	0.082 085	0.049 787	0.030 197	0.018 316	0.011 109	0.006 738	0.002 479
1	0.090 484	0.163 746	0.222 245	0.268 128	0.303 265	0.329 287	0.347 610	0.359 463	0.365 913	0.367 879	0.334 695	0.270 671	0.205 212	0.149 361	0.105 691	0.073 263	0.049 990	0.033 690	0.014 873
2	0.004 524	0.016 375	0.033 337	0.053 626	0.075 816	0.098 786	0.121 663	0.143 785	0.164 661	0.183 940	0.251 021	0.270 671	0.256 516	0.224 042	0.184 959	0.146 525	0.112 479	0.084 224	0.044 618
3	0.000 151	0.001 092	0.003 334	0.007 150	0.012 636	0.019 757	0.028 388	0.038 343	0.049 398	0.061 313	0.125 510	0.180 447	0.213 763	0.224 042	0.215 785	0.195 367	0.168 718	0.140 374	0.089 235
4	0.000 004	0.000 055	0.000 250	0.000 715	0.001 580	0.002 964	0.004 968	0.007 669	0.011 115	0.015 328	0.047 067	0.090 224	0.133 602	0.168 031	0.188 812	0.195 367	0.189 808	0.175 467	0.133 853
5		0.000 002	0.000 015	0.000 057	0.000 158	0.000 356	0.000 696	0.001 227	0.002 001	0.003 066	0.014 120	0.036 089	0.066 801	0.100 819	0.132 169	0.156 293	0.170 827	0.175 467	0.160 623
6			0.000 001	0.000 004	0.000 013	0.000 036	0.000 081	0.000 164	0.000 300	0.000 511	0.003 530	0.012 030	0.027 834	0.050 409	0.077 098	0.104 196	0.128 120	0.146 223	0.160 623
7					0.000 001	0.000 003	0.000 008	0.000 019	0.000 039	0.000 073	0.000 756	0.003 437	0.009 941	0.021 604	0.038 549	0.059 540	0.082 363	0.104 445	0.137 677
8							0.000 001	0.000 002	0.000 004	0.000 009	0.000 142	0.000 859	0.003 106	0.008 102	0.016 865	0.029 770	0.046 329	0.065 278	0.103 258
9										0.000 001	0.000 024	0.000 191	0.000 863	0.002 701	0.006 559	0.013 231	0.023 165	0.036 266	0.068 838
10											0.000 004	0.000 038	0.000 216	0.000 810	0.002 296	0.005 292	0.010 424	0.018 133	0.041 303
11												0.000 007	0.000 049	0.000 221	0.000 730	0.001 925	0.004 264	0.008 242	0.022 529
12												0.000 001	0.000 010	0.000 055	0.000 213	0.000 642	0.001 599	0.003 434	0.011 264
13													0.000 002	0.000 013	0.000 057	0.000 197	0.000 554	0.001 321	0.005 199
14														0.000 000	0.000 014	0.000 056	0.000 178	0.000 472	0.002 228
15														0.000 001	0.000 003	0.000 015	0.000 053	0.000 157	0.000 891
16															0.000 001	0.000 004	0.000 015	0.000 049	0.000 334
17																0.000 001	0.000 004	0.000 014	0.000 118
18																	0.000 001	0.000 004	0.000 039
19																		0.000 001	0.000 012
20																			0.000 004
21																			0.000 001

参 考 文 献

[1] 杨国忠. 统计学[M]. 长沙：中南大学出版社，2009.
[2] 张颖，杨国忠. 管理统计学[M]. 2版. 武汉：武汉理工大学出版社，2017.
[3] 袁卫，庞皓，贾俊平，等. 统计学[M]. 4版. 北京：高等教育出版社，2014.
[4] 郑德如. 统计学[M]. 3版. 上海：立信会计出版社，2011.
[5] 谢启南，韩兆洲. 统计学原理[M]. 6版. 广州：暨南大学出版社，2006.
[6] 盛骤，谢式千，潘承毅. 概率论与数理统计[M]. 4版. 北京：高等教育出版社，2008.
[7] 罗良清. 商务统计学[M]. 北京：机械工业出版社，2016.
[8] [美]戴维·M. 莱文，蒂莫西·C. 克雷比尔，马克·L. 贝伦森. 商务统计学[M]. 5版. 岳海燕，胡宾海，等译，北京：中国人民大学出版社，2012.
[9] 张德存. 统计学[M]. 2版. 北京：科学出版社，2009.
[10] 江岭，贾会远. 统计学[M]. 北京：人民邮电出版社，2007.
[11] 卢黎霞，陈云玲. 统计学原理[M]. 武汉：武汉理工大学出版社，2006.
[12] 曾五一. 统计学[M]. 上海：上海财经大学出版社，2012.
[13] 孙静娟. 统计学[M]. 3版. 北京：清华大学出版社，2015.
[14] 芳娜. 商务统计学[M]. 武汉：武汉大学出版社，2013.
[15] 龚曙明，朱海玲. 应用统计学[M]. 3版. 北京：水利水电出版社，2010.
[16] 符启勋，方晶晶. 实用统计学[M]. 北京：国防工业大学出版社，2005.
[17] 王汉生. 应用商务统计分析[M]. 北京：北京大学出版社，2008.
[18] 游贤焕. 商务统计学[M]. 北京：北京理工大学出版社，2012.
[19] 贾俊平，何晓群，金勇进. 统计学[M]. 6版. 北京：中国人民大学出版社，2015.
[20] 董逢谷，朱荣明. 统计学案例集[M]. 上海：上海财经大学出版社，2002.
[21] 陈仁恩. 统计学基础习题集解[M]. 厦门：厦门大学出版社，2005.
[22] 贾俊平. 统计学[M]. 北京：中国人民大学出版社，2003.
[23] 薛薇. 统计分析与SPSS的应用[M]. 2版. 北京：中国人民大学出版社，2008.
[24] [美]诺琳·R. 夏普，理查德·D. 德沃，保罗·F. 威利曼. 商务统计[M]. 英文版，2版. 北京：中国人民大学出版社，2016.
[25] 黄良文，陈仁恩. 统计学原理[M]. 北京：中央广播电视大学出版社，2006.
[26] 张爱武，孙慧慧. 统计案例分析[M]. 北京：电子工业出版社，2017.
[27] 杨静，冯便玲. 统计学[M]. 北京：清华大学出版社，2017.
[28] 卿松，王立凤，陶海映. 统计学[M]. 2版. 北京：清华大学出版社，2016.
[29] 卢冶飞，孙忠宝. 应用统计学[M]. 2版. 北京：清华大学出版社，2015.

教师服务

感谢您选用清华大学出版社的教材！为了更好地服务教学，我们为授课教师提供本书的教学辅助资源，以及本学科重点教材信息。请您扫码获取。

▶▶ 教辅获取

本书教辅资源，授课教师扫码获取

▶▶ 样书赠送

统计学类重点教材，教师扫码获取样书

 清华大学出版社

E-mail: tupfuwu@163.com
电话: 010-83470332 / 83470142
地址: 北京市海淀区双清路学研大厦 B 座 509

网址: http://www.tup.com.cn/
传真: 8610-83470107
邮编: 100084